新教コイノーニア 34

宗教改革と現代

改革者たちの500年とこれから

新教出版社
編集部 編

目次◆宗教改革と現代――改革者たちの500年とこれから

第1章
義とは何か

一般に宗教改革とは、贖宥状や聖職者の独身性といった問題に取り組んだ出来事であると認識されることが多いが、ルターの思想の根幹にはこういった事柄に対する批判よりも第一に「信仰義認」の思想があったという。では、「信仰によって義とされる」とはいったいどういうことなのか。それは単なる「行為義認」の否定や、あるいは自覚的な信仰告白のみが救いの条件となることを指すのだろうか。

神学者のドロテー・ゼレは、「義認」に関する問いは、「神の前で私がいかに正しくなるか」ではなく、「どうすれば神の義が私を支配するようになるのか」という問いであるべきだと論じた（『神を考える』）。ここでは「行いか信仰か」という二元論的な問いの立て方が退けられ、私たちの継続的な応答こそが問題となる。そしてその応答は、さまざまな形を取りうるのだ。

実は聖書の中で語られる「義」の形もけっして一枚岩ではなく、多様である。聖書が提示する多様性やルターの義認論の深みに学び、今日的な課題としてあらためて「信仰」と「義」に思いを巡らせてみたい。

義をめぐる神学的風景

芳賀力《はがつとむ》

1952年生まれ。東京神学大学、ハイデルベルク大学神学部卒業（神学博士）。東京神学大学教授。2013―2017年学長。著書『救済の物語』（日本基督教団出版局）、『神学の小径 I―III』（キリスト新聞社）。訳書A. マクグラス『神学のよろこび』（キリスト新聞社）他。

一　義は人間にとって最も基本的な資質のひとつ

〈義〉は、人間が人間として生きていくために必要な、最も基本的な資質のひとつである。そうでないと言うなら、その反対を考えてみればいい。義のない状態、すなわち不義とは、人として守るべき道をはずれることであり、もしまっとうな生き方をしているのにこの言葉が向けられたとすれば、汚名をそそがなければならず、そうしなければ人格そのものが否定され、社会から葬り去られることになる。

　正義の定義として一般に流布するようになったものに、ローマ法学者ウルピアヌスの〈各人に彼のものを与えよ〉という言い回しがある。これはアリストテレスの正義論にまで遡る。ギリシア人にとって正義は、四つの枢要徳（勇気、節制、正義、熟慮）の中で最もすぐれたものだった。「正義がしばしば徳のうちの最もすぐれたものと考えられ、『夕星も暁の星も』これほどまでに嘆賞に値するものではないと考えられるのもそのゆえであって、われわれは諺《ことわざ》に『正義のうちに徳はそっくり全部ある』といっている」[1]。その根本原則は、多すぎず少なすぎず「各人に各人のふさわしきものを帰す」応報の論理であり、いわゆる「分配の義（iustitia distributiva）」が正義論の根幹を形作る。こういう見方は現代の法学者ジョン・ロールズなどの『正義論』にも受け継がれている。分かりやすく説明しよう。ある人が大変重要な発明をしたとする。それを元に商品化した会社が、その結果として巨額の利益を上げた。その場合、発明をした当人の功績が無視ないし軽視され、その人に巨額の利益に見合う報酬が与えられないとすれば、それはどこか不正ではないのかという話になる。

二　では誰がそれを判定するのか

問題は、いったい誰が各人に見合ったものを判定し、相応に評価し、公正に分配するのかということである。アリストテレスが家庭教師を務めたのが後のアレキサンダー大王である。彼はマケドニアの王としてギリシアからインドにまで及ぶ大帝国を築き、地中海をはじめまわりの海を我がものとしていた。ある日このアレキサンダー大王のところに、海賊の頭領がつかまえられ、連れてこられた。大王は詰問する。「お前は何の権利があって世界中の海を荒し回っているのか」。盗賊は答えた。「王さま、あなたと同じです。あなたはそれを大軍団を用いて行い、英雄呼ばわりされているのに、私たちがたった一隻の船でそれを行うと、盗賊呼ばわりされるのです」。この逸話が示していることは、正義というものが人や状況によって異なって理解されてしまうものだということである。盗賊が小さな盗みを働くと不正であるが、大王が国家のためにという大義のもとでもっと大規模にそれを行うと正義だとされる。国家が人々を戦争へと駆り立てるのはいつもこうした論理からである。

人間が自分で自分の行動に正義の判断を下すことはむずかしい。すぐに自分に有利な理屈が先立って自己正当化が始まる。「災いだ、悪を善と言い、善を悪と言う者は。彼らは闇を光とし、光を闇とし、苦いものを甘いとし、甘いものを苦いとする」（イザヤ五・二〇―二一）。カントは先験的な（つまり経験に先立つ）実践理性によって人間には善悪の判断が可能だと見たが、その判断が実際には後験的な（つまり経験の後からの）社会通念によってどれほど曇らされてしまうことだろう。自分個人を離れ、社会というより広い立場に判断を仰ぐにしても、その判断の中にすらひそかに利害関係が忍び込む場合がある。あからさまな利害関係に左右されなかったとしても、評価は外面的な価値判断という表層レベルに留まらざるをえない。個人の評価は社会的有用性や経済効果（コスト・パフォーマンス）に大きく依存する。もっと客観的に法の問題として考えてみても、実定法には法律の網の目が存在し、抜け道が必ずある。しかもその法を司る立場にある人間の判断にもしばしば不正が入り込む。「太陽の下、更にわたしは見た。裁きの座に悪が、正義の座に悪があるのを。……わたしは改めて、太陽の下に行われる虐げのすべてを見た。見よ、虐げられる人の涙を」（コヘレト三・一六、四・一）。

そしてここにはさらに見据えなければならない地上の法の限界がある。もし結果として現れ出た過ちの行為が限りなく正当防衛に近かった場合、地上の法は果たしてどこまで人間の心の内面を裁けるのだろうか。そしてこの地上の法の持つ限界は、冤罪《えんざい》の可能性を完全に払拭することができないという事実において最も深刻な問題を露呈する。

三　到来する神の義

地上の法の限界にぶつかってはじめて人は、地上の法を越える法の存在を希求する。冤罪に苦しみ、不当な裁きにあえぐ者は真の義を求めざるをえない。神の正義を求め、神に弁明し、神からの審判を仰ぎたいという切実な願いへと高揚する。イスラエルの預言者的伝統の中に私たちが見出すものは、他の諸民族と比べ遥かに先鋭化された仕方でその表現にもたらされた、義への飽くなき問いである[2]。「不法の証人が数多く立ち、わたしを追及しますが、わたしの知らないことばかりです。彼らはわたしの善意に悪意をもってこたえます。……わたしの神、わたしの主よ、目を覚まし、起き上がり、わたしのために裁きに臨み、わたしに代わって争ってください」（詩編三五・一一―一二、二三）。ここでは神の裁きこそが人間にとって救いである。ヘブライ語の「裁く（ミッシュパート）」という言葉は元来、物事を正しい秩序に立て直すという意味であり、既にそこには救済論的な含蓄がある。

イスラエルの伝統において最も先鋭化されるに至ったこの義への問いは、いったい何を暗示しているのだろうか。それは、義もまた啓示されるべきものだということである。上から示されてはじめて人間は、義が何であるかを知る。それによって私たちは自分の不義を認めるようになる。確かに人間は、あの「善悪の知識の木」（創世記二・九）から実を食べて以来、善悪を知る者となった。しかし人間はまさにその善悪の分別において、知識としては知りつつも、あのアダムとエバのように平気で偽り、責任をなすりつけ、うそぶく存在なのである。

それゆえ義はあくまで天から啓示されなければならない。人間の罪深さが明らかになるのもこの神の義の前においてであって、罪認識は単なる人間の心理的自己判断とは異なる。使徒パウロがロマ書一・一八において、一・一七の福音の啓示と並べ、あえて同じ「啓示される（アポカリュプテータイ）」という字を重ねつつ、聖なる神の怒りとしての神の義の、天からの啓示について語っているのも、まさにそのような理由からである。

不当な訴えに苦しむ「義に飢え渇く人々」（マタイ五・六）に、今や新たなる希望をもたらすものは、この上から啓示される神の義の到来である。捕囚に苦しみあえぐ民の中にメシア待望論が生まれたのもこの理由による。終末に待望される大いなるメシア王は、この義の啓示を伴って到来する。「天よ、喜び祝え、地よ、喜び躍れ　海とそこに満ちるものよ、とどろけ　野とそこにあるすべてのものよ、喜び勇め。森の木々よ、共に喜び歌え　主を迎えて。主は来られる、地を裁くために来られる。主は世界を正しく裁き、真実をもって諸国の民を裁かれる」（詩編九六・一一―一三）。

ここに至ってイスラエル的な義への問いは壮大な歴史の神学となる。歴史に終わりをもたらすものは、義をもって到来する審判者としてのメシア王である。もし歴史に究極的な義の審判がないなら、人間の歴史は容易にニヒリズムに陥る。義をめぐる切実な問いは答えられないままである。しかし、義のために迫害を受け、義に飢え渇く者にとって、最終的な解答を神から待ち望みうるということは最後の砦である。

しかし同時にここで問われねばならないことは、この義なる神の到来は不義なる人間にとっては根本的な危機を意味するという点である。この問いが深刻となるのは、義に飢え渇く者それ自身もまた義なる神の前では、不義の闇の中を歩む民の一人にすぎないのではないかという不安に直面させられるときである。「あなたたちが待望している主は、突如その聖所に来られる。……だが、彼の来る日に誰が身を支えうるか。彼の現れるとき、誰が耐えうるか」（マラキ三・一―二）。「岩の間に入り、塵の中に隠れよ　主の恐るべき御顔と、威光の輝きとを避けて」（イザヤ二・一〇―一一）。「エルサレムの通りを巡り、よく見て、悟るがよい。広場で尋ねてみよ、ひとりでもいるか　正義を行い、真実を求める者が。いれば、わたしはエルサレムを赦そう」（エレミヤ五・一）。大いなる主の日は恐るべき審判の時でもある。

四　ところが、今や

もしそうなら、どうしたらよいのだろう。私たちに帰される当然のふさわしいものとは、私たちが行ってきたことに対する当然の報い、自業自得としか言いようのない刑罰にほかならないのではないか。神を悲しませ、人を傷つけ、まわりを押しのけ、信頼を裏切り、偽りを語り、悪い噂を流して人を窮地に追いやり、ただ自分一人の幸せだけを求めてきた、その自分のどこに、少しでもましな部分があるというのだろう。いやそんなものはひとつもなく、この私は、罰せられるのが当然の、哀れな死すべき罪人なのではないか。「ところが今や、律法とは関係なく……神の義が示されました」（ローマ三・二一）。これが新約聖書の告げる神の義の到来の出来事である。パウロによれば、人間は律法の要求する業を行うことによっては義とされない。人間は義を作り出す主体ではなく、徹頭徹尾、義の受け取り手である（ローマ四・五）。それが、神の義は福音の中に啓示された（ローマ一・一七）ということの意味である。到来した裁き主、メシア王なる方が人間の不義に相応する刑罰を引き受けてくださり、代わりに私たちには、到底ふさわしくないキリストの義が分け与えられる。ドイツの組織神学者E・ユンゲルは言う。「福音は単に情報を与える告知ではなく、すぐれて創造的な告知であり、そのようなものとして終末論的な告知、今すでに開始された新しい時代の告知である。福音は……自分ではもたらしえない新しい可能性を告げ、それを私に［新しい］現実として約束する(3)」。

もちろん、罪人の義認は罪の裁きなしではない。白でも黒でもどちらでもよいと万事を水に流すことではない。罪は罪であり、不義は不義である。罪は裁かれる。しかしその裁きは、私たちの代理人イエス・キリストにおいて起こっている。「罪人の義認が存在するとすれば、それは神の審判を通り過ごしてではなく、神の裁くことの恵みを貫いてなのである(4)」。神は、自ら神なき者となって十字架の呪いを負われた方において、罪人を義とする。すなわち自分を神なき者としてしまった人間に義を贈り与え、再び神に対応する人間へと連れ戻す(5)。

人は実際に不正な者を正しいと認めることはできない。正義を骨抜きにすることなしに罪責ある者を無罪だと宣告することは、ふつうであれば不可能である。しかし「罪人の義認の福音は、神がまさにそのようなことをされたのだと主張する。キリスト教信仰の中心には、法外な主張が立っている。すなわち、この正当にも罪責ある者、神の前にまったく不正であり、したがって罪人にして神なき者と呼ばれるにふさわしい人間が、神によって正当化されるということ、それゆえ、神のもとに承認を得るということである(6)」。

この点でユンゲルは、神の義とは神の力であることを力説する新約学者ケーゼマンやシュトゥールマッハーらの主張に賛同する。「神の義は、自らを伝達する、神から人間へと移し渡される義であるという点にその固有性を持っている。……真の義はむしろ、至るところで自らを貫徹しようとし、不義が支配するところに義を造り出そうとする。その限りにおいて神の義は、まったくもって神が『堕落した世界をご自分の義の領域へと連れ戻す力』なのである(7)」。

五　承認と受容

しかし「罪人の義認」は、確かに五百年前のルターにとっては死活問題だったかもしれないが、いったいどこまで現代を生きる人間の問題となりうるのだろうか。宗教改革的信仰義認論を現代において活性化するにはどのような切り口から入ればよいのだろう。そのひとつのアプローチは、人間存在の深みに潜んでいる「承認」への根本的な希求に注目することである。

哲学者ヘーゲルは社会関係を成り立たせている重要な指標として「承認」を挙げる。人間の自己意識は他者から承認されたものとしてしか存在しない。自己と他者という二つの自己意識の関係は、相互に承認しあうことによってだけ成立する。それはヘーゲルによれば、自由を得るための「生死をめぐる闘争」である。「生命を賭けることによってしか自由は確証されえない」[8]。ユンゲルは言う。「何かを正当化すること、自分を正当化せざるをえないこと、正しいと認められること、それらはこの世の人生で起こる基本的な事象である。そういうことは毎日起こっている。それらは確かにキリスト教信仰の中心的な秘義とは直接関係ないが、罪人の義認としてなされている事柄を前もって理解するための橋渡しをしている」[9]。そしてユンゲルによれば、「承認されるということは人間にとって本質的なことである。彼の人格存在はそのことにかかっている」[10]のである。

同じようにドイツ福音主義教会常議員会は、宗教改革五百年記念基調文書『義認と自由』の中で、かつてのルターの経験に現代人がアプローチする手がかりとして承認と評価を挙げる。他者からそのまま人間として承認され、評価されるということは、どんな人間にとっても生きる上で必要なことである。とはいえこの承認という人間相互間の経験は、めったに起こるものではない。だからもし人間が神による承認を経験するなら、それはその人の存在を根底から揺り動かす新しい認識になりうる。「たとえそれに値しなくても、私は認められている。理由などない。それは贈り物なのだ！　神学的に言えば、それがすなわち、恵みによるということである」[11]。ここでさらに評価という概念を補助として用いてもよい。「私が成し遂げたのに、それを誰も評価してくれない！」この言い回しは私たちの日常経験を表している。私たちの間では、確かに何らかの先行する業績がなければ評価されない。しかし神は前提条件も相応の価値もないまま人間を評価してくださる。宗教改革的な義認論は、ただ正当である者だけが正しいと認められるというこの世の論理を打ち破る。「恵みによる義認」とは、私には愛すべき価値が何もないにもかかわらず、愛されることであり、受け容れがたいにもかかわらず、受け容れられることである。「人間というものは外見が表しているものや、その人となりがどうであるかによって査定されるのではなく、学歴や収入、社会的背景や名望にはまったく依存せず、神によって愛され、承認され、価値ある者とされることによって評価される。この神による承認ないし評価が人間を真実に自由にする。罪責はもはや人を苦しめず、単に忘れ去られるのではなく、告白された罪責として赦され、それによって初めて克服される」[12]。どんな人間の人生であれ、この神による「義認」こそ人生の展望を根本的に変えられるものだと、宗教改革者たちは確信していた。人間的な自然の愛が価値あるものに対して燃え上がるのに対して、神の愛は愛される価値のないものへと向けられ、それを今度は神にとって愛する価値のあるものとして創造する。「神の愛は、自分にとって愛する価値のあるものを前もって見出すのではなく、それを創造する。人間の愛は、自分にとって愛する価値のあるものから生じる」[13]。

　私たちのまわりには、誰からも認められず、受け容れられない者がいる。だから「承認と受容」は、ＳＮＳのフェイスブックに「いいね」を押してもらうかどうかといったつまらない次元の話に貶《おとし》めて笑ってすますことのできる問題ではない。承認と受容は人間の魂の奥底からの叫びである。そしてその深い淵からの叫びに、神は今教会を通して応えようとしているのである。教会にはあなたを受け容れる居場所がある。いや教会にこそ！　なぜなら罪の赦しと神の受容を聴くことができる場所はここにしかないからである。

　私たちはいつも自分の歩んできた生の歴史（ライフ・ヒストリー）を、ひとつの物語の筋道として捉えながら、現在の自分を確認し、やがて訪れる未来の生活を予期しつつ歩み続ける。失敗や過ちがあり、それゆえに後悔がある。そんなとき私たちが行うことは、自分が選び取り、歩んできた筋道を、「ともかくこれで良かったのだ」と見なすことである。それは自分の物語の筋道を正しかったと肯定し、正当化する行為である。正当化（justification）とは、伝統的なキリスト教の神学用語に直すと「義認」ということである。自分で自分の人生を義認するということは、つまり自分の歩みを自己義認するということになる。しかし、「私の物語の義認が可能となるのは、ただ神による義認の物語の中においてだけである」[14]。信仰義認を救済史として担う教会は、現代において業や価値によらずに人々を受容し承認する共同体、いや何よりも神による義認の起こる唯一の場所なのである。

注

（1）アリストテレス『ニコマコス倫理学（上）』高田三郎訳、岩波書店、一九七一年、一七三頁。

（2）拙著『救済の物語』日本基督教団出版局、一九九七年、一六三―一六九頁参照。

（3）E.Jüngel, Das Evangelium von der Rechtfertigung des Gottlosen als Zentrum des christlichen Glaubens, Tübingen 6. Auflage. 2011, S.57.

（4）E.Jüngel, ibid., S.71.

（5）E.Jüngel, ibid., S.66-7.

（6）E.Jüngel, ibid., S.6.

（7）E.Jüngel, ibid., S.54. ユンゲルの文中に引用されたケーゼマンの言葉は以下にある。E・ケーゼマン『ローマ人への手紙』岩本修一訳、日本基督教団出版局、一九八〇年、六五頁

（訳文は少し変えている）。さらにユンゲルは、以下の定義をより適切なものと見なしている。「神の義は、堕落した世界の不正な諸関係を造り直すためにその堕落した世界に入り込む一つの力である。その限りにおいて神の義は創造的な次元、すなわち『新しい創造の次元』を持っている」（P.Stuhlmacher, Die Gerechtigkeitsanschauung des Apostels Pauls, in: ders., Versöhnung, Gesetz und Gerechtigkeit. Aufsätze zur biblischen Theologie, 1981, 87-116, 104）。

（8）G・W・F・ヘーゲル『精神現象学』長谷川宏訳、作品社、一九九八年、一三二頁。また最近の議論についてA・ホネット『承認をめぐる闘争——社会的コンフリクトの道徳的文法』山本啓・直江清隆訳、法政大学出版局、二〇〇三年参照。

（9）E.Jüngel, op.cit., S.4-5.

（10）E.Jüngel, ibid., S.6.

（11）ドイツ福音主義教会常議員会編『義認と自由——宗教改革５００年２０１７』拙訳、教文館、二〇一七年、四五頁。

（12）前掲書四九頁。

（13）M・ルター「ハイデルベルクにおける討論」『ルター著作選集』ルーテル学院大学／日本ルーテル神学校ルター研究所編、教文館、二〇〇五年、三一頁。

（14）拙著『大いなる物語の始まり』教文館、二〇〇一年、一八二頁。

ルターの信仰義認論
——「隠された神」との関連で

竹《たけ》原《はら》創《そう》一《いち》

1948年生まれ。静岡大学、京都大学大学院、チューリヒ大学神学部を経て、京都大学大学院文学研究科キリスト教学専攻修了。博士（文学・京都大学）。立教大学名誉教授。専攻はルターの宗教改革を中心とするキリスト教思想史研究。著書『ルターと詩編——詩編第四編の解釈を中心に』他、訳書『ルター著作集　第2集第3巻』他。

1．出会いと問い

ルターの『奴隷意志論』に出てくる「隠された神」との出会いは、それまでのわたしの信仰理解を揺るがす衝撃であった。「隠された神」によって信仰義認論が危うくされるように思われた。しかし不思議であったのは、ルターにおいて「隠された神」と信仰義認論とが確かに両立していることであった。彼が信じる神、彼がもつ信仰とはどういうものかを、それ以来問い続け、今日に至っている。

『奴隷意志論』は彼の著作全体の中で特別な意味をもっている。彼が晩年にさしかかった一五三七年に著作集の計画をもちかけられたとき、『奴隷意志論』（一五二五年）と『教理問答書』（一五二九年）〔ルターには『大教理問答書』と『小教理問答書』とがあるが、両書合わせて『教理問答書』と呼んでいると思われる〕だけが「私の正当な書」であり、それ以外は失われてよいと、手紙に書いている〔WABr. 8, 99〕。実際『奴隷意志論』の終結部で、本書の議論が、一五一七年の九五箇条提題以来ローマ教会から彼へ向けられた、贖宥状とか煉獄とか教皇制とかに関する枝葉末節的議論と異なり、問題の核心を衝く議論になったとして、本書の論争相手である『自由意志論』（一五二四年）の著者エラスムスを称賛している〔WA 18, 786「他のだれにもまして、事柄そのものを、訴訟の要点を衝いたのはただあなただけであって……ただあなたひとりが事柄の基軸を見、喉元を衝いた人である」〕。これはエラスムスに対する称賛であるとともに、ルターがいかに本書の主題をキリスト教の中心的問題と見なしていたかを示す言葉である。同様のことは、WA 18, 614でも述べられている」。さらにその後エラスムスが『奴隷意志論』に対して再三再四批判書を著したにもかかわらず、ルターはもはや応答しなかったほど、本書は彼にとって揺るがぬ自信作であった〔ルターとエラスムスの論争経緯は以下のとおり。一五二〇年にローマ教皇庁が、九五箇条提題を含むルターの諸著作から四一の命題を挙げて破門威嚇勅書を発令したのに対し、ルターは直ちに弁明書『主張』を著した。これに対し今度はエラスムスが、『主張』の中の自由意志論に的を絞って、ルターを批判する書『自由意志論』（一五二四年）を著した。このエラスムスの書を直接の論争対象として、ルターの『奴隷意志論』（一五二五年）は成った。エラスムスはさらに再批判書（『マルティン・ルターの奴隷意志に反対する重武装兵士』一五二六～二七年）を著したが、それにはルターはもはや応答しなかった〕。

「隠された神」は、『奴隷意志論』以前にも、すでに『ハイデルベルク討論』（一五一八年）に出てくるが、両書の間で「隠された神」の意味内容が相違している。『ハイデルベルク討論』第二〇条解説では、「神は、受難の中に隠されていたもうかた」、「十字架につけられたキリストの中に、まことの神学と神認識が存する」と言われ、その神学は「十字架の神学」と呼ばれる。それゆえ『ハイデルベルク討論』における「隠された神」は、「受肉した神、み言葉に装われた神、イエス・キリストにおいて現わされた神」であり、これは『奴隷意志論』では「現わされた神」と呼ばれている。『奴隷意志論』における「隠された神」は、み言葉なるイエス・キリストを媒介せず、説教することも、祈ることも、礼拝することもできない、絶対的に隠された神である。これはキリスト教の神とは言えず、もはや神学思想とも言えない。それにもかかわらず、なにゆえそれがルターの代表的著作『奴隷意志論』で語られるのか、またそれが彼の宗教改革的中心思想である「信仰義認論」とどう関わるのかが問われる。その問いに立ち入る前に、『奴隷意志論』における「隠された神」の思想について、もう少し詳しく見よう。

2．隠された神

『奴隷意志論』における「隠された神」は、エゼキエル書一八章二三節の「私は罪人の死を願わない」〔新共同訳聖書では「わたしは悪人の死を喜ぶだろうか」。エラスムスの自由訳をルターはそのまま引用している〕の解釈として出てくる。ここはルターの「隠された神」を理解する上で重要なので、少し長くなるが引用したい。

「エラスムスは、『憐れみ深い主が、自らの民のうちに死を働いておきながら、その民の死を悲しむなどということがあるだろうか、これはあまりに不条理と思われる』などとつまらぬことを言っているので、われわれはこう答える。われわれに説教され、礼拝されている神について論じるのと、説教されず、礼拝されてもいない神について論じるのとでは異なった論じ方をしなければならない。それゆえ神が自らを隠して、われわれに知られずにおこうとする限りでは、神はわれわれと関わらない。この場合には、かの格言『われわれの上にあるものは、われわれに関わりがない』がまさに妥当する。この区別がわたしだけのものだと思われないために、わたしはパウロに倣う。彼はテサロニケ人に反キリストについて次のように書き送っている。『不法の者は、すべて神として説教されたり、礼拝されたりするものの上に自分を高めようとする』（二テサ二・四）と。彼は、説教されたり、礼拝されたりする限りでの神の上に、すなわち言葉と礼拝によって神がわれわれに知られ、われわれと関わりをもつ、その言葉と礼拝の上に、だれかが高められうることを、はっきりと示している。しかし自らの本性と荘厳のうちにあるかたとして、礼拝もされず、説教もされない神の上には、だれも高められえず、すべてはその神の力強いみ手の下にある。それゆえその荘厳と本性のうちにある神はそのままにしておかなければならない。むしろわれわれは、み言葉によって装われ現わされた限りでの神と関わりをもつのである」〔WA 18, 685〕。

ここで「隠された神」は「自らの本性と荘厳のうちにある神」と呼ばれ、み言葉によって救いを約束する「現わされた神」と異なり、人間のうちに畏れを引き起こさずにはいない（「隠された神」と「父なる神」の関係について、ルターは直接述べていないが、彼の区分に従えば、説教され、祈られ、礼拝される「現わされた父なる神」と、説教も、祈りも、礼拝もされず、ただ終わりのときにはじめて現われる「隠された父なる神」とに区分されうるであろう。しかし父なる神は、ただキリストの御名を通してのみ祈られるとすれば、父なる神自身はまったく「隠された神」であり、子なるキリストだけが「現わされた神」ということになる）。われわれは「現わされた神」に注目すべきだとはいえ、同時に畏れ崇めるべき「隠された神」を知らされることは、信仰にとって重大な危機である。このルターの神観は、「義にして善なる神」のみを説くエラスムスの神観と異なる。しかもこの神観をルターは自分の個人的思いつきではなく、聖書に典拠をもつものだとして、「隠された神」を文字通り語るイザヤ書四五章一五節のみならず、聖書の諸箇所を挙げる。ただし先に挙げられた第二テサロニケ二章四節は、「現わされた神」との対照を語るのみで、「隠された神」を積極的に語っているとは言えず、むしろ他の場合にルターが挙げている、ヨブ記七章、九章、詩編六編の方が、畏れを引き起こす「隠された神」をよく表している〔WA 5, 203 ~ 205〕。これら特定の箇所に限らず、聖書を性急に転義的に解釈しないで、不条理をはらむ文字通りの意味を重んじて読むとき、聖書の至るところで隠された神に出会うと言う〔ここで聖書を転義的に解釈するとは、聖書の文字通りの意味が理性の犠牲を強いないように、文字とは別の意味へ転じることであり、一種の比喩的解釈であり、非神話化である。エラスムスは古代教父のオリゲネスやヒエロニュムスから聖書の転義的解釈を多く学び取っている。ルターも初期には道徳的意味での転義的意味を重んじたが、ここでは文字的意味に留まろうとする〕。以下においてそのいくつかの例を、エラスムスの解釈と対比させながら見よう。

3．応報としての義認

エラスムスは『自由意志論』において、聖書の中で不条理と思われる三箇所を取り上げ、そこでは文字通りには自由意志が否定されているようであるが、転義的に解釈することによって、自由意志を肯定し、功績と応報による人間と神の関係を説明しようとした。彼が取り上げたのは、第一に出エジプト記九章「神がファラオの心をかたくなにした」、第二にマラキ書一章「わたしはヤコブを愛し、エサウを憎んだ」、第三にイザヤ書四五章「粘土が陶工に言うだろうか」であった。

第一にエラスムスは、「義にして善なる神」が「自らの力を示すために、人間の心をかたくなにするのは不条理である」と言う〔III-a-2〕。この不条理を克服するために彼はオリゲネスの転義的解釈を援用する。すなわち神は直接ファラオの心をかたくなにしたのではなく、寛容な忍耐をもってファラオに悔い改めの機会を与えたにもかかわらず、ファラオは自らの邪悪さによってその機会を悪用し、かたくなになったのであり、その罪責（負の功績）はファラオにあるという解釈である。その説明として、同一の降雨によって、耕された良い土地は実を、悪い荒地は茨を生み出すという比喩、また同一の太陽の日差しによって、ろうは柔らかく、どろは固くなるという比喩、また過ちを犯した子を父が直ちに罰さなかったため、子がいっそう大きな過ちに陥ったとき、父が子に、「わたしがお前をだめにした」と言う言葉づかいの例をオリゲネスから引いている。こうして憐れみ深い神の善なる働きにもかかわらず、ファラオの負の功績ゆえに、その応報としてファラオがますますかたくなにされたと説明する。

第二にエラスムスは、創世記二五章「兄は弟に仕えるであろう」とマラキ書一章「わたしはヤコブを愛し、エサウを憎む」を取り上げる。ここでもエラスムスが理解する神は「正当な理由から」働く神であり、神が憎んだり愛したりするのは、彼らが生まれた後の功績を予知し、それに応じた報いを与えていると解釈する〔III-a-12〕。パウロがローマ書九章一一節以下で「人の意志や努力ではなく、神の憐れみによる」と述べているにもかかわらず、エラスムスはパウロの解釈を「行き過ぎ」〔III-a-13〕だとして、神の「正当な理由」による働きを堅持するため、自由意志による功績を保持しようとする。

第三にエラスムスは、イザヤ書四五章「粘土が陶工に言うだろうか」とエレミヤ書一八章「粘土が陶工の手の中にあるように」で、粘土に譬えられているものにも自由意志があり、「理性的な器」、「生きた理性を備えた道具」として主人に役立つ尊い清められた器になりうると言う。また陶工が、卑しいことに用いるための器を作ったのは、それの「先行した負の功績」のゆえであると説明する〔III-a-14, 15〕。

以上三箇所についてのエラスムスの解釈において一貫していることは、人間と神の間での功績と応報による関係の維持である。神の働きが理由のない不条理なものでなく、義にして善なる神の働きとして、必ず正当な理由をもつものとして解釈しようとする。神の働きのおもなものは、救いへの選びであるが、神の選びが人間におけるいかなる対応点ももたない理由なきものでなく、選びが理由づけられる何らかの功績を人間に認めようとする。そのためには人間の自由意志が不可欠の要因となるので、この三箇所では文字通りには自由意志が認められないにもかかわらず、転義的解釈によって自由意志肯定論が導き出される。功績は受ける恩恵と等価の「応報的功績」である必要はなく、「自己の最善を尽くす」なら、「合宜的功績」が認められるという、後期スコラ学の功績論が継承されている。

4. 不条理な義認

それに対しルターは『奴隷意志論』において、同じ聖書箇所の解釈をとおし、「隠された神」の観点から、功績と応報による神と人間の関係を否定する。彼は「神がファラオの心をかたくなにした」を、エラスムスのように「ファラオ自身の邪悪さによってかたくなになった」とは解釈しないで、むしろ文字通り神の働きとする。そして神がファラオをかたくなにしたのは、彼の抵抗をとおしてイスラエルの信仰を堅くするためであり、イスラエルを解放しようとする神の真実と憐れみが、この箇所のテーマであると解釈する〔WA 18, 713〕。エラスムスはファラオのかたくなさとユダの裏切りを重ね合わせ、いずれもそれぞれの心の邪悪さを不幸の理由とするが、ルターは神の全能による普遍的働き、また神の予知による必然性に注目する。これは義認の根拠を自分の心のうちにのみ求めていた彼を解放するものであった〔WA 18, 719〕。

創世記二五章およびマラキ書一章を、パウロがローマ書九章で引用しながら、行いによらない信仰のみによる義認の例としていることを、ルターは正当な解釈として受け入れる。ここにはエラスムスが考えるような「正当な理由」はなく、神の永遠不変の愛と憎しみがあるばかりである。人間が生まれるより先に、また働くより先に、否、世が成る前から愛し憎む神、人間のように変わりやすく愛し憎むのでなく、永遠不変に愛し憎む神は、「隠された神」である。そのような愛や憎しみは実際どういうものであるか、人間には計り知れず、ただその前で畏れるのみである。ここでは自由意志は成り立たない〔WA 18, 723 ~ 725〕。

イザヤ書四五章、エレミヤ書一八章について、エラスムスが粘土にもなお自由意志があることを証明しようとしていることを、ルターは批判する。エラスムスのように、すべてに功績と応報の関係を要求し、粘土の功績をも考慮することは、この箇所での陶工の自由を制限することである。これとの関連で功績と応報の関係が成り立たない例としてエラスムスが挙げたマタイ福音書二〇章のぶどう園の労働者のたとえについて、ルターは労働に応じた報酬を要求する労働者でなく、気前よく払おうとする主人の自由がこの箇所の主題であると言う。ところで「理性の判断に従うなら、救いに値しない者が救われることは、罰に値しない者が罰せられることと同じだけ不正なこと」であり、信仰義認の恩恵も、故なき罰と同じだけ畏れ多い隠された神の働きであることを示唆する〔WA 18, 730〕。キリスト教教義の伝統において、義認は「義にして善なる神」の自明な働きと見なされてきたが、それがいかに人間中心主義的判断であったかが〔ここではキリスト教教義に対するフォイエルバハの投影説批判が妥当することになる〕、「隠された神」の自由に照らされるとき露呈する。義人の苦しみだけが不条理として強調されがちであるが、罪人の義認も同じだけ不条理であることに気づかされる。「神が相応しくない者たちに栄冠を与えるのがどうして義であるかは、直ちには理解されえず、ただ神がもはや信じられるのでなく、み顔が顕されることによって見られるとき、われわれはそれを理解するであろう」〔WA 18, 731〕という終末論的解明に委ねられる。

5. 奴隷と自由

ルターとエラスムスの自由意志論争は、信仰義認論を実質的内容とし、「信仰のみによって義とされる」か「信仰と行いによって義とされる」かをめぐる論争である。両者とも信仰を不可欠と見なすが、信仰の意味が相違している。ルターにおいて「信仰のみ」は、「恩恵のみ」や「キリストのみ」と同一事態を表す。なぜなら信仰は恩恵やキリストを受け容れる「空洞」〔WA 56, 219〕だからである。「信仰のみ」でなければならないのは、それ以外の道徳的行いや理性的認識によっては、高慢や倒錯のために罪に陥らざるをえないからである。ここでは信仰と行い、信仰と理性は対立的にとらえられ、信仰のない状態を彼は罪の「奴隷」と呼んだ。エラスムスにおいて信仰は行いと並ぶ人間の働きであり、義とされるための功績である〔III-a-12〕。行いには道徳的行いだけでなく理性的認識も含まれる。功績と応報という因果関係も理性的判断である。信仰と行いは協働して義の実現のために努力する。「義にして善なる神」がその実現を命じること自体が実現の可能性を示し、その可能性を彼は「自由」と呼んだ。エラスムスは次のように総括している。「『人間は神の恩恵の援助によらなければ何もできない。それゆえ人間の働きで善なるものはない』と結論づける者たち（ルターたち）に対し、わたしたちは、『人間は神の恩恵の援助によってできないものは何もない。それゆえ人間の働きはすべて善でありうる』という、より真実と思われる結論を提出する」〔III-c-13〕と。たしかに両者は論理的に対立することを言っているわけではないが、協働を認めないルターにとって、人間が「できる」か「できない」かは、決定的に違うことである。

　ところでなぜルターが「私の正当な書」として、『奴隷意志論』と並んで『教理問答書』を挙げたかが問われる。一読して両書は性質の異なった書であることがわかる。『奴隷意志論』は、自らを良いキリスト者と見なして努力している人間に向けて、自らの努力によって義を得ることを徹底的に否定した書である。他方『教理問答書』は、「子供たちや単純な人たち」を信仰の義へ教え導くことを目的とした書である（ルター自身も「日々教理問答書を学び続けている」〔『大教理問答書』序文、WA 30 I, 126 ~ 129〕）。律法について、『奴隷意志論』は罪を認識させるものとしてのみ説いているが、『教理問答書』は実行すべきものとして教え、律法の行いに応じた報いと罰を説いている。応報について、『奴隷意志論』も終末論的「栄光の光」による「隠された神」の顕現を認め、究極的意味での応報を認めるが、現世での応報は認めない。このように両書は異なった語り方をしているが、いずれも不可欠な書として、両書によって彼は信仰義認論の全容を説いた。自らを奴隷と自覚する罪認識と、自由における義追求とは、互いに関連しつつも、それぞれの徹底ゆえに、二書を要したのである。

凡例　注におけるテキスト箇所の指示は、エラスムス『自由意志論』ワルター版の章・節、ルター全集ワイマル版の巻・頁を示す。日本語版は、ルター著作集第一集第七巻（聖文舎、一九六六年）、筆者による改訳版が今年出版予定。

新約聖書の「義認」

吉《よし》田《だ》忍《しのぶ》

岩手県出身。弘前大学人文学部卒業。立教大学大学院博士課程前期課程修了。同大学院博士課程後期課程満期退学。無教会研修所、農村伝道神学校、関東神学ゼミナールなどで非常勤講師。

新約聖書に収められている文書の中で義認の問題が明確に扱われているものは、パウロ書簡（おもにローマの信徒への手紙とガラテヤの信徒への手紙）を除けば、ほとんど見当たりません。そこで本論では、まずパウロの義認論を概観し、その後、その他の新約聖書諸文書に見られる義認論を、パウロの義認論と比較しつつ簡単に言及したいと思います。

1．パウロの義認について

パウロの義認論の特徴は、義認を律法遵守と徹底的に切り離す点にあります。人間の義認は律法の業《わざ》、つまり律法の諸規定を遵守して生きること、パウロの言葉を借りれば「ユダヤ人すること ἰουδαΐζειν」（ガラ2・14）とは無関係に生じる、そもそも人間は律法を守れないのだから（ロマ8・7）、律法の業からは義とされはしない（ロマ3・20、ガラ2・16）、このように彼は強調するのです。救いの共同体の中に留まるための要件とはならないとして律法遵守を退けた彼が代わりに持ち出すのが「ピスティス πίστις」（一般に、「信仰」と訳されます）です。「ピスティス」こそが救いの共同体の中に留まる要件であり、「ピスティス」からユダヤ人も異邦人も、つまりあらゆる人は義とされる（ロマ3・30）というわけです。しかし、「ピスティス」による義認はどのようにして生じるのでしょうか。そもそもパウロは「ピスティス」をどのような意味で用いているのでしょうか。

「ピスティス」の意味

「ピスティス」の意味範囲は広く、文脈によってこの語は「信頼」「誠実」「忠実」「担保」などを意味しますが、それではパウロは「ピスティス」をどのような意味で用いているのでしょうか。この問いに答えるために最も適当な箇所は、アブラハムの義認を語る4章3節および同9節cです。

ロマ4・3　聖書は何を言っていますか。アブラハムは神を信じた ἐπίστευσεν、そして、そのことが彼の義へと数え入れられたのです。

ロマ4・9c　そのピスティス ἡ πίστις がアブラハムの義へと数え入れられたのです。

明らかに4章9節cは同3節後半の言い換えです。4章3節では「数え入れられた」の主語を欠いていますが（この動詞は3人称単数形であるため、先の訳文には主語として「そのことが」を補いました）、9節cでは定冠詞が付された「ピスティス πίστις」、つまり「そのピスティス ἡ πίστις」が主語として明記されています。とすると、「そのピスティス」は、3節bの前半部分で「ピスティス πίστις」と同語根の動詞「ピステウオー πιστεύω」を用いて記されているアブラハムの行為、つまり彼が「信じた ἐπίστευσεν」ことを指すと考えるのが適当です。さて、この4章3節の「アブラハムは」以降の文言は創世記15章6節からの引用なのですが、パウロがこの引用句を引用元の創世記15章6節の文脈を念頭に置いて読まれることを求めていたならば――このように考えるのが適当であることは、パウロが「聖書は何と言っていますか」と問うてから創世記15章6節を引用していることから明らかです――、この4章3節を「アブラハムは神［が存在することを］信じた」とは読めません。なぜなら、創世記15章6節の直前で、アブラハムに対して神の約束の言葉が語られているからです。つまり、この創世記の文脈を念頭に置けば、「アブラハムは神［の約束の言葉］を信じた」あるいは「アブラハムは神［の約束］に信頼を置いた」と読むのが適当なのです。そうであれば、4章9節cに現れる「ピスティス」は「誠実さ」や「担保」などといった意味ではなく「信じること」を、つまり「信頼」という意味の「信じること」を意味していると考えられます。そして、アブラハムの記事が記されているのがただアブラハムのためだけではなく、パウロをはじめとした「私たち」のためでもあれば（4・23―24）、アブラハムの義認に際して用いられた「ピスティス」は「私たち」の義認に際して用いられる「ピスティス」と同じ意味合いを持つと考えるのが適当です。したがって、以下において義認に関係する「ピスティス」を「信頼」と、「ピステウオー」

を「信頼する」あるいは「信頼を置く」と表記することにします。

神と神の行為を信頼する

パウロは人間の義認に信頼が決定的に重要であることを語ります。それでは義認のために人は何に信頼を置けば良いとパウロは語っているのでしょうか。この問いに対しては、まず、神と神の行為に対して、と答えることができます。これは先に挙げたローマの信徒への手紙４章３節のみならず、以下の箇所などからも明らかです。

ロマ４・５　働かない者、しかし、不敬な者を義とする［神］を信頼する［その］者は、その信頼が義へと数え入れられている。

ロマ４・24　むしろ、［アブラハムの義認の記事は］私たちのゆえにも［書かれたのです］、死人たちから私たちの主イエスを起こした［神］を信頼している私たちも［義へと］数え入れられるのです。

ロマ10・９ｂ―10ａ　……あなたの心の中で神が彼（＝キリスト）を死者たちから起こしたことに信頼を置くならば、あなたは救われるでしょう……。というのは、［神がキリストを死者たちから起こしたことが］心において信頼されて義へと［至るのです］。

これは人間の義認がアブラハムの義認から説明されている（ロマ４・１―25）点から当然のことであると言えます。アブラハムに生じた信頼からの義認がアブラハムのゆえのみならず、「私たち」のゆえにも書かれたのであり（ロマ４・23―24）、アブラハムも「私たち」も神あるいは神の（約束）行為に信頼を置いている点で同様であり、そしてアブラハムが義とされたとすれば、同じ神に、そしてその神の同様の行為に信頼を置く「私たち」も義とされるに違いないし、実際に神はそうするに違いない、というわけです。神は自分に信頼を置く者たちを「無償で」（３・24）、つまり働きがなくとも（４・５）義と認める存在だからです。

キリスト・イエスへと信頼を置く

他方、義認に関連した信頼の対象を神とその（約束）行為とではなく、キリスト・イエスと語る箇所が見出されます。

ガラ２・16　私たちもキリスト・イエスへと信頼を置きました、それは私たちが……キリストの信頼から義とされるためです。

「私たち」が「キリスト・イエスへと信頼を置く」目的は、「私たちが」「キリストの信頼から義とされる」ことであると述べられていますが、これをどのように読めば良いのでしょうか。「キリストの信頼」を「キリストへの信頼」と解して、パウロがキリスト・イエスに信頼を置くのは自身のキリストへの信頼から義とされるためであった、と読めばよいのでしょうか。あるいは、「キリストの信頼」をキリストが抱いていた信頼と解して、キリストの抱いていた信頼から自分が義とされることを目的として、パウロはキリストに信頼を置いたのだ、と読めばよいのでしょうか。いずれにしても、「私たち」の義認のはじめには「私たち」の抱くキリストへの信頼が先行していることは確かです。それでは、この「私たち」が抱くキリストへの信頼はどのような道筋を辿って神による「私たち」の義認に繋がるのでしょうか。この点は、キリスト・イエスへと信頼を置くとは何かについて考えることから明らかとなります。

洗礼によるキリストとの一致

キリスト・イエスへと信頼を置くことはキリスト者の一員となるための前提でしょうが、一員となったことを意味しません。それではキリスト者の一員に加えられるためには何をすればよいかとパウロに問えば、それは洗礼にほかならないと答えることは確実です。と言うのも、パウロはキリスト者であれば全員が全員洗礼を受けていることを当然視しているからです。この点は、例えば以下の箇所から明らかです。

ロマ6・3　キリスト・イエスの中へと洗礼された私たちは誰であれ……。

一コリ10・2、6　彼ら（＝イスラエルの父祖たち）は皆、……洗礼されましたが、このことは私たちの型となったのです。

ガラ3・26―27　あなた方は皆、信頼を介し、キリストの中で神の子たちですが、と言うのは、キリストの中へと洗礼されたあなた方は誰であれ、キリストを着たからです。

とりわけ、ローマの信徒への手紙6章3節が注目に値します。この書簡はパウロがまだ会ったことがない、ローマのキリスト者に宛ててしたためられたものですが、にもかかわらず「私たち」、つまりパウロとローマのキリスト者たち双方が洗礼を受けていることを彼は当然の前提として議論を進めています。洗礼が教会形成の最初期から、おそらくはパウロが召命されて使徒となる以前から行われていたため、パウロはキリスト者であれば受洗しているものと疑わないのでしょう（この見解に対する批判として一コリ1・

17を持ち出すことは当然、できません）。それでは、洗礼はパウロにとってどのような意味を持っていたのでしょうか。これは例えば、先に挙げたガラテヤの信徒への手紙3章27節、そしてこれに続く28節、さらにコリントの信徒への手紙一12章13節から明らかです。

ガラ3・28　ユダヤ人もギリシア人もなく、奴隷も自由人もなく、男性と女性とはありません。あなた方は皆、キリスト・イエスの中で一人だからです。

一コリ12・13　私たちは皆、一つの体の中へと洗礼されたのです。

洗礼とは教会への入会儀礼であるのですが、それと同時に、受洗者がキリストと一致することになる儀式でもあるのです。パウロがしばしばキリスト者たちを「キリストの中に ἐν Χριστῷ」いる者として語るのは、この理解があるからに他なりません（ロマ6・11、一コリ3・1、二コリ2・17、ガラ1・22、フィリ1・1他。なお、ガラ2・19でパウロは「キリストと共に十字架につけられた」と語り、続く20節で「キリストが私の中で生きている」と語ります。この19節の言い回しは洗礼を指していると多くの研究者が指摘していますが、これが正しいとなると、20節でも洗礼によるキリストと受洗者の一致が語られていることになります）。

キリストの中において生じる義認

キリスト・イエスへと信頼を置くことは、受洗を介してのキリストとの一致へとつながり、この一致から、信頼からの義認が生じるとパウロは考えているのです。この点を明らかとするための出発点は3章8節と同14節です。

ガラ3・8　聖書は、神が異邦人を信頼から義とすることをあらかじめ知って、「すべての異邦人はあなたの中で祝福されるだろう」とアブラハムに前もって福音を告げ知らせました。

ガラ3・14　アブラハムの祝福がキリスト・イエスの中で異邦人へと生じる。

聖書、すなわち創世記12章3節（さらに創18・18参照）が語っている「祝福」は、直前で語られている信頼からの義認とほぼ同義であると考えて良いでしょう。そうであれば、14節で語られる「アブラハムの祝福」も信頼からの義認とほぼ同義であることになります（ここでパウロが「異邦人」の義認について語るのは、ガラテヤの信徒への手紙の文脈のためで、ここで語られている事態は異邦人に限らないキリスト者一般にも当てはまるものと考えて差し支えありません）。

アブラハムの祝福、すなわち、信頼からの義認はアブラハムの中で（8節）、つまりキリスト・イエスの中で生じる（14節）、と語られています（古代において、子孫は父祖の中にいたと考えられていましたから［ヘブ7・10参照］、キリストの中にあることはアブラハムの中にあることでもあります。この点についてはガラ3・29参照）。したがって、信頼から義とされるためにはキリスト・イエスの中に入る必要があるのですが、まさに洗礼こそがキリスト・イエスの中に入る手段であることは先に述べたとおりです。したがって、キリストに信頼を置き、洗礼を受けた者たちはキリスト・イエスの中に入った者たちですから、信頼から義とされる者たちとなるのです。

神の先行性

以上のように、パウロは人間が義とされるには信頼が必要であることを語っています。信頼を置く対象は、神あるいは神の（約束）行為あるいはキリスト・イエスであるわけですが、最後に忘れずに言及しておくべきことは、いずれにしても人間の信頼は神に対する応答である、という点です。創世記におけるアブラハムの義認の場合、神がまず約束を語り（創15・4―5）、アブラハムはそれに対する応答として神の約束に信頼を置き、そして神によって義とされたのでした（創15・6＝ロマ4・2／ガラ3・6）。同様に、人間側の神あるいは神の行為に対する信頼（ロマ4・24、10・9b―10bなど）に先んじてあるのは神の行為、つまり、キリストを死から起こす行為であり、したがって人間の信頼は応答としての性格を有していることになります（ロマ4・25「イエスは、私たちの義認のために起こされた」）。キリスト・イエスに信頼を置くことから生じる義認（ガラ2・16）も同様です。これは創世記12章3節（さらに創18・18）において語られている事態の成就として語られていますから（ガラ3・8、14）、やはり神が主導権を握っており、人間は神が主導権を握ってもたらす事態に洗礼と信頼という応答をすることが求められているのです。

つまり、パウロにとって人間は神に信頼をもって応答すべき者なのです。そして、その応答を続けることでキリストの体である教会、すなわち救いの共同体にとどまり、神によって義と認められている者たち、彼らこそがキリスト者、パウロの言葉を借りて言えば、「信頼している者」なのです（ロマ1・16、3・22、4・24、一コリ1・21、14・22、ガラ3・22、一テサ1・7、2・10他）。

2. パウロ書簡以外の新約聖書諸文書における義認

パウロ書簡以外の新約諸文書において義認の問題が語られている箇所としてまず挙げられるべきは、使徒言行録13章38―39節です。

使徒13・38—39　あなた方に知ってほしいのです、この方（＝イエス）ゆえにあなた方に罪々の赦しが宣べ伝えられました、［また、］あなた方がモーセの律法においては義とされなかったあらゆる事々から、信じる者は皆、この方（＝イエス）において義とされるのです。

使徒言行録の著者（以下、著者ルカ）がパウロの思想をどの程度知っていたかはしばしば問題となりますが、この箇所は明らかにパウロの義認論を念頭に置いて記されたと言えます（ここでは「(属格）から義とする δικαιοῦν ἀπό＋属格」という言い回しが見られますが、これはロマ6・7でも用いられています）。著者ルカは、律法からの義認がまったくありえないとパウロが考えていたこと、そして義認は信頼を置くことによるしかない、との思想をパウロのものとして覚えており、ここに記したのでしょう。もっとも、著者ルカはこの箇所以外でパウロの義認論に触れることはありません。したがって、ここで語られている義認がどのようにして生じるのか、義認のために信頼を置く対象は誰・何なのかは不明のままです。著者ルカが義認を扱っているのは、他には彼の福音書の18章9—14節のみです。しかし、こちらの義認は「信頼」には関係しておらず、神はへりくだる人間を義と認めるということが語られている点で非パウロ的です。さらに、この義認に神の（約束）行為もキリスト（の出来事）もまったく関係していないことも特徴として挙げられるでしょう。

次いで、テトスの手紙3章5—7節が挙げられます。著者はこの箇所で業による義認を否定し、「私たちがあの方（＝キリスト）の恵みによって義とされた」と語ります（7節）。業による義認の否定はパウロの議論と一致しますし、この7節の言葉はローマの信徒への手紙3章24節を彷彿とさせるものです。しかし、パウロの義認論に特徴的な信頼による義認がまったく語られていない点は見逃すべきではありません。そもそも、テトスの手紙を含む牧会書簡において、「ピスティス πίστις」はパウロの語るそれとは異なる意味となってしまっているのです。

さらに、ヤコブの手紙2章14から26節が挙げられるでしょう。ヤコブの手紙の著者（以下、著者ヤコブ）はこの箇所を執筆した際にパウロの義認論（ローマの信徒への手紙におけるそれ）を念頭に置いていた、と考えるのが適当です。この点は例えば、以下の比較から明らかとなります（さらに、ヤコ2・23＝創15・6＝ロマ4・3＝ガラ3・6）。つまり、著者ヤコブがここで批判対象としているのはパウロその人の思想なのです（もっとも、パウロはすでに亡くなっていたでしょうから、彼の目の前にいたのはパウロ主義者かパウロ曲解者だったでしょう）。

ヤコ2・19　神は唯一であることをあなたは信じています。

ロマ3・30　神は唯一です。

ヤコ2・21　アブラハムは業から義とされたのではないか。

ロマ4・2　アブラハムは業から義とされたとすれば……。

ヤコ2・24　人は業から義とされるのであって、ピスティス πίστις のみからではない、ということをあなた方は知っています。

ロマ3・28　人は律法の業を離れて信頼によって義とされると私たちは考えます。

ガラ2・16　私たちもキリスト・イエスへと信頼を置きました、それは私たちが……キリストの信頼から義とされるためです。

ここで注目すべきは、パウロの義認論が律法の業からの義認をきっぱりと否定しているのに対し、著者ヤコブの義認論が業を、しかも手紙全体（とりわけ2・9—12。さらに1・25、4・11—12参照）を考慮すればただの業ではなく、まさに律法に関係する業を必要不可欠なものとしているという点です（先に挙げた2・24および以下の2・22参照）。

ヤコ2・22　ピスティスが彼［＝アブラハム］の業と共に働き、ピスティスが業から完成されたのです。

著者ヤコブが「ピスティス」をどのように理解していたかは問わないにしても、業を欠いたそれが無益である（2・20）あるいは死んでいる（2・26）との言葉は、パウロに対する明確なアンチテーゼであると言えるでしょう。

最後に挙げるマタイによる福音書も、ヤコブの手紙と同様に、義に際しての業の重要性を語っています。25章31—46節では最後の審判の場面が描かれていますが、そこで人々は人の子（王）によって右と左に分けられ、右側に分けられた者たちが「義しい者」と呼ばれています。彼らが義しい者であるのは、「私の兄弟たちの中で最も小さい者の一人」に様々な善行を施したからです（25・35—40）。もっとも、彼らはその行為ゆえに義と認められたのだ、とは記されていませんから、ここで義認が語られているわけではないかもしれません。つまり、彼らの行為は（内面の）義しさに対応するもの、内面の義しさを示すものに過ぎないのかもしれません（これを語っているのはマタ12・37です。「あなたの言葉」は「あなた」の心の義しさに対応していると語っているに過ぎません）。しかし、5章20節ではイエスが弟子たちに対して、彼らの義がファリサイ派の人々の義に勝っていることを求めていて、この言葉が完璧な律法遵守を求める５章17―19節の教えの結びであることを考えれば、マタイによる福音書の著者にとっては人が義と見なされるには業が必要なのです（さらに、３・15、５・６、６・１、33、21・32、23・３参照）。ここで興味深いのは、ヤコブの手紙においては業と一体であるとしても「ピスティス」が義認に際して必要とされていたのに対し（ヤコ２・22）、マタイによる福音書では「ピスティス」あるいは「ピステウオー」が義と結びついて言及されることがないということです。これらは義とは結びつかず、もっぱら「癒やし」や「救い」との関連で用いられています（９・22、28、15・28他）。パウロからずいぶんと遠く離れた位置にマタイによる福音書の著者は立っているわけです。

旧約聖書と義

池田裕《いけだゆたか》

1940年生まれ。筑波大学名誉教授。著書『旧約聖書の世界』（岩波現代文庫）、『古代オリエントからの手紙』（リトン）、『海はワイン色』『遥かなるパン』（教文館）、『死海文書Q＆A』『聖書と自然と日本の心』（ミルトス）他。

名はツァドク

かつて筆者がエルサレムで学んでいた頃の友人の一人に、ツァドクという名の青年がいた。イエメン系ユダヤ教徒で、くりくりした目はいつも輝いていて、丸刈りで痩せたところはどこかオランダの画家ヴァン・ゴッホの《僧侶としての自画像》（1888年）を思わせた。

そういえば、ヴァン・ゴッホが「単純で、まるで自身が花であるかのように自然の中に生きること」を教えてくれる日本の美術・精神文化に憧れ、「永遠の仏陀の素朴な崇拝者」たる修行僧の生き方に惹かれたように、わが友ツァドクも日本の自然や文化に強い関心を抱き、静かな禅寺のような場所で古代言語の研究をしながら一生を過ごすのが理想だ、が口癖だった。

もっとも、彼の日常の生活は、ベルギーの炭鉱で伝道師として働いていた二十代半ばのヴァン・ゴッホにも負けないほど禁欲的《ストイック》で、毎日大学図書館わきのベンチに座って済ませる昼食は、小容器ヨーグルト一個とアーモンドナッツ5粒と水――それだけ。与えられた時間と力を可能な限り専門の研究に費やそうとするツァドクは、すでに立派な修行僧であった。

ツァドクの名は、ヘブライ語のツァッディーク「義《ただ》しい人、義人」のつまった形――日本風に読めば、義人《よしと》――で、古代イスラエルの（大）祭司の家系につながる由緒ある名前である。それには、どうかこの子が神の目に義しい（正しい）人に育ちますようにという親の熱い思いが込められている。それは、「熱愛する神」を自称するヤハウェ（出エジプト記20・5）が、イスラエルの民に対して抱いた熱い思いと同じである。実際、ひょっとしてヤハウェは、「ツァドク」をイスラエルの別名にしたかったのではないか――そんな考えが浮かぶほど、旧約聖書は、ツァッディーク（義人）およびツェデク（義）、ツェダカー（正義）、ツァーダク（義〔正〕しい）などの関連語であふれ、しかもその多くがイスラエルに対するヤハウェの熱愛表現に関わっている。

熱い期待

　ゴッホが多くの自画像を描いたように、ヤハウェも自身の肖像を盛んに描いてみせる。先の「熱愛する神」としての肖像がそうであり、義との関わりでは、「恵みと公正と正義を行う者」（エレミヤ書9・23）あるいは「義と正義の創造者」としての肖像（イザヤ書45・8）がそうである。

　さらにこれに、預言者や賢者たちの筆による「真実にして、不正がなく、義にして、まっすぐな神」（申命記32・4）あるいは「義を愛して、不法を憎む神」（詩編45・8）や「憐れみ深く慈しみ深い、怒るに遅く、恵み多き神」（詩編145・7―8）が加わり、ヤハウェの肖像はまことに多彩である。そして、義を愛する神ヤハウェは、熱愛するイスラエルの民も義を愛し、義を実践することを熱く期待すると、預言者や賢者たちに語らせた――

「あなたは、裁きを曲げてはならない。人を偏り見てはならない。また、賄賂を受け取ってはならない。賄賂は賢い者の目をくらまし、義しい者の言葉を歪めるからである。義《ツェデク》を、ただ義だけをあなたは求めなければならない」（申命記16・19―20）。

「〔貧しい者からその上着を担保として取る場合〕あなたは必ず日没までには、その担保を彼に戻さなければならない。そうすれば、彼はその上着にくるまって床に伏し、あなたを祝福するであろう。それは、あなたの神ヤハウェの前で、あなたの義《ツェダカー》となるであろう」（同24・13）。

「あなたたちは、公正と正義《ツェダカー》を行ない、搾取されている者を、虐げる者の手から救い出しなさい。在留異国人、孤児、寡婦《やもめ》を抑圧したり虐待したりせず、罪のない者の血をこの所に流さないように」（エレミヤ書22・3）。

「あなたたちは決して、長さや重さや容量の規定に関して不正を行ってはならない。あなたたちは、正規の天秤、正規の重り、正規のエファ〔升（穀物など乾いた品用）〕、正規のヒン〔升（液体用）〕を用いなければならない」（レビ記19・36―36）。

しかし、熱い期待に対し現実はどうであったか——

「彼らは弱い者たちの頭を、／地の塵の上に踏みつける者〔となり〕、／弱り果てた者たちの道をねじ曲げ」（アモス書2・7）、「エファ〔升〕を小さくし、／シェケル〔の衡石《こうせき》〕（1シェケル約11・4g）を重くし、／偽りの秤で〔人を〕欺き、／弱い者を〔わずかな〕銀《かね》で、／貧しい者を靴一足で買い取り、／そして、『くず麦を売りたいものだ』と言う」（同8・5—6）。

社会的強者による暴力的搾取や不正の横行（現代で言うと、ブラック企業、下請けいじめ、大手自動車会社による燃費データ偽装など）。それを見過ごしにする裁判官たちに対し、無名の詩人が怒りの声を上げ（詩編82編）、預言者たちは厳しく批判する——

「指導者たちよ、もう充分だ。／暴虐と収奪をやめ、公正と正義を行え、／わが民からお前たちの搾取をなくせ。／正しい天秤、正しい升を用いよ」（エゼキエル書45・9—10）。

「公義を〔ほとばしる〕水のように、／正義をつきない川のように流れさせよ」（アモス書5・24）。

義人は七度倒れても

年老いた知恵の教師は若者に、世の中の現象に惑わされずに、ひたすらヤハウェを信じて義しい道を歩めと言って、励ます——

「お前の道をヤハウェにまかせて、／かれに拠り頼め……／少年だった私も年老いた、／しかしまだ見たことがない、義人が棄てられ、／その裔《すえ》がパンを乞うのを。……／ヤハウェは公正を愛する方で、／かれに忠実な者たちをかれは棄てないからだ。／とこしえに彼らは護られ、／不法者らの裔は断ち切られる……／義人の口は知恵を口ずさみ、／彼の舌は公正を語る。／彼の神の律法が彼の心にあり、／その歩みはよろけない」（詩編37編）。

別の知者も加わり——

「ヤハウェは義人の魂を飢えさせない。／義人の頭《こうべ》には、祝福がある……／義人の唇は、多くの者を養う……／義人たちの望むことは、かなえられる……／義人は、とこしえの礎《いしずえ》……／義人たちの期待は喜びとなる、／だが、邪悪な者たちの希望は潰える……／義人はとこしえに揺るがない」（箴言10章）。

「まことに、義人は七度倒れても、起き上がる」（箴言24・16）。七転び八起き（日本の実業家でキリスト教と女子教育に貢献した広岡浅子〔朝ドラのヒロインのモデル〕なら九転び十起き）。世の悪に負けず、ヤハウェ信仰の楽天主義に生きんとする人々である。

見上げてごらん

２０１６年の七夕《たなばた》に、八十三歳で天に旅立った作詞家の永六輔氏は、ユダヤ民間信仰風に言えば、今頃、ヘブライ人の族長アブラハムとの会話を楽しんでいるはずだ。アブラハムはユダヤ教、キリスト教、イスラム教のいずれからも信仰の父として敬愛されている人物である。

彼は、まだアブラムと称していた頃、妻サラと共に今のイラク南部の郷里を離れ、さすらいの旅に出た。七十を越してからの新たな出発。それは羊や山羊などの小家畜を連れてゆっくり移動する旅で、西行や芭蕉の旅のような身軽さはない。同一場所にしばらく寄留し、家畜と農産物の交換など、異文化の定住民との交流の機会も多かった。ユダヤ民間信仰のダイナミズムによれば、アブラハムは遠い過去の人物ではなく、今も生きてこの時代の人間の声に耳を傾けようとしている。

そう、アブラハムは彼以後に生まれた枠にとらわれず、学び成長しようとしているのだ。旅人の彼は、いわゆる「与えるために行き、受けようとはしない」宣教師（岡倉天心『茶の本』）ではない。はるか東方の日本は浅草・最尊寺の住職の家に生まれ――先祖はかつて大陸から海を渡って日本にやって来た――庶民的で軽妙洒脱、『大往生』なる本まで著した人物との、七夕の出会いを喜ばないはずがない。こんな話し声が聞こえてくる――

「永さん、あなたはすてきな歌をたくさん作られました。その中でも私は、♪見上げてごらん、夜の星を／小さな星の小さな光が／ささやかな幸せをうたっている……あの歌（作曲いずみたく）が好きです。その理由《わけ》ですか？　私の旅の人生におけるある貴重な体験と思い出を、実にやさしい言葉で歌ってくれているからです」。

彼の話によると、ある晩、神ヤハウェは、アブラハムを天幕の外に連れ出して言った、「天を見上げて、星を数えてごらん。いくつあるか数えられるかい……将来あなたの子孫は、あの星のように多くなるだろう」。

アブラハムはヤハウェを信じた。そして、「彼は、それを彼にとってのツェダカーと見なした」という（創世記15・6）。これを「主（ヤハウェ）はそれを彼の義と認められた」（新共同訳）と読むか、あるいは「彼（アブラハム）は、それが自分にとって義《ただ》しいことだ、と考えた」（岩波版）ととるか。外（神）からの視点と、内（人間、自分）からの視点――両方の視点が与えられているところが、この一句の美点《ツェダカー》である。

しかし、今を生きるアブラハムが、それ以上に強く思うのは、異文化に生きる者たちが、共に大空に目を向け、過去のしがらみや先入観から自分たちを解き放ち、天が何を語ろうとしているか、耳を澄まして聞くことの重要性についてであろう。♪見上げてごらん、夜の星を……無数の輝く小さな星々の間から、かすかにも天の声が聞こえてくるはずだ。

　銀河より　聞かむ　エホバのひとりごと（阿波野青畝《あわのせいほ》）

よき伴侶

　ところで、先の一句で用いられている「ツェダカー」はツェデク（義）の女性形で、基本的意味はツェデクと同じである。名前に譬えるなら、義郎《よしろう》（義男《よしお》）に対する義子《よしこ》、いわばツェデクのよき伴侶《パートナー》。両者は「義」の意味の深さ・豊かさを示すため、しばしばそろって登場する（ホセア書10・12、イザヤ書45・8他）。

　ツェデクにとってよき伴侶ツェダカーがあるように、アブラハムの人生は、彼の終生《しゅうせい》の伴侶サラの存在を抜きにしては語れない。サラは、アブラハムにとってさすらいの旅の同伴者であっただけではない。アブラハムは旅の途上で身の危険を感じた際、一度ならず、妻サラの名誉を犠牲にして、自分の命を救おうとした（創世記12・10以下、20・1以下）。そのような時、一言の文句も口にせず、運命に向かってつき進んで行くサラの姿は、ただのよき伴侶を超えた、勇敢な女性「義士」であった。言うなれば、アブラハムの義も信仰も、サラの陰の献身と支えがあってこそであった。

　アブラハム伝承のサラの姿に魅せられた親の多くが、自分の娘にサラという名前を付けた。フランスの世界的女優サラ・ベルナール、米国のジャズ歌手サラ・ヴォーン、米国女子スキー選手で、日本のサラ（高梨沙羅）選手のよきライバル、サラ・ヘンドリクソンはほんの一例。

　サラは、旅の途中、ついにパレスティナ南部のヘブロンの地で帰らぬ人となった。アブラハムは深く嘆き悲しみ、自身「寄留のよそ者」であったが、地主との交渉の末、最良の墓地を購入して彼女を埋葬した（創世記23章）。

なぜですか

　ゴッホの自画像が彼の人生の諸相を反映して多彩であるように、義に関する旧約聖書の表現も多様多彩である。前記ヤハウェの義や正義を信じて疑わない楽天主義的見方もあれば、そうでない見方もある。預言者や知者のある者たちは楽天主義に徹しきれず、時には神の責任を問うことも辞さなかった。彼らが悩んだ一番の問題は、神が義であり正義であるなら、なぜ、悪人が栄え、義人が苦しまねばならないのか、であった。

　アブラハムでさえ、あるとき神が、ソドムの町を悪徳に染まりすぎたという理由で滅ぼそうとしているのを知ると、「まさか、義人と悪人を一緒に滅ぼすおつもりではないでしょうね」と一本くぎを刺し、もし町に義人が十人いたら決して滅ぼさないことを約束させた（創世記18・23―33）。なぜ、義人が「一人でもいたら」と言わなかったのか、アブラハムの「詰めの甘さ」を批判する声はあるが（より激しい口調で神を非難するアブラハムについて、勝又悦子・勝又直哉『生きるユダヤ教――かたちにならないものの強さ』教文館、２００―２０１頁参照）。

預言者エレミヤ（前7世紀末～前6世紀初め）も勇気を奮って神に問い質した――「あなたは義しいです、ヤハウェよ。／たとえ私が、あなたに訴える時も。／それでも裁きについて、私はあなたと語りたいのです。／なぜ、悪者どもの道が栄え、／裏切りを為す者どもが、皆安らかなのですか」（エレミヤ書12・1）。

これに対し、神は、「あなたは徒歩の者たちと走って疲れるのに、どうして騎馬の者たちと競争できよう」と、ずれた質問で切り返す。まさに禅問答。

エレミヤとほぼ同時期の預言者ハバククも果敢に――「ヤハウェよ、あなたは古《いにしえ》の昔から／わが神、わが聖なる方ではありませんか。……／ところが、悪を見るには〔あなたの〕目は清すぎて、／労苦に目を留めることができないのです。なぜあなたは、欺く者たちに目を留め〔たまま〕、悪しき者が／自分より義しい者を飲み込むときにも、黙っておられるのですか」（ハバクク書1・12―13）。義を見てせざるは勇無きなり、これいかに？

挑発的な問いに、神は馬耳東風。「新しい幻を板にはっきり書け」と命じてから、一言、「義しい者は、その信仰《エムナー》によって生きる」。これいかに。

裸でかしこに帰ろう

ヨブ記の主人公ヨブは、「完全で、まっすぐであり、神を畏れ、悪を遠ざける人」――ヤハウェの折り紙付き義人であった。そのヨブが、突如、家族・財産・健康の一切を奪われる悲劇に遭う。最初「われわれは神から幸いを受けるのだから、災いをも受け取るべきではないか」と言っていたヨブも、やがて不条理に苦悩し、神に問う。長い沈黙の末やっと口を開いた神は、ヨブの「なぜですか？」には答えず、逆に、あなたは宇宙や大自然の神秘についてどれだけ知っているのか、と挑戦を仕掛ける――

「わたしが地の基礎を据えた時、／あなたはどこにいたか、／語ってみよ……／あなたは海の源まで入ったことがあるか、／深遠の奥底を歩いたことがあるか……／光の住むところはどこか、／暗闇はどこにその場所があるか……／あなたはプレイアデスを鎖で結び、／オリオンの綱をはずせるか。／かの星々をその時に引き出し、／また熊と彼女の子らを導けるか……」（ヨブ記38章）。

　こうした不条理をめぐるちぐはぐな問答の行間から何が見えてくるか。肝心な時に神が沈黙する不条理は、その後のユダヤ教徒（ユダヤ人）の歴史や文学において繰り返し取り上げられてきた重要なテーマである。あるユダヤの母親は、目の前で残酷な殉教死を遂げていく七人の息子たちを励まし、最後に自分も殺される前に、天のアブラハムに向かって叫んだ――あなたは思い上がってはならない。あなたは自分の独り子を神に献げようとしたが、所詮それはただの試練で済んだ。しかし、私は七人もの息子全員の命を現実に献げたのです（ジョン・リッチズ『一冊でわかる聖書』岩波書店、92―93頁）。

　そしてその問題は、20世紀ヨーロッパにおけるホロコースト（ユダヤ人虐殺）体験で頂点に達する。エルサレムで知り合ったユダヤ人老夫妻は、ホロコーストでドイツ・ポーランドの家族親戚のほとんどを失った。彼らは不条理のトラウマを克服するため、ユダ荒野を見下ろすオリーブ山の禅道場――禅師は日本人僧――に通う熱心な参禅者（ほとんどがユダヤ教徒）であったが、トラウマとの闘いは、七十を過ぎても続いていた。

　それはまた、ユダヤ教やキリスト教の枠を超えて、東日本大震災で愛する家族を一度に失った無数の人々が負った深い心の傷や痛みにもつながる、大きな「なぜ？」である。巨大津波で家族全員を流され失ったある漁師が、水平線の彼方に目をやりながら言った――私は海を恨まない。なぜなら、私たちはその海からたくさんの恵みを受けてきたから。私たちは海に生まれ、海に帰る。家族たちは皆、母なる海に帰ったのだ、と。

　大自然に目をやり、自らの身を大自然の懐に置くことで、不条理による深い傷や悲しみを克服しようとする。その姿勢は、目を大宇宙・大自然に向けることで不条理に対する視点や意識の転換の必要に気づかされたヨブの場合と基本的に同じである。

　「私は裸で母の胎を出た、裸でかしこに帰ろう」（ヨブ記1・21）。

義《ただ》しすぎてはならない

　義や不条理の問題を、一歩下がって、より冷静な視点から眺めようとするのは、知者コーヘレトである――

　「百回も悪を重ねながら、〔その生涯を〕生きながらえる罪人がいる。／わたしはもちろん知っていた。／神を畏れる人たちには、神を畏れるがゆえに、幸いがあるが、／悪人には、神を畏れることがないゆえに、幸いがなく、／その生涯は影のようで、彼らは生きながらえることがないのだ、と。／だが、地上には〔これとは別に〕空なることが起こる。／悪人の行為にこそふさわしい報いに遭遇する義人がおり、／義人の行為にこそふさわしい報いに遭遇する悪人がいる」（コーヘレト書8・12―14）。

さらに、

「同じ一つの運命が、義人にも悪人にも、善人にも、清い人にも穢れた人にも、〔ひとしく〕臨む。善人も罪人も、誓う者も誓いを恐れる者も、〔結局は〕同じである」（同9・2）。

コーヘレトに言わせれば、「ノアは義人で、非の打ちどころがなかった」といった表現（創世記6・9）は適切ではない。また、ヨブが、本人の意思とは無関係に、神から「地上のどこにも彼のような完全で、まっすぐな人はいない」と絶賛され、そのためにサタンの嫉妬を買って苦難のどん底につき落とされたのは、まことに不幸なことであった。なぜなら、「地上には、善を行い、罪を犯さない義人は一人もいない」からである（同7・20）。まことに、「人《ひ》間《と》とは妙な生き物よ。悪い事をしながら善いことをし、善いことをしながら悪事を働く」と、相槌打つのは江戸旗本、鬼平こと長谷川平蔵（池波正太郎『鬼平犯科帳』）。

コーヘレトは考える、義や善は互いに共有《シェア》し合うもので、独占すべきものではない。名人と称せられたある江戸時代の大工が言うのに――「名僧といわれるお方が、まるで、世の中の善行を独り占めしたような満足げなお顔で、入滅なさるときおよびますが、あれはいかがなものでございましょう」（柴田錬三郎『お江戸日本橋』）。米国の詩人・随筆家ヘンリー・デイヴィド・ソロー（1817―62年）も、「牧師は神をひとり占めにしているようだ」と思うことがあった。

そこで、「あなたは義《ただ》しすぎてはならない」とはコーヘレトの謂《い》い（同7・16）。

義は惜しみなく与う

まとめとして、旧約聖書のツェデク（義）もそのよき伴侶としてのツェダカーも、具体的に貧しい者や抑圧された者を解放し救済する行為とつながるべきものであった。特に、ツェダカーは、時代が経つにつれ、貧困者への「慈善」を指すようになる。義援である（阪神・淡路大震災後、永六輔氏は、義歯、義手、義足などから「義」は「補う」の意であり、ボランティアは訳せば「義を見てせざるは勇なきなり」であると語っていた）。

「善きかな、憐れんで貸し与え、／おのが事柄を公正に処理する人。／まことに彼はとこしえに揺るがされず……／ヤハウェに拠り頼んで、彼の心は確かだ。

……彼は貧者たちに惜しみなく与え、／彼の正義《ツェダカー》〔新共同訳「善き業」〕はとわに立つ」（詩編112・5―9）。

預言者ダニエルは、バビロニア王の夢解きを求められると、アラム語方言でこう返事した――「王よ、私の忠告をよしとして、ご自分の罪を慈善《ツィドカー》で払い去り、貧者に恵んで、咎を〔消してください〕」（ダニエル書4・2）。

ツェダカーは、さらにイスラム教における重要な戒めの一つサダカ「慈善行為」を指す言葉となる。過日、上野駅近くの道端で、中東からのイスラム教徒と思われる一青年が、鉄鉢《てっぱつ》を手にした修行僧にそっと近づき喜捨する風景が、偶然、目に入った。

＊聖書の訳は基本的に『旧約聖書翻訳委員会訳』（岩波書店）によった。

「信仰義認」とジェンダー正義
——宗教改革によって変わらなかったものを問う

吉《よし》谷《たに》かおる

1960年生まれ。東京女子大学文理学部、北海道大学文学部卒業。北海道大学大学院修士課程修了、博士後期課程中退。翻訳業。日本聖公会管区女性に関する課題の担当者。訳書アン・G・ブロック『マグダラのマリア、第一の使徒』（新教出版社）、共訳マイケル・ラプスレー『記憶の癒し』（聖公会出版）他。

1．はじめに

二〇一七年は、マルティン・ルターの「九五箇条の提題」（一五一七年）をきっかけに起こったとされる宗教改革から五〇〇年のアニバーサリーにあたる。仄聞《そくぶん》するところでは、この年に向けて、「信仰義認」を中心教理とするルーテル教会とローマ・カトリック教会の間に対話が進められてきており、「共同文書」も準備されているという。世界各地でルターの再評価が盛んに行われ、宗教改革の現代的意義がさまざまな角度から問われることになるだろう。ここでは宗教改革のインパクトが教会と社会における女性の地位と役割にどのような変化をもたらしたのかを振り返るとともに、今日実現されるべき「義」とはどのようなものなのかをフェミニスト神学の視点から問うことにしたい。宗教改革によっても変化しなかったものがあるとすれば、それは積み残された課題として今日に繋がっているものなのではないか。試みに『キリスト教史2000年』[1]という本を参照すると、人名索引に掲載されている一四二〇余名のうち、確認できた女性は女王、修道女、賛美歌作者など三五名のみ、割合にして二・五パーセント弱である。また女性に焦点を合わせた記述は、女性の聖職按手に関しての半頁のみであった。そもそもの始まりからイエスに従った者たちの中には数多くの女性が含まれており、現代にいたるまでキリスト教徒の半分は女性だったにもかかわらず、これほどまでに女性に関する記述が少ないことも驚くにはあたらない。修道者や神秘家には女性もいたが、教会の職務につく者も神学者もほぼ男性に独占された状態は近世以降も続いた。それは宗教改革という大きなパラダイムの転換を経ても変わらなかったことのひとつといえるだろう。

2．宗教改革と女性の地位

宗教改革前夜、中世末期のヨーロッパの人々は、ペスト大流行により死の影に怯え、煉獄の業火に焼かれる苦しみの短縮を願い信心に走った。伝記的記述によれば、アウグスティヌス修道会に属し、自己懲罰ともいうべき厳しい修道生活を送りながらも自らの救いについての不安に苦しんでいたルターは、パウロの信仰義認論（「人が義とされるのは、律法の行いによるのではなく、信仰による」ロマ3・28）を再発見し、カトリックとは異なる道へと踏み出したという。「義とされる」、すなわち「義認」とは神が人を義なる者と認めるということ、罪人に無罪を言い渡すこと、と言い換えてよいだろう。これを純粋な恩寵からの罪の赦しとして、律法の行いにではなく、憐れみ深い神に対する無条件の信頼、信仰に基づくものと捉えたことが宗教改革者ルターの出発点とされる。ルターにとってのテーマはただ一つ、福音への復帰、すなわち教会がキリストの福音に立ち返ることだった。数限りない教会の伝承、法、権威があっても基準と見なされるのは「聖書のみ」、数限りない聖人、聖職者がいても、仲保者は「キリストのみ」、魂の救済を得るために定められた敬虔のわざと努力が数限りなくあっても、人間が義とされるのは「恩恵からのみ、信仰によってのみ」なのである。人は信仰によってのみ救われるということの「信仰義認論」から引き出される原理としての「万人祭司主義」は、キリスト者として神の前に立つ限り、聖職者と一般人に身分的差別はなく、職務上の区別があるだけだとするものである。宗教改革がもたらした変化は、具体的には礼拝の変化（説教と聖餐式を中心に）、聖職の変化（位階制度と司祭という概念の廃止）、職業観の変化、聖書に基づかない諸伝統の廃止などのかたちをとってあらわれた。ルターが築いたこのような礎石の上に宗教的な平等主義に基づく信仰者の共同体としての教会が構想され、プロテスタント教会は成り立っている。

しかしながら、人はみな神の前に平等であると宣言したプロテスタント教会においても、女性に教会の職務、ことに説教やサクラメントの執行が広く認められるようになるまでには、長い歳月が費やされた。ルターが福音への回帰を目指し、教会がその精神を継承してきたのだとすれば、イエスが示した男女のありかたを参考にしてもよかったのではないだろうか。最初期の共同体では女性たちは男性たちとともに活動し、指導的立場にもあったことがうかがわれるが、[2] 女性の地位をめぐる争いは初期の教会からすでに見られ、教会の父権制的組織化が進んだ二世紀には、女性が教会で果たす職務はきわめて限定的なものになっていった。その後もテルトゥリアヌス、アウグスティヌス、トマス・アクィナスらの言説の影響下で、罪と関連づけられ、生まれつき劣った性とされた女性は教会の役職や指導的地位から遠ざけられていたが、宗教改革は女性観に、また実際の女性の地位と役割に変化をもたらさなかったのだろうか。

教会と社会における女性にかかわる変化としては、概ね次のことが挙げられる。聖職者の結婚禁止と修道生活が廃止され、独身の価値に代わって結婚の価値が高く評されるようになった。牧師の結婚は個々の共同体において、女性にとっての新しい活動の場を開くことになった。ルターと結婚したカタリーナ・フォン・ボラもその一例である。高まりを見せていた処女／母であるマリアへの崇敬は後退し、修道女の理想は妻、母の理想に取って代わられることになった。蔑視されていたセクシュアリティは、結婚において満たされるべき自然本性的な欲求として肯定された。性にまつわること、ことに女性のセクシュアリティを罪と関連づけて抑圧してきた神学と教会の歴史を考えれば、これらのことがもつ意味は大きい。しかし、このような変化を進歩と見ることができたとしても、一方では父権制的な社会構造は変わらないままであった。結婚の宗教的な意味が肯定されても、男性に対する女性の従属的な役割に関して根本的な変化があったわけではなく、女性は、経済的、法的、政治的に男性の下に置かれたままであった。それは社会の領域だけではなく宗教改革の教会においても同じであり、一七世紀にかけては財産の処分も職業に就くことも制限され、家という狭い領域に新たに閉じ込められる事態すら生じた。教会のあらゆる重要な役職からは締め出されたままであり、サクラメントの執行だけでなく、説教も通常は禁じられていた。また修道院の廃止により、かつて独身の女性たちがもっていた生活の基盤、教育と活動の可能性が失われたことも指摘される。このように性別役割のステレオタイプ化が見られるが、宗教的な指導を受け、聖書に親しむことができるようになったために、女性の自尊感情が高まる効果があった点は見逃せない。[3]

結婚が奨励されるようになれば、女性の特質をその害毒から身を守らなければならない悪、誘惑者ときめつけるわけにもいかない。宗教改革期以降、女性を貶める言説は相対的に少なくなっただろうか。魔女狩りは中世から近世にかけて広く見られる現象であるが、中世のカトリック信仰のもとで練り上げられてきた魔女観は、プロテスタントにも基本的に踏襲され、一六世紀後半以降、宗教改革とカトリックの対抗宗教改革が魔女狩りの増加の背景となった。

魔女イメージが女性として定着したのは近世になってからだというが、それはプロテスタントがエバに象徴される女性の否定的イメージをカトリックから受け継ぎ、女性の罪を重く見たことと関係がある。女性は霊的には男性と同等であってもそれ以外の点では男性より劣るため、協力的で従順な「良き妻」であることにより救済が得られるとされた。「しかし、この〈良妻〉のイデオロギーの裏面は、魔女、〈悪女〉であり、ヘルプミート[4]としての与えられた役割にはまることができず、自分の仕事を切り盛りし、自分の考えを述べる女なのであった[5]」。

3. 信仰義認と女性の「罪」

恩寵によって「義とされ救われる罪人」の中に女性が含まれていることに疑問の余地はない。原罪を肉欲と結びつけ、性行為によって継承されるとする神学者たちによって女性は罪の原因とされ、男性よりも罪を犯しやすい存在と見なされていたのだから、なおのこと義とされ救われる対象として考えられてしかるべきである。しかし女性の救いは男性への服従にすり替えられ、パウロがガラテヤの信徒への手紙3・28で断言し、ルターが実現しようとした神の前での平等は、人の間での平等とは区別されるというように、宗教改革を経ても教会と社会で実現するにはいたらなかった。そうであるとすれば、女性にとっての「信仰義認」は男性にとってのそれと同じなのか、あるいは違う意味があるのか、という点が問題になる。「義とされる」には「罪」ある状態が前提とされるわけだが、女性にとっての罪とは何か、罪を赦されるとはどういうことなのか。

ルターの宗教改革の出発点となった事柄はそもそも教会が陥っていた悪しき状態ではなく、彼にとってはもっぱら「救済」が問題だったとされる[6]。敬虔のわざに没頭しても安らぎを覚えることのなかったルターの心に、「罪人の義認」という新しい理解が生まれた。「神の義」（ロマ1・17）は神が悪人を罰し、正しい人に報償を与えるといった正義ではなく、神の一方的な恩寵として罪人たる人間に与えられ、それによって人は罪から解放される、というルターの発見がもつ歴史的な意味や神学的重要性は理解できる。しかし女性自らが女性の罪深さについて考察し、身に覚えのない罪、原罪をはねつけ、肉体とその機能についての侮蔑的な理解を引き起こす父権制的、二元論的な理解を批判しうるようになるには、およそ四〇〇年後のフェミニズムの登場を待たねばならなかった。プロテスタントの神学はそれ以前のような女嫌いの神学ではないかもしれないが、女性の経験をまったく反映していないという意味では長らく女性不在の神学であったと言わざるをえない。創世記1―3章の男性中心的な解釈によって成立したエバの罪という観念によって女性のセクシュアリティは罪と結びつけられてきた。このことを批判し続けなければならないのは徒労とも感じられるが、それでも女性に罪責を帰そうとする解釈を拒絶し、先達に倣って何度でも異を唱えていかなければならない。

「罪人」が恩寵によって義とされ救われるというが、もともと恐れられていた罪が傲慢（自己主張、権力欲、神のごとくありたいという欲求）といったものであるならば、「義」も「救い」も権力をもつ男性の経験から導き出されたもので、女性を含む抑圧された人々にはほとんどかかわりがない。何の悪事も犯さないとは言えないにしても、抑圧的な支配構造の中で日々苦しみを嘗める人たちが、自らをたのみとして神の前で傲慢になるという罪を犯すだろうか。女性にとっての救いとはまず抑圧からの解放である。救い出されなければならないのは個人的な罪からではなく、正義の対極にあるものとしての不義からである。[7] キリスト教において「義」の概念は、「憐れみ」の意味を併せもつヘブル語のツェダカー（tsedahkah）の伝統に根差し、法的正当性としての「正義」を意味するだけではなく、人間関係における「正しい」振る舞い方を意味する関係概念として用いられてきた。[8] 関係の中の力としての正義を捉えなおし、自己、他者、創造、神との正しい関係を求めることが今日にふさわしい「信仰義認」といえるのではないだろうか。

あらゆる女性と男性が、信仰によって新たにされ、神の前と社会において等しく価値のあるパートナーとして連帯して生きるように促されていることこそが恩寵であると考える。フェミニスト視点からすれば、歴史的に構成された抑圧の構造（女性の服従を求める家庭の役割も含まれる）に加担することが罪である。したがって貧困、性差別、人種差別、階級差別、異性愛主義（同性愛差別）、植民地主義、また他の形態の文化的支配による状態から解放され、すべての人が十全に参加するより公正な社会の実現を求めなければならない。女性もまた父権制構造の中で生きる当事者であるから、これは女性が罪と無関係であることを意味するわけではない。男性の経験を反映した罪に対して、抑圧的な関係に満足すること、謙遜（不正な力への隷従）、自己否定、受動性が女性の罪として説明されることもある。[9] 女性にとって重要なのは、罪を内面化するように仕向ける言説を退ける一方で、個々のコンテクストでの善悪に対する自らの責任を判断し、受容することである。

４．ジェンダー正義に向けて

女性解放の視点からの聖書釈義や神学に対する批判はそれまでも散発的には見られたが、一九六〇年代末から一九七〇年代にかけてフェミニスト神学が成立し、キリスト教神学の男性中心的偏向が批判されることになった。この偏向のために、女性はネガティブに評価され、按手を受けて教会の職務につくことからも、高次の神学教育を受けることからも排除されてきた。しかし女性たちは、もはや男性たちの神学をそのまま受け入れるのではなく、女性の経験と現実に基づき、自らを主体とした神学を始めた。R・R・リューサーによれば、フェミニストの解放の神学は、教会を解放の共同体として理解するところから始まる。そして性差別からの回心とは、父権制的イデオロギー、役割から自らを自由にするとともに、このようなパターンから社会構造を解放するために努力することを意味する[10]。福音と性差別からの解放に調和を見出す「フェミニストになればなるほど、教会に行くことがますます困難になる」[11]ことを実感しながらも、キリスト教フェミニストは福音を解放のメッセージと捉え、そこに立脚するがゆえに、平等な弟子集団による解放の共同体となる可能性を信じて教会にとどまろうとしている[12]。今日の教会は社会の要請に応えることに自覚的でなければならないが、H・キュンクは、近代以降の新しい時代のキリスト教に厳しい課題を与えた問題領域として以下の四点を挙げている。1．人間学的な次元―男性と女性（女性運動）、2．社会政策的な次元―貧困と富裕（配分の正義）、3．宇宙的な次元―人間と自然（エコロジー運動）、4．宗教的な次元―人間と神（エキュメニカル運動と宗教間対話の運動）[13]。いずれも向き合う相手をパートナーとしてどこまで尊重できるかが問われる領域である。フェミニスト神学は、ポストコロニアル神学、エコロジーの神学、クィア神学などと問題意識を共有しながら、このすべての領域に「正しい関係」を築くために積極的に関与することになるだろう。

かつては「信仰義認」をめぐって大きな対立が生じたが、今日、教派間の、また教派内部での対立を引き起こす原因となっている主要な問題は、「ジェンダー正義」にかかわる問題であるといえよう。たとえばアングリカン・コミュニオン（聖公会）では、まず女性の司祭按手に関しての対立が見られ、次には同性愛者の按手、そして同性婚の祝福をめぐっての対立が深刻な分裂を引き起こしている。ジェンダーに起因する差別は見過ごされがちだが、女性聖職／教職の按手、意思決定機関への平等な参加に関しては今後もチャレンジを続けなければならない。加えて女性に対する暴力はもとより、リプロダクティブ・ヘルス・ライツへの干渉と、性的少数者への差別、ことに異性愛主義の押しつけをやめるように強く働きかける必要がある。フェミニスト神学では、あらゆる社会構造の中で立場が弱くされている人たちを念頭に「女性」という言葉を用いているので、もともと性別として女性に分類される人のことだけを問題にしているのではないが、近年では脳と遺伝子をめぐる性科学の研究が進んで、男女には明確な区別がないこともわかってきた。ジェンダー正義は性の多様性をふまえたジェンダーの平等として実現されなければならない。

福音への回帰を呼びかけたルターの抗議活動から五〇〇年経過した現在も、福音を自分たちの手に、というさまざまなプロテストの声はやまない。これからの神学は確実に女性を含めた少数者の経験を反映したものとなるだろうし、そうしなければならない。被造物すべてがよろこびの使信を担い合っていく五〇〇年のはじまりとしたい。

（1）『キリスト教史２０００年』井上政己監訳、いのちのことば社、二〇〇〇年。
（2）プリスカ（1コリ16・19）、フェベ（ロマ16・1—3）、ユニア（ロマ16・7）など。
（3）Cf. Hans Küng, *Die Frau im Christentum*, Piper Verlag GmbH, München, 2001, S.84.（ハンス・キュンク『キリスト教は女性をどう見てきたか——原始教会から現代まで』矢内義顕訳、二〇一六年、教文館、一二九頁を参照）
（4）傍点筆者、helpmeet は「助け手としての妻」の意。
（5）Rosemary Radford Ruether, *Sexism and God-talk: toward a feminist theology*, Beacon Press, Boston, 1983, 1993, p. 172.（R＝R・リューサー『性差別と神の語りかけ——フェミニスト神学の試み』小檜山ルイ訳、新教出版社、一九九六年、二三三頁）。訳文の表記を一部変更して引用。妻、母でない者（独身者と寡婦）、経済的に自立した女性は、「良妻」の規範的役割を逸脱していると見られ、魔女の告発を受ける危険性が高かった。1コリ11・2—16を参照。
（6）ハンス・キュンク『キリスト教思想の形成者たち——パウロからカール・バルトまで』片山寛訳、新教出版社、二〇一四年、一九八頁を参照。
（7）絹川久子「贖罪論を考える——フェミニスト聖書学および神学の立場から」（『日本フェミニスト神学・宣教センター通信』№77、２０１２年10月）を参照。本文中の Brown & Parker からの引用、「イエスの死によって原罪から救われる必要性を私たちは持たない。私たちが必要としているのは、人種、階級、性差別による抑圧からの解放、すなわち父権制からの解放である」に強く同意する。「解放の神学としてのフェミニスト神学は、その神学的出発点を女性の社会的抑圧の経験にもつゆえに、フェミニスト視点からの神学的研究では、社会的不正の分析が、『正義』の概念の分析よりもさらに大きな役割を果たす」（『女性の視点によるキリスト教神学事典』エリザベート・ゴスマン他編、日本基督教団出版局、一九九八年、二七三頁）。
（8）Cf. *Dictionary of Feminist Theology*, ed. Letty M. Russel & J. Shannon Clarkson, Westminster John Knox Press, 1996, p. 158. また、神の慈しみに基づき相互関係の中で共に生きようとする共生・連帯の姿勢と切り離せない「正義」の概念について、山口里子「ぶどう園の日雇い労働者たちの譬え話」（『日本フェミニスト神学・宣教センター通信』№88、２０１４年8月）、注15を参照。
（9）『女性の視点によるキリスト教神学事典』二三〇頁を参照。
（10）Ruether, *Sexism and God-talk*, p. 201.（前掲書二六七頁）

(11) Ibid, pp. 193-194.(前掲書二五八頁)

(12) キリスト教共同体は、「わたしの兄弟姉妹とはだれか」というイエスの問いかけへの応答として、「男―女―子」というセットのモデルを相対化し、血縁や婚姻によらない新しい共同体のモデルを絶えず模索し提示すべきであると考える。

(13) Küng, *Die Frau im Christentum,* S.115.(『キリスト教は女性をどう見てきたか』一七〇頁)

信仰告白のかたち

島《しま》しづ子

1948年長野県生まれ。農村伝道神学校卒業。日本基督教団名古屋堀川伝道所牧師、愛実の会理事長、さふらん会理事長。著書に『あたたかいまなざし――イエスに出会った女性達』『イエスのまなざし――福音は地の果てまで』(いずれも燦葉出版社)。

はじめに

プロテスタントでもカトリックでも正教会でも「クリスチャン」とは「洗礼を受けた人」のことであろう。しかし日本で誕生した無教会の伝統では洗礼を経ないでクリスチャンとしての自覚を持って生きておられる方々がほとんどである。その他にも洗礼を必要としないキリスト教の伝統があるだろう。私はクリスチャンの家に育ち、クリスチャンになるとは洗礼を受けることだと思っていた。結婚して子どもが生まれ、子どもたちにもキリスト教信仰を持ってほしいと願っていたが、いずれ本人の決断によって洗礼を選択すべきだと考えて、幼児洗礼を受けさせていなかった。牧師であった夫も同じ考えだった。本人の意思と決断が大事なことだと思っていた。「口でイエスは主であると公に言い表し、心で神がイエスを死者の中から復活させられたと信じるなら、あなたは救われるからです。実に、人は心で信じて義とされ、口で公にして救われるのです」(ローマ10・9―10)との聖句そのままに信じていたのである。

娘と幼児洗礼

一九七八年生まれの娘は一歳三カ月の時に重病にかかった。一カ月余りの意識不明から回復した時には重症心身障がい児となり、しばらくして障がい者手帳をもらった。医師が「意識が戻っても重度の障がいが残ります」と言ったとおりだったが、娘が意識を回復したことは嬉しかった。

目覚めた娘は言語を駆使する力を失っていた。体幹を維持することもできないし、自分の意思で表現したり、行動したりする力も失っていた。意識不明の間必死で回復を祈り、助けられたときには、もう一度神様から娘を与えられたような思いであった。しかし人工呼吸器から解放された娘を抱いたとき、「この子は自分の意思で信仰告白する機会もなく死んでしまうかもしれない」と考えた。それで、彼女の意思を待つのではなく幼児洗礼を受けさせたいと思い、そうした。そこには神様が再度与えてくださった命を神様に見守っていただく、神様に委ねる、という思いがあったのかもしれない。それから十三年ほど、娘は自らの意思を言語で伝えることはできないまま、必要なことすべてを周囲の人間に助けてもらう日々を生きた。牧師であった私と共に礼拝に出ることを喜び、讃美歌を楽しみ、教会生活を喜んでいた。彼女が幼児洗礼を受けていたことで、その後生死の境を行き来するような看病の日々に、もしこのまま娘が死ぬようなことがあっても大丈夫だというような思いがあった。思えばあのころの私は、人が洗礼を受けないまま死ぬことは、人間の生として不十分であるとの意識を持っていたと思われる。

名古屋堀川伝道所での出会い

２００２年、日本基督教団名古屋堀川伝道所が堀川沿いの現在の場所に移った。娘の友人たちのためにつくったデイケアも近くにあり、その利用者たちが礼拝に参加するようになった。彼らも言葉を駆使しない。讃美歌が好き、礼拝の場にいるのが好き、祈りが大好きだということは彼らの目や声や態度でよくわかる。礼拝中に大きな声で叫んだり、唸ったりすることもあるので、たいてい礼拝の前に「○○さん、礼拝の間協力をお願いします。讃美歌の時は大声でもいいですよ」とお願いする。彼らの体調やその他の理由で、礼拝中に大声が止まなかったりすると、説教や祈りを中断することもある。仕方なく「○○さん、ご協力お願いします」と言ったり、それでも無理な場合は付き添っているヘルパーが他の部屋に連れて行ったりすることもある。

月に二回ヘルパーに付き添われて参加するＫさんは、最初呼びかけても反応しなかったので、誰とも意思の疎通ができないと思われた。しかし十四年ほどたった今、次第に自分の意思を主張し、私たちともコミュニケーションが取れるようになっている。こちらの話を聞いている様子があり、簡単な問いかけには応えようとする姿も見られる。教会員の戸惑いはまったくなくなり、彼の参加を心から歓迎している。彼がいてくれることは私たちの誇りにもなっている。彼の傍らで見守り続けているアシスタントと彼を送りだしてくれるご家族にも感謝している。

共同生活と祈り

もう十五年くらい前になるだろうか。フランスのピエルフォンにあるラルシュ・ホームを訪ねた時だった。その家では祈りの時間にはアシスタントもメンバー（ラルシュ・ホームでは障がいを持つ仲間をコア・メンバーと呼ぶ）も、自由に祈りの部屋に行くことになっていた。私が夕食後、その部屋に入った時、アシスタントが床に突っ伏して声を立てずに泣いていた。そばには哲学者のような顔立ちのメンバーが凛とした姿で沈黙していた。知的障がいを持つ人が気高い姿で座っていること、彼らを世話するアシスタントが弱さそのものの姿で祈っていることに驚いた。今では当たり前に思える景色だが、当時の私には、アシスタントは助ける人であり、メンバーの前で弱さをさらけ出すことは想像できなかった。共同生活では行き違いや自分の思いが通らないことも多く、いつも天国とは限らず、むしろ苦痛の方が多い。若いアシスタントはその辛さや自分の足りなさに泣いていたのかもしれない。

名古屋堀川伝道所は日曜日だけ、礼拝場所として「みどりの家」を借りている。みどりの家は十四年前、私とMさんが一緒に暮らし始めた家である。Mさんとは、私が娘を亡くし、Mさんがお母さんを亡くされた二十二年前からの付き合いになる。彼女は体幹は維持できるが身体を自由に動かすことはできないので、全面的な介助が必要である。言語も駆使しない。二十二年前に彼女を中心としたナイトケアやショートステイなどを始めて、その後みどりの家で共同生活を始めた。そこではいろいろなアシスタントが代わる代わる一緒に暮らしてくれて、彼女の地域生活は守られてきた。その生活を通して人間はひとりひとり考えも家事の仕方も人との距離のとり方も違い、多様であることを認識させられた。そのむずかしさを緩和し、共同体の中で生きていこうという決断を何度でも促されたのは、月に一度の分かち合いや食後の祈りの時間を通してだったと思う。

ラルシュ・ホームの暮らし方を見本にして、みどりの家では夕食の後の食器洗い、ティータイムが済むと、祈りの時間になる。Mさんはいつも食事の前後にボディ・ランゲージや唸り声でみんなに「今日もお祈りがある？」と聞いていた。今は「たねの家」で暮らしているが、同じように「お祈りある？」と何度も聞くようだ。

アシスタントの半分はクリスチャンではないし、たとえクリスチャンでも「お祈りなんてしたくない、早く休みたい、喧嘩していてそんな気持ちになれない」という日もある。でも仕事という側面もあるし、家の開設の祈りに「私たちは小さな声に耳を傾けます」ともあるので、仕方なく行うこともある。私自身も疲れ切って一緒に祈る気になれない時に、Mさんから何度も両手を組み合わせて眼で「お祈りある?」と聞かれたため、仕方なく「ありますよ」と答えたこともあった。

ローソクを点し、テゼの讃美歌を歌い、ひとりひとりが祈る。言葉を駆使しないMさんやYさんに「今日は誰が通訳しますか?　自分で祈りますか?」と聞く。「通訳しますか?」で「はあい」とMさんが口を開けたら、担当しているアシスタントが、「今日のことですか?　誰のことですか?」などと聞いていく。すると当たったところでMさんが「はあい」と言う。アシスタントが「誰々さんのことですね」「辛かったんですね」「心配しているんですね」などと通訳する。普段のMさんたちの様子を知っていて、想像力を働かすことができないと本当に彼女たちの祈りかどうかわからない。自分で祈るという時には、Mさんが話す「はあい　はあい　はあい」という言葉を聞いた後で、「神様、Mさんの心の中にある祈りを聞きいれてください」とみんなで祈る。

このようにして、ひとりひとり声に出して祈る時間は、互いの思いに耳を澄ませる時でもある。素直になってこの場に座っていると、自分の弱さも足りなさも隠すことなくいられる思いがする。このような場所に招いてくれるMさんは本当にお祈りが好きなのだと思う。そして私は、Mさんがなぜお祈りが好きなのか考え続けている。

これかなと思う理由がある。それはこの時間が一日の仕事を終えて誰もがホッとする時間だということだ。アシスタントは仕事にかこつけて普段はMさんたちと向き合うことを避けているが、祈りの時は仕事を離れ（完全にオフではないけれど）、個人として座る。「助ける人、助けられる人」という関係から解放されて、一緒に座る関係になる。Mさんは私たちアシスタントが無意識に避けていることへと招く。それは、対等な人間として共に座り、共に神の助けを求める場につくことへの招きである。

思いを分かちあうこと

ラルシュ・ホームの知恵ともいうべきものに「障がいを持つ人は助けられるばかりでなく、周囲の人を助ける人でもある」という理解がある。役に立つか否か、有能か否かという価値判断によって、弱さを多く持つメンバーの強さやすばらしさ、誰にもできない役割が見過ごされていることが多い。ある時、デイケアでバタバタと走り回るアシスタントがいた。いかにも「私、働いています!」といわんばかりだったので、「あの、お願いですから、静かに動いてくれませんか。床にはメンバーが寝ていますから（当時は貧しい環境で、昼食後は洋間の床に茣蓙《ござ》や薄い敷物を敷いてメンバーに横になってもらっていた）、頭に響いてうるさいですよ、そんなに急がなくても間に合いますよね」と注意した。アシスタントは「急がないでゆっくり仕事してください」と言われたことに驚いた様子だったが、ジャン・バニエは有能な人がこれ見よがしに仕事をするのは、「私はできますが、あなたはできないでしょう」と言っているようなものだと語っている。全面的な介助を必要とする方のそばで働くということは、いつも手一杯な状態になるということである。けれども、バタバタ働いたら介助される方も落ち着かないし、相互の関係も機械的になってしまう。介助される側がなによりも望んでいることは、心の中にある思いの共有ではないだろうか。

ホスピス運動の創始者であるシシリー・ソンダースはある日、死が近づいているアントーニに「看護する上で一番してほしいことは何ですか」と聞いたという。すると彼は、「自分のことをわかっていてくれるかのように誰かに見つめられていること」と答えたそうだ。このやり取りから、シシリーは次のように述べている。「私たちは長い闘病生活や機能の喪失からくる患者の不安感や抑鬱感とも率直に向き合うべきだと思います。また、身体が衰弱し、失禁するようになって他人に依存せざるをえないことからくる惨めさや無力さとも、そして時には生命や生活から切り離されることの絶望感にも直面しなければなりません」（シャーリー・ドゥブレイ著『シシリー・ソンダース――近代ホスピス運動の創始者』若林一美監訳、日本看護協会出版会、１９８９年初版、２１８ページ）。

ある時、みどりの家に来客があった。子どもを亡くしたばかりの友人だった。友人は自分が悲しみの中にいることをみどりの家の人たちに話さないようにと言い、明るくふるまっていた。お茶の時間が過ぎた頃だったろうか。Mさんが少し離れていた友人を手招きしてそばに呼んだ。そして友人の顔を覗き込み、黙ってじっと見つめた。それは「悲しいでしょう。あなたの苦しみを知っているよ。大丈夫？」と言っているかのようだった。後に友人は、Mさんのこのしぐさでどれほど慰められたことかと話してくれた。

Mさんは私の娘が亡くなった時、自宅の仏壇の前で泣いてくれていたそうだ。その時にはまだ生きていたMさんのお母さんが教えてくれた。Mさんは人の悲しみ、病気によく気がつき、労わろうとしてくれる。そして祈りの時にそのことを祈ったりする。Mさんの賜物はこの共感する力だと思う。

私たちは皆、できることなら死や次第に衰えていく力、人に頼らざるをえない環境に生きる心細さなどは直視したくない。しかしこの現実を見つめ、語り合わなければ、私たちはますます孤独に生きることになってしまう。私が娘と生きていた日々の中で思い出すのは、瀕死の床で二人とも途方にくれながら病室の窓の外を見ていた光景である。Mさんとの長い時間の中で思い出す光景は二人で海を眺めていたことである。その時Mさんは私に話したいことがあると言った。「誰のことですか？」「島ですか？」「家族のことですか？」などと言葉を重ねて聞き取ったのは、「自分を守っている家族や島が亡くなったら、自分はどうなるの？」というMさんの不安だった。「心配しているんだね。でも大丈夫。あなたはお母さんが亡くなってからもいろいろな人に助けてもらってきたし、これからもそうしていけばいいよ」と言ったが、実は二人とも「大丈夫じゃない」ことをわかっていた。忘れえない光景と言ったが、あの時の空や海の様子ではなく、私たちの心の中にあった戸惑い、不安こそを覚えている。今だって生きることが大変なのに、将来はもっと大変かもしれない。誰も大丈夫だなんてわからない。でも一緒に困り、一緒に座っている人がいる。それが大事なのかもしれない。

　思い返せば、途方に暮れていた日々を経て、道も開かれてきた。私たちのような歩みは、お互いの共同の働きがあればこそ、形を成してこられたのだと思う。そしてMさんの生活ぶりは、言語を駆使しない人の地域生活の一つのモデルにもなった。

商人とは誰か

マタイ福音書21章12―13節に次のようにある。

それから、イエスは神殿の境内に入り、そこで売り買いをしていた人々を皆追い出し、両替人の台や鳩を売る者の腰掛けを倒された。そして言われた。「こう書いてある。『わたしの家は、祈りの家と呼ばれるべきである。』ところが、あなたたちはそれを強盗の巣にしている。」

宮清めと言われる箇所である。２０１６年9月24日に中部教区「障がい者と教会」交流集会で安富歩さんが「なぜイエスは神殿から商人を追い払うのか――エックハルトの教説に学ぶハラスメントからの離脱の道」と題して講演をされ、その中でマイスター・エックハルトの説教を引用された。エックハルトは説教「魂は神の住居」の中で、善人が忠実に神に奉仕し、「つきましては神様私を救ってくださいますか、どのように扱ってくださいますか」と問う姿勢は、神殿の商人のようなふるまいであると語っている。宗教改革者のルターもエックハルトの本を紹介・出版しており、その思想の影響を受けたに違いない。エックハルトは、人間の側の行為如何《いかん》によって神の意思が変わることはなく、人間の行為はただ神への賛美、感謝であると語っている。

信仰告白とは

「洗礼を受けて救われる」と言い慣わしてきたが、宗教改革の伝統に立つなら、「救われていることを信じて、洗礼を受ける」ことこそが伝統ではないだろうか。神の恵みは人間の行為によるのではなく、「信仰のみ」とルターは論じたが、これも一歩間違えば自覚的な信仰を告白することが救いの条件であるかのように誤解されてしまう。しかしここでの信仰とは神がすべての人間を許し、愛しておられることを信じる、ということであって、「信仰告白」という行為はあくまでこの恵みへの感謝の告白であり、救いを与えられる条件ではないだろう。

みどりの家や名古屋堀川伝道所で共に祈り、礼拝する中で、言葉を話さない友人たちの姿を見つめながら、いつも考える。「洗礼を勧めようか？」「いや、しかし洗礼を受けて何が変わるのか？」と。もし、私が彼らに洗礼を勧めるとして生じる課題がある。彼らがそれを望んでいると誰が正確に聞き取れるだろうか？　彼らの家族への説得は？　もし彼らが自由意思で明白に洗礼を受けたい、と言ったらこんなに悩むことはないのだが。

「ラルシュかなの家」のメンバーたちがカトリックの洗礼を受けたと聞くと「よかったね」と喜ぶ私は、自分の共同体のメンバーの受洗を願っていないわけではない。二十年くらい前だったか、かなの家のＮさんが洗礼を受けたと聞き、その次第を本人に聞いたことがある。彼は言った。「ルルドに行ったんだよね。そのときにわかったんだ。それで洗礼を受けた」と。シンプルな信仰告白に私は感動した。以来、私たちは親しい友だちである。言葉を多く交わすこともなく、年に一度会うか会わないかの関係だが、深いところで交流している思いがある。かなの家が主催するリトリートでは、神父が行うミサと、牧師が行う聖餐式がある。Ｎさんも参加する時は補助の役を務めてくれる。彼の誇り高い、多少ぎこちない動作が、緊張する一同を穏やかにしてくれる。まさに共同作業をしている感じである。

人間の側の行為によって救いが成就するのではなく、救われていると信じる信仰が重要であるとの教えが、エックハルトが指摘するようにいつの間にか、教会での典礼に参加することや神への奉仕・犠牲をなすことが救いの条件であるかのように誤解されてしまってはいないだろうか。

かつて私は、信仰生活に入るためには人間の決断が重要であると考えていた。「決断」とはいい言葉だが、年齢を重ねてみると決断もまた頼りなく移ろうものであることを認めざるを得ない。それゆえに、人間の決断や人間の口で行う告白に信仰の基準をおくのではなく、救いはただ神の側からもたらされるものであり、人間はそれを感謝して受け取るのみと考えた方がよいと今は思う。

イエスの共同体

私が目指すイエスの共同体は、すべての人が招かれる場である。しかしそこは常に葛藤がある。なぜなら一つの考え方やあり方が強制されない場では、各人の個性が発揮されて、他の個性とぶつかり合うからだ。いかにして互いに受け入れ合い、歩み寄るか、葛藤なしにはこのような共同体は存在しない。イエスが当時社会から除外されていた人々と食事を共にしたという出来事に学びながら歩いていこう。この道は互いに教え合い、互いに学び合い、神に叫び、訴えながら歩く道で、まさに行先を知らずして進む道である。それでも互いに対等に、共に途方にくれながら歩く道には、他の道にはない自由と希望があるだろうと確信している。

ぼくの頭を押さえるその手を引け
——不正義から正義へ

林《はやし》巌《いわ》雄《お》

1960年生まれ。同志社大学神学部卒業。同大学院神学研究科博士課程前期修了。日本基督教団蒲田教会牧師。明治学院高校聖書科非常勤講師。訳書に『第三世界神学事典』、グティエレス『いのちの神』『み言葉のわかちあい』他。「キリスト教と社会倫理研究会」メンバー。ここ数年は福島、仙台、沖縄、国会議事堂前を何度か訪ねた。

（※英語の justice やこれに似た西洋の言葉は、日本語では「義」とも「正義」とも訳せます。）

不正義の経験から正義の希求へ

ぼくの人生において、正義はまず不正義として経験されました。親父は気が短く、暴言や暴力が絶えませんでした。子どものとき、いきなり抱え上げられ、風呂場に連れて行かれ、ホースから出る水を顔にずっと浴びせられました。ぼくは、息が苦しくて（息が苦しいということさえわからず、ただ死にそうで）もがきますが、ぼくの体は親父の太い腕に抑え付けられ、逃れることがまったくできませんでした。また、これは、おそらく母の財布からお金を盗んだときだと思いますが、それを知った親父は、ぼくの顔を水を張った洗面器に抑え込み、これまた、息ができず、死にそうで、顔を上げようとするのですが、親父の腕は鋼鉄のように重く、びくともしないのです。こうしたことが、幼稚園から小学校にかけて何度もありました。二十年後、ぼくは幼児虐待とかトラウマとか成育歴とかいった言葉を知ることになります。

親父によって体が動けないように捻じ伏せられたこと、顔面の水責めにより窒息させられそうになるだけでなく、言葉を発することさえ封じ込まれたこと、死という言葉さえ出てこない死の寸前、苦しいという言葉さえ出てこない苦痛、身動きできない、逃げられない無力、悔しさ、そして、恐怖また恐怖。これがぼくの最初の正義の経験、不正義を通しての正義の経験でした。

うらがえせば、正義とは、「不正義が行われないこと」、つまり、捻じ伏せられるという不正義がないことであり、不正義に抗議することであり、不正義への抗議を「反抗」「暴力」などと言い変えないであくまで不正義への抗議として承認することだと思うのです。不正義とは、心身を抑え付け、支配すること、支配されること、正義とは、心身が抑え付けられないこと、支配しないこと、支配されないことだと思います。

このようにして、ぼくには不正義を「見抜く」感覚が育っていきました。それは、学問的に不正義を探求する力ではなく、むしろ、不正義だと感じて怒る、あるいは、不正義だと怒り感じること、さらにいえば、人から見れば、不正義だとこじつけること、不正義だと曲解することでもあるでしょう。

ところで、親父を通して不正義を経験したことが影響して、ぼくにとって、「父なる神」とは「親父のようではない父なる神」「不正義な親父ではない神」を意味することになりました。父＝支配・抑圧＝不正義に対し、神＝仕える・解放する＝正義なのです。言い換えれば、神＝（まことの）父であり、親父＝父のなりそこない＝正義のなりそこない＝不正義＝暴力＝父権制の長なのです。こうして、少年のころから、親父によく似たぼくを押さえつける存在に不正義を感じ、怒り続けてきました。

まずは、教師であり、同級生でした。もっとも、小学校後半三年間の担任だった春子先生は別でした。ぼくは春子先生とも衝突しましたが、先生は、日本国憲法の三原則、主権在民、戦争放棄、基本的人権の尊重を教えてくださいました。日本人侵略者が労働できなくなった中国の人びとを生きたまま放り込んだという万人坑《まんにんこう》のことを語ってくださいました。

中学の時、同級生数人に床に体を押さえつけられ、抵抗できないようにされ、口の中に唾を吐かれました。吐き気がしました。また、抱え上げられ、ベランダにまで運ばれ、手すりの上に乗せられました。体がすくみました。

高校の体育教師は、ぼくがズボンのベルトをしていないのを見つけ、叱責しました。教室にあると主張しても、嘘だと決めつけました。別の体育教師は、突然、なんだったか、ぼくが不正をしていると言い出し、反省しろと怒鳴られました。これは濡れ衣というか、ぼくに対する偏見だったように思います。いずれにしろ、こちらの言い分にはまったく耳を傾けませんでした。

ぼくは世界史、日本史、地理にはあまり興味を持ちませんでしたが、倫理社会と政治経済はとてもおもしろく感じていました。そして、テストの点も一学期、二学期と90点以上をマークしていました。ところが、教師はぼくに五段階の「４」をつけました。その教師は、あまり優等生ではないぼくに「５」をつけたくないのだなと感じました。けれども、三学期に98点をとると、ついに「５」をつけてきました。そうせざるを得なかったのだと思いました。ぼくは、そういう教師にも、偏見で成績をつける不正義を感じていました。

時は流れ、教会の牧師になってからも、不正義を感じ続けました。良い牧師であるというよりも、仲間内でどういうわけか優遇されるべきだと見なされる牧師たちが、なぜだか優遇される現実をいくつも見てきました。これもどういうわけか、親父的な人びとからは、ぼくは駄目だと見なされてきたように感じています。

教会の支区の選挙でもぼくから見れば、不正義がなされています。投票の根回しがされているのです。五名連記の選挙で、あるグループは「この五人に投票するように」という根回しをしているのです。そうすると、五人全員、自分たちと同じ意見の人物でまとめることが可能です。それと同じことが全国規模で行われているようです。決められた選挙運動によらない根回しは不正義だと思います。それを不正義だと言わず、正しいと言い張ることも不正義だと思います。自分たちの利益を確保するために、ガンとしてそれを譲らない教会権力者たちから、心身を押さえつけられているような感覚を持っています。

さらに、不正義と闘うはずの人権団体の中にも不正義、押さえつけはあります。外国人労働者を支援するというある団体がぼくの友人の外国人労働者を利用しているように思えたので、それを伝えたら、「それはいいがかりだ。文句があるなら聞いてやるが、こちらは時間がない。こちらの執行部10人がそろう日があるから、来い。ただし時間は10分だけだ」という返答でした。これに対しても抗議をしましたが、はねつけられるだけでした。

ところで、最初に、「正義はまず不正義として経験されました」と話しましたが、考えてみれば、ぼくは不正義を被るだけでなく、自分が不正義を働くということを通しても正義を経験しているのでした。大学生の時期、釜ヶ崎の日雇い労働者、野宿生活者、それから、視覚障がい者、また、指紋押捺拒否をする在日外国人に出会いました。「おれは目が見えない。おまえは目が見える。それだけで、おまえは差別者だ」と言ってもらいました。その方は、社会が目が見える人を圧倒的に優先させていて、ぼくもその不正義に加担していることを教えてくれたのです。ぼく自身が不正義だったのです。

日本社会における不正義

ここからは、日本社会全体の不正義について話したいと思います。いまほど正義が踏みにじられている時代はありません。もちろん、これは量的にも質的にも許れるものではありませんし、たった一人でも踏みにじられていれば、不正義なのですが。ヘイトクライム、安保法制、民主主義や憲法を侵犯する安倍政権、高江・辺野古・普天間・嘉手納などにあきらかにあらわれる沖縄への米軍基地の強要、福島の人びとを中心とした住民に対する原発悪政を見れば、日本社会に不正義がはびこっていることは明らかです。

いったい何十万人、何百万人の在日韓国人、朝鮮人、外国人の生徒たちが、生徒や教師たちに、倒され、踏まれ、起き上がろうとしても、押さえつけられてきたことでしょうか。いったい何百万人の外国人が日本の法や会社や日本人によって、心身を地面にこすりつけられてきたことでしょうか。いったいどれだけの生徒たちが、住民たちが、拡声器からの怒声罵声によって、心をずたずたに引き裂かれてきたことでしょうか。

安保法制に反対する声がいくら募ろうとも、政権はそれを無視します。無視や拒否は、受け身ではなく、積極的な加害です。これからどれだけの住民が兵士として戦場にその体を連行されていくのでしょうか。荷馬車に載せられ市場へと引かれていく子牛のように。そして、その兵士によって、どれだけの外国人がその心身をずたずたにされるのでしょうか。

安倍政権は、国会のルールを破り、詭弁を弄し、どこまで、異なる意見を押さえつけようとするのでしょうか。そして、それは、もうすでに、日本住民や日本国民の心と体を縛りつけ、抵抗できないようにして、自分の思うままにしようとしているのではないでしょうか。

米軍基地が沖縄（県民、住民）のたましいを何十年も捻じ伏せてきたこと、つぶしてきたことは、ぼくがいくら語っても語り尽くせるものではありません。基地は背中に載せられた何億トンもの鉛に他なりません。沖縄では軍人などによって子ども、女性、男性、高齢者が、文字通りアスファルトに押さえつけられてきました。基地内だけでなく、住宅街でも、道路でもです。辺野古や高江では、それに警察官や機動隊員が加わります。安倍政権はそれを容認いや指図しているのではないでしょうか。ぼくのようなヤマトンチューも沖縄の人びとにのしかかっています。在日米軍基地の75％を押しつけ、沖縄の人びとが動けないようにしています。

各地の原発周辺住民、福島の被災者、心身障がい者、貧困者、日雇い労働者、被差別部落出身者、家のない人びとも、がんじがらめにされ、生き、発言し、参加し、抗議する自由が奪われています。これが日本の不正義です。

しかしながら、いまほど正義がなされている時代もないでしょう。ヘイトクライム、安保法制、安倍政権、米軍基地、原発悪政に対し、自分の精神と心とたましいと体を酷使しながら、抗っている人びとがたくさんいます。ぼくの若い友人が不当に逮捕されました。これは不正義です。けれども、友人のなしてきたこと、友人の存在、その友人を支えている人びとは、正義に満ちています。あらゆる差別・抑圧の現場で、押さえつけられた人々がそれをはねかえして立ちあがろうとしています。これらは皆正義です。

そして、いまほど、正義が必要な時代もありません。ヘイトクライム、安保法制、安倍政権、米軍基地、あらゆる差別・抑圧はいますぐに撤廃されなければなりません。いますぐ撤廃されなければならない状況が何十年も続いています。いま述べたように、正義はなされていますが、さらなる正義、大河のような正義、みなぎる正義が必要です。

正義への闘いを強く促す聖書

さて、ここからは、正義を促す言葉、あるいは、正義を支える言葉を聖書に求めてみたいと思います。

主は言われた。「わたしは、エジプトにいるわたしの民の苦しみをつぶさに見、追い使う者のゆえに叫ぶ彼らの叫び声を聞き、その痛みを知った。それゆえ、わたしは降って行き、エジプト人の手から彼らを救い出し、この国から、広々としたすばらしい土地、乳と蜜の流れる土地、カナン人、ヘト人、アモリ人、ペリジ人、ヒビ人、エブス人の住む所へ彼らを導き上る。見よ、イスラエルの人々の叫び声が、今、わたしのもとに届いた。また、エジプト人が彼らを圧迫する有様を見た。（出エジプト記３・７―９）

神は、正義がないゆえに、不正義ゆえに、苦しむ民の苦しみを「見」、民の叫び声を「聞き」、痛みを知ったのです。そして、民をその苦しみと叫びから「救い出し」、「広々としたすばらしい土地」へ「導き上る」のです。つまり、狭く閉じ込められたところ、押さえつけられたところから、広々としたところへと、解き放つのです。７―８節で述べられたこのことが、９節で繰り返されます。すなわち、不正義に苦しむ民の「叫び声が」神に「届いた」のです。神は民が「圧迫」される、つまり、押さえつけられ、捻じ伏せられる有様をしかと「見た」のです。

民が腕をとられ地面に顔を押さえつけられる苦しみを見、聞き、知り、その場に駆けつけ（「降って行き」）、救いだし、広々とした空間へと解き放つ、それが神の正義なのです。神がぼくたちになしてくださる正義です。

けれども、この正義はぼくたちにも求められます。いや、促されると言った方が良いかもしれません。

主はこう言われる。正義と恵みの業を行い、搾取されている者を虐げる者の手から救え。寄留の外国人、孤

児、寡婦を苦しめ、虐げてはならない。またこの地で、無実の人の血を流してはならない。（エレミヤ書22・3）

神は自らがそうなさることに、わたしたちも続くようにとお求めになられます。促されます。虐げる者に立ち向かい、搾取されている者を、押さえつけられている自分自身を救うことは、神のわざであり、同時にわたしたちへの促しなのです。神を信じる者、神に従う者は、虐げられている在日外国人、貧しい子どもたち、苦しめられているシングルマザーを救うように促されており、「この地」で、つまり、沖縄で、福島で、住民の血を流してはならない、住民の生活をうばってはならないと促されているのですから、キリスト教会は「社会問題に関わってはならない」などと言うことはできないでしょう。これは、神の義の問題なのです。

けれども、残念ながら、ぼくたちは、神の呼びかけにじゅうぶんに応えてはいません。

それゆえ、正義はわたしたちを遠く離れ／恵みの業はわたしたちに追いつかない。わたしたちは光を望んだが、見よ、闇に閉ざされ／輝きを望んだが、暗黒の中を歩いている。（イザヤ書59・9）

ぼくたちは正義になかなか近づくことができません。いや、遠く離れてしまっています。ぼくたちは神の正義の呼びかけに、正義に、背いているのです。正義から遠ざかることは、正義とともにおられる神、いや、正義そのもの、義そのものであられる神から遠ざかることでもあります。

次のように書いてあるとおりです。「正しい者はいない。一人もいない。悟る者もなく、／神を探し求める者もいない。皆迷い、だれもかれも役に立たない者となった。善を行う者はいない。ただの一人もいない。（ローマの信徒への手紙3・10―12）

詩編詩人が自分を苦しめる者に向けた言葉を、パウロは自分たち自身、ぼくたちに向けます。正義をなす者は一人もいない、それゆえに、神を探し求める者もいない、神の促す善をなそうとする者も一人もいないと。正義の神による正義の促しに応えられないぼくたちの現状がここにあります。

「信仰によって義とされる」とは

ところで、この原稿は、「信仰義認」を考える特集に一文を、と求められたものでした。バルトは、ローマの信徒への手紙3・22の「すなわち、イエス・キリストを信じることにより、信じる者すべてに与えられる神の義です」を「イエス・キリストの（が示す）信実」と理解しています。また、パウロは「実にキリストは、わたしたちがまだ弱かったころ、定められた時に、不信心な者のために死んでくださった」（同5・6）とも述べています。このあたりから、ぼくたちを義とするのは、ぼくたちの信仰よりも、神自身なのだとぼくは信じます。つまり、信仰義認とは、イエス・キリストを信じたら、そのご褒美に義と認められる、というような交換関係であるとは単純に言えないと思います。

さらに「義認」とはぼくたちの（新しく与えられるとしても）属性のことではないと思います。すなわち、イエス・キリストを信じたら、ぼくたちは「義」＝「正しい」ものにしてもらえ、天国に入れる、ということではないでしょう。ぼくは、むしろ、イエス・キリストを通して示される、ぼくたちを救うという神の、正義への誠実さゆえに、ぼくたちも、そこに無償で招かれている、と考えたいのです。

正義の促しに応えられないぼくたちの現状についての話に戻りますと、しかし、その現状にもかかわらず、ぼくたちは促され、応えようとします。正義への神の信実によって、ぼくたちも正義へと促される、これが信仰義認かもしれません。さきほど引用した出エジプト記によれば、神は民の苦しみをつぶさに見て、叫び声をしかと聞いて、痛みを知り、民のところまで駆けつけました。そのような友人たちが北海道に、岩手に、宮城に、福島に、京都に、熊本に、沖縄にたくさんいます。

昨年9月の台風による大水害を知るやいなや、ある友人はその日のうちに飛行機に乗り、遠方の被災地に駆けつけ、そこの人びととともに働きました。正義と言うと、「悪」（人格否定、人権蹂躙、権力の横暴、差別……）に抗い、「悪」に苦しめられる人びとと連帯することが思い浮かびますが、多くの場合、それは「政治問題」「社会問題」と見なされ、「関わるべきでない」と、キリスト教会では言われてしまうことがあります。

けれども、自然災害（もしくは、一見そのようにだけ見えるもの）の被害者のもとに赴くことも「正義」であり、それについては、「政治問題だから関わるべきではない」という人はほとんどいないように思います。3・11大地震・大津波被災者支援活動を見ても、そうでしょう。

民が苦しむ背景には、自然災害もあれば、「悪」「政治」「社会」もあります。問題は、そして、解決すべきは、民の苦しみです。その原因が「社会」にあれば、それは「社会問題」であり、その解決に取り組みます。

自然災害による被害者支援を、「正義」への入り口とすることもできるでしょう。そこから、民の苦悩の背景には、自然災害だけでなく、社会や政治があることに気づけば、「社会問題」に関わるハードルがさがるかもしれない、と期待するのは甘いでしょうか。

さきの友人は水害被害地に駆けつけることをその日のうちに教会員が認めてくれたと言います。やがて、これが広がり、どの教会でも、自然災害の被害者のもとに駆けつけることと並んで、安保法制、ヘイト、米軍基地、人間差別、余儀なくされる貧困、これらに反対する場にも駆けつけることが、教会の当然の職務と見なされる日が来る夢を見たいと思います。

神は義、正義を完成させていますが、わたしたちは、そうしていません。神はわたしたちと義、正義の関係を結んでくださいましたが、わたしたちは、神との間に、また、わたしたちの間に、まだ、それを結んでいません。わたしたちは急がなければなりません。神がそれを促し、完成を約束してくださるからです。そして、何よりも、民が一日たりとも耐えられない抑圧、押さえつけ、捻じ伏せに、何千日も耐えさせられているからです。

第2章

信徒と教職

「賜物にはいろいろありますが、それをお与えになるのは同じ霊です。務めにはいろいろありますが、それをお与えになるのは同じ主です。働きにはいろいろありますが、すべての場合にすべてのことをなさるのは同じ神です。一人一人に〝霊〟の働きが現れるのは、全体の益となるためです」（Ⅰコリント12・4―7）

マルティン・ルターが95箇条の論題を提示した1517年から今年で500年目を迎える。ルターが投げかけた問いは巨大な波となり、さまざまな地域で「改革」の嵐が起こっていった。それから500年。いま、私たちの教会はそれぞれの場でどのような「改革」を続けているのだろうか。本章では、ルターが唱えた「全信徒祭司」（万人祭司）思想から、信徒と教職について考える。

パウロは、洗礼を受けた者は皆、同じ一つの霊からそれぞれの賜物と務めを与えられているのであり、その働きはすべて「同じ神」によるものであると考えた。信徒と教職、それぞれのあり方をいま一度考えよう。

賜物と課題としての全信徒祭司性

――宗教改革500年目の節目に考える

江藤直純《えとうなおずみ》

1948年生まれ。一橋大学・日本ルーテル神学大学・日本ルーテル神学校卒業、立教大学大学院修士課程・シカゴルーテル神学校博士課程修了（神学博士）。現在、ルーテル学院大学学長。訳書『義認の教理に関する共同宣言』『争いから交わりへ』（共訳）ほか。

1．はじめに

いよいよ宗教改革500年の記念すべき年を迎えた。もちろん、これは500年前に起こった宗教改革と呼ばれる出来事を記念するということにとどまらず、今年が宗教改革を始めて500年目の、その進展の過程にあるのだという理解を基本に据えたい。「常に改革され続ける教会（Ecclesia semper reformanda）」であるということは、その長い歴史の中には紆余曲折があろうとも、終末の完成にいたるまで、たえず福音の原点を現時点で（イマココデ）聴き直しつつ、改革運動を行なっていくということである。たとえば、「唯一の、聖なる、公同（普遍）の、使徒的な教会」（ニケア・コンスタンチノポリス信条）の一部をなす諸教会が互いに批判し合い、共に一つの聖卓に与ることができないという分裂した状態では改革の道半ばではないか。罪の重みに打ちひしがれて真の救いを切望していた当時の民衆の魂の状況とは（表面的には）ずいぶんと異なる21世紀の日本の民衆の魂の飢え渇きに対して、聖書を通して語りかけられる神の言葉をどのように聴き、どのように語っていくのか、それが不十分なら、これまた教会は歴史の途上にあるのではないか。その意味で、宗教改革はすでに500年経ったとはいえ、依然としてその途上にあるという認識に立たなければならない。

あの宗教改革において、もろもろの教会生活の中の習慣（たとえば、いわゆる免罪符、正確には贖宥状）を改めることなどよりもはるかに中心的なことは、信仰義認を核とする福音の再発見にあることは言うまでもない。しかし、そのことを中心にして、（いささか古い言葉を使うならば）一点突破、全面展開で、実に多くの側面で改革がなされていったが、その重要な一つが「全信徒祭司性」と呼ばれる信徒論、教会論、宣教論に関わることである。キリストの体とされた教会とはだれか、どうあるのか、そのことをルターはどう言っているのか、今日の日本の教会でどう展開していくのか、そのことをこの小論で考えてみたい。

2．すべての洗礼を受けた信徒には祭司の性質が与えられている

明治期にルター（ルーテル、ルッター）と彼の働きが日本に紹介されたとき、Reformation（改革、再形成）を「宗教改革」と訳語を定めたのも卓見だったが、「万人祭司」という表現も聖職者と「俗なる平信徒」の身分的な相違を打破するメッセージが込められたその明快さ、わかりやすさゆえにインパクトが強く、この表現がある意味日本での、少なくとも教会史では定着したと言える。その功績は認めつつも、正確さを欠く。万人といえば、どうしてもすべての人（中世的なキリスト教一体世界＝コルプス・クリスチアーヌムにおいてはすべての受洗者はすべての人と同義であったにせよ）すなわち全人類だと思ってしまうが、ルターの意図はそうではない。だれが祭司であるのか、祭司に成り得るのかと言えば、洗礼によってキリストに合わされた者である。「キリストが祭司であるゆえにキリスト者は祭司であり……信仰によってキリストとひとつである」（『教会の教職の任命』）、「すべてのキリスト者は霊的階級に属す」、それが可能になるのは「洗礼、福音及び信仰のみがわれわれを霊的にし、キリスト者にする……われわれはみな洗礼によって祭司として聖別された」（『ドイツのキリスト者貴族に与える書』）というのである。「キリストは……ご自身に属するすべてのキリスト者にも分け与えて、彼らもまた信仰によってキリストとともにみな王となり、祭司となるようにしてくださる」（『キリスト者の自由』）。その人の人間的資質や宗教的能力や訓練とはまったく無関係に、ただ一方的に、恵みのゆえにこのことが起こる。祭司となる按手は洗礼のときの按手である。

すべての洗礼を受けた信徒が等しく祭司であるならば、一般に思われているように、二つの霊的階級ないし霊的身分があるのではないことになる。「すべてのキリスト者は真に霊的階級に属し、ただ職務のため以外には、彼らの間に何らの差別も存在しないからである」、なぜならば「その洗礼、福音および信仰のみが、私たちを霊的にしキリスト者にするから」。もはや等しく洗礼の恵みに与っている以上は「彼らはすべての霊的階級に属する真の司祭であり、

司教であり、また教皇だからである」(『ドイツのキリスト者貴族に与える書』)。

近代世界を支える原理の一つである人間の根源的な平等性の認識のゆえに、キリスト者の間でも従来の二つの身分ないし階級が否定され、神の前の平等がもたらされたのではない。洗礼のゆえにすべてのキリスト者にキリストがもつ祭司性が付与されて平等となったので、そのような神の前での平等が社会の中での人間の平等性に目を開かせ思いを至らせる基となったと理解するべきであろう。宗教的・信仰的真理がいわば世俗化されて社会的・普遍的な原理となっていった例と言えよう。

3. 聖書的・教会史的な祭司理解

聖書が描く神の壮大な救済史を見れば、アブラハムを先頭にいつの世にも神と人類の間には仲保者ないし仲介者が置かれている。彼は「祝福の源となるように」と言われ、「地上の氏族はすべてあなたによって祝福に入る」とその役割を与えられた(創世記12・2―3)。それが旧約以来一貫して神の民(イスラエル)の務めである。だから、新約でも教会(新しいイスラエル)は「あなたがたは、選ばれた民、王の系統を引く祭司、聖なる国民、神のものとなった民」(Iペトロ2・9)と定められた。

歴史の中で、民は神に自分たちの訴えを聴いてもらい、神はその民にご自分の言葉を伝える。後者のために、み言葉を取り次ぐ預言者を立て、前者のために民の窮状やその訴えを執り成す祭司を置かれた。神の言葉そのものであり、究極の「大祭司」であるのはイエス・キリストである。その役割がキリストの体である教会に託された。教会がみ言葉を取り次ぎ、祭司職を担って執り成しをする、それが教会の存在意義である。「和解のために奉仕する任務をわたしたちにお授けになり」「和解の言葉をわたしたちに委ねられました」と使徒パウロは言った。ポイントはこれらの任務が教会全体に与えられたということだ。

A・マクグラスは、彼が編集した『キリスト教神学資料集』(下)の中に、5世紀の教皇レオ1世の「すべてのキリスト者はこの王的国民の構成員と考えられ、(キリストの)祭司的職務に参加している」という貴重な言葉を採録している。もっともこの信徒理解はその後の1000年間継続的に保たれることにはならなかったが。

やがてルターの時代には、民に神の言葉を取り次ぐのも、神に民の思いを執り成すのもどちらも仲保者としての祭司の役割というふうに捉えられていった。

4．祭司性の独占

原始教会の誕生以来、その指導層が選ばれてきた。使徒言行録6章には祈りと御言葉の奉仕に専念する12人に加えて、食事（生活全般）の奉仕をする7人が選出され、按手がなされたことが記録されている。Iコリント書には教会の中にさまざまな役割を担う人々が挙げられており、その後のIテモテ書には「監督、奉仕者、長老」について詳述してある。エピスコポス、ディアコノス、プレスビテロス（後に順序が変わるようだが）の三つの職制が存在し、機能していたことに注目したい。これが今に続く聖職の三職位である（司教＝主教、司祭、助祭＝執事など）。

教会の中に指導者も奉仕者も必要であるし、歴史の中で果たされてきたその意義を認めつつ、しかし、三つの職位が存在することで、本来教会に託されていた祭司の務めが司祭たちに独占されていくことにならなかったか、そのことを自問しなければならない。もっとも、それは教会の奉仕職が牧師のみに集約されていった多くのプロテスタント諸派においても、同じことが起こっていなかったかを問うべきである。全信徒祭司性という優れた概念が生まれたルター派においても、例外ではない。

指摘したいことは、教会全体、信徒の群れ全体に託されている性質であり務めであるところの祭司性また祭司の務めの問題と、その教会の中の特定の務めを担う教職者（牧師）あるいは聖職者をめぐる問題とは切り離せないが、区別されなければならないということである。ルターたちはあれほど強く全信徒祭司性を主張したが（彼の公的活動の前期と後期で力点の置き方の違いがあるという議論はあっても、主張そのものに変更があるわけではない）、教会から公に託された任じられた教職（しばしば説教者と呼ばれたが）の必要性もまた明言され、その養成にも力を注いだ。彼は祭司の務めを聖職者が独占することに与しなかったし、また、全信徒祭司性のゆえに教職を立てることを廃絶する動きにも賛同しなかった。われわれもまた、教会における教職の必要性を認めるものである。

しかし、教会史の中で全信徒祭司性の精神が教職制のゆえに曇らされていないか、強い言葉を使えば、独占されていないか、本来の趣旨で生き生きと生き続けているかをこの時に検証・吟味したいのである。

5．信徒の共通祭司職

20世紀の教会史での最大の出来事の一つ、第二バチカン公会議は、『教会憲章』を発表し、そこで教会の神秘について語った後、第二章では教会を「神の民」と規定し、神の民の祭司職を説く（追って『信徒使徒職についての教令』でも)。「神の民の中に集められ、ひとつの頭のもとにキリストのひとつのからだを構成する信徒はだれであれ」「創造主の恩恵と贖い主の恵みによって受けた自分のすべての力を用いて、寄与するように招かれている」。「信徒の使徒職は教会の救いの使命そのものへの参与であり、すべての人は洗礼と堅信を通して主ご自身からこの使徒職に任命されている」。役務としての位階的祭司職と区別されつつも、「信徒の共通祭司職」に召されていることを謳いあげている。位階的祭司職についての理解の相違を認めつつも、「信徒使徒職」「信徒の共通祭司職」の強調に強い共感を抱くものである。

われわれは一方ではいわゆる教会内での信徒の働き、礼拝の中での奉仕（たとえば、司式、聖書朗読や配餐、祈祷、さらには説教など。教派的伝統によっては長く当然だったかもしれないが）とともに、それ以外の諸活動での貢献の幅を従来以上に広げて考えていかなければならない。これについては、教職論と合わせて十分に議論され、理解を得つつ、さまざまな教派的伝統を超えて、実践されていく必要がある。

6．この世性の新しい評価と展開

小論では、それ以外のいわゆる社会の中での祭司としての生き方、在り方を考えたい。なぜならば、信徒の特性のもっとも特徴的なものとして「この世性」をあげることができるからである。日本の場合、信徒たちは国民の99パーセントの非キリスト者の人々とその生活、達成や困難、喜びや悲しみを共有できるのである。職場も学校も家庭も地域社会も共通である。信徒には超えられない壁、入っていけない領域はないのである。そのような生の場を共有しているという大きな利点があることが第一である。

第二に、ルターの大きな貢献の一つはドイツ語で「ベルーフ」と呼ばれる召命観・職業観の決定的な転換である。それまでは召命とは聖職への召しであった（今日の日本の教会でも多分にそうであろう）。しかし、ルターは農村や都市で暮らすふつうの人々が従事しているさまざまな職業もまた神が召してくださっているこの世の務めだと説いたのである。そのことにより、職業観は一変し、気がついたらベルーフ（英語ならボケーション）の意味として職業という意味が前面に出るようになった。

この世の職業はかつてのように有給の職業にだけ限定しない方がよい。無給の家事もそれに含まれるのは当然であるし、昨今は地域社会のみならずさまざまな分野でのボランティアとしての働きも神の召命に応えてなす活動といえよう。いずれであれ、それらがその人にとっての召命ならば、そこがキリスト者としての生の正念場なのである。そこでこそ、あからさまにであれ目立たない形であれ、紛れもなく信仰に促され、信仰から力を得て活動が営まれる。すなわち、信仰がそこでの生き方や態度や発言に滲み出るのである。直接信仰問答をしなくても、その生のすべてが信仰を表明しているはずなのである。

昨今の経済活動を見てみると、しかしながら、どのような職業も神からの召命だと素朴に信じるのをためらわれる場合もあることを認めなければならない。世に言うブラック企業はどうだろう。強欲資本主義の手先となるのはどうだろう。搾取や抑圧の先兵になっても、それを神の召しと言って自己肯定して良いものだろうか。ここはよほど慎重でなければならないだろう。

そういう留保を持ちつつも、信徒がこの世で生きるときに、民の訴えの神への執り成しも、神の言葉の民への取り次ぎも含めた、この世での祭司職の働きの場をかなり広く、またその働きの形を柔軟にかつ具体的に捉えなければならないだろう。ルターの二王国論（この表現はしばしば誤解されて理解されるので）あるいはもう一つの表現、神の二つの統治の様式（二統治説）によれば、神は福音と律法でこの世を（わたしたちを）治めると説くが、それは裏返せば、神の働きに呼応しての人間の働きの場には、罪の赦しを中核とする福音の宣教が直接的になされる領域（教会の中と言っていいだろう）と、正義や公平や平和がそこに住む人々の信仰の如何《いかん》にかかわらず実現されるように律法（神の左手）に導かれ理性の力を発揮しながら働く領域（社会とかこの世と言っていいだろう）とがあるということだ。その二つの領域が静的・固定的・現状維持的に理解されるのを防ぐために、D・ボンヘッファーはあえて「四つの委任」という動的な概念を案出した（『現代キリスト教倫理』）。その四つとは、「教会と家族と労働と政治的権威の領域」と言われ、「教会において、結婚と家族において、文化において、政治的権威において」とも記されている。この四つの領域での働きこそが信徒が祭司職を生きる道ではないだろうか。教会の中での信徒の祭司職については稿を改めることとするが、残りの三つが「この世性」が支配する場である。そここそが信徒が祭司性を発揮することが期待されている場である。

そのことを考える手掛かりとして、唐突のようであるが、宣教学者D・ボッシュの名著『宣教のパラダイム転換』をひもときたい。なぜなら、伝統的な宣教理解だけではこの世での働きを宣教と結び付けることができないからである。福音宣教を狭義の伝道と等置すると、この世での働きの中で祭司性の発揮と受け取れるものが極《ご》く限られることになるからである。だからこそ、ボッシュがその著書の中で13の新しい宣教のパラダイムを挙げていることに示唆を与えられたく、以下に列挙しておきたい。それらとは、他者と共にある教会としての宣教、ミッシオ・デイとしての宣教、救いを媒介するものとしての宣教、正義の追求としての宣教、エバンジェリズムとしての宣教、文化脈化《(ママ)》（コンテキスチュアリゼーション）としての宣教、解放としての宣教、文化内開花（インカルチュレーション）としての宣教、共同の証しとしての宣教、神の民全体の働きとしての宣教、異なる信仰の人々に対する証しとしての宣教、神学としての宣教、希望に満ちた行動としての宣教である。

エバンジェリズムとしての宣教を否定するものでも軽んじるのでも断じてない。そのことの大切さは重々承知している。それ抜きには福音宣教はありえないと確信している。そのために最大限の奉仕をしていきたいと願っている。教職だけでなく、信徒もそのために全力をあげる。そのことを100パーセント認めた上で、今われわれはそれ以外の宣教がありうること、その働きの中で、信徒ならではの貢献があること、それを祭司性の発揮と呼ぼうと信徒使徒職の実践と名づけようと、間違いなくそういう働きの場、生き方の場があることを受け入れたい。前述の13の宣教のパラダイムを詳述するゆとりはない。しかし、そこで今日的なこの世の中での全信徒祭司性の新しい展開が起こり得ると信じている。

祭司の務めの最大のものが隣人（近くにいるにしろ遠くにいるにしろ）への執り成しである。キリスト者は自分にキリストの言葉をもたらす者としての兄弟を求めているとボンヘッファーは『共に生きる生活』の中で力説しているが、それはキリスト者に限らない。信徒がこの世で出会う人々にキリストの言葉をもたらすことが、信徒に託された務めである。しかし、その言葉は多種多様な表現（言語も行動も）を取ること、取り得ることをボッシュは示唆している。そこにこれからの福音宣教の可能性と希望を見る。

7. 賜物と課題、教職の奉仕

キリスト者が祭司とされるのは、ひとえにキリストが祭司でありキリストに結びつけられるからである。洗礼が按手なのである。これこそ一方的な恵みである。それはまさにミッシオ・デイの所以である。われわれは自分の能力や資質を振り返って祭司であることに恐れを感じる必要はない。しかし、祭司としての働きの場も種類も存在の在り方も新たに広げられている。それに自らを合わせていくことは新たなチャレンジである。恵みとしての課題である。そのために教職は豊かに福音を取り次ぐという奉仕にいっそう励まなければならない。それもまた賜物であり課題である。

新約聖書・初期キリスト教における「信徒」と「教職（制）」について

村《むら》山《やま》盛《もり》葦《よし》

1965年生まれ。同志社大学神学部大学院修士課程修了。バークレー神学大学院連合、ボストン大学大学院に留学。日本キリスト教団岡山教会伝道師、パイン合同メソジスト教会副牧師をへて、同志社大学神学部教授。共著『牧師とは何か』、訳書『パウロの教会形成』他。

はじめに

「使徒（アポストロス）」とは何か、「教師（ディダスカロス）」とは何か。使徒言行録の著者ルカによれば、「使徒」とは地上のイエスの随行者であり、彼の復活と昇天の証人である（使1・8、21―22、2・32、3・15、5・32、10・37―42、13・31、ルカ24・48）。この定義に従ってルカは、「使徒」の呼称を十二弟子に限定し（ルカ6・13、使1・26）、パウロを使徒と呼ばない（例外が使14・4、14の二箇所。ただしこれはルカ以前の資料に属す[1]。なお牧会書簡の著者はパウロを「使徒」と呼ぶ）。そしてルカが描く使徒は、エルサレム教会の指導層を形成する（使4・35―37、5・2、6・6、8・1、14、18、9・27―28、11・1、15・2、4、6、22―23、16・4）。これに対してパウロは、地上のイエスを知っていることは使徒の不可欠な条件ではなく（2コリ5・16）、復活の証人として福音を宣教し、キリスト信仰者の群れ（教会）を生み出すことが使徒の重要な資質であると強調する（1コリ9・1―2、15・10）。パウロは彼の同労者（ロマ16・7）や教会の代表者（2コリ8・23、フィリ2・25）をも「使徒（アポストロス）」と呼び、キリスト信仰者に与えられるカリスマ（霊を通して与えられる賜物）のひとつとして使徒職を捉えている（1コリ12・28）。ただし、彼の協力者テトスやアポロを使徒と呼ばない[2]。その理由については別の研究に委ねるとして、ともかく、「使徒」の定義ひとつ取り上げてもルカとパウロの理解は一致せず、さらに「使徒」と「教師」あるいは「預言者」との違いも詳細についてははっきりとしない。個々の用法は流動的であったと言える。また、新約聖書時代の指導者像や教会像についてすでに有益な論考が出されている[3]。

以上のことを鑑み、本小論では「信徒」と「教職（制）」という現代の視点を切り口として考察していきたい。その際、新約聖書の各書によってこのテーマについて濃淡があるため、比較的明示的な内容をもつ文書を中心に論述する（パウロ書簡、牧会書簡、１ペトロ書）[4]。それに加えて新約聖書の一部の文書と時代的に重複し、「教職」という概念が明確化される使徒教父文書（第一クレメンス書、ディダケー、イグナティオスの書簡）[5]を取り扱う。

１．パウロ書簡

パウロの時代（50年代）、教会の運営はカリスマ（霊を通して与えられる賜物）（１コリ12・４）による自発的な活動に委ねられ、「信徒」と「教職」という区分はなかった。また、この時代は切迫した終末思想が支配的であり、パウロ自身ももうすぐ世の終わりが来ると信じていた（１テサ４・17、１コリ７・26、29、31、ロマ13・11）。そのため、教会の秩序を保つことは指導されたが（１コリ14・33、40）、中・長期的展望に立った教会の制度化は企てられなかった。また、キリスト信仰者は洗礼時を含めて聖霊体験があり（１コリ12・13、ガラ３・２—５、４・６、ロマ８・15）、その体験がその後の信仰生活における道徳的歩み（ガラ５・16、22—26、ロマ８・２—14、１コリ６・17—19）、祈り（ロマ８・15、26—27、ガラ４・６）、そしてカリスマの働き（１コリ12・４—11）を規定、あるいは生み出した。聖霊体験は常に霊的熱狂が胎動する可能性を与えていた。これに加えて、信仰者たちは洗礼時に、民族、社会的地位、性に起因する相違をすべて超えた平等主義的な現実理解をもち（ガラ３・26—29、１コリ12・13）、その理解はその後の教会形成に少なからず影響を与えていた。このように、この時代の教会は、信仰者の創造的・生産的な役割を個々に尊重し、教会の運営はそれらに委ねられていた。むろん、問題が生じなかったわけではない。しかしお互いの牧会的配慮のもと、事に当たっていた（１テサ５・12—15、１コリ８・９、10・32—33、ガラ６・１—２、２コリ２・６—８、フィリ２・１—５、ロマ15・１—２、14・１—３、19など）。それゆえ、個々のカリスマの役割を制約し高低の順位をつける制度（特に位階制）に対して、教会は本来否定的であったと言えるだろう。植える者でも水を注ぐ者でもなく、成長させてくださる神（１コリ３・７）を第一として、教会はその神の畑として、かつ神殿として存在しているという理解があった（１コリ３・９、16—17）。

パウロ書簡には「信徒」と「教職」とを区分する思想は

見当らないが、教職が担うべき仕事がなかったわけではない。パウロはカリスマを持つ具体的な人物に言及する際、最初に「使徒（アポストロス）」、「預言者（プロフェーテース）」、「教師（ディダスカロス）」をあげている（１コリ12・28。ロマ12・６―８も参照）。これらの人たちは宣教・伝道、礼拝説教、信徒教育などに携わったと想像できる。むろん、これらは任命による役職ではなく、あくまでもカリスマによる自発的な活動として認識されていた。またカリスマは多種多様であり、一人の人物が複数のカリスマを享受する場合もあった。パウロ自身「使徒」であり（１コリ９・１―２）、その要件のひとつである「奇跡を行う力」（２コリ12・12。ロマ15・19も参照）、それに加え「異言を語る力」も所持していた（１コリ14・６、14、19）。

教職者が担う重要な仕事に主の晩餐（聖餐式）の執行があるが、その資格について当時誰がもっていたのか不明である。少なくとも、執行資格という概念や執行者を特定するような内容は見当らない。当時、主の晩餐は「家の教会」の食卓で食事の機会に執り行なわれていた（１コリ11・17―34、ルカ22・14―23）。そのため、ホスト役の家の主人（家長）が幹事として食事の進行を司った。それゆえ、主の晩餐の執行者は家の主人であったと推察できよう。また、それに与る者は家の食卓を囲んでいる参加者すべてであったと思われる。さらに、信仰者でない者がそこに居合わせた可能性がある（１コリ14・16、23、24）。家の主人は、自宅を開放できるほど裕福であり、主の晩餐の執行も担うなど、教会の運営において強い影響力をもったと想像できる。しかしその人物でさえも、「教職」という地位を与えられていたわけではない。あくまでも自発的な役割であった。たとえば、ガイオはコリント教会の全体集会のための家の主人であった（ロマ16・23、１コリ１・14）。

洗礼についても執行者を特定するような理解はまだ見られない。使徒言行録によれば、洗礼はイエスの復活後、早い時期から行なわれていた（使２・38―42。マタ28・19―20、使８・38、９・18、ヨハ４・２なども参照）。執行者はペトロを筆頭に十二使徒の集団に属する者たちであったが、パウロが宣教者として活動する時期には、彼自身を含めアポロなど十二弟子集団以外のヘレニスト（ギリシア語を話すユダヤ人）の宣教者たちによっても執り行なわれた（１コリ１・12―13）。なお、パウロ自身は洗礼を授けることが宣教の第一の目的ではないと明言している（１コリ１・17）。

１世紀末から２世紀初頭にかけて、教会はカリスマによる働きと平等主義的な教会形成から次の段階へと展開していった。パウロはキリストが教会の土台であると理解したが（１コリ３・10―11）、パウロの弟子たちは、キリストを教会の頭《かしら》という絶大な権威として認識し（コロ１・18、２・10、19、エフェ１・10、20―23、４・15、５・23）、その権威に参与する信仰者のあり方に位階的な法則を持ち込んでいった。その際に、当時の家父長制社会の価値観を利用した（コロ3・18から4・1、エフェ5・21から6・9など）。この時代、1世紀中葉に盛んであった終末思想や霊的熱狂は後退していき、教会は内外の異端的主張や迫害に対処しなければならなかった（仮現論、ユダヤ主義、グノーシス主義、マルキオン主義、諸宗教や哲学諸派の混合・習合、そして地域社会との軋轢やローマ帝国による迫害など）。教会形成は新たな局面を迎えたと言ってよいだろう。この時代に、初期カトリシズムの基盤を形成したと言われる牧会書簡、そして使徒教父文書が生み出されていった。

2．牧会書簡、1ペトロ書

牧会書簡（1世紀末から2世紀初頭）において、「長老（プレスブテロス）」や「監督（エピスコポス）」は指導的役割として、また「執事（ディアコノス）」は監督を支える役割として認識されていた。ここに「信徒」と区分された「教職」という概念の萌芽が見られる。これらの役職に就く者は、他の信仰者と区別された存在として、善良な市民の理想的な資質が要求された。監督や執事は品位、人徳、そして既婚者であることが求められた（1テモ3・1―13、4・6、テト1・7―9）。特に監督は、信徒たちに「健全な教え」を勧め異端的主張を反駁するという重要な役割があり、周囲から人望を獲得するためにもこのような資質が必要であった（テト1・9）。

長老もまた監督や執事と同様、人格が申し分なく既婚者であることが求められ、町ごとに配置された（テト1・5―6）。長老は、旧約時代から民の指導者として存在するが（出24・1、9、14など）、「長老会」を形成し「按手」によるカリスマ（賜物）の授与（1テモ4・14、5・22）や御言葉の教え（1テモ5・17）を担っていた。

1ペトロ書（1世紀末から2世紀前半）において、牧会書簡で見られた監督、執事は言及されず（1ペト2・25の「監督」はイエスを指す）、長老を中心とした組織運営が見られる。特に牧会上の勧めとして代表的長老（1ペトロ書の著者）から小アジアの各教会の長老たちへ指示が出されている（1ペト5・1―5）。それによると、旧約以来の指導者のイメージである「羊飼い」として、長老は神の群れを正しく導く司牧的役割を担うことになっている。

牧会書簡において、長老と執事はギリシア語の原語で複数形（プレスブテロイ、ディアコノイ）、監督は単数形（エピスコポス）で表現され、監督と執事に言及している1テモテ3章で長老は扱われていないため、ここに監督を頂点とする単独司教制の萌芽を見出すことができるかもしれない。しかし監督と長老の役割の分担ははっきりとせず、また説教と教育に従事する長老には「二倍の報酬」が与えられるべきだとの理解もある（1テモ5・17）。さらに、他の新約文書で長老を教会の指導者とする記述が見られる（1ペト5・1―5、2ヨハ1、3ヨハ1、使11・30、20・17―18、ヤコ5・14など）。それゆえ、後代に見られるような位階的職制はまだ確立しておらず、状況は流動的であったようだ。また、「健全な教え・言葉、善い教え」（1テモ1・10、4・6、6・3、2テモ1・13、4・3、テト1・9、2・1）を堅持し、倫理的な規範に基づいて個々人の行動を律することが勧められた。これら「権威ある教説」（テト2・15）を「堅固な基礎」（2テモ2・19）として、監督、長老、執事という教職を中心に教会の組織化が進められた。そして「教説の伝授」は信仰者それぞれの任務でもあった（2テモ2・2、15）。さらに、カリスマ（賜物）は、パウロの時代のように聖霊を通して継続的に与えられるのではなく、教職の按手による一回きりの授与となった（1テモ4・14、2テモ1・6）。ここに、のちに展開される教職の権威と力の萌芽を見出すことができる。しかし、イグナティオスの書簡（2世紀初頭）で語られる教職の階級制はまだ見られない。

　牧会書簡や1ペトロ書において、国家権力や奴隷制、家父長制社会への追従を勧告する内容が顕著である（「女性」1テモ2・9から3・1、1ペト3・1、7、「奴隷」1テモ6・1―2、テト2・9―10、1ペト2・18、「年老いた女性」テト2・3―5、「支配者・権威者」1テモ2・1、テト3・1、1ペト2・13―14など）。また1ペトロ書では、監督、長老、執事に特に求められた道徳的品位と同類の特質が一般信徒にも勧告されている（1ペト2・11―12、3・14―17、4・14―15）。このような家父長制的価値観の共有は、教会が「家の教会」としてますます一般社会との親密性を増す意図の表れである。その背景には、多神教という異教世界のただ中で、終末遅延や内外の異端や迫害を経験し、教会が組織として保守化せざるを得なかった事情があった。むろん、それだけでなく、立派な、誇り高い生活を実践することで悪を封じ、不当な迫害をもたらす権力当局や地域住民を恥じ入らせるという神学的動機づけもあった。悪に対して悪で対抗するのではなく、善を持って対峙する態度はパウロ書簡で勧告されていたものである（ロマ12・17―21）。

3. 使徒教父文書

　第一クレメンス書（1世紀末頃）では、「信徒」と「教職」との区分は歴然としている。まず、監督と執事は以前から存在している教職として重んじられた（42・4―5）。さらに神・キリスト・使徒・監督・執事という権威のランクづけがなされ、階級的教職制が整いつつある状況がわかる（42・1―4）。一方、長老は会衆の上に立つものとして認められ（21・6、54・1―2）、懲戒を与える権限も所持し（57・1）、年長者としての敬意も払われた（44・4―5）。しかし長老と監督との階級的関係は明確ではない。ただ少なくとも、監督、長老、執事が神的権威に連なる役職として認識されており、教職が所持する絶大な権威の萌芽をここに見ることができる。この認識は牧会書簡や1ペトロ書など新約文書には見られず、注目すべき点である。

この書簡はローマ教会からコリント教会に宛てられたものであるが、コリントではある長老たちに対する造反が生じ、彼らが追い出される事態に発展していた（47・1―7）。そのため、ローマ教会のクレメンスは、長老に対する正当な敬意と権威を認めるようにコリント教会にこの書簡を書き送ったのである。自発的なカリスマを尊重する伝統（1コリ12章、14章）をもつコリント教会は、「長老」という教職を無批判に受け入れることはしなかったのである（長老に対する批判は1テモ5・19や3ヨハ9―10にも見られる）。このことは、すでに時代はパウロ以後であるが、地域によって教職の受容の仕方に温度差があったことを示している。

ディダケー（1世紀末から2世紀初頭）の時代、巡回説教者としての使徒や預言者、教師の活動がなお見られ、偽預言者や偽教師に対する真偽の基準が提示されている（11―13章。マタ10・41、23・34も参照）。そして、巡回説教者と同等の尊敬を払うべき、監督と執事を厳選するように勧告されている（ディダケー15・1―2）。この勧告は、「使徒・預言者・教師」という巡回指導者から「監督・執事」という地域定住の指導者へと権威が移行しつつあることを反映している。[6] なお、聖餐式の執行者について明記はないが、聖餐受領者は洗礼を受けた者に限定している（9・5）。さらに、洗礼執行者と志願者および関係者に対して、直前に断食と祈りを中心とした準備期間が課せられている（7・4、8章）。

イグナティオスの書簡（2世紀初頭）においては三段階の教職制（監督・長老・執事）の認識を見ることができる（マグネシア6・1―2、13・1―2、トラレス2・2―3、7・2、フィラデルフィア7・1―2、10・2、スミルナ8・1、ポリュカルポス6・1）。イグナティオスは、監督を頂点に彼を支える長老団が控えるという体制を繰り返し述べ（エフェ2・2、20・2、マグネシア2、トラレス12・2）、監督の神的権威（エフェ5・3、マグネシア3）やキリストとの同定も語る（エフェ6・1）。監督と長老たちに相談しその意向に教会全体が一致していくことを勧め（エフェ4、マグネシア6・2、7・1、フィラデルフィア7・2）、さらには、監督を「神の模像」、長老団を「神の議会または使徒団」、執事を「イエス・キリスト」とたとえるなど、それに見合う敬意と服従を払うことを一般信徒たちに勧告している（トラレス3・1）。聖餐式の執行については、監督および彼が委ねた人に限定し、監督不在で洗礼や愛餐を行うことも禁じている（スミルナ8・1―2）。このような三段階の教職制は、のちのローマ・カトリックの位階制（司教・司祭・助祭）へと発展していった。こうして「神→キリスト→使徒→監督・長老・執事という使徒伝承を継承した正統性が確立して、初期カトリシズムの世界が成立する」と言えるかもしれないが[7]、イグナティオスが主唱する教職制が教会世界に広く定着するにはもうしばらく時間が必要だったと思われる[8]。

ジェームズ・ダンによると「初期カトリシズム」は三つの柱からなる[9]。すなわち、再臨信仰の衰退、職制の確立（信徒と教職との区別）、信仰告白の信条化である。この現象は礼拝理解の変化にも当てはまる。つまり、礼拝（聖餐式・洗礼式を含め）は定められた人物（教職者）によって執行され、救済機関として教会が堅持しなければならない制度となる[10]。それ以前は、神の救済行為に対して、神に栄光を帰し感謝をささげることがもっぱら礼拝の中心であったが、この時代には、礼拝を執行する教会そのものが救済を与えることになり、その点で教職者は重要な役割と権威をもつことになった[11]。これは教会が継続的に救いを提供する組織として神から委託された権威を帯びていく過程でもある。青野太潮氏の表現を借りると「人間の救済の基礎づけがイエスの事実を離れて教職とか人間の倫理的な行為とかに移行していく過程」である[12]。

以上の考察が「信徒」と「教職」という現代の課題に対して批判的、生産的営みを促す一助となれば幸甚である。

（1）H. Conzelmann, *A Commentary on the Acts of the Apostles* (Philadelphia: Fortress, 1987) 108.
（2）W. Schmithals, *The Office of Apostle in the Early Church* (Nashville and New York: Abington Press, 1969) 24-30, 55-57.
（3）例えば、E・シュヴァイツァー（佐竹明訳）『新約聖書における教会像』（新教出版社、1968年）、原口尚彰「原始キリスト教の指導者像」『福音と世界』1994年9月号（新教出版社）8―15頁、山田耕太「新約聖書の職制」『新約聖書の礼拝――シナゴーグから教会へ』（日本キリスト教団出版局、2008年）159―182頁、辻学他『キリスト教の教師――聖書と現場から』（新教出版社、2008年）など。
（4）聖書引用は、『聖書　新共同訳』（日本聖書協会、1992年）より。
（5）テキスト引用は、荒井献編『使徒教父文書』（講談社、1998年）より。
（6）原口尚彰、上掲書、13頁。山田耕太、上掲書、180頁。
（7）山田耕太、上掲書、180頁。
（8）菊地榮三・菊地伸二『キリスト教史』（教文館、2007年）98―99頁。
（9）James D. G. Dunn, *Unity and Diversity in the New Testament:*

An Inquiry into the Character of Earliest Christianity, second edition (London: SCM Press, 1990) 344.

（10）H・コンツェルマン（田川建三・小河陽訳）『新約聖書神学概論』（新教出版社、1974年）381頁。

（11）L・M・ホワイトは考古学的考証に基づいて、キリスト教の公認（313年）以前において、キリスト信仰者の礼拝場所は三つの発展段階を経験したと論じている。最初の段階は50—150年で信徒が所有する個人の家（「家の教会」）、二番目の段階は150—250年で個人の家が礼拝のために改装・増築され、三番目の段階は250—313年でより大きな建物やホールが建造された。「信徒」と「教職」の区分が明確になり三段階の教職制が確立していく過程は、教会が「家の教会」から別の形態へと外見的にも変容していく時期と符合している（L. Michael White, *The Social Origins of Christian Architecture*, volume I, *Building God's House in the Roman World: Architectural Adaptation among Pagans, Jews and Christians* [Pennsylvania: Trinity Press International, 1990] 19-20, 102-39）。

（12）青野太潮「新約聖書学と正典」『聖書学方法論』日本基督教団出版局編、3版（日本基督教団出版局、1987年）224頁。

公会議以降のカトリック教会における信徒理解

有村《ありむら》浩一《こういち》

1962年生まれ。早稲田大学卒業。連合神学大学院（バークレー）ＭＡ取得。カトリック中央協議会職員。これまで、カトリック宣教研究所、カトリック新聞などの部署を担当し、翻訳、書籍編集、記者などを務める。

本号（『福音と世界』２０１７年１月号）で取り扱われる、宗教改革の「万人祭司職」の特集の中、本稿では、カトリックの側で第２バチカン公会議（１９６２―６５）によって信徒に関する理解がどう変化したかを紹介する。それに加え、公会議からすでに半世紀を経て起こっている変化についても、諸文書や現場実践を通して考察したい。

公会議文書に触れる前に、カトリックの日常の教会現場における司祭と信徒の役割分担について簡単に触れておきたい。カトリック教会の司祭にとって、ミサや洗礼、ゆるし（告解）といった「秘跡」を執行する役割は大きい。信徒の信仰養成も多くは司祭が担い、修道女が手伝う教会もある。現在では、司祭修道者の数が少なくなり、ミサが毎週行われなくなっている教会が増えており、そうした場合には信徒が主日（日曜日）に「集会祭儀」という共同体による祈りを行う。なかには葬儀を信徒に任せる教会もある。信仰教育に関しては、信徒が教師の役割を果たしているケースも増えている。福祉的、社会的な活動についても信徒の方が率先して行っている教会が多いのではないだろうか。会計や建物管理といった部分は、多くの教会で信徒が担っている。

教会法の規定で小教区（各個教会）の最終責任はすべて、主任司祭が担うことに変わりないが、現在では、教会の種々の奉仕職（ministries）を信徒が担うケースが増えている。ただ信徒がその役を引き受けるための養成基準や資格制度というようなものは、特に日本では確立されていない。ある日突然司祭が不在となり（司祭の高齢化のため突然の療養、逝去が起こる)、司牧的(牧会的)役割が信徒に「丸投げ」される場合も散見される。

第2バチカン公会議における信徒考察

第2バチカン公会議によって、現代のカトリック教会の方向性や有り様が大きく転換したことは周知の通りである。四つの憲章の一つである『教会憲章』は、教会そのものが「神秘体＝秘跡」であり、「神の民」によって構成され、完成に向かって地上を旅する教会である、と規定した。司教中心の教会像が明確化され、司教、司祭、助祭、信徒の関係性が見直されている。神の民は「洗礼によってキリストに似たものとなり」、「一つのからだを形成する」(『教会憲章』7)。司祭や司教だけでなく、「洗礼を受けた者は、新たに生まれ聖霊の塗油を受けることによって、霊的な家および聖なる祭司団となる」(同10)。「信者の共通祭司職と、役務としての、あるいは位階的祭司職とは、……本質において異なるものであるが、相互に秩序づけられ、それぞれ独自の方法で、キリストの唯一の祭司職に参与している」(同)。神の民全体に与えられている「信仰の感覚」を通して、信者の総体は信仰を誤ることなくのべ伝える。神の民はそれぞれ多様なカリスマを受けているが、それは「全体の益」となるためである(同12)。

そもそも公会議以前には、カトリックの文書の中に「信徒」が登場することはまれだったようで、旧教会法(1917年版)の中にも、「信徒は聖職者から、……霊的な益、とりわけ救いに必要な援助をもらい受ける権利を有する」(682条)と、司牧サービスの受け手としての立場が示されているに過ぎない。『教会憲章』の第4章で「信徒について」という項目が立てられ、神学的考察がなされた意義は大きい。しかし、ここにおいてすら、信徒は「聖なる叙階を受けた者ならびに教会において認可された修道身分に属する者以外の、すべてのキリスト信者のこと」という「〇〇でない者」で表す消極的な定義しか与えられなかった。時代の限界を感じるところでもある(「信徒」概念の歴史的変遷はポール・レイクランド『信徒の解放』〔『神学ダイジェスト』2014年冬号に一部邦訳〕に詳しい)。

『教会憲章』第4章を見ると、信徒は、キリストの祭司職、預言職、王職を、洗礼と堅信の恵みによって分かち持ち(『教会憲章』34―36)、「聖職位階の使徒職へのより直接的協力に招かれうる」(同33)。信徒が生きる場は「世俗に深くかかわっている」(同31)ことから、その働きは司祭修道者とは異なることが期待されている。そして、信徒は聖職者に意見を述べつつ、その決定には従い、聖職者は信徒の自発的行動を励まし、自由を尊重しなければならない(同37)。そうした互いの権利義務を尊重しながら、協力関係を築いていくよう勧められている。

『教会憲章』によって示された、以上のような新しい教会論は、同じ公会議の『信徒使徒職に関する教令』で深められ、信徒は召命を受けて自らの使徒職を引き受け、教会の使命の一端を担うことが宣言された。中には使徒職の具体例として、「孤児を養子に」「外国人を受け入れる」「学校運営」「青少年への助言と援助」「結婚の準備」「信仰教育の手伝い」「(困難に遭う)夫婦や家庭、高齢者への支援」(『信徒使徒職に関する教令』11参照)なども挙げられている。

一方で、第5章「守るべき秩序について」では「どのような事業も、教会の正当な権威の同意がないかぎり、『カトリック』という名を自称することはできない」(同24)と述べるなど、信徒が働き出すことへの警戒感も表れている。こうした「注意書き」が明示されたことで、かえって公会議以降、信徒の創造的で自由闊達な活動が抑制されたと感じる人もいる。また、「信徒の使徒職(apostolate of the laity)と司牧の役務(pastoral ministry)は相互に補完し合う」(同6)と述べつつ、信徒と聖職者は、例えば信仰教育という同じ仕事を分け合っても、「使徒職」「役務＝奉仕職」とその仕事の性質は別のものであると考えている。「奉仕職」と「叙階」については後述する。

公会議後の「信徒」理解

以上で見た公会議による信徒に関する神学的理解は、公会議後、少しずつ変化している。公会議が開いた扉から、一歩一歩歩み始めた感がある。レオナルド・ドゥーハンは『信徒を中心とした教会』(女子パウロ会、1994年。以下は「第1章　第2バチカン公会議後の信徒の神学」参照)において教会の信徒理解が公会議前後以降、どのように発展したかを次のように類型化している。

1.〝道具として働く信徒〟の神学　公会議が始まる30年ほど前、1930年に教皇ピオ11世が「カトリック・アクション」という信徒団体を組織し、信徒が公的に聖職者の使徒職に参加しうる存在と考えられるようになった。この神学によっては聖職者だけでなく、司祭と信徒が一致して働くという意識が浸透した面があるが、信徒をあくまで聖職者の手足と見ることは聖職者中心主義につながる危険があり、信徒の自発性や責任を刺激することはない。

2.〝世界に対する教会の現存としての信徒〟の神学　これは、教会は世のために、世にあって、世に奉仕する秘跡(『教会憲章』9、『現代世界憲章』45参照)であり、「信徒は世界に対する教会の現存」として、社会に対する教会の橋頭《きょうとう》堡《ほ》のように信徒を捉える神学である。この神学によって世にある教会という教会観が強調されるようになり、信徒固有の役割や信徒の労働の神学的意義が強調される面はあったが、信徒は社会と教会のつなぎ役、出先機関のようなイメージが強く、信徒そのものが教会という意識が乏しい。このような神学は、信徒も祭司職、預言職、王職を併せ持つという教会観と比べ、不十分である。

3.〝世を変革する信徒〟の神学　この神学では、信徒は世のためにある存在、ということが強調され、信徒こそ社会をみ旨に適うものへと変容させる第一の主導者となるべきだと説く。「信徒は、現世的秩序の刷新を自分たちに固有の任務として受け取り、……直接的にまた決然と行動しなければならない」(『信徒使徒職教令』7)。これは社会の構造的罪や社会正義に焦点をおく神学であり、社会倫理においてとくに強調される。信徒の信仰生活を単に内面的なものだけに終わらせず、助けを必要としている人々に目を向け働くように刺激することは評価できる。一方、こうした社会的な気づきに達するには根本的な回心が必要であり、それは信徒に限らず、司祭修道者にとっても容易ではなく、一定のプロセスを要する。特定の役割だけを信徒に担わせようとすることには無理がある。

4.小教区組織の再編を企図する神学　公会議の新しい教会論以来、小教区では主体性や多様性が重んじられ、信者一人一人が共同体として宣教に向かうよう招かれるようになった。こうして小教区が変容するときの主役を信徒が担うべきというのがこの神学である。この神学は公会議の精神実現のための明確な力をもち、信徒の奉仕職の概念を広げ、その共同責任を強調する。一方、ここで語られる「信徒」は奉仕に熱心な信徒に限られ、それをしない一般の信徒の役割をあまり認めない。特定の信徒が支配的権威を持てば、結局司祭中心の教会と同じ状態になるおそれもある。

5.信徒の〝自己発見〟の神学　信徒を別扱いして「信徒の神学」を唱える必要がないような包括的な教会論があってしかるべきだが、まだそこは未成熟である。そのときどきの状況に応じて信徒が新たな使命を担い、積み重なった信徒の霊性が動的に発展していく。そうした信徒活動を省察することが今後の力になっていくのであって、神学としての定式化にとらわれる必要はない、というのがこの神学の考え方である。個々の状況の中で信徒が自らの信仰と愛を見出していき、その個人と共同体が成長していくことは大きな希望となる。一方で、こうした信徒の生き方は、ときに共同体への帰属意識の減退を招き、組織としての教会から心理的に脱落してしまうおそれがある。宗教教育が十分になされていないと、信仰の基本的要素の軽視にもつながる。

6.〝完全な教会としての信徒〟の神学　この神学では、信徒は教会に「属する」ものではないし、教会の中で一定の役割をもつのでもないと考える。洗礼によって信徒は教会そのものになるのであって、信徒の使命とは教会の使命そのものである（『信徒使徒職教令』１、３、『教会憲章』33参照）とされる。つまり信徒固有の召命があるわけではないし、信徒とは何かということを尋ねる必要もない。入信の秘跡によって人は教会となり、完全な教会として生きるように呼ばれている。それゆえ今日、司祭、修道者、信徒という異なった召命によるアプローチの違いを強調する必要はない。信徒は、個人主義に陥らないように注意しつつ、洗礼のもたらす責任に対し「教会として」応えなければならない。

このように、「聖職者」が「信徒」に対して、一定の役割や在り方を期待する、また参加するよう招き入れるという意識が、公会議の時代には強かった。しかしその後、信徒に対する理解は、右のように多様な方向に変化している。必ずしも、右の順番に沿って発展するわけでもなければ、最後に示した理解に収束するわけでもない。現実の状況に呼応しながらいまも発展、変化している。そして信徒のアイデンティティが揺さぶられるとき、司祭のそれもまた揺さぶられていると言える。

米国教会で働く信徒たち
――「信徒教会奉仕者」と「信徒の解放」

そうした「発展形」の一例として、アメリカでの状況を概観する（拙稿「信徒参加の進む米国教会と、レイクランドが表現する〝信徒の解放〟」〔日本カトリック神学院紀要第４号、２０１３年、99―１２４頁参照〕）。

現在欧米を中心に司祭修道者の数が減っており、それを補完する働き手が求められている。これを解決する方法としては、現在も司祭修道者を多く輩出しているフィリピン、インド、ベトナムやアフリカ諸国などから、欧米各国や日本に司祭修道者を送り出したり、妻帯している男性の終身助祭を増やすなど工夫されているが、もう一つの解決策は、信徒が教会の役割を多く担うことである。

アメリカには２００８年時点で約６千４００万人のカトリック信者がおり、その前の約40年間に信者数は約１・５倍、司祭数は３割減となった。２００７年の時点で、全米の17％の小教区（各個教会）が司祭不在（１９６５年は３％）となっている。神学生数も、公会議直後の１９６７年には８千人を超えていたが、10年には３千人ほどになった。一方で、大学院レベルで学ぶ信徒は１９８５年に約１万人、２０００年代前半には３万５千人に達し、10年には約１万８千人になった。このため、叙階（按手）を受けない奉仕者が教会を担う状況が先行し、それを教会権威が位置づける動きもある。

アメリカでは、一般的な教会奉仕（典礼、教会学校、福祉活動など）をする信徒と区別して専門的・継続的に働く信徒が「信徒教会奉仕者（lay ecclesial minister）」と呼ばれ、05年時点で3万人強（司祭数は約4万5千人で、その後も減少傾向）、09年には約3万5千人が働いていた（有給、週20時間以上勤務）。その現状は、12年に発行された『教会の名において――信徒教会奉仕職の召命と公認』（未邦訳）に詳しい。これは11年に開かれた、教会信徒奉仕者についてのシンポジウムのまとめで、この役職についての聖書的意義、制度運用とくに任命の重要性、今後の展望などの記事が含まれる（『神学ダイジェスト』２０１４年冬号に3本の記事が邦訳されている）。筆者は、欧州での信徒の状況に詳しくないが、こうしたアメリカの現状を見ると、声高に「神の民全員の祭司職」を叫ぶ以前に、実際の働き手としてすでに信徒が教会を支えており、今後の発展を見据えて議論が深められていることがわかる。

日本にも、明治期から戦前まで「伝道師」、戦後も「カテキスタ」として叙階を受けないフルタイムの奉仕者がいたが、種々の理由で現在ほとんどその姿は見られない。日本での信徒奉仕者の活動促進のためにはまず、組織化、制度化された信徒養成の再興が必須である。

「信仰の感覚」というアプローチ

再度、公会議に戻ると、『教会憲章』によれば、聖なる神の民はキリストの預言職に参加し、その際「信者の総体は信仰において誤ることができない」という特性は、「信仰の感覚（sensus fidei）」を通して現れるという（『教会憲章』12）。信者一人一人はこの「信仰の感覚」を通して真に神の声を受け取る。だからこそ、キリストの奉仕職は司祭修道者だけでなく、すべての神の民によって担われる。「信仰の遺産（depositum fidei）」は、すでに人間に示された神の啓示を伝承するという静的なものであるのに対し、信仰の感覚は、一人一人に働く霊の動きを敏感に受け止め、そのメッセージをその時代の信仰共同体で受容するという動的なものである。２０１４年に教皇庁教理省の国際神学委員会は『信仰の感覚――教会生活の中で』（未邦訳）という文書を発表し、信仰の感覚とは何かを詳細に論じている。この文書はまず、『教会憲章』12でも引用されている次の聖書箇所の引用から始まる。

> あなたがたは聖なる方から油を注がれているので、皆、真理を知っています。いつもあなたがたの内には、御子から注がれた油がありますから、だれからも教えを受ける必要がありません。この油が万事について教

えます。（Ⅰヨハネ2・20、27）

そして聖書と教会の伝統の中で「信仰の感覚」概念がどう発展してきたかを第1章で振り返り、その最後で、第2バチカン公会議前にイヴ・コンガールがこの教義を、預言職に信徒が参加するという観点から発展させたことが説明され（『信仰の感覚』43）、また『教会憲章』以外にも、『啓示憲章』23、『信徒使徒職に関する教令』25、30、『教会の宣教活動に関する教令』19、『現代世界憲章』52、62などで、同様の「感覚」の重要性が説かれていると指摘している（同44）。

教会生活の中で、信仰の感覚を大切にしていくためには、教導（magisterium, 教える務め＝司教と教皇）と神学は信仰の感覚の表出に耳を傾けなければならないし、それを適切に導く必要があると同文書は説く。さらに、信仰の感覚として表されたことを、どのように識別していくべきかについても論じる。「教導と神学はつねに、さまざまな状況における信仰表現を刷新するよう努めなければならない。必要であれば、現実の中に現れる福音的真理をもって、キリスト教的真理に関する支配的概念に直面することにもなる。ここで覚えておかなければならないことは、教会の経験が示しているように、信仰の真理はしばしば、神学者の努力や、大多数の司教の教えの中にではなく、信者たちの心の中に収められているということである」（同119）。

先の公会議を招集した聖ヨハネ23世教皇が繰り返し用いた「第2バチカン公会議は新たなる聖霊降臨である」という宣言で同文書は締めくくられる（同127）。信者全員が分かち持つ信仰の感覚に深い信頼を置きながらそれを共同で識別し、司祭、修道者、信徒らが自らの役割の中で協働することを、公会議後のカトリック教会は目指している。

最後に――奉仕職と叙階／按手の有無

最後に、「役務・奉仕職（ministry）」ということばについて考えたい。

公会議のころ、信徒が担う教会の仕事は「使徒職」と呼ばれ、「役務・奉仕職」は聖職者が担うものであった。イエスの奉仕職は、使徒継承によって受け継がれ、役務者＝聖職者が担うのである。したがって、「信者の共通祭司職と、役務としての（ministerial）……祭司職は……本質において異なる」（『教会憲章』10）とされたのである。

しかし、88年発布の聖ヨハネ・パウロ2世教皇は使徒的書簡『信徒の召命と使命』で、信徒に「奉仕職」が「すでにゆだねられた、あるいは今後ゆだねられる」と述べている（『信徒の召命と使命』2）。さらに「信徒の解放」を訴えるレイクランドは、信徒を定義する前にまず、すべての神の民の奉仕職が由来するイエスの奉仕職について論じることから始めた。つまり、イエスに倣う奉仕職には叙階の有無は問われない、という神学的な一つの流れがある。だからといって「共通祭司職と役務的祭司職は本質的に異なる」という主題がなくなったわけではなく、また日本で「役務」という訳語は依然として聖職者のみに用いられる。ここに神学的緊張がある。

プロテスタント諸教会では、この「ミニストリー」という用語に象徴されるような、按手を受けた人と受けていない信徒との間の、教会内の役割や権利に関する断絶があるのだろうか。カトリック教会は「万人祭司」について長きにわたって考察と実践を重ねたプロテスタントの歴史から多くのことを学ばなければならない。

万人祭司とキリスト集会派

川向《かわむかい》肇《はじめ》

1964年生まれ。筑波大学卒業、同大学博士課程中途退学（学術修士）。兵庫県立大学大学院応用情報科学研究科准教授。専門は地理情報科学。キリスト集会関係で30余年経過、現在は神戸市内のThe Chapel of St Andrewsに出席中。N・T・ライトセミナー実行委員。ブログ「一キリスト者からのメッセージ」(http://voiceofwind.jugem.jp)。

今年は宗教改革から５００年ということで、『福音と世界』編集部から、有給聖職者を置かず教会が運営されているキリスト集会（以下、表現の短縮のためキリスト集会群と示す）の万人祭司の考えを紹介する依頼をお受けした。そこで、本稿では、「どのような聖書理解から現在のような運営に至り、今後どうなっていくと考えるのか」を、自らの浅学非才を十分承知しつつ考察したい。

「キリスト集会群」の原型、プリマス・ブラザレン運動について

「キリスト集会」という耳慣れない表現をするキリスト集会群とその内実をご存じない方も多いと思う。キリスト集会群は、英国のプリマス・ブラザレン（Plymouth Brethren, 以下プリマス派と略す）に由来し、有給聖職者を置かずに教会運営をする日本のキリスト者集団である（注）。

グラス（Grass, Tim, *Gathering to His Name*, Paternoster, 2007）が指摘するように、プリマス派について、外部者がその活動と聖書理解の内容を把握する障壁は多数存在する。英国内のプリマス派出版社の出版物には著者の頭文字のみを記載していて、本人の特定が困難なものも存在するし、文献も多くはない。日本でも、伝道出版社というキリスト集会群の人々向けの出版社もあるが、訳者名を明記しない例もみられ、文書研究のみでは実態把握が困難である。キリスト教会の多くでは研究の基礎資料となる週報、説教集、聖書研究関連等の文書群が多数存在するが、日本のキリスト集会群は宗教法人等の制度的な公式組織をとっていないこ

ともあり、これら諸文書の入手は極めて困難である。またディクソン（Dickson N.L.R. "Brethren in Scotland," *Studies in Evangelical History and Thought*, Paternoster, 2003）が紹介するように、極端な場合、ＩＲ（国税庁にあたる大英帝国の政府組織）の役人が収支記録簿を提出せよとプリマス派の教会の責任者に問うても、「そんなものはない」の一点張りという事例もみられる。それほど、記録の保存と公的組織化への忌避感を持つキリスト者集団なのである。この背景には、特定の個人の力によらず、信徒集団への聖霊の導き、神の導きを強調する性質がある。また、前出のディクソンやグラスでは、18世紀中葉のプリマス派の成立直後にクェーカーからの流入があったこと、初期リーダーの親族にクェーカー関係者が多数存在したことが指摘されており、クェーカーからの影響も無視できない。

プリマス派、キリスト集会派で知られている人物

プリマス派は、離合集散を繰り返し、包括組織への忌避感を持つために認知度が低いが、それでも何人かのよく知られた人物もいる。英国では、ハドソン・テイラーのフェイス・ミッションの原型としてのジョージ・ミュラー、その先駆者であるアンソニー・グローヴス、また、ディスペンセイション説を提唱したジョン・ネルソン・ダービー（後にこの人物の後継者を中心として連結型プリマス派が形成される）がいる。学者では、英国の新約学者Ｆ・Ｆ・ブルース、プリマス派の背景を持つ古代オリエント学者であるドナルド・ワイズマンなど、また、北米では讃美歌「いつくしみ深き」の作詞者のジョセフ・スクライヴェン、福音派左派ソジャーナーズの代表ジム・ウォリスなどがいる。

日本では、ダービーと関連の深い連結型プリマス派の自給宣教師の影響を受けたキリスト同信会があり、中村（中村敏『日本プロテスタント海外宣教師——乗松雅休《のりまつまさやす》から現在まで』新教出版社、２０１１年）が我が国最初の海外伝道者と位置づける乗松雅休や、「水牛神学」で知られる小山晃佑は同信会の出身者である。古代オリエント学の月本昭男氏はご両親が非ダービー派の自立型プリマス派のキリスト集会派に属していたために10代まではキリスト集会派の集会に所属していたものの、大学時代から無教会の集会に連なるようになったという。また、ラジオ伝道師として知られる高原剛一郎氏もキリスト集会派の人物である。このように、福音派を中心としてキリスト教界に影響を与えている人物は少なくないが、前述のように一般にキリスト集会派の存在はあまり認識されていない。

日本でのキリスト集会派の立ち上げ段階では、英米系のプリマス派宣教師の支援団体（Echoes Service）から非定期的な支援を受けていた宣教師が開拓した教会（集会）が多

かった。なお、マリンズ（マリンズ、マーク・R『メイド・イン・ジャパンのキリスト教』高崎恵訳、トランスビュー、2005年）には、プリマス派の伝道師の影響を受け、日本で独自に教理を発展・定着させた日本型キリスト教集団が複数登場している。

ブラザレン運動の成立の背景

信徒が主体的に教会運営し、有給聖職者制度を持たず、公式組織化を忌避するキリスト集会派の原型を18世紀英国に遡って考察したい。

18世紀前後の英国では英国国教会からの分離派が多数存在し、19世紀初頭にはバプティスト、メソディスト、クェーカー、改革派などの多様なキリスト者集団が併存・共存するようになっていた。しかし、同じキリストを信じているキリスト者集団間でフランクな交流のない状況を憂い、英国国教会の司祭資格を持つ大学教育を受けた30歳代の人々が、個人的な交流として平日夕方に聖餐式を実施したのが、プリマス派の原型である。超教派的な聖職者集団の聖餐式がプリマス派の出発点であることを考えれば、今もその根底に万人祭司的な理解があるのは当然といえよう。

ところで、伝道出版社刊行の『集会の真理と行動』（ファーレル、R・A編、伝道出版社、1975年）の中でA・G・クラークは次のように述べ、制度的教会運営は非聖書的であるとまでいっている。

> クリスチャンの集まりの秩序を扱うみことば（Iコリント一一～一四章）の中で、集会には支配者や頭《かしら》がいないことに注目すべきです。パンと杯にあずかるとき、それを執り行う特別な権力を持つ人がいるべきだという考えは、晩餐の性格を全く変えてしまうものであり、明らかに神の御言葉に反しています。（中略）聖職権主義は、定められた、いわゆる牧師たち、あるいは「儀式を執り行う」ために特別に任命を受けた人たちだけに任せるという非聖書的なやり方を支持しています。（162―163頁）
>
> 教区を支配する監督の任命は、新約の秩序からの分離の第一歩でした。政府やある大学、団体、罪深い地主などが、給与を伴った聖職に人を就任させ、あるいは推薦するという現在の方法は確かに、神の御旨に沿うものではなく世の方法です。（270頁）

スミス（Smith, Nathan DeLynn, *Roots, Renewal, and the Brethren*, Hope Publishing House, 1986）が指摘するように、18世紀末の欧州および北米大陸は市民階級の台頭に伴う市民革命の時代を迎えており、英国では産業革命以降の中産階級の成熟と社会関与の充実、ロマン主義の影響などによって人々の平等への意識が強まっていた。英国でのプリマス派の原型（超教派の聖餐式）とその諸理念は、日本でのキリスト集会派に今なお強く影響を与えている。さらにグラスは、19世紀当時、信徒を中心とした新たなキリスト教運動が英国で多数存在し、多くは消滅したが、プリマス派が存続できたのは姻戚関係を基盤にした相互協力が可能であったからだとしている。

プリマス派の初期の指導者や支援者には、上流階級出身者が多かった。彼らの目には、産業革命の結果、劣悪な労働・生活環境におかれた多数の市民は、飼う者なき羊のように映ったのだろう。それがノブレス・オブリージュの実践へとつながり、ジョージ・ミュラーの孤児院伝道や貧困者救済対策などに反映された。むろん無名の庶民からの支援も存在した。

プリマス派の原型を作った大学卒業者のグループは、虐げられ、社会から相手にされていなかった労働者層への物質的支援を伴う熱心な伝道を行ったと思われる。さらにグラスやディクソンが指摘するように、業務中の死亡率の極めて高かった漁業関係者、炭鉱関係者への伝道をも行っている。スミスは、このような労働者階級へのアウトリーチの傾向は、19世紀中葉の英国国教会でのオックスフォード運動（一種の高教会運動）への反動という側面もあったと指摘している。

このような活動に伴って、プリマス派の指導者層の変容が起きた。すなわち、出発時点では聖職者や裕福な中産階級を中心としていた指導者層が、20世紀初頭には労働者へと移ったのである。しかし、その変容を経ても万人祭司の理念は維持された。この背景には、欽定訳聖書が広く一般に普及したこと、さらに19世紀中葉から開始された公教育による庶民層での識字率向上もあるだろう。

プリマス派から日本のキリスト集会派へ

日本に目を転じてみよう。コード（Coad, F. Roy, *A History of the Brethren Movement: Its Origins, Its Worldwide Development and Its Significance for the Present Day,* Regent College Publishing, 2001）では、明治中期に東京大学の前身で英文学の教鞭をとったスミスという英国人への言及が、日本におけるプリマス派の唯一の記述である。

なお、明治期以降に日本でキリスト集会派の成立に大きな役割を果たし、さまざまな伝道を行った英米系の宣教師については、初期キリスト集会派の貴重な記述集である滝川（滝川晃一編『雲のごとく』伝道出版社、１９８７年）や石浜（石浜義則『主イエス・キリスト――私の歩んだ道』自費出版、１９７９年）でも紹介されているが、その一人にＲ・

J・ライトがいる。英国人ライトは、戦前の神戸で薬剤師として働いた後に東京に移り、伝道出版社の基礎を作った。滝川や石浜の記述からは、日本のキリスト集会派がこれらの人物を中心としつつも有給の聖職者を置かず、昭和初期には日本人信徒によって運営されるようになったことがわかる。なお、『戦時下のキリスト教運動――特高資料による』（同志社大学人文科学研究所・キリスト教問題研究会編、第2巻、２００３年）にもあるように、15年戦争期の特別高等警察による調査においては、当初内村鑑三らの無教会派とキリスト集会派は同一視されていたが、さらなる調査の後に無教会派とは弁別されている。詳細は同書を参照されたい。また、井上（井上浩『北アイルランドの赤いユリ――J・A・ヒューイット小伝』伝道出版社、２００６年）は同派の宣教師として日本で生き、第二次世界大戦中に松沢病院で病死した宣教師の生涯を詳細に記録している。

19世紀の英国のプリマス派は、教会堂を持ち、聖職者が主導して定期的な教会運営を行っていた国教会型の教会運営とは対照的に、自宅や空集会所で聖餐式を行っていた。伝道にはテントや馬車（後に自動車）等を使い、信徒が簡易な様式で伝道集会を開催するなど身軽に伝道しており、さまざまな状況の変化に即応できる運動体であった。教会依拠型の伝道を師団型伝道とするならば、プリマス派の伝道は一種のゲリラ型伝道といえよう。誰もがリーダーとなれる万人祭司型のゲリラ型組織は、移動しながら伝道することをも可能としたのである。なお、プリマス派とキリスト集会派はともに、信徒伝道共同体という性格が強いこともあり、共同体構成員の人数が30名前後に達した段階で、「株分け」と呼ばれる共同体分割が行われることが多い。

戦後日本での変容

１９４０年代後半以降、中国大陸に樹立された共産党政権の成立に伴って中国での伝道活動の継続が困難となった結果、プリマス派の英米国籍の宣教師たちは日本に活動の拠点を移した。その宣教師たちの伝道の結果生まれたキリスト集会群では、宣教師たちが去ったあとも彼らから伝えられた教会の様式論・運営論が忠実に受け継がれ、日本人信徒によって運営された。

１９７０年代以降には共同体内に日本国内の聖書関係教育機関で学んだ人々も出始めたが、神学教育を受けることには積極的な評価がされず、かえって負の評価を受ける事例も散見された。なお１９９０年代には、日本でも同派の施設を利用した聖書教育が模索されたが、10年未満で閉鎖された。

体験的観測ではあるが、神学教育軽視の傾向は１９９０年代後半頃までは続いた。これには、英国内のプリマス派が、英国内でその活動を積極的に支援したD・L・ムーディが正規の神学教育を受けずとも大衆伝道で非常に大きな成功をおさめたことも影響している。英国プリマス派では、大学で神学教育を受けることなく聖書学校で教育を受け、日本での伝道に従事した人々が多い。

キリスト集会派が神学教育と他教派との交流に否定的な姿勢を持つ背景には、戦前から日本で中心的であったドイツ神学や聖書批評学の影響を受けた神学の諸学説とは相容れない聖書理解をキリスト集会派が保持していたことが一因としてある。さらに戦前のドイツ神学を重視した日本のキリスト教諸集団が戦争に協力したのとは対照的に、キリスト集会派には不敬罪事案等で受刑者となった者や（石浜前掲書を参照）、特高警察の調査を受けた複数の信徒（同志社人文科学研究書編纂前掲書を参照）がいたこともわかっている。さらに、１９７０年代頃までのキリスト集会派の指導者層は、当時の日本の社会人口構造を反映して、高等教育機関の卒業者が少なかった。このこともまた、高等教育一般への否定的視線が生まれる背景となったと思われる。

キリスト集会を、平信徒の自給伝道者精神による信仰共同体、あるいは、世俗の仕事に従事する庶民による素朴な翻訳聖書の読みに基づく信仰共同体／伝道共同体と定義することも可能であろう。

キリスト集会派の現状

さて、キリスト集会派の現状と課題について、少し述べたい。庶民による庶民の相互牧会的な信徒共同体として運用されてきたキリスト集会派では、３００人前後の集会（教会）から10名弱程度の集会（教会）までがある。基本的な聖書理解は、福音派と共通する点が多いが、英国でも日本でも独特の行動様式（カトリック教会ではないのに礼拝中ベールを用いる等）や組織運営上の様式の特徴（週報を作らない、公式組織化を嫌う、個別教会によって運営する、多数決による議決をせずに男性信徒の合意に基づいて集団指導体制をとる、明確な代表役員を置かない等）もある。その意味で日本のキリスト集会派は、英国の初期プリマス派の伝統の「化石化」（マリンズに引用されているF・F・ブルースの表現）とまでは言わなくとも、その伝統をかなり色濃く残していると言えるだろう。

日本語聖書を用いた「素朴な」聖書理解に基づく信仰および伝道共同体としての運営は今後も続いていくと思われる。また他の福音派のキリスト教会群との限定的交流や、司牧制度を有しない形での運営は継続されていくだろう。しかし前述のクラークの引用のように、キリスト集会派では有給の司牧制度を非聖書的とする理解が広く共有されており、類似の聖書理解を持っていても、その点では福音派のキリスト教会群とも距離をとる傾向が見られる。グラスは、英米のプリマス派では牧師を置いたり、みずから教会と名乗ったりする動きがあると報告しているが、私見では日本のキリスト集会派の大半はこれからもそのような動きに同調することなく、万人祭司を維持していくのではないかと愚考する。

司牧制度の受容の可能性

最後に、日本国内の同派の若い信徒間での動きについて、個人的な観測に基づく若干の変容の可能性を述べたい。現在キリスト集会派の中には30代以下の世代を中心に、18世紀中葉のプリマス・ブラザレン運動が志向したような超教派的な運動（キリスト者学生会等）に参与する動きが見受けられる。都市部の一部のキリスト集会では、数は少ないながらも福音派の聖書学校で神学教育を受けている人々もいる。

さらに日本の経済システムの国際化、合理化等に伴って信徒たちが時間や資源の余裕を失うなかで、牧師を置かず、信徒だけで運営していく方式は限界に達し始めている印象もある。その結果として現在は、退職者（早期退職者）が牧師を名乗らずに長老として牧会の任を担ったり、巡回伝道者や伝道者として奉仕したりする事例がかなりみられる。なお、巡回伝道者等への経済的支援は定期的な定額給付ではなく、不定期な支援にとどまっていることが多い。さらに、日本のキリスト集会派でも役職名は別として、実質的にフルタイムの牧師相当職にある者がいるが、無給ないし厳密な招聘関係・雇用関係は発生させない傾向にある。また、事実上牧師相当の専業者がいる集会は、１００余りのキリスト集会のうち20集会前後と少ない。

筆者が米国カリフォルニア州南部に約1年滞在した際には、相互牧会型のプリマス派共同体の多くが閉鎖される一方で、専従の伝道者や牧師などのスタッフを有した共同体はコミュニティ・チャーチとして存続している例を目にした。

日本でも海外でも、代表役員にあたる長老は長年継続してその役職を担うことが多く、英国では、長年長老であった人物が高齢のために知的、精神的な面でその任を負うのが困難になっても、死亡するまで交代がない事例があることも聞いている。

年金制度を含む日本の経済社会システムが今後どこまで維持されるかにもよるが、おそらく日本のキリスト集会派でも専従者を置く方向性が強まる可能性があるだろう。さらに高学歴社会の傾向を考えた場合、現在の極めて特殊かつ独特な万人祭司理解に基づく運営も変容していく可能性は皆無でないと考える。すなわち、市民革命の時代に生まれ、ロマン主義と反高教会運動の影響を受け、万人祭司を強調してきた日本のキリスト集会群も、世俗社会の変化を緩やかに受容し変化していくものと、「化石化」するものとに二分化していくのではないかと考えている。

（注）日本のキリスト集会派がプリマス・ブレズレンまたはプリマス・ブラザレンと呼ばれることを嫌うのは、戦前に盛岡市でプリマス・ブレズレン派（おそらく連結型プリマス派）と日本基督教団の平野栄太郎牧師が合流したグループとの混同を避けるためであろう（詳細は滝川１６７—１６８頁を参照）。しかしながら、本稿に紹介した参考文献から総合的に判断するに、キリスト集会派は日本型プリマス派と理解する方が適切であると筆者は考える。

賜物が豊かに用いられる教会となるために

——日本キリスト改革派教会における女性教師・長老問題

袴《はかま》田《た》康《やす》裕《ひろ》

1962年生まれ。大阪府立大学経済学部、神戸改革派神学校、Free Church of Scotland College卒業。日本キリスト改革派園田教会牧師をへて、神戸改革派神学校教授。著書『ウェストミンスター信仰告白と教会形成』（一麦出版社）他。

はじめに

日本キリスト改革派教会は、２０１４年10月の定期大会において、「教師の資格」と「治会長老の資格」を含む政治規準の改正案を可決した。改正後の条文は次の通りである。

第44条（教師の資格）「この職務を担当する者は、十分な教養と健全な信仰を持ち、生活に恥じるところがなく、教えることにたん能な者でなければならない」。

第54条（治会長老の資格）「この職務を担当する者は、健全な信仰を持ち、家をよく治め、生活に恥じるところがなく、言葉と行いにおいて、群れの模範である者でなければならない」。

各条文の「者」の所がこれまでは「男子」となっていた。投票の結果は、第44条が賛成１１６票、反対36票により可決、第54条は賛成１２２票、反対31票によって可決であった。いずれも改正に必要な三分の二を大きく上回ったが、２割以上の方が反対であった。

こうして日本キリスト改革派教会（以下、改革派教会）は、教派創立数年後から禁じられていた女性教師・女性長老に道を開くことになった（施行は２０１５年10月）。本論は、なぜ改革派教会が女性教師・長老を禁じてきたのか、そしてこの問題の議論の経緯、さらにどのようにして認められるようになったかを解説するものである。

1. なぜ、女性教師・長老は認められてこなかったのか

改革派教会は、1946年4月に創立された。改革派教会創立の母体ともいえる旧日本基督教会は1920年の第34回大会で女性長老を認め、翌年から実施している。また同年の大会で女性も教職になることができることが確認され、最初の女性教師が1933年に任職されている（最初の女性牧師は高橋久野。植村環の任職は1934年）。

このように旧日本基督教会が女性教師・長老を認めていたので、改革派教会の最初期には女性教師はいなかったが、女性長老が存在していた。大会記録によると、初期の大会には、女性長老が正議員として出席している。

しかし、憲法規則の制定が進められ、第三回定期大会（1948年10月）において「治会長老を男子のみ」とする記述を含む修正草案の暫定使用が決められた。これに伴って、各個教会に存在していた女性長老が、その職から降ろされたものと思われる。続く第四回大会で「現在暫定的に使用中の政治基準草案を本日より政治基準として採択すること」が決議された。こうして改革派教会は、女性教師・長老を認めない教会としての歩みを始めたのである。

ではなぜ、改革派教会はこの道を選んだのか。教師・長老から女性を排除する件について議論した記録はほとんどない。それに特化した会議の決議もない。考えられるのは、宣教協力が始まっていたミッションの影響である。米国南長老教会、正統長老教会、北米キリスト改革派教会は、当時いずれも、女性教師・長老を認めていなかった。世界的にも保守的な改革派・長老派教会はほとんど認めていなかった。それゆえ改革派教会は、先輩教会に倣い、それが聖書的なあり方だとして、特段の議論もなく受け入れていったのだと思われる。

その後、長年にわたり女性役員問題が公的に取り上げられることはなかった。例外は、第29回大会報告（1974年）である。憲法委員会がRES（Reformed Ecumenical Synod）から出されたペーパーの報告を掲載しているが、その中で委員会は、聖書が教える神の創造の秩序とパウロの教え（Iテモテ2・11―15、Iコリント14・33―37）にかんがみて「婦人たちが治会ならびに宣教長老の職から除外されることが聖書的教えであると確信する」、また「婦人執事の存在を認めるのが聖書的であると信じる」と述べている。40年前はこのような理解でほぼ統一されていたと言える。

女性役員問題が本格的に議論されるようになるのは、創立40周年（1986年）を経た1980年代後半以降である。次にその議論の経緯を見ていきたい。

2. 議論の経緯

創立40周年以後の課題の一つとして１９９０年に「女性教職・長老についての研究委員会」が設置された。その後、この委員会と継続委員会によってたくさんのレポートが大会に提出され、議論がなされた。レポートは、①関連する聖書箇所の解釈に関するもの、②教会の信条であるウェストミンスター信条との関係に関するもの、③女性教師・長老についての内外の諸教会の状況に関するものが中心であった。

大会の議場では、毎年のように、委員会のレポートに基づいて議論がなされた。教師・治会長老の中に、強くこれに反対する者も少なくなかった。また、協力友好関係にある外国教会のうち、正統長老教会（ＯＰＣ）や北米キリスト改革長老教会（ＲＰ）は、大会での問安挨拶のたびにこの問題に触れ、引き続き認めないことを求める強い意見を述べ続けた。

こうした長年の議論を経て、２００３年に女性教師長老問題検討委員会は、次の提案を大会に提出した。①女性教師・長老は聖書に反しないとの検討委員会報告を承認すること、②憲法第二分科会に、女性長老、教師の順に政治規準改正を数年後に提案させること、③聖書解釈についての学びを深める手立てを講じること。

しかし大会は「この提案を審議未了廃案とし、60周年まで女性教師・長老問題を審議しない」との動議を賛成多数で可決した。このように、改革派教会は約15年間議論したにもかかわらず結論を得ることができず、この議論は創立60周年以降に持ち越されたのである。筆者はこの提案がなされた大会に出席していたが、この段階で委員会の提案に賛成することにはためらいを感じた。おそらく、そう感じていた教師・長老が多かったのではないかと思う。15年間の議論の中で論点は出尽くしていたが、大会では議論が拡散し、大会的合意を得るような説得力に欠けていた。すでに、女性教師・長老に賛成する教師・長老が多数派になっていたと思われるが、この段階で踏み切ることは教会の建徳の上で望ましくないように感じた者が少なくない。議論疲れの空気もあった。それゆえ、しばらく冷却期間を置くことになったのである。

議論が再開したのは２００６年である。同年の大会は「女性役員を認めることが我が教会の信仰規準に抵触するかどうか」の検討を憲法委員会第一分科会に依頼した。そして２００８年の大会は、同委員会の答申を大会的合意とすることを大多数で可決した。それは次の３点である。

①女性役員（教師・長老）を認めることは、我が教会の信仰規準の教理体系に抵触しない。②教理体系と矛盾しない場合の聖書解釈の相違については、その多様性が認めら

れると同時に、よりよい解釈が示される日を祈り求めねばならない。③見える教会の教会政治は、キリストの御国の進展と完成を目指して営まれるべきであり、その目的の実現のために教会全体が一致できるよう配慮されなければならない。

そして２０１０年に「教会職制のあり方とその働きについての道筋と内容について検討し、必要かつ有益な改革案を大会に提案すること」を任務とする「教会の職制と働きに関する特別委員会」が設置された。同委員会は２０１１年の大会に、教会職制についての歴史的概観に関する三つのレポートと、現代の改革派・長老派諸教会における教会職制についての調査レポートを提出した。また、２０１２年の大会に、当該問題についてのウェストミンスター信仰告白に関連するレポートと、関連聖句の解釈に関するレポートを提出し、２０１３年には改めて全国の諸教会の役員を対象にアンケートを実施した。そして、聖書およびウェストミンスター信条に抵触する問題はなく、かつ教会的コンセンサスがほぼ得られていると判断して、２０１４年に政治規準の改正の提案をしたのである。投票の結果は冒頭に記した通りである。こうして、議論開始から約25年を経て、改革派教会は女性教師・長老を認めることになった。２０１６年11月の段階で、すでに多くの女性長老が誕生している。しかし、女性教師はいまだ任職には至っていない。

3. 何が議論の焦点だったのか

改革派教会は、聖書を神の言葉、信仰と生活の規範と信じている教会であり、ウェストミンスター信条を教会の信仰規準としている。それゆえ、当該問題についても、関連する聖書箇所の解釈とウェストミンスター信条との関連が議論の主要な焦点になった。その議論を簡単に紹介しておきたい。

（1）関連する聖書箇所の解釈

女性役員に反対の根拠として挙げられる聖書箇所は、①Ｉコリント11章２―16節、②Ｉコリント14章26―36節、③Ｉテモテ２章11―15節である。しかし、強い反対派であるＯＰＣですら前二者は根拠にならないとしており、実質上の根拠はＩテモテ２章11―15節のみと言える。

はたしてこの聖書箇所が、女性教師・長老を認めない決定的な聖句と言えるのだろうか。歴史上は確かにそう解釈されてきたし、今でもそう解釈される余地がないわけではない。しかし、当時の地域的・歴史的事情や、創世記の引用か否かの議論とその意味、さらにはその文脈などを考えた時、この箇所には確かに釈義上の不確かさがある。そのような解釈の困難な聖書箇所を、女性教師・長老を否定する事実上唯一の明確な根拠とすることには無理があると言える。そのような箇所については、ある程度の聖書解釈の多様性が認められなければならず、聖書学の進展によって、よりよい解釈が示されることを求めていくことが大切なのである。実際、当該箇所の聖書解釈は、保守派の間でさえも意見が分かれている。

(2) ウェストミンスター信条との関連

もう一つの論点は、ウェストミンスター信条との関係である。歴史的改革派教会は、「規範的原理」(Regulative Principle) を採用してきた。これは「命じられていないものは禁じられている」として、「教会の教理、政治そして礼拝のすべての必要な要素の明確な根拠を聖書から提示することを求める原則」のことである。反対派は、ウェストミンスター信仰告白1章6節はこの規範的原理を明確に教えており、女性が教師または長老に就くことができるか否かの問題もこの原則に則って考えなければならないと主張した。すなわち、女性が教師・長老に就くことを聖書が積極的に命じていない限り、これは禁じられていると解すべきだとしたのである。

しかしこの立論には無理がある。確かに信仰告白1章6節が、教会政治の規範的原理を教えていることは肯定できるが、女性教師長老問題を1章6節から規範的原理で考えるべきだという主張は、その歴史的文法的な解釈からして行き過ぎだと言わざるを得ない。また、教会政治を「教理」「法」「マニュアル」「実践」の各次元に分けてバランスよく理解する姿勢にも欠けている。教会政治の根本原則に明らかな聖書の根拠が求められるのが当然だとしても、具体的細目のすべてが聖書によって明白に規定されるわけではないのである。

4. さいごに

以上のことから、女性教師・長老の問題は、聖書的に「正しいか間違いか」の問題ではなく、「開かれている問題」、すなわち、それぞれの教会が置かれている歴史的・地理的・文化的事情等々の中で、教会の建徳のために主体的に判断すべきものであると言える。それゆえ問われているのは、今後、終末に向かう教会として、どのような教会形成を目指すのかということである。教会員の三分の二が女性であり、高齢化も進んでいる。そのような現実の中で、キリストの体なる教会が、互いに配慮し合う「いのちの共同体」を築き上げていくことがますます求められている。そのためには、ふさわしい教会役員が性差によらずに選ばれ、多様な賜物がさらに豊かに用いられることが必要だと思うのである。

今後、教会の現場で乗り越えなければならない問題が生じることがあるかもしれない。しかし、乗り越えた後の祝福は大きいであろう。健全な聖書的神学の上、21世紀の改革派教会が築かれていくことを心から期待している。

ユダヤ教と万人祭司

山森《やまもり》みか

1960年生まれ。国際基督教大学大学院比較文化研究科博士後期課程修了。博士（学術）。テルアビブ大学東アジア学科講師。著書『古代イスラエルにおけるレビびと像』（ICU比較文化叢書）、『「乳と蜜の流れる地」から』（新教出版社）、『ヘブライ語のかたち』（白水社）他。

はじめに

キリスト教における「万人祭司」の理解において、「祭司」という語で指し示されるものの内実は、「神によって立てられた王」、「祭司職にある祭司」、「神の召命を受けた預言者」であり、それは大きく言えば、制度によって認められたいわゆる「聖職者」階級であろう。そして「万人祭司」とは、すべてのキリスト教の信仰者は等しくその地位に立ち得る、という教理だと私は理解している。

本稿ではそのような「万人祭司」的な要素がユダヤ教の中にあったか、あったとすればどのように変遷したのかを概観することが求められている。とはいえ、キリスト教における聖職者の役割と、ユダヤ教における聖職者の役割は必ずしも同じではなく、また「信仰者」という語も、キリスト教的な意味合いが強い。さらに、ユダヤ教という語で表されているものの内実も、ユダヤ人にとっては明らかに古代ユダヤ教から現代に至るものとして連続的に捉えられているのだが、キリスト教世界においては、ユダヤ教団成立以前に関しては「ヤハウェ宗教」や「古代イスラエルにおける宗教」といった語で表すことが多く、同じ言葉を使っていても、内実の理解に齟齬がある可能性がある。ゆえにここでは、まず古代イスラエルにおける「祭司」とは何であったのかを概観し、次にしばしば祭司との対比で語られる、古代イスラエル宗教におけるもう一つの大きな軸である預言者について言及した後に、現代に至るユダヤ教について考えてみたい。

古代イスラエルにおける祭司

「祭司」を指すヘブライ語はコーヘンであり、この語は古代イスラエルにおいては他宗教の祭司にも用いられていた。祭司という職が職能に基づくのか、家系に基づくのかについては議論があるが、王国時代以前においてはイスラエル人であればだれでも祭壇に犠牲をささげることができたと考えられる。たとえば士師記一七章には、エフライムの山地に住むミカは、自分の息子の一人を祭司にしていたが、その後レビ人を雇って祭司としたと記されている。だが王国時代以後はエルサレムに建てられた神殿がイスラエルの中心的な聖所としての役割を担うようになり、また祭司職も特定の家系によって世襲されるようになった。たとえ祭司の家系に属していても、レビ記二一章等が記すように、聖所で祭儀を行う者は身体に傷があってはならず、また儀式的に清くなくてはならなかった。よって遺体に触れたり、離縁された女性と結婚することなども禁じられていた。

祭司の職務は、一般的に次の四つにカテゴライズされる。すなわち祭儀を行うこと、ウリムとトンミム（一種のくじのようなもの）などで神意を問うこと、不浄と疾病への対処、そして裁きと教えである。(1) つまり祭司は、民と神の間に立ってその両者を仲介し、浄と不浄の境界を判断し、不浄がもたらされたときには儀式的にそれを回復することで共同体を維持し、法を説き明かして民を教え導く役割を果たしていた。基本的に祭司の関心は、共同体の秩序、儀式的な清さの維持とその管理にあり、どちらかといえば外的な側面が重視された。彼らにとっては儀式的な清浄を保つことこそが正しいことだったのだと言ったほうがいいかもしれない。そして自らも完全な身体性と清さを保って任務を行う祭司には、境界侵犯は忌避されるべきものであった。たとえば食物規定における「ひれとうろこのない水生生物」の禁止なども、ひれとうろこのある「魚」という概念の境界を侵犯することへの忌避として理解できよう。また祭儀は反復されて定期的に行われるものであるため、祭司の務めは祭儀暦とも深く関わっていた。

一方イスラエルにおける祭司制を特徴づけているのは、祭司（コーヘン）だけでなくレビ人が存在していたことである。第二神殿時代におけるレビ人は、祭司よりも低い地位の「下級祭司」と位置付けられているのだが、その活動、とりわけ第二神殿時代以前の彼らの活動は、必ずしも下級祭司職だけではなかったと考えられる。祭司が神殿における祭儀に主として携わっていたのに対し、レビ人はより民衆に近いところで、律法や掟、守るべき生活規範を具体的に教える任務を担った。レビ人はまた、家族の紐帯を離脱したことで祭司職に任命されたと記され（出三二章）、イスラエルの「初子」として神にささげられる奉納物だとも考えられている（民三章）。レビ人は古代イスラエル史を通じて、さまざまな局面で神と民、モーセと民、祭司と民、そして民と民を仲介してきたのである。[2]

イスラエルの祭司制は最終的には家系による世襲を採択し、大祭司、祭司、レビ人、その他の部族というヒエラルキーの固定に至るのだが、儀礼を通して共同体全体の秩序を維持する祭司とは別に、民衆に近いところで言葉を通して諸個人に日常倫理の教育を行い、法を教えたレビ人がいてその祭司制の一翼を担っていたことは、特筆に値しよう。

古代イスラエルにおける預言者

古代イスラエルにおける宗教を特徴づけるもう一つの大きな柱である預言者は、神の託宣を民に告げるという点においては祭司との一定の共通性がある。とりわけイスラエル史の初期において、ヤハウェの意志を伝達する預言者（ナービー）の仕事は神意を問うための道具と思われるエフォドを用いて行われており、それは祭儀と密着していた。しかし預言者の召命は個人のカリスマによるものであり、世襲制度にはなり得ないものであった。とりわけ王国時代におけるアモスやホセアに代表される古典預言者は、神の前にひとり立つ自由な個人として呼び出され、制度の外側で神の言葉を語った。彼らがまざまざと見たのは迫りくる滅びであり、その滅びをもたらすのは今現在行われている社会的な不正であった。預言者の関心は、国の政治的な誤りと人々の非倫理的な行為にあり、たとえその不正が民の一部によって行われているものであっても、その責は民全体が負うべきものだと捉えられた。その一方でまた、イスラエルの回復への希望も語られるのであったが。

ラビ・ユダヤ教

「ラビ」という語自体はヘブライ語聖書では見出されないが、「大いなる」を意味するヘブライ語の形容詞「ラブ」に「私の」を意味する所有格代名詞がついた語である。マタイ二三章等ではギリシア語に音写された語が用いられており、当時のユダヤ人の教師に対する尊称であったと考えられる。なおバビロニアでは「ラブ」の称号が用いられた。

後七〇年にエルサレムの第二神殿が崩壊し、ユダヤ人はもはや神殿祭儀を中心とした宗教的共同体が維持できなくなった。そしてその危機においてユダヤ教を継承することになったのが、ラビたちであった。M・モリスンとS・F・ブラウンは、「後七〇年から六四〇年までのラビの仕事は、神殿とエルサレムを中心とした聖書の信仰を、神殿破壊後にエルサレムの外で暮らすユダヤ人の生活に合わせること」であり、「ラビは、神への従順を示す生き方を強調した。彼らは、すべてのユダヤ人がこの従順な生き方をしなければならない、と教えた。この意味で、すべてのユダヤ人が祭司としての資格をもつことになった。なぜなら、神殿で営まれていた祭儀が、今や家庭や仕事の場で営まれることになったからである」と述べている。家庭の食卓にのぼる食べ物は祭儀的に清浄なものでなければならなかったし、また男性の服の裾には神への責任を思い起こさせる飾りが付けられた。そしてトーラーやミシュナー、タルムードなどの学習が推奨されたのである。さらにユダヤ人の家族が集まってより広い共同体が形成され、祈りの場所としての「シナゴーグ」、トーラーを学ぶ場所としての「学びの家（ベイト・セフェル）」、「ラビの法廷」がユダヤ人共同体をまとめていたのであった(3)。そしてラビたちによってユダヤ教の膨大な法規が収集され、暗記され、口伝として伝えられ、口伝トーラーとなった(4)。この口伝トーラーにはユダヤ教の法規に関する議論や解釈が膨大に含まれているのだが、これが成文トーラー（狭義にはモーセ五書、広義にはヘブライ語聖書）と並んで、ユダヤ教の根幹をなしていくのである。

現代のユダヤ教

その後中世を通じてユダヤ人共同体においては、各家庭および生活のあらゆる細部においてユダヤ教の法規が祭儀的に守られ、またラビが共同体の教師や指導者としての役割を果たしてきた。しかし一九世紀になると、主として西欧世界において、世俗的教育を受けた、世俗的国家の市民、国民でもあるユダヤ人という概念が生まれた。ニューズナーによれば、それまではイスラエルというひとつの物語しか生きてこなかったユダヤ人が、ここにおいて別の物語、すなわち世俗的な国民、市民としての物語との両立を求められるようになったのである。ニューズナーは、一九世紀の西洋に現れたユダヤ教の改革派、それに対する応答としての「現代的」もしくは「西洋的」正統派、保守派などはいずれも、イスラエル人がイスラエル以外の物語に参加する余地を提供しているがゆえに、ユダヤ教において無視できない改革であったという(5)。そしてまたラビの担っていた司法的役割はそれぞれの国民国家が担うものとなり、ユダヤ人共同体におけるラビの役割にも変化が生じた。ラビには現代生活に即した、より一般的な知識が求められるようになった。それぞれの国や地域においてラビの役割には固有の展開が見られ、またラビ養成のための神学校が設立された(6)。

つまり現代社会においては、ユダヤ人であってもユダヤ教の規定を部分的に、あるいは全面的に守っておらず、シナゴーグやラビを中心とした共同体には必ずしも軸足を置いていない「世俗派ユダヤ人」が数多く出現した。また「改革派」「保守派」「正統派」「超正統派」などが、それぞれ独自の宗教的な規定の解釈と遵守の方針を展開し、多様なユダヤ人のあり方が見られるようになった。

＊ミンヤン

ミンヤンとは数（定足数）を意味する語である。ユダヤ人は、男性一三歳、女性一二歳で宗教的な成人とみなされるが、宗教的な成人男子一〇人が集まらなければ公的な祈りはできず、また結婚式なども司式者のラビだけではなく成人男子一〇人の列席者が必要とされる。祈りというのはキリスト教においては個人が神に直接ささげるものと見なされがちであるが、成人男子一〇人がいなければ公的な祈りにならないというユダヤ教の考え方は興味深い。現代イスラエルにおいても列車の中で、共に祈る人をさがしてまわるユダヤ人男性を見かけることがある。

＊現代における「コーヘン」家系

現代においても、かつてその出自が祭司の家系であったことを示す「コーヘン」やその変形である「カーン」、「コーン」などという姓のユダヤ人、そしてその出自がレビ人であったことを示す「レビ」姓のユダヤ人がいるわけだが、神殿や祭儀がなくなった今日において「コーヘン」や「レビ」姓の人が特に宗教的役割を担っているわけではない。ただ「コーヘン」姓の男性は、今でもユダヤ教の規定においては、離婚した女性や夫と死別した女性とは結婚が認められない。また超正統派で規定を厳格に守っている人は、墓地に入ることもない。先日イスラエルの空港が工事のためすべての飛行機が航路を変更し、墓地の上空を飛ぶことになったのだが、「コーヘン」姓の男性は搭乗を避けるよう指示がなされたほどである。また「コーヘン」姓の人は、シナゴーグでのトーラーの朗読に最初に呼ばれたりもする。

現代イスラエルのユダヤ人社会における神と個人

最後に、私が身近に見聞した、現代のイスラエル国でユダヤ教に改宗した二人の若い女性のエピソードを述べておきたい。今のイスラエル国において認められるユダヤ教は正統派のみであり、比較的自由な改革派や保守派における改宗は、国内では正式なものとは認められていない。また多くの食品店はユダヤ教正統派によるカシェル（清浄食）認定が為されており、安息日には公共交通機関は止まるし、生活全般にユダヤ教の影響が及んでいる。とはいえユダヤ教の規定を厳密に守っているのは人口の数パーセントだと言われており、ユダヤ教正統派の方針が国民全体に広く守られているとは言い難い。またよく知られているように、ユダヤ教は基本的に非ユダヤ人への「宣教」を積極的に行っていないため、改宗を強く勧めることはない。そしてユダヤ教のこの方針は、現在のイスラエル国におけるユダヤ人の人口をなるべく増やしたい政府当局とは、必ずしも利害が一致しない。

通常の改宗手続きは、その準備学習のための時間の余裕を見つけるだけでも容易ではなく、なかなかたいへんなのだが、若い人たちに向けて政府が兵役中に改宗コースを開講することがある。もちろん参加は自由であり、それ以外にもスポーツインストラクター養成等、兵役中には様々な学習コースのオファーがあるのである。いずれにせよ彼女たちは兵役中の改宗コースで数か月ユダヤ教について学んで知識を蓄え、また敬虔なユダヤ人の「養家族」と安息日の晩餐を共にしたり、シナゴーグに通ったりして実践を積んだ後、宗教裁判所（ベイト・ディン）で三人の判事たちの前での口頭最終試問に臨んだ。この口頭試問のやり取りで合否が決まるのだが、いわゆる「模範解答」が良しとされているわけでもないところが、ユダヤ教の特質である。

一人目の彼女はユダヤ教には改宗したいが、嘘をついてまで改宗はするまいと決めていたという。最終試問において知識その他では問題がなかったが、「あなたは改宗した後も、ユダヤ教の様々な戒律を守るつもりがあるか」と問われて、彼女は「いいえ」と答え、落とされた。数か月後に開かれた二度目の試問の際も、同じことを聞かれて「いいえ」と答えて通らなかった。しかしそのまた数か月後の三度目の試問の際には、もはやその質問はなされず、自分の言い分を貫いた彼女は無事改宗できたのであった。

二人目の例は、次のとおりである。一度は知識不足で落ちた後の二度目の最終試問は、ちょうど大贖罪日の後であった。大贖罪日には、ユダヤ人は一昼夜自宅で断食をして罪を悔い改めることになっている。「今年の大贖罪日には何をしていたか」との問いに、これまた「嘘はつきたくない」と思っていた彼女は、「ケニアにいる叔父の家に遊びに行っていた」と答えた。「なぜか」との問いに「軍務のプレッシャーが厳しくて、このままだと頭がおかしくなりそうだったから、休暇がもらえたので海外に出た」と答えた。さりげなく超正統派のユダヤ人は兵役を免除されていることへの批判を入れ込んだ周到な答えだが、ここは嘘であっても「家で断食をしていた」と答えるのが模範解答であろう。三人の判事たちはその後二時間近くの大議論になり、養家族に電話をかけて見解を聞いたりした後最終的に出した結論が、「あなたは戒律を守らなかったが、少なくとも正直だ。わが民族はあなたのような人を必要としている」で、結局合格であった。

確かに戒律をいつどのように守るかの細部は解釈の余地がある問題であり、一義的な解答が用意されているわけではない。その解釈を絶えず検証し、議論し、発展させていくのがユダヤ教の内実である。そして若い改宗希望の二〇歳にも満たない女性がひとりで複数の「聖職者」たちの前に立ち、あくまで自らの立場を貫き通そうとすること、そしてその主張がいかに稚拙に見えようとも、それを議論の俎上にのせた上で最終的にポジティブに評価することは、神の前に一人で立って議論をし、時には神の心を変えさせるようなヘブライ語聖書の登場人物の伝統を想起させる。聞けば、学んだことを学んだ通りに素直に答えた人は、通らなかったそうであり、あえて彼女たちを通したことに、単に改宗者の数を増やす目的ではなかったことがうかがえるのである。

ユダヤ教の根幹には、トーラーとその解釈、そしてトーラーに規定された諸規則の実践がある。そしてその解釈の仕方は、だれにでも開かれている。ユダヤ人は、「もしあなたが本当にそう思うなら、たとえ世界中が反対しても、神がちがうと言っても、自分の考えを変えてはならない」と言われて育つ。「万人祭司」という用語とは異なる位相かもしれないが、現代のユダヤ教、それも戒律を重んじる、キリスト教の観点からは「ファリサイ派」の末裔と見なされがちなユダヤ教正統派において、このようなかたちで異質な考えをもつ個人を新たに受け入れていこうとする姿勢があることは、一考に値するのではないだろうか。

註

（1）"Priests and Priesthood", *Encyclopedia Judaica*, Vol.16, Second Edition, pp. 517-520.

（2）山森みか「祭儀と祭司」『現代聖書講座第三巻』、日本基督教団出版局、１９９６年、１０１頁以下。

（3）M・モリスン、S・F・ブラウン『ユダヤ教』、秦剛平訳、青土社、１９９４年、１２９頁。

（4）勝又悦子・勝又直也『生きるユダヤ教』、教文館、２０１６年、36頁など。

（5）J・ニューズナー『ユダヤ教』、山森みか訳、教文館、２００５年、３２４頁以下。

（6）"Rabbi, Rabbinate", *Encyclopedia Judaica* Vol.17, Second Edition, pp. 15-19.

信徒と教職の権威を考える
――一信徒のつぶやき

李《い》恩《うん》子《じゃ》

大阪生まれ、在日朝鮮人二世。ニューヨークユニオン神学大学院卒業。社会倫理学（Ph.d）を取得。現在、関西学院大学国際学部教員。

はじめに

本誌が宗教改革から５００年を記念して、ルターの提唱した「万人祭司説」にちなむ特集を組んだ。それに即し、本稿では信徒と教職の権威と関係性について、一信徒のつぶやきを綴ってみたい。

信徒と教職の関係性は教団や教会によってどれほど異なるのだろうか？　教会は牧師がいなくても、信仰共同体として成り立つ。しかし、牧師がいても信徒がいなければ、教会としての存在意義はないだろう。それにもかかわらず、牧師の存在意義は信徒よりも大きいとされ、独特の権威も与えられている。それがあたかも教会のあり方の原形であるかのように常識（態）化している。つまり、組織の論理、伝統という名の教会文化や規範などによって教職・牧師がすべての中心にあらねばならないという絶対的ともいえる暗黙の大前提を、多くの既存の教会はよしとしている。なぜなのだろうか？

筆者は神学校に行く前も卒業してからも、ルターの神学に関心を持ってこなかったため、ルターについて直接言及はしない。しかし、神学校で牧師になるためのコースである牧会修士（M.Div.）を取り、社会倫理学で博士（Ph.d）を取った筆者にとって、信徒と教職の関係性、それに付随する教職の権威と役割については常に心のどこかでひっかかっていた。筆者が神学校を卒業してずいぶん経つが、いまだに牧師にならない理由はいくつかある。そのうちの一つが「牧師の権威」とされているものに対する反発と嫌悪感である。

教職の権威に対する意識や権威の行使の仕方は、個人や教団によっても違うが、韓国教会は多分に権威主義的傾向が強く、近年の在日大韓基督教会（以下、在日大韓教会）においてその傾向が顕著だといえる。そこで、筆者のコンテキストである在日大韓教会での経験から信徒と教職の関係性、ひいては教職の権威について考えてみたい。

権威とは何か

そもそも権威とは何だろうか。カリフォルニアでの神学校時代に指導教員から「あなたの権威は何ですか？（What is your authority?）」と聞かれたことがある。「権威」を常に権威主義や権力と結びつけて考え、否定的な意味でしか捉えてこなかった筆者はこの質問に戸惑った。質問の文脈は記憶にないが、すべての者が等しく持つものとして肯定的な意味合いでの「権威」について問われたことを記憶している。

辞書には、英単語の authority の語源は、ラテン語の author（生み出す人）と ity（である）とある。なるほど、だから著者とも訳されるのだと妙に納得した。翻訳の限界という問題もあるが、言語文化の違うところでは、一つ一つの言語・概念の持つ意味合いがこうも違うのである。

これが権威の語源である。この本質的な意味を理解すれば、すべての人が何かを生み出す存在として権威を授かっていることがわかる。そして、教会という共同体を運営するために牧師も信徒も同等の権威をもって働いており、どちらか一方だけが権威づけられて良いわけではないということがわかる。それにもかかわらず、牧師の権威は教会のヒエラルキー的構造によって守られ、保障される。また、韓国教会においては儒教的な家父長的イデオロギーによって、ますます牧師への空虚な権威づけが行われているように思える。もし牧師に権威があるとするならば、それは神から与えられたものでなく、牧師自らも含む人びとの弱さ――既得の権力を内面化することで「繁殖」する顕在的・潜在的意識から創出されたもの――だといえるのではないだろうか。

人が集まるところにはどこでも問題と不満が存在する。教会も同じである。多くの信徒たちは信徒間の人間関係に傷つき疲弊し、また牧師に対しても疑問や不満そして失望感を抱いているようだ。だが、だからといって正当な批判や要求をしようとはしない。一方、牧師たちは信徒の声を真摯に受け止めようとしているようには見えない。そのことは、教会内でなにかしらの問題が浮上してきた時の解決策の決定プロセスに顕著に現れる。教会行政は牧師に好意的な一部の長老たちと牧師によって決められていく傾向がある。そこには本来の権威の意味である、何か新しいものを共に生み出すという姿勢は見出せない。客観的にみて問題が内包されているにもかかわず既成のあり方を守り、それらの再生産を正当化するために権威（力）を行使しているように見える。さらに、牧師をトップに据えた教会運営は、信徒間においてもヒエラルキー的パターンと価値観を生み、その永続化へとつながる。結果として、信徒間でも、長となる者が同じように権威づけられるという悪循環と再生産が繰り返される。さらに、不健全な権威とそれを支える文化風土は、教会内で共依存の関係性を作り出す。それは互いを認め合う自立したものではない。ここに、信徒と教職の関係性における権威の弊害がみえる。この点に気づかない限り、教会内で常に「権力層」が生まれ、分裂する危険性と可能性がある。

権威主義と教会の分裂

一般的に社会の主流で活躍できないマイノリティは、小さな共同体、たとえば、教会内で得られる権威に対してより執着する傾向があるようだ。それは言うまでもなく、社会で疎外され、能力も発揮できず、存在そのものを否定されるような状況に追いやられているからだ。

小さな共同体で行使される権威はそれに従うグループとそうでないグループとの分裂を生むことが多い。アメリカに住む韓国人の８割が教会に通っているといわれるが、在米韓国人コミュニティであまりにも多くの教会が頻繁に分裂するのに驚かされた。私の通っていた教会も分裂した。よくよく考えてみると、８割という高い比率は、教会が移民たちの社会資源つまり、新しい土地で生きていくための情報や助けを与える場としての役割を果たしているからだけではなく、頻繁に分裂する点にも一因があるのかもしれない。つまり、信徒はある教会が嫌なら他の教会へ移り、あるいは権威を持つ牧師や長老が一部の信者を引き連れて、新たな教会をつくり分裂していくのだ。もちろん分裂の要因は他にもある。しかし、牧師の権威と信徒たちの利害関係が一致した場合や、牧師や長老たちが権威を振りかざして自分たちのエゴを貫こうとした時に、往々にして教会内で亀裂が生まれ、分裂にまでいたる。同じような現象が現在の在日大韓教会でみられるようになった。

歴史的共同体意識の崩壊

在日大韓基督教会が２００８年に宣教１００周年を迎えてから丸８年が経つ。10年ごとに宣教の標語が採択される。たとえば、宣教90周年に向けて設けられた目標のひとつが、既存の教会も含めて日本で１００の自立教会を建てることであった。[1]「在日韓国人」のクリスチャン人口は全体の1%に遠く届かないにもかかわらず、現存する教会だけでは不十分だと判断したのだろうか？　教会の数を100にするという設定の背景と意図はなんだったのだろうか？　それをここで論じる紙数はないが、理解しがたい目標数であった。現在、在日大韓教会は北海道から沖縄まである教会の数をさらに増やす計画を進め、つい最近には「在日」のほとんどいない対馬にも伝道所をたてた。その結果、現在76の教会と13の伝道所を有する教団となった。

各地の教会に集まる信徒の大半はいわゆる韓国からの「新移民」一世である。1980年代後半から90年代に急増する韓国からの移住者が、信仰共同体または社会ネットワークを求めて、在日大韓教会にくるようになった。昨今では在日大韓に属さない、いわゆる韓国系の教会にも集まってくるようになった。[2]一方「日帝の落とし子」である日本生まれの「在日」はどんどん教会から離れていく。教職者も「在日」は少なく、宣教協約を結んだ複数の韓国の教団から牧師がやってくる。はたして、現在の在日大韓教会に赴任している韓国からの牧師たちが、「在日」の「歴史的共同体」としての独自性と特殊性の共通認識と問題意識をどれくらい持っているのか疑問だ。彼らの多くは在日大韓に属しつつも、韓国での出身教団への帰属意識が強く、在日同胞の置かれている状況にあまり関心がないようにみえる。[3]一昔前の在日一世牧師たちは少なくとも、多くの同胞と苦難に満ちた経験を共有しており、苦しい生活にあえいでいる信徒に良き知らせ・福音を伝え、希望を持って生きる力の一助になろうとする姿勢があった。また、植民地期あるいは解放直後に日本に渡ってきた「在日一世」の牧師たちが行使してきた権威は、現在とは少し違っていたように思う。もちろん、儒教的、家父長的、あるいは神から託されたと信じているような権威主義的な牧師も多くいた。しかし、信徒との関係性や距離が現在とは異なっていたように思う。

美化をすることは避けたいが、一世の牧師たちと信徒は同時代に生きる者として共通の経験があった。つまり、俗な言い方をすれば、差別という苦い冷飯を食う苦難と貧困の中で、共通の感性や意識から造成される「情」があった気がする。もちろん衝突もあったし、前述したように社会で認められていない権威を教会内で暴力的に発動する教職たちもいたが、それでも信徒と牧師が物心両面で支えあう信頼があった。社会運動に直結しなくとも、差別に抗する、あるいは少なくとも朝鮮人として堂々と生きる、人間としての尊厳を表明するという「時代的使命」があったように思う。しかし、筆者の記憶と経験から感じとってきた牧師と信徒のこのような関係性は、現在すでに崩壊していると言える。時代の流れによる変化と受け止めることももちろん可能だ。しかし、過去の良き側面が継承されず失われていくことは悲しく残念である。とは言え、一世の生きざまを見てきた二世たちが自らの記憶と経験をもとに、「良質」な信徒の権威――新しいものを生み出すもの――を再発見し再構築していくことが今求められているのかもしれない。

聖書と権威

時代とともに在日大韓教会で失われつつあるもの、そして教職者や信徒の出身の変化（「在日」出身者から「本国」出身者へ）について、二世としての記憶をもとに述べてきた。信徒と教職の望ましい関係性とは、また牧師の権威の相対化とはなにかを考えるために、まず筆者にとっての聖書の捉え方を少し述べてみたい。

筆者は職業柄、聖書を読むというよりは解釈書を読む方が多かった。しかしここ数年、キリスト教（だけではないが）の説教や聖書講読・聖書解釈書に拒絶反応を起しつつある。以前はメッセージの内容や聖書の解釈によって、時には慰められ、時には勇気づけられたりもした。しかし最近はそうではない。生理的ともいえる違和感があり、これはなんだろうと自問し、自己分析をしていると、いくつかの理由が見えてきた。

一つは、一見対極的な聖書解釈の立場や視点を持つ人々が、結局どちらも私たちの行動のあり方に対する模範（exemplar）として自らの論を提示してくることである。それがどのような立場であれ、クリスチャンであることの自負を支える規範に誘導されることに抵抗を覚えるのだ。つまり、キリスト者としての模範を示すことが、他者と自らを差異化し、しばしば優越的になる危険を伴っていることに気づいていない教職者や研究者に苛立っているのである。なぜなら、その模範や規範を解釈し語る教職者の発話の位置に、すでに権威主義を感じるからである。教えの結論が発話する側にあり、読み手や聞き手はその結論から出発するという、いわば「既製品」的構造に違和感を覚えるのだ。この構造は、聞く側にキリスト教の多様なあり方を考える契機を失くさせてしまう。そして、発話者自身が予定する結論だけが導きだされるのである。発話者〈牧師〉が自身を権威付けず、むしろすべての解釈は相対的であり、葛藤の伴うものであるということを伝達できるのであれば、受け止める側の主体的な判断はより磨かれるだろうと思う。だが、現実は教職者がその権威を盾に自らの解釈を正論として押しつける傾向がある。あるいは、権威主義を内面化し、自己矛盾に無自覚であったりもする。結果として自分は権威を振りかざしていないと思い込んでしまうのである。

筆者にとって苦痛に感じる説教がある。それは牧師が聖書に書かれた内容を絶対視し、権威の源泉をそこに求めているような話である。死に至る直前にイエスが発した「わが神、わが神、なぜ私をお捨てになるのですか」という言葉に象徴されるイエス自身の葛藤の意味を教職者は考えるべきだと思う。それによって発話者の権威も相対化されるのではないだろうか。どの宗教もそれぞれの教理を絶対化する傾向があるが、聖書の権威を振りかざしてキリスト教を絶対視することがあってはならないと思う。たとえ、それがイエスの教えの根幹なるもの、すなわち「弱者」や周縁化された人々への徹底した共感を語る言葉であってもだ。

イエスの教えを「立派」に語る話を聞いていると、発話者が教会外の実践の場で本当に「弱き者」に共感しているのだろうかという疑問が湧いてくる。その内容が「立派」であればあるほど、発話者が人間の苦悩や葛藤を読み取ることができていないように見えるからだ。思うに、思想としての信仰ではなく制度としての信仰が、権威的位置に立つ発話者に、自らの内的葛藤を吐露できなくさせているのかもしれない。それは発話者自身の問題なのだろうか。あるいは教会という狭い空間で与えられる教職者への権威が、発話者の葛藤をさらけ出す意思を抹殺してしまうのだろうか。たしかに私たちは軸となる価値観、ルター的に言えば「我ここに立つ」ものがなければ転んでしまうのかもしれない。しかし、教会内での権威を、聖書や伝統の名によって絶対視することは、前述した共依存する文化が継続して生まれる環境をつくりあげてしまうことになるだろう。

信徒の生きざまが権威

今日の教会内で権威とされているものを否とするために、一世たちの聖書の読み方をもう一度想起してみたい。単なる過去への郷愁あるいは美化なのかもしれないが、一世の牧師と信徒は共通した讃美歌や聖書の箇所を好んでいた。おそらく在日一世のクリスチャン、とりわけ女性たちが、いく重にも抑圧される状況を共に経験したことが、結果として同じ讃美歌と聖書の箇所を愛することにつながったのだろう。よく言われてきたが、彼女たちの心にもっとも響いたのはマタイ6章34節の「明日のことまで思い悩むな。明日のことは明日自らが思い悩む。その日の苦労は、その日だけで十分である」という聖句だった。この聖句の前半では食べるもの、飲むもの、着るもの、寝るところなどを心配するなとされている。食べることさえ困難であった時代を生きた一世の女性たちに、その部分はどう響いたのだろうか。彼女たちの生活状況からすればまったくの理想主義的な言葉として受け止めたのだろうか。あるいは理想としてではなく、信仰としてそのまま信じたのだろうか。明らかなのは、彼女たちが後半部分の言葉に慰められ、また新しい一日を迎えることができたということである。

「母国語」と日本語の、どちらの言語も読み書きができなかった一世の女性たちの多くは、教会で聖書を読むことを通してハングル文字が読めるようになった。だが読めても書くことには限界があった。耳から言語を習得したためである。ハングルのパッチム、いわゆるスペルが正しく書けないのである。教会に通う一世の女性たちすべてがそうだとは言わない。だが、それはおそらく多分に一世女性に共通した経験だと言える。筆者の母親もそうであった。しかし、読めるということは大きい。耳から入った説教の単語、物語を想起することが可能になるからだ。

筆者の母は新しい一日の始めにビタミン剤を飲むかのように祈り、そして聖書を読んでいた。制度的教会や、その中で培われ再生産され続けている権威主義的価値観を美徳とする教会文化に反発してきた筆者でさえ、母親が一生懸命拙い読みでつぶやくように聖書を読む背中を見るたび、神がそこに臨在しているように感じた。だが、筆者にはそのような信仰や神に対する姿勢はない。人生の終盤の時期に入ったにもかかわらず、いまだに信仰とは何であり、キリスト教会や宗教とは何なのだろうかという問いに明確に答えることができない。ひとつわかることは、在日一世の信仰はもっと自律的であったということである。牧師や、その権威以前に、聖書にある言葉が深く響く自らの大変な現実がまずあった。一日一日、場合によっては一膳の糧を心配しなければならない状況が、聖書の言葉をより輝かせ、そして響かせたのだろう。つまり彼女たちは、聖書の言葉や牧師にもともと備わっているとされる権威を見ていたというよりは、自分たちの現実に応答してくれる言葉や、共に苦しむ牧師の姿に権威を見出していたのではないだろうか。聖書が権威となるのは、読み手が権力者からどれほど踏みつけられても、生き抜く力の糧となる言葉をそこに見いだすことができた時、すなわち、読み手自身の主体性が回復され解放された時ではないだろうか。在日一世の女性クリスチャンたちはそのような主体であったのではないかと思うのだ。

おわりに

本稿では信徒と教職の関係性や権威について、在日大韓教会の文脈で考えてみた。言うまでもなく、筆者の目的は在日大韓教会内部の問題を披瀝することではない。日本の教会でもまた教会外でも、社会的地位や財力でエゴと権威とを振りかざしている人びとがいる。その意味で、このつぶやきが普遍的な問題提起として読まれることを願っている。自戒することは、権威に反対する筆者の論そのものが、もう一つの「説教」あるいは「権威」づけをしてしまっているのではということである。そうではなく、筆者の動機はむしろ、在日一世（とりわけ女性）の生きざまや、貧困の幼少期、青年期を送った二世女性たちの生きざまから、聖書に出会い生活の場で何かを生み出してきたところにこそ権威があることを、もう一度共に喚起したいということである。

（1）在日大韓基督教会総会宣教80周年実行委員会宣教理念（全国教役者・長老研修会報告書所収、２０１４年）より。

（2）植田千晶「韓国系キリスト教会に集う人々——その生活と信仰の世界」（大阪市立大学社会学研究会『市大社会学』12、２０１１年）[http://dlisv03.media.osaka-cu.ac.jp/infolib/user_contents/kiyo/111E0000011-5.pdf] この論文では在日大韓教会についての言及はなく、昨今急増する韓国からの教会を韓国系教会と規定して論じ、その始まりを１９７０年代としている。しかし、筆者は大きな流れの現象として、また在日大韓教会に及ぼし始めた影響からも、実質的な始まりを80年代と見る。

（3）これは、韓国からきた牧師たちが在日大韓教会内で出身教団の牧師同士の派閥を作ったり、留学を兼ねて牧会にあたったり、信徒を分裂させ新しい教会を作るなどの事例から筆者が受けた印象である。

第3章 サクラメント

一般にサクラメントとは、ローマ・カトリックと正教では七つ、プロテスタントでは二つと定められている教会の典礼／祭儀と理解されることが多い。ルターはたしかに、「信仰のみ」「聖書のみ」の信念をもって、ラディカルに七つの秘跡を問い直した。その意味で「狭義のサクラメント」は宗教改革を機に大きな変革を遂げた。

しかしラテン語「サクラメントゥム」とは、もともとギリシア語「ミステリオン」（神秘）にあてられた訳語だ。そこから開けるのは、教会における典礼／祭儀を超えて、この世界に満ちている神の働きの神秘という「広義のサクラメント」への視角である。実際、聖書には典礼／祭儀としての「サクラメント」概念は存在せず、イエス・キリストによってわたしたちの目前に顕わされた神の神秘《ミステリオン》を讃える証言があるばかりだ。つまり典礼／祭儀としてのサクラメントも、あくまで神の神秘の徴《しるし》として存在するのだ。本章ではサクラメントをどう捉えるかさまざまな角度から考えていくが、すべての論考に「狭義のサクラメント」「広義のサクラメント」両方が含まれていることに注目していただきたい。

サクラメントの復権
――プロテスタント教会の宣教のパラダイム転換

藤井《ふじい》創《はじめ》

1958年生まれ。東京神学大学、アメリカ・ウエスタン神学大学、サンフランシスコ神学大学、エール大学神学部で学ぶ。金城学院大学、酪農学園大学教授を歴任。現在、フィリピン・シリマン大学神学部客員教授。著書『世紀末のアメリカとキリスト教』『原発社会に生きるキリスト者の責任』（新教出版社）他。

はじめに

フィリピンのドゥマゲッティに移住して二年になる。どの町にもカトリック教会があり、ミサには入りきれない人々が会堂を取り囲む。マリア像が個人宅にも設置され、人々は熱心にマリアに祈る。四十年前、大岡昇平が書いた。「わたしはオルモックでカトリックの週刊誌を買ったが、表紙の悲しむマリア像は、肉体的な痛苦を表現しているように見えた」「小作人はほかに逃れる道のない現世の苦しみを、顔をゆがめてマリアへ訴えるのである」（『ミンドロ島ふたたび』中央公論新社）。今でもマリア像はフィリピン民衆をイエスへと導く。誰もそのサクラメント的な重要性を否定することはできない。夥《おびただ》しい数の人々がマリア像を通してイエスに近づいていくのだから。フィリピンに来てそのリアリティを肌で感じている。

聖書のみ――プロテスタント教会は説教を中心とした教会を形成してきた。しかし、現在のプロテスタント教会は説教中心というより、むしろ、説教偏重の傾向をもつに至っている。プロテスタント教会は、本来、教会のしるしとして、説教と並んでサクラメントを中心とする教会として出発したはずであった。

ジャン・カルヴァンによればサクラメントは「私たちの信仰の無力さを支えるための外的なしるしによって宣言された神の恩寵のあかし」と定義される。プロテスタント教会は洗礼と聖餐という二つのサクラメントを自分たちの信仰生活に不可欠な恵みとして受け取り、これを充分に活用してきただろうか。この小論では、狭義のサクラメント理解としての洗礼と聖餐に腰を据えた教会の在り方、さらに洗礼と聖餐の枠を越えた広義のサクラメントの適用の可能性を考察し、プロテスタント教会におけるサクラメント復権の方向性を示したい。

1．狭義のサクラメントの復権

(1) 洗礼はダイナミックな宣教の業

信仰義認はプロテスタント教会の中心的教理である。信仰義認を語るとき、私たちが何をしたかではなく、神が私たちにしてくださったことが常に焦点となる。人間の意志や決断の介入する余地のない神の恵みの先行を心から受けとめる行為こそ信仰であり、人間のなすべき最高の業である。それを最も明確に表すものが洗礼である。洗礼に関しては誰も誇ることができないからである。特に幼児洗礼は信仰義認による救いの恵みを際立たせる。

あるキリスト者が「原体験としての幼児洗礼」と題して証言している。「私には自分が受洗した記憶がなく、従って受洗の感激もない。しかし、洗礼は一人の生涯にただ一度だけ許された、しかも絶対に消えざる恵みである。この恵みに私の取るに足りない意志が全く関わっていないということは、私にとってかけがえのない恩寵だと思うのである」。

幼児洗礼を強調するアメリカの改革派教会は「福音は洗礼の愚かさに始まる。なぜなら、無力なこどもの洗礼は神の無条件の恵みを最もドラマティックに表す恵みの象徴だからである」と言う。彼らは幼児洗礼において幼子たちが未来の悔い改めと信仰に向かってバプテスマされることを信じて疑わない。フィリピンにおいても、教派を問わず、幼児洗礼が主流で、大人の洗礼式を見たことがない。

日本においては、改革派・長老派的伝統を持つ教会が多いにもかかわらず、幼児洗礼の実施例は多くはない。福音をこどもには理解できない知識と理性の産物とし、洗礼の決め手を神の一方的な恩寵よりも人間の信仰の決断の上に置く傾向が強いからだ。ジョン・ヘッセリンクはプロテスタント教会の信条の考察に際し、「信仰告白は歌われ、賛美されるべきもので、議論されるべきものではない」と言っている。洗礼もまた知識と人間の決断の帰結としてとらえられるとき、神から与えられた一方的な恩寵としての力を失い、もはやサクラメントであることをやめるだろう。

多くのプロテスタント教会にとって福音宣教とは、説教を通して神の恵みと救いを説き、人々を洗礼へと導くものとみなされる。この考え方は洗礼というサクラメントに宣教の結果の証印としての機能しか与えないことになる。しかし、それは洗礼の役割の一側面でしかない。むしろ洗礼こそ信仰義認の真理を力強く証しするメッセージであり、幼児洗礼は「恵みのみ」を最も徹底した形で表す神の献身のしるしなのである。洗礼というサクラメントは宣教の結果ではなく、むしろ救いがただ神の恩寵によってのみ与えられることをダイナミックに証しする宣教の業として位置づけられるべきである。

(2) 聖餐の重点化を

聖餐式を毎週でも行いたいというカルヴァンの願いにもかかわらず、ジュネーブの教会では年四回しか聖餐式が行われなかった。驚くべきことに、プロテスタント教会はその初めから聖餐を軽視した教会だったのだ。聖餐式を月一度行うのが標準的な日本のプロテスタント教会。「神のことばが純粋に語られ、そして聴かれ、聖礼典がキリストの指示に従って執り行われるところに、疑いなく、神の教会が存在する」という教会の定義から言えば、日本の教会は、その定義を逸脱して、説教だけに偏ったいびつな在り方をしている。

日本最初のプロテスタント教会である横浜公会が「講義所」として始まったことが象徴しているように、日本のプロテスタント教会にとって礼拝は、聖餐にあずかる場であるよりは説教を聞きにいく場としての性格が強い。「日本基督公会条例」の第三条（安息日）における「毎月首の安息日に於いて会中斉く聖晩餐を守るべし」という規則が現在も多くの教会で忠実に守られているように、「安息日毎に……講ずる聖教を服膺し」という講義所としての教会のイメージは今もなお強く残っている。その礼拝論からは礼拝の善し悪しが説教の巧拙によって定まり、聖餐を必要とせず、説教だけで充足する教会が形成される可能性が生まれてくる。

説教に左右される不安定なプロテスタント教会に比べて、ミサ、聖餐式が毎週行われるカトリック教会や聖公会には不思議な安定感がある。事実、ここフィリピンではミサにあずかろうと圧倒的な数の人々がカトリック教会に集う。ミサに圧倒的な力があるからだ。ミサを行うことこそカトリック教会の宣教の業なのである。

教会は建物ではない。説教がなされる場でもない。説教とともにサクラメントが行われる場である。聖餐が大切ならプロテスタント教会はなぜそれを毎週行わないのか。説教だけで充分神の恵みを受けられると考えるのは人間の傲慢である。聖餐を月一度しか行わなくても充分神の恵みが受けられると考えるのも人間の傲慢である。プロテスタント教会の最大の弱点はサクラメントの軽視である。世俗化に押され、新たな宣教の方策を見出そうとする前に、説教偏重から洗礼と聖餐へと重心を置きなおした教会形成が真剣になされ、サクラメントが教会の中心に取り戻されていかねばならない。

2．広義のサクラメントの適用へ

(1) 説教のサクラメント化

カルヴァンが広義のサクラメントを積極的に評価していたことは見落とされがちである。広義のサクラメントとは、カルヴァンによれば、ノアが空に架かる虹を見て神の救いの業をうかがい知るように、洗礼と聖餐以外の媒介を通して神の恵みを直接的に感じ体験するサクラメントを指す。アメリカのプロテスタント諸教会は聖餐式を行う頻度が少なくなる傾向をもっているが、一方では、説教における広義のサクラメントの適用（みことばの説教のサクラメント化）に積極的に向かおうとする傾向が顕著である。

アメリカ留学中、ウエスタン神学大学での礼拝で「あなたがたの中で病気の人は……主の名によってオリーブ油を塗り、祈ってもらいなさい」（ヤコブ5・14）と聖書が朗読され、司式者が人々を招いた。すると学長が真っ先に進み出て、ひざまずき、悩みを打ち明け、額に油を塗ってもらい、祈ってもらったのだった。その後に何人もの学生や教授たちが続いた。へりくだる者に与えられる神の癒しの油。何の理屈も説明もいらない。聖書のことばのパワーがひたひたと伝わってくるような礼拝だった。これは説教における広義のサクラメントの適用例である。

15分に一度コマーシャルが入るテレビ番組のサイクルに慣れ親しんだアメリカ人には長い説教はなじまない。ミシガン州の改革派教会では、説教が20分も続くと会衆がしびれを切らしはじめる光景を何度も目にした。ワンポイントでいかに印象的でパワフルなメッセージを伝えられるかが勝負の分かれ目だ。必然的に説教は、講壇から降りて、なるべく会衆に近づき、身ぶり手ぶりで語りかけるタイプが主流となっている。説教は見たり、触れたり、感じたりして、わかりやすくなければならない。その流れの中から、リタージカル・ダンス、パントマイム、ドラマ、ゲストスピーカーの証言などが、説教の役割を担う不可欠の要素として取り入れられている。

アメリカの教会は、説教を講壇から語られるメッセージに狭く限定しないで、広義のサクラメントとして理解し、積極的にその適用に向かおうとしている。宗教改革において説教が聖餐に取って代わり、「見えない神のことばとしての説教」が「見える神のことばとしての聖餐」を抑え込む傾向にあったプロテスタント教会が、「見えない神のことばとしての説教」を「見える神のことばとしての説教」としてとらえ直そうとしているのである。そもそもカルヴァンは「説教と聖餐」という二つの要素を「神のことば」という一つの概念で括っていた。「見えない神のことばとしての説教」自体も、厳密にいえば、神のことばを指し示すサクラメントなのであって、神のことばそのものではないのである。そうであれば、プロテスタント教会が抱える礼拝における聖餐軽視の傾向は、アメリカの教会がもつこの傾向という弱点を説教のサクラメント化が補うという形をとっているといえるだろう。

最近のアメリカの教会において特筆すべきはカウンセリングの重要性である。牧会カウンセリング、結婚カウンセリング、離婚者のカウンセリングなどその専門性も多岐にわたる。説教よりもカウンセリングが牧師の仕事の重要課題になっている感さえある。これはプロテスタント教会が宗教改革期に退けたカトリック教会のサクラメント「告解」と類似の役割を果たすものである。結婚・離婚・結婚・離婚……を繰り返す「時間差によるポリガミー的夫婦関係」は、結婚をサクラメントから除外したプロテスタント教会の抱え持つ弱さを浮き彫りにしつつ、悩める人々をカウンセリングへと向かわせる。アメリカのプロテスタント諸教会は、期せずして、16世紀に自らが袂を分かったカトリック教会の保持するサクラメントを中心とした教会形成へと回帰しつつあるように映るのである。

(2) 生き方をサクラメントに

サクラメントを広義に解釈していくとき、そこから様々な視野が開けてくる。その一つが、キリスト者の生き方そのものがサクラメントであるという理解である。１９９４年、内戦終結直後の中米エルサルバドルを訪ねた。そのとき、内戦中に為政者の不正義に対峙し、貧しい人々と共に活動したために教会を爆破されたルーテル教会のビショップがサクラメント観について語った。「私たちは、神学的には、私たちの伝統である信仰義認にいつも忠実であろうとしています。でも、それは教会の社会的な働きを弱めるものであってはならないと思います。むしろ、教会の社会的働きはサクラメントの一部です。なぜなら、人々の社会への関わり自体がコイノニアを具現すると信じるからです」。

このルーテル教会は、ルターの「九五箇条の提題」を教会の壁に掲示し、今でもその信仰義認の伝統を大切にし、熱心にサクラメントである聖餐にあずかりながら、なおも自分たちの社会的働きをサクラメントと位置づける。これは伝統的サクラメント理解を保持しつつ、それを乗り越えようとする第三世界の教会の現場から生まれたサクラメント観である。

聖餐式で宣言されることばがそれを物語っている。ビショップはパンを取り、「私たちの平和は正義に基づくものです」と語る。聖餐の指し示す平和は、個人の内面の平安を越えて、正義の希求へと人々を促す。また、ぶどう酒を取り、「貧しい人々の血にあずかりましょう」と語る。キリストの血にあずかることは、貧しい人々と共に生き、その苦しみにあずかることと同義なのである。

映画『ロメロ』の中で、大司教ロメロが軍隊のバラックとなった教会を民衆と共に命がけで取り戻すシーンがある。自分について来た民衆たちに向かってロメロは「二千年前十字架に架かったイエスのように、あなたがたはエルサルバドル解放のために十字架を負って苦闘している。あなたがたはイエスなのです」と語りかける。正義を希求し、貧しい人々の血にあずかるとき、民衆はイエスを指し示すサクラメンタルな存在となり、イエスそのものとなる。

サクラメンタルなキリスト者の働きは、カルヴァンの宗教改革の取り組みの中にその萌芽を見出すことができる。神のことばは人間のすべての生活領域に適用されるべきであるというカルヴァンの信念は、ジュネーブのあらゆる事柄への彼の積極的な関わりとなって表れた。カルヴァンはみことばと聖礼典を重んじ、教会規則を整えることに大変な労力を費やしたが、それと同じだけの精力を注ぎ込んで、貧しい人々や孤児、移民の問題に心をかけ、消防署や下水、建物調査、マーケティング、利子の利率の問題にまで関わったのである。彼が当時の為政者に書いた手紙の量の膨大さにも驚かされる。カルヴァンは「教会人、牧師、神学者であるとともに、ソーシャルワーカー」でもあったのであり、これら四つが統合された総体がカルヴァンの宗教改革者としての実像なのである。『キリスト教綱要』もフランス王宛の前書きで始まり、「政治的統治」で終わる政治的枠組みで構成されており、キリスト者を自分たちの生活の場の諸問題に向き合わせ、そこで神が崇められるように生き働くことを促している。カルヴァンはそのことをジュネーブにおいて身をもって証ししたのである。

(3)　宣教のパラダイム転換

宗教がプライベートな領域に退いたポストモダンの時代、西洋教会は神に喜ばれる生き方をすることに自信を失っている。自信を失って、この世の流れに迎合しようとする。「この世に倣ってはなりません」（ローマ12・2）とパウロが言ったことを、20世紀末に語った人がいる。スタンリー・ハワーワスである。彼は『Resident Aliens』（邦題『旅する神の国』）を発表し、アメリカ社会をキリスト教とは異質の「非キリスト教世界」と断じた。彼は、真のキリスト者とはその異教徒の国に寄留するエイリアンであり、教会はそこで孤高を保つポリス（都市国家）であり、アメリカ教的価値観に支配されたマジョリティと全く異なる生き方、考え方をもって信仰を証しするマイノリティになることだと言って、人々を驚かせた。

ハワーワスはこんな話を紹介している。教会に赴任してきた若い牧師が教会で託児所を始めたいと申し出た。すると一人の女性が「どうして教会がそんな仕事をする必要があるのか。教会の伝道とどう結びつくのか」と問うた。牧師は「今は誰もがフルタイムで働かなければならない時代なので」と説明した。彼女は「二台目の車を持ったり、ビデオを買ったり、別荘地に行ったりするために働いている人を援助するのは伝道ではない。教会はそれを支援するようなことを言うべきではない。勇気を出して『それは偽物ですよ。そんなものが豊かな家庭を築くのではないのですよ』、そうはっきりと言ってあげるのが教会ではありませんか」と言った。

こどもと共に過ごすことを犠牲にしてまで富を蓄えようとするアメリカ人の心深くに染みついた飽くなき物質主義。それに迎合しようとする牧師に一撃をくらわす一言である。教会はこの世の価値観によってその力が奪われるかにみえても、それを無力の証拠だと思ってはならない。むしろ、説教と聖礼典に支えられてイエスに従う信仰の力が、社会の歪んだ文化的価値観を圧倒し、神の恵みを力強く証ししていくのだ。現代社会の中で力を失った教会にとって、キリスト者一人一人の生きざまから生まれる「物語」こそ最も力強い福音のメッセージであり、サクラメントなのである。

性的少数者のカミングアウトもまたサクラメントである。クリス・グレイサーは、性的少数者に対して不寛容なアメリカ社会のただ中では、性的少数者のカミングアウトは、旧い自分が死に新しい命へとよみがえる洗礼に相似した神聖な行為であり、傷つきやすい犠牲的供え物、キリストの贖罪と和解を喚起するサクラメントであると語り、社会や教会の中で苦闘する性的少数者たちを鼓舞している。

今やプロテスタント諸教会においても、サクラメントを中心に据え、その力を真に知った教会が、またサクラメントそのものとして決断的な証しに生きるキリスト者たちが、みことば偏重の教会の在り方を突き抜けた新しい時代の到来を告げている。洗礼と聖餐という二つのサクラメントをしっかりと抱きしめながら、なおも「前のものに全身を向けつつ」（フィリピ3・13）、広義のサクラメントを追い求めようとするダイナミックで創造的な宣教の在り方だ。みことばからサクラメントへ――これは宗教改革から五百年を経てプロテスタント教会がようやくたどり着いた「サクラメントの復権」を告げる画期的な宣教のパラダイム転換なのである。

参考文献

Calvin, John, Institutes of Christian Religion, trans. by Ford Lewis Battles. *Library of Christian Classics*, Vol.XX-XXI, Philadelphia:

Westminster Press, 1960.

Glaser, Chris, *Coming Out as Sacrament*, Louisville, KY: Westminster John Knox Press, 1998.

Hauerwas, Stanley and Willimon, William H., *Resident Aliens: A provocative Christian assessment of culture and ministry for people who know that something is wrong,* Nashville: Abingdon Press, 1989.（東方敬信・伊藤悟訳『旅する神の国――「キリスト教国アメリカ」への挑戦状』教文館、１９９９年）

Hesselink, I. John, *An Introduction to Calvin's Theology: Based primarily on Ford Lewis Battles' Translation of Calvin's First Cathechism (1538)*, Holland, MI. Western Theological Seminary, 1993.

――――, *On Being Reformed: Distinctive Characteristics and Common Misunderstandings*, New York: Reformed Church Press, 1988.

Wallace, Ronald S., *Calvin, Geneva and the Reformation: A Study of Calvin as Social Worker, Churchman, Pastor and Theologian,* Grand Rapids, MI: Baker Book House, 1988.

ルターとサクラメント

鈴木《すずき》浩《ひろし》

1945年静岡県生まれ。ルーテル学院大学・日本ルーテル神学校名誉教授。著書に『ガリラヤへ行け』(新教出版社)、『ルターを学ぶ人のために』(共著、世界思想社)など、訳書にペリカン『キリスト教の伝統』(全五巻、教文館)、マクグラス『ルターの十字架の神学』(教文館)、『ビザンティン神学』(新教出版社)など。

はじめに

ルターの書いた文書の中で、内容はともかくその名前が最もよく知られているのが、『九五箇条の提題』(一五一七年、本来の文書名は『贖宥の効力を明らかにするための討論』)である。日本の高校三年生は、中身は何も知らなくても、この文書名を確実に知っている。大学入試に出る可能性があるからである。それはともかく、その『九五箇条の提題』は次のような文章で始まっている。

一　私たちの主であり師であるイエス・キリストが「悔い改めよ……」と言われたとき、主は信じる者の全生涯が悔い改めであることをお望みになったのである。

この文書はラテン語で書かれているが、「悔い改めよ」という言葉は、「ペニテンティアム・アギテ」(penitentiam agite)となっていた。これは、ギリシャ語本文の「メタノエイテ」のラテン語訳である。当時広く使われていた「ウルガータ版」聖書(ラテン語)の訳者のヒエロニュムス(五世紀)は、ギリシャ語の「メタノエイテ」(悔い改めよ)の意味を最もよく表現しているのが、ラテン語では「ペニテンティアム・アギテ」だと考えたのである。つまり、「ペニテンティアを行え」である。penitentiam は penitentia の対格(目的語)であり、agite は agere(行う)の複数命令形である。この組み合わせで「悔い改めよ」という意味となる。

当初は確かにそのような意味であった。ところが西方教会でサクラメント教理が発展していく中で、「七つの秘跡

（サクラメント、聖礼典）」という霊的ケアシステムが完成する。それは、文字どおり「揺り籠から墓場まで」人々を霊的にケアする実に優れたシステムであった。人は生まれるとすぐに「洗礼の秘跡」にあずかり、死に際しては「終油の秘跡」が施される。その両端にはさまれているのが、「堅信」、「結婚（一般信徒）」、「叙階（聖職者）」「告解（懺悔、改悛）」、「聖体拝領（ミサ）」である。だから、「七つの秘跡」は、ある意味で「通過儀礼」でもあった。堅信、結婚、叙階は一回限りであるが（むろん「再婚」の場合には一回限りではないが）告解と聖体拝領は繰り返される。つまり、告解と聖体拝領は、一般信徒と教会との最も重要な接点であった。教会に行くということは、「聖体を受ける」ということであり、聖体拝領は、説教よりもはるかに重要であった。なぜなら、説教は「キリストについて語る」ことであるが、聖体拝領は――「実体変化」の教理（第四ラテラノ公会議、一二一五年）によれば――「キリスト自身を受ける」ことだったからである。

　このサクラメント体系の中では、「告解」には「ペニテンティア」という用語が使われていた。つまり、「ペニテンティア」という言葉が専門用語化していたのである。だから、「ペニテンティアム・アギテ」は「告解（懺悔）を行え」という意味になる。繰り返しになるが、「ペニテンティアム・アギテ」のもともとの意味は、「悔い改めよ」であった。それが、「告解を行え」という意味で受け取るのが、一番自然のように思われることになっていたのだ。つまり、『九五箇条』の第一提題は、「ペニテンティアム・アギテ」の本来の意味を回復させようと意図されていたのである。だから、第二提題は次のようになる。

二　このことばはサクラメントとしての改悛（すなわち、司祭の職務によって執行される告解と償罪）についてのものであると解することはできない。

　ルターはここで、「悔い改め」の本来の意味を回復しようとしていた。「悔い改める」とは、「神に立ち返る」という意味である。われわれは、繰り返し神のもとから離れていくが――それが罪だ――そのたびに、神のもとに立ち返ることが求められている。それが、「悔い改め」である。ルターが「（神は）信じる者の全生涯が悔い改めであることをお望みになったのである」と書くとき、彼は「神のもとに繰り返し新たに立ち返る」ことが生涯続くと指摘しているのである。なぜなら、義とされたキリスト者は、生涯を通じて「義人にして同時に罪人」だからである。ルターによれば、その生涯を支えるのがサクラメントであった。

ルターの洗礼論と聖餐論

　ルターはほとんど無数と言っていい著作の中で、『小教理問答』と『奴隷意志論』を自分の代表的な著作と考えていた。『小教理問答』は文字どおり非常に小さな著作であるが、エラスムスの『評論・自由意志』（一五二四年）に応えて書かれた『奴隷意志論』（一五二五年）はかなり大部の著作である（『ルター著作集』第一集第三巻、聖文舎、一九六九年、一九七～三四七頁）。

さて、その『小教理問答』では、洗礼と聖餐について次のように記されている（ルター研究所訳『エンキリディオン小教理問答』リトン、二〇一四年、四三頁以下、五一頁以下）。

洗礼とは何ですか。

答え　洗礼とは単なる水であるだけではない。それは神のご命令に含まれ、神のことばと結び付けられている水なのだよ。

ではそのような神のことばとはどれですか。

答え　それは私たちの主キリストがマタイによる福音書の最後の章（二八章一九）で、「全世界に行って、すべての異邦人を教え、父と子と聖霊のみ名において彼らに洗礼せよ」と言っておられるところだ。

洗礼はなにを与え、あるいは、なんの役に立つのですか。

答え　洗礼はそれを信じるすべての人に、神のことばと約束が告げているとおりに、罪の赦しをもたらし、死と悪魔から贖い出し、永遠の救いを与えるのだ。

そのような神のことばと約束とはどれですか。

答え　私たちの主キリストがマルコによる福音書の最後の章（一六章一六）で、「信じて、洗礼を受ける者は救われる。しかし信じない者は罪に定められる」と言っておられるところだ。

どのようにして水がそのように大きなことをすることができるのですか。

答え　水はもちろんそのようなことをしない。水と共に、水の許にある神のことばがそれをするのだ。水のうちにあるそのような神のことばを信頼すれば、のことだよ。この神のことばがなければ水はただの水であって、洗礼ではない。しかし神のことばと共にあって水は洗礼であり、恵みに満ちたいのちの水、「聖霊における新しい誕生の水」であるのだ。聖パウロがテトスへの手紙第三章（五～八）において、「神が私たちの上に私たちの救い主イエス・キリストによって豊かに注いでくださった聖霊の再生と新生の洗いに拠る。こうして私たちはこの同じ恵みによって、望みに従って、義とされ、永遠のいのちの世継ぎとなるのである。これは確かで、真実のことである」と言っているとおりだ。

ではこのような水の洗礼はなにを意味しますか。

答え　これは、私たちのうちにある古いアダムが日毎の後悔と悔い改めによって溺れさせられ、すべての罪と悪い欲と共に死んで、逆に日毎にそこから出て、新しい人として復活して、神の前での義と清さのうちに永遠に生きるようになる、ということだよ。

それはどこに書かれていますか。

答え　聖パウロはローマの信徒への手紙第六章（四）において、「私たちは洗礼によってキリストと共に葬られて、キリストが父の栄光によって死者のうちから復活したように、私たちも同じく新しいいのちに変わるのです」と言っている。

これは、宗教改革五〇〇年を記念した日本福音ルーテル教会の推薦図書の一つとして二〇一四年一〇月三一日に出版された『エンキリディオン　小教理問答』の新訳である。その解説の中で、ルター研究所前所長であった徳善義和氏は、「この新訳では『小教理問答』を家庭における、キリスト教信仰を巡る子と父の信仰問答として訳しました。それはこれを書いたときのルター自身の生活背景でもありました。育っていく幼い長男に接しながら、やがて成長に伴って『これはなんですか』と信仰の問いを問い掛けてくるときに、こう答えて、キリスト教信仰の中心を説き、また、父親として子供の前で信仰告白をしようと願ったのです」（同書八頁以下）と書いている。訳文はそのような場面を前提にしている。十分に考えられる状況である。むろん教会で牧師が教会員にキリスト教信仰の中心を再確認させる場合でも本書が使われたであろう。

ルターが強調しているのは、洗礼の際に用いられる水と神の約束の言葉との一体化である。そこでは神の言葉がすべてを行うが、水はその神の言葉と一体化することでそれに奉仕している。また、「答え」の一つひとつに聖書が引用されて、そうした答えの聖書的根拠が示されている。同様に強調されているのが、それを受ける人の信仰である。

次に聖餐については、次のように指摘されている（同書五一〜五三頁）。

聖壇の礼典とはなんですか。

答え　これは私たちの主イエス・キリストの真のからだと血であって、私たちキリスト者がパンとぶどう酒において食し、飲むようにと、キリストご自身によって設定されたものだ。

それはどこに書かれていますか。

答え　聖福音書記者たちマタイ、マルコ、ルカと聖パウロはこう書いている。「私たちの主イエス・キリストは売り渡される夜、パンを取り、感謝して、これを裂き、弟子たちに与えて言われました。『取って、食べなさい。これはあなたがたに与えられる私のからだである。私の記念のためこのように行いなさい』。食事の後同じように主は盃をも取り、感謝し、これを彼らに与えて言われました。『取って、みながこれから飲みなさい。この盃はあなたがたの罪の赦しのために流される私の血における契約である。あなたがたがこれを飲む度に、私の記念のためこのように行いなさい』」。

ではこのような飲食はなにに役立つのですか。

答え　次のようなことばがそれを示している。「あなたがたに与える」と、「罪の赦しのために流される」だ。すなわち、私たちにこの聖礼典において、このようなことばをとおして罪の赦しといのちと救いが与えられるのだよ。罪の赦しがあるところに、いのちも救いもあるからだ。

どのようにしてからだの飲食がこのように大きなことを行い得るのですか。

答え　飲食はもちろんなにも行わない。「あなたがたに与える」と、「罪の赦しのために流される」と書かれていることばが行うのだ。からだの飲食に添えられるこれらのことばが聖礼典における主要な部分なのだ。これらのことばを信じる者が、これらのことばが告げ、伝えているとおりのこと、すなわち「罪の赦し」を得るのだよ。

ではだれがこのような聖礼典をふさわしく受けるのですか。

答え　断食し、自らからだを整えることは確かによい、外的な訓練だ。しかし本当にふさわしく、確かに適切な人とは、「あなたがたに与える」と、「罪の赦しのために流される」というこれらのことばを信じる信仰をもつ人なのだ。これらのことばを信じないとか、疑うとかいう人は、ふさわしくなく、適切ではないのだ。「あなたがたのために」ということばは全く信じるという心を要求しているからだよ。

問いと答えとは、洗礼の場合と同じパターンに従っている。洗礼の場合と同じように、パンとぶどう酒という物素と結びついた神の言葉がいっさいのことを行う。それと同時に、洗礼の場合と同じように、その神の言葉を信じる信仰が強調されている。だから、信仰がなければ、洗礼は洗礼にならず、聖餐は聖餐にならずに、かえって罰を引き起こす。ルターはここでも「神の言葉の神学者」であった。

これが、サクラメントの「客観性」を重んじる当時のカトリック教会の「七つの秘跡」の教理との目立った違いである。カトリックの教理では、聖餐の設定辞が唱えられるときに「聖変化」が起こり、パンとぶどう酒はパンとぶどう酒であることを止め、客観的に（つまり、それを信じようが信じまいが）キリストの真の体と血に変化する。だから、聖変化の後に聖壇に置かれているのは、マリアから生まれ、十字架につけられ、復活したキリストのあの体と血なのである。カトリック教理の場合にも、それを信仰をもって受けることが求められているが、設定辞によって聖変化が引き起こされるのは、揺るぎない「客観的事実」なのである。だから、それを見つめる人の信仰の有無にかかわらず、聖壇に置かれているのは、キリストの「真の体と血」以外の何ものでもない。この「存在論的変化」がカトリック教理の中心であった。目で見る限り、そこにあるのはパンとぶどう酒である。しかし、それは単なる「偶有」（accidens, アッキデーンス、そのように見えるだけ）に過ぎず、実際にはキリストの「真の体と血」である。聖餐におけるイエス・キリストの「リアル・プレゼンス」（現臨）を確証する最も堅固な教理である。その後、東方教会でも「実体変化」（transubstantia, トランスブスタンティア）の直訳である「メトゥーシオーシス」という言葉が使われるようになった。「東方神学のスコラ化」の一例であった。

　実は、『小教理問答』では、洗礼と聖餐の説明の間に、「懺悔」の説明がサンドイッチされている。ルターは当初、洗礼と聖餐と並んで懺悔も（ためらいながらも）サクラメントに含めていた。ルターの信仰生活にとって、懺悔（告解）が極めて重要な意義を持っていたからであろう。後にプロテスタント諸教会は総じて、サクラメントを洗礼と聖餐の二つに限定するようになった。「キリストの命令」と「物素（水、パンとぶどう酒）の使用」とが、サクラメントの要素とされたからである。サクラメントの数を公式にはついに定めなかった東方教会と違って、西方教会では「サクラメントは七つか二つか」という問題が論争になったこともあるが、これはほとんど意味がない。「サクラメントの定義」がやや広いのか狭いのかの違いだけだからである。礼拝で行われる行為は、何であれ神の言葉と結びついている。だから、何事であれ、「サクラメンタル」（サクラメントに準じたもの、サクラメントのようなもの、聖なる行為）なのだ。普通の信徒にとっては、おそらくは一生に一度だけの教会の「献堂式」の方が、毎月受ける聖餐よりもずっと重みがあるように感じられるのではないか。

　筆者は一七歳になった年の九月三〇日に洗礼を受けた。だから、そのときのことは今でも鮮明に覚えている。ルターは誕生の翌日に洗礼を受けていた。だから、彼には洗礼時の記憶はいっさいない。ルターだけではない、当時のキリスト教化したヨーロッパでは誰でもそうであった。何の記憶もないのだが、ルターは信仰の危機の際に、常に「わたしは洗礼を受けている」（Ego baptismus sum）という事実によって危機を乗り越えた。記憶にはなくても、洗礼を受けたという「事実」が彼を支えたのである。

　ルターは、『九五箇条の提題』（一五一七年）、九五箇条の説明をした『贖宥の効力についての討論』（一五一八年）、

『洗礼という聖なる尊いサクラメントについての説教』（一五一九年）、『キリストの聖なる真のからだの尊いサクラメントについて』（一五一九年）、『新しい契約、すなわち聖なるミサについての説教』（一五二〇年）などで、洗礼と聖餐について論じているが、カトリック教会の「七つの秘跡」を信仰義認論によって再検証した著作が、『教会のバビロン捕囚、マルティン・ルターの序曲』（一五二〇年）である。

『教会のバビロン捕囚』

一九九九年一〇月三一日に、バチカンとルーテル世界連盟（ＬＷＦ）は、両教会の神学対話の窓口である「一致に関するルーテル＝ローマ・カトリック委員会」（Lutheran and Roman Catholic Commission on Unity）が起草した『義認の教理に関する共同宣言』という文書に、それぞれのエキュメニズム部門の責任者による署名を行った。署名が行われた場所はあのドイツのアウグスブルクであった。この文書は、カトリック教会とルーテル教会とが、宗教改革の際の最大の争点であった義認の教理について、今では基本的に同じ見解を持っていることを明らかにした画期的な文書であった。日本語訳は両教会の共同訳によって五年後の二〇〇四年一〇月三一日に出版された（教文館）。それを記念して同じ日に（日曜日の午後）東京四谷のイグナチオ教会・マリア聖堂で、史上初めての両教会による合同礼拝が行われた。たくさんの参加者があり、礼拝堂に入れない人は、会堂の外で礼拝に参加していた。司式はカトリックの東京教区大司教と日本福音ルーテル教会の総会議長、説教は徳善義和氏であった。ちなみにわたしは「献金当番」であった。

つまり、この文書によって宗教改革の際の最大の争点であった義認論について、両教会が基本的に同じ考えを持っていることが確認されたのである。言うまでもなく、それは義認の教理の「内実」（中身）の問題である。

問題は、しかし、義認論の「内実」以上に、義認論の「適用の仕方」であった。ルターは、教会のすべての教理と慣行を義認論によって再検証した。その過程でルターの「宗教改革的神学」が立ち上がってくる。教理史の大家ヤロスラフ・ペリカンはルターの義認論の適用の仕方を「義認論の乱暴な適用」（傍点筆者）と呼んだが、ルターにすればそれは「一貫した適用」であった。その一例がカトリックの「七つの秘跡」を義認論によって再検証した『教会のバビロン捕囚、マルティン・ルターの序曲』（岸千年訳『教会のバビロン虜囚について——マルティン・ルターの序曲一五二〇年』『ルター著作集第一集』第三巻、一八九～三五四頁）であった。ルターはこの年、どういうわけか重要な著作を次々に著した。日本ではルターの著作の中で最も多く読まれてきた『キリスト者の自由』もこの年に書かれている。カトリック教会から異端者とされ、破門される直前の年である（レオ一〇世による正式な破門状『デケット・ローマヌム・ポンティフィクム』[ローマ教皇にとってふさわしいこと]の公布は一五二一年一月三日）。

ルターは、『教会のバビロン捕囚』の中で、皮肉と諧謔《かいぎゃく》に満ちた「前書き」に相当する部分を次のように締め括っている。

> 最初に、私は七つのサクラメントを否定し、今は洗礼、悔い改め、パンのサクラメントの三つを支持しなければならない。また、われらにとって、これらはみなローマ教皇庁によって、あわれむべき虜囚の状態に導きいれられており、教会はその自由を奪われている。しかも、私が、聖書の用法に従って語ろうとすれば、私は、一つのサクラメントとサクラメントの三つのしるしのほかは語らない。このことについては、適当なときにもっと詳細に語ろう。（岸千年訳、前掲書二〇六頁）

ルターは「洗礼、悔い改め、パンのサクラメントの三つを支持しなければならない」と語る一方で、「私は、一つのサクラメントの三つのしるしのほかは語らない」とも語っている（同書三四四頁）。「三つのサクラメント」と「一つのサクラメントの三つのしるし」とは、同じ事態を指しているが、「サクラメント」という概念の定義に多少の「揺れ」があることを暗示している。「一つのサクラメント」とは、第一義的にはイエス・キリスト自身を指しており、第二義的にはサクラメンタルな「キリストの体」である教会の存在を意味している。「三つのサクラメント」は、その「一つのサクラメント」に個々人が具体的にあずかる媒介である。ルターにすれば、「洗礼、悔い改め、パンのサクラメント」は、「サクラメント」と呼んでもいいし、「サクラメントのしるし」と呼んでもいいのである。要は定義の問題である。

義認論による一点突破・全面展開の神学

ルターは、次の順序に従って「七つの秘跡」の再検証を行う。すなわち、「パンのサクラメントについて」（聖餐）、「洗礼のサクラメントについて」、「悔い改めのサクラメントについて」、「堅信の秘跡について」、「結婚について」、「叙品（按手）について」（叙階）、「終油のサクラメントについて」である。

ルターは、当然のように聖餐から始める。当時それが最も重要なサクラメントであったからである。初代教会の時代は、まだサクラメント論は未成熟であったが——サクラメント教理が安定するまで西方は千年も待たねばならなかった——（初代教会と同じような状況に置かれている日本のプロテスタント教会と同様）洗礼の重要性が傑出していた。だから、ニカイア・コンスタンティノポリス信条（三八一年）は、洗礼に言及しているが、聖餐については沈黙している。しかし、アウグスティヌス（四三〇年没）以後になると、洗礼は事実上すべて「嬰児洗礼」になる。その結果、「告解」（懺悔）と「聖体拝領」が重要な意義を持つようになり、中世の神学者たちは、信条では洗礼への言及があるのに、なぜ聖餐への言及がないのか、いぶかしく思うようになった。あのトマス・アクィナスは、「あまりにも自明だったので言及しなかったのだ」という「沈黙からの論拠」でそれを言い抜けた。西方中世は、誰もが自分の洗礼の記憶がまったくなかった時代であり、告解（懺悔）と聖体拝領が教会と信徒との間の重要な接点になっていた時代であった。

ルターは「パンのサクラメント」について、当時定着していた「一種陪餐」（信徒にはパンは与えるが、ぶどう酒は与えない慣行）の批判から始める。論拠は諸福音書の「最後の晩餐」に関わる記述とパウロの手紙である。次いで、批判は「実体変化」の教理に向かう。ここでは、教会の教理がアリストテレスの哲学に支配されているという非難が繰り返される。確かに、「本質」や「偶有」といった概念の定義が、アリストテレスの定義に依拠していることは明らかである。一三世紀には、それまではアラビア語経由であったアリストテレスの著作が、ギリシャ語からラテン語に直接訳されるようになっていたので、アリストテレスの著作の影響力はスコラ学の領域では非常に大きなものになっていた。とりわけ、トマス・アクィナスの『神学大全』は、アリストテレスの哲学が基礎構造になっていた。また、ルター自身も一五〇八年にヴィッテンベルク大学の教養学部でアリストテレスの『ニコマコス倫理学』を講じていた。教師としてのデビューの際の慣例だったからである。

次いで批判は、「犠牲としてのミサ」の理解に向けられる。ミサは、イエス・キリストの「真の体と血」とを父なる神に捧げる犠牲的行為であった。ミサは、それを行う人間の「善き業」であった。だから、ミサを捧げるたびにそれは人間の功績になって積算される。それが理由で、ミサは頻繁に執行された。方向は、「人間から神へ」であった。ミサは、極端な言い方をすれば、十字架の上でのイエス・キリストの犠牲の「反復」あるいは「現在化」であった。

ルターのもとで、これが逆転する。聖餐は洗礼と同様、また神の言葉の説教と同様、神からの恵みの授与であった。方向は「神から人間へ」である。この「逆転」が様々な側面でルターの神学の特長であった。

次いで、洗礼の意義と告解（懺悔）の意義が論じられていく。ルターはどちらも「神からの恵み」として受け取っている。神の恵みは様々な経路を通して人間に与えられる。洗礼もその経路だし、聖餐も告解も結局は同じである。だから、サクラメントは「神の恵みの手段」なのである。しかし、わたしは神学生の時からサクラメントを「恵みの手段」とする言い方にかなりの反感を抱いてきた。「手段」とは「通路」や「媒介」のことである。水道管は水が流れる通路である。恵みは「水」であり、水道管はそれを届ける「手段（通路）」でしかない。しかし、そうではないであろう。洗礼も聖餐も神が罪人に与えてくださった「恵みそのもの」ではないのか。

『教会のバビロン捕囚』に戻ろう。ルターはその後、堅信、結婚、叙階、終油についても論じ、この順序に従ってそれぞれを批判的に吟味していく。その際の判定基準は、すでに指摘したように、信仰義認論である。筆者はルターの神学を「義認論による一点突破・全面展開の神学」と名づけているが、「一点突破」とは、そこからすべてが始まる新たな「神の義」の理解のことであり、「全面展開」とは、「信仰によって義とされる」という新たな座標軸が教会のあらゆる教理と慣行に適用されたことを指している。

ルターはこの四つの聖なる行為における誤用を批判し、サクラメントから除外する。他方、「このうえ、サクラメントのなかに加えられてよいと思われるいくつかの他ものがある。すなわち、祈り、御言、十字架といったようなみな、神の約束があたえられているものである」とも語っているが、「約束がしるしに結びつけられているものが、本格的にサクラメントとよばれうるように思われる。しるしに結ばれていないものは、単なる約束である。したがって、わたしたちが厳密に言うことをのぞめば、教会のなかには、洗礼とパンの二つの神のサクラメントだけがあるということになる。これらにおいてのみ、私たちは神に設定されたしるしと罪のゆるしの約束との二つを見るからである」（同書三四四頁）と後にプロテスタント教会の共通理解になる定義を示している。

他方、本書の冒頭で掲げた「最初に、私は七つのサクラメントを否定し、今は洗礼、悔い改め、パンのサクラメントの三つを支持しなければならない」という発言については、「私がこれらの二つに加えた悔い改めのサクラメントは、事実、神によって設定された見えるしるしに欠けており、私が言ったように洗礼への道また洗礼にもどることのほか何ものでもない」（同書三四四頁以下）と指摘して、最終的にはサクラメントから除外した。

ルターにとって、サクラメントは必要不可欠なものであった。その際に強調されるのは、物素と一体化した神の約束の言葉への信仰である。信仰がなければサクラメントはサクラメントではなくなる。サクラメントの客観性にこだわったカトリック教理との違いである。

カトリック教会の秘跡理解

具正謨《くうちょんも》

1963年韓国生まれ。現在、上智大学神学部教授。1986年イエズス会に入会、2001年 Jesuit School of Theology at Berkeley にて神学博士号を習得。著書『典礼と秘跡のハンドブック』(教友社)、『論集——典礼と秘跡』(教友社) 他。

はじめに

本稿ではイエス・キリストが諸秘跡の源泉(fountain)であり、教会がその基礎(foundation)であるという第二ヴァティカン公会議(1962—1965)以降の考えを中心に、カトリック教会の秘跡理解を考察する。

キリスト教はアウグスティヌス(354—430)による秘跡の定義以降、中世の長いスコラ神学の期間を経て、秘跡を「目に見えない恵みを与えるために、キリストによって制定された、目に見えるしるし」と理解するようになった。そして中世盛期に入ると、その数を七つ(洗礼、堅信、聖体、告解、塗油、叙階、結婚)にする動きが現れた。ペトルス・ロンバルドゥス(1100頃—1160)は七つの数を定めた最初の神学者として知られている。その後、トマス・アクィナス(1225頃—1274)の神学的考察を経てフィレンツェ公会議(1439)は七つという数を公式に採用した。そしてトリエント公会議(1545—1563)では、秘跡が二つだけ(洗礼と聖餐)であると主張する宗教改革者たちに対抗して秘跡が七つであることが教義(ドグマ)として定義された。

ところが、19世紀から盛んになった聖書学や教父学の原典研究は、中世以降の秘跡神学、とりわけスコラ神学に基づく秘跡神学が堅持した内容の相対性に気づかせると共に、より本質的かつ包括的な観点から秘跡を捉える道を可能にした。その結果、現代のカトリックの秘跡論は、諸秘跡を、キリストとキリストによって創設された教会との深い連関のなかで理解するようになった。さらに、第二ヴァティカン公会議とその後に展開するエキュメニズム運動や、中南米を中心に広がった教会の社会に対する積極的な関心などは、秘跡の社会的機能についてより広いビジョンを与えている。それゆえ現代の秘跡論はキリスト論や教会論、そしてまた、社会学や人類学などとの関連で、新しく考察されるようになったのである。イエス・キリストがすべての秘跡の源泉であり、教会がその源泉から恵みを汲むための基盤（基礎）となっていることを確かめるため、まずは秘跡論の歴史的経緯を簡単に辿ってみたい。

Ｉ．秘跡論の歴史的経緯

a．新約時代

イエス・キリスト自身は一度も秘跡という言葉を使っていない。新約聖書の記者たちもその言葉を用いていない。「神秘」と訳されるギリシア語の「ミステリオン」も、聖書のなかでは直接「洗礼」や「聖餐」を意味しておらず、むしろ、イエス・キリストによってもたらされた神の救いの秘義一般を指している（エフェソ３・９、コロサイ１・26―27参照）。

新約聖書には、洗礼式や聖餐式、病者のための祈りや按手、教会の指導者の選任式、赦しの制度、そして結婚についての考えなどの記述は見られても、このような典礼的行為を一つの概念として表現しようとする動きはまだ見られない（新約聖書に現れる諸秘跡の典礼的な様子については、拙著『典礼と秘跡のハンドブック』vol. １～３〔教友社〕を参照）。この傾向は２世紀の初めから３世紀の初めごろに書かれた『ディダケー』、アンティオキアのイグナティオスの各書簡、殉教者ユスティヌスの『護教論』、ローマのヒッポリトゥスの『使徒伝承』などにおいても同様である。１５０年ごろのヘルメスの『牧者』のなかに、当時行われていた赦しの制度に関する記録があるが、ここにも秘跡という概念は見当たらない。

古代教父たちは「ミステリオン」という言葉をそれぞれ違う意味で用いていた。例えば、アンティオキアのイグナティオスはマリアの処女性を、ユスティヌスは旧約聖書における契約を、オリゲネスはロゴスの三つの現存形態（受肉、教会、聖書）を、それぞれ神のミステリオンとしていたのである。

b．テルトゥリアヌス（１６０頃―２２０頃）

カルタゴで活躍したテルトゥリアヌスはギリシア語をラテン語に翻訳するなかで、初めて「サクラメントゥム」（sacramentum）という言葉をキリスト教用語として用いた。北アフリカで使われていたラテン語版聖書のなかの、ギリシア語「ミステリオン」に当たる言葉を「サクラメントゥム」と訳したのである。また、テルトゥリアヌスは信仰の諸要素、すなわち、三位一体、歴史を通じて示される神の救いの御業、そして洗礼や聖餐などの典礼についても「サクラメントゥム」という語をあてている。洗礼や聖餐のうちに神の救いの神秘的現存があると見ていたからである。このように、テルトゥリアヌスによって初めて、典礼的行為全般を一つの抽象的な用語で表現することが試みられた。この伝統は同郷のキプリアヌスによって受け継がれていく。

c．アウグスティヌス

秘跡論が一つのまとまった神学的概念として登場したのは四世紀後半のアウグスティヌスによる。アウグスティヌスは秘跡を「聖なるしるし」（sacrum signum）あるいは「可視的言葉」（verbum visibile）とみなし、秘跡にしるし的性質があるという認識を示した。もちろん、アウグスティヌスが言う「聖なるしるし」は洗礼や聖餐だけではない。例えば、聖書も一つの「聖なるしるし」でありうる。

アウグスティヌスはプラトニズムの枠をキリスト教の信仰を説明するための道具として用いて、しるしとその背後に秘められている神秘的現実とを区別した。人間認識は外的なものやことを通してその奥に刻まれている深い意味を読み取ることができる、という洞察がアウグスティヌスの秘跡神学の内容を深めたのである。アウグスティヌスの秘跡論は、当時教会が抱えていた異端との論争を通じて発展した。

①ドナトゥス派との論争　ドナトゥス派はキリスト教が世俗世界に広まっていくなかで、教会の清純性を強調し、「汚れた」聖職者による典礼が無効であると主張したアフリカの厳格派である。彼らは迫害に屈した司教による叙階を無効であると主張し、対立司教としてドナトゥスという人物を立てた。それに対し、アウグスティヌスは秘跡の有効性における事効論（ex opere operato「なされた業によって」の意）を主張した。すなわち、教会のなかで秘跡がもたらす超自然的恵みは、それを授ける司祭の功徳によらず、秘跡の挙行それ自体によるのだという考えである。

②ペラギウス派との論争　イギリス出身の修道士ペラギウスも、当時の教会の退廃的風潮を批判し、キリスト教徒に厳格な道徳を求めた。すなわち、「そもそも人間は罪を犯さない可能性が神から与えられている」とし、人間は神の恵みの働きなしに自らの意志によって救われると主張した。それに対してアウグスティヌスは、「人間はアダムが犯した罪を原罪として遺伝的に引き継いでいるため、神の無償の恵みなしには救われない」とした。こうした原罪論は、幼児洗礼に神学的な正当性を与えると同時に、「洗礼なしには救われない」という考えをも発展させた。

③グノーシス主義との論争　グノーシス主義は1～4世紀に強い影響力を持っていた思想である。アウグスティヌス自身も回心以前はグノーシス主義の一派である「マニ教」を信奉していた。グノーシス主義は物質世界と霊的世界の二元論を特徴としているため、この世が良いものとして神から創造されたと信じるキリスト教教理とは相容れない。アウグスティヌスは、すべての被造物が神の最高の善に与っているとし、特に人間は神の似姿として造られたと説いた。

アウグスティヌスは初めて秘跡のことを、「聖なるしるし」と定義したが、その際、前述の三つの異端を意識していたと思われる。第一に、ドナトゥス派に対しては、秘跡による恵みは人間が操作できるものではないこと。第二に、ペラギウスに対しては、救いは人間の自力だけによるものではなく、神の愛による無償の恵みであること。第三に、グノーシス主義に対しては、物質的なもの（水、油、パン、ぶどう酒など）が神の恵みを仲介する重要な役割を果たしていることである。

d．中世スコラ神学

中世のスコラ神学の時代に入るとペトルス・ロンバルドゥスやトマス・アクィナスなどの大神学者が七つの秘跡観を定着させた。この秘跡観は、第二リヨン公会議（1274年）とフィレンツェ公会議を経て、トリエント公会議によって最終的に教会の教理として定められた。トリエント公会議は七つの秘跡は「恵みのための効果的なしるし」(signum efficax gratiae) とし、「目に見えない恵みを与えるために、キリストによって制定された、目に見えるしるし」と定義した。

中世最盛期のスコラ神学における次の二つの格言は、西方キリスト教秘跡神学における抽象化プロセスの頂点を指している。第一、神の絶対的な権能 (de potentia Dei absoluta) ――神の働きはいかなる秘跡によっても制限されることがない。第二、神の通常的な権能 (de potentia Dei ordinate) ――神の働きは通常秘跡を通して働く。これらの格言は、神の恵みと秘跡との関係を表しているが、秘跡は神の恵みをもたらす効果的手段であると認めながらも、神からの無償の恵みは秘跡だけに限られないということをも示しているのである。

e．第二ヴァティカン公会議とその後

第二ヴァティカン公会議を境に、秘跡をイエス・キリストと教会との関連で考える潮流がカトリック内に現れた。聖書と古代教父の典礼に関する原典研究の発展によって、「諸秘跡は教会を通して与えられたキリストの恵みへの参与である」という統合的観点が新たに可能になったのであ

る。現代のカトリックの秘跡論では、秘跡を共同体における典礼的行為とみなし、秘跡を通して参加者たちは「キリストの過越の神秘に共同体的に与る」と考えている。

第二ヴァティカン公会議の『典礼憲章』は、このような現代の歩みを総合している。同文書では典礼を「キリストの過越の神秘と教会の本質を表す」もの（2項）、「キリストの体を一つに集める」もの（1項）、「人間を聖化に導く」（7項）ものとし、秘跡を「人々の聖化のため、キリストの体の建設のため、さらに、神に礼拝を捧げるためのしるし」（59項）と定義している。それによって、①典礼・秘跡の両行為が本質的に同じものであり、そしてまたそれらの行為は、②教会共同体がイエス・キリストの過越の神秘に共に与る祈りの行為である、としたのである。

このように現代のカトリック秘跡神学では、秘跡を「祈り」の枠組みで捉えている。典礼は「教会の卓越した聖なる行為として、共同体が全体で共に捧げる公的礼拝」（同7項参照）である。これは、現代のカトリック教会が、共同の祈りを重視してきた初代教会の伝統を再認識したことを示す。キリスト者が集まり共に祈るとき、彼らは聖化され、キリストの体を形成していくのである。これはまた、現代のカトリックの秘跡論が、神と人、もしくは人間同士の人格的関わりを強調していることの反映でもある。秘跡は神と人との人格的関わりのしるしであるがゆえに、秘跡に与る者は神との人格的な交わりを深めることによって恵みに導かれるのである。

Ⅱ．秘跡の源泉としてのイエス

a．イエス・キリストこそ秘跡の源泉

前節で確認したように、アウグスティヌス以来、秘跡は「聖なるしるし」であり、「恵みのための効果的なしるし」であるとされてきた。この定義は「まず教会そのものに当てはまるのではないか」という主張が20世紀初頭に現れた。イエズス会の神学者オットー・ゼンメルロートやカール・ラーナーなどは、「赦しの秘跡」の歴史を研究するなかで、「それぞれの秘跡は教会に委ねられた恵みを基礎としている」という古代教父の考えに出会う。さらに、ドミニコ会のエドワード・スキレベークスは、『キリスト――神との出会いの秘跡』という本のなかで、教会が諸秘跡の基礎であるとすれば、受肉したイエスの人性こそがすべての秘跡の源泉であると主張した。彼によると、受肉した神の御言葉であるキリストは、神の恩恵の見える現れであると共に、御父への全き従順によって人間が神に捧げ得る完全な礼拝を示している。つまり、イエスの人性において、神の恵みと人間の信仰が出会っているのである。神の恵みに出会い、その恵みを信仰において完璧に実現したイエスの人性こそ

が、すべての秘跡的しるしの原点、源泉となるのである。

b. 福音書の証言

福音書はイエスの洗礼体験がキリスト者のすべての秘跡的体験の源泉であることを証ししている。福音書によると、イエスの洗礼はメシアを通じた神の具体的介入の始まりである。この介入によって人間を苦しめる闇の力が滅び、全く新しい創造が始まり、命への約束が成就されることになる。イエスはメシアとしての使命をヨルダン川から開始した。まず、荒れ野で悪から誘惑されるが、聖霊の力によってその誘惑に打ち克つ。その後イエスは、洗礼によって到来した神の国のよき知らせを布告し、来るべき世における神の力を行使する。その働きぶりは次のように要約される。「神の力で悪霊を退け、足の不自由な人を歩かせ、病人を癒し、罪人をゆるし、神の国の義を宣言した」（ルカ4・18―19参照）と。

このようなイエスの目覚ましい働きに、さすがの洗礼者ヨハネも戸惑った。ヨハネはメシアが悪人を滅ぼすと考えていたが、イエスは悪人にも心をかけるメシアであった。イエスは新しい秩序をもたらす神の恵みと祝福を悪人に与えたのである。これらのことはすべて、洗礼によって始まったことであり、洗礼の出来事に含まれていることである。

イエスの洗礼による福音宣教は、神の恵みを完全に実現した形で展開された。イエスの恵みに与るキリスト者も、洗礼と諸秘跡を通してイエスの使命を継続していくことになる。この使命は神から与えられたものである。イエスが神の御旨を実現したように、キリスト者も神の恵みを生きるように招かれているのである。

Ⅲ. 諸秘跡の基礎としての教会

a. 教会に委ねられた賜物

この節では、キリスト者が与るイエスの恵みが、まず教会全体に委ねられた賜物であることを明らかにしたい。つまり、キリスト者は個人としてではなく、教会という共同体の一メンバーとして神の恵みに与るということである。聖霊降臨の際、神はイエスによってもたらされた救いの御業を教会に委ねられた。この恵みは二千年の間教会共同体で分かち合われ、神に向かう体験の記憶は徐々に深まり、豊かなものとなってきた。その意味で、キリスト者はイエスの恵みを、教会に委ねられた諸秘跡を通して受けるのである。

ルカとパウロによると、教会に委ねられた恵みは二つの次元で働く。第一は、義化と聖化の恵みである。義化の恵みが伝えるメッセージは、人間を究極的に救うのは人間自らの力や能力（律法）ではなく神の慈しみと愛の恵みによる、という内容である。教会はそれを、「洗礼によって人間のすべての罪（原罪と私罪）が赦される」という形で神学的に発展させた。また、洗礼によって与えられた救いの恵みは、世の終わりまで続くが、いく度となく陥る罪の状態から立ち返り回心することで、恵みはさらに深められていく。カトリック教会が「赦しの秘跡」を第二の洗礼とみなしてきた理由はそこにある。その他の諸秘跡も信仰者を聖性の道に導くために働くものと考えられている。

第二は、賜物（カリスマ）の恵みである。パウロによると、賜物は教会共同体がキリストの体を有機的に構成するために与えられる恵みである。例えば、Ｉコリント12章8―11節においてパウロは、一つの体なる教会を築き上げるために人にはそれぞれ異なる賜物が与えられていると語る（賜物については他にもローマ12・6―8、エフェソ4・7、Ｉコリント7・7などを参照）。

b．賜物の分かち合い

この賜物の特殊性から、共同体のどのメンバーもすべての賜物を専有できないという事実と、信仰生活は本質的に分かち合いによって成り立つという重要な結論が導き出される。すなわち、キリスト者がイエスの霊のもとに一致して確かに成長していくためには、他者が得ている賜物を互いに必要とし合っていることに目覚めなければならない。言い換えると、キリスト者が単独では神体験を十分に学び得ないということを浮き彫りにするやり方で、イエスの霊は一人ひとりに恵みを与えるのである。キリスト者は、互いに支え合い、受け入れ合い、そして互いに自分のカリスマを発揮して仕え合おうとする共同体においてのみ、成長することができるのである。

それゆえ、賜物の共同体的奉仕を通して信仰体験が分かち合われることなしに、共同体のメンバーを成熟した聖性へと向かわせることはできない。二千年の間に教会で共有され続けてきた記憶（shared memory）は、生きた記憶（living memory）として継続的に信仰感覚を生かしていく記憶（enlivening memory）である。そしてまた、教会で分かち合われた記憶から生まれてくる希望は、教会共同体のメンバーが共通の未来を実現するために分かち合い、互いに調和して生きてゆくために努力するよう励ますのである。

共同体のメンバーは皆、洗礼のときに受けた賜物の相互的分かち合いを通して、信仰における希望を見出す。罪に満ちた世界のなかに神が現存するという信仰感覚は、祈りの賜物や癒しの賜物によって養われる。最初のペンテコステを現在においても活き活きと体験するためには、異言の賜物が必要である。また、キリストの共同体が、この現代社会のなかで、生きることへの真の希望と招きとを力強く呼びかけるためには、預言の賜物が必要である。教師の賜物も必要である。彼らは共同体の歴史を検討し、自分たちのアイデンティティと理想とを明確に提示する。行動の賜物も必要である。彼らの行動力は共同体で分かち合われている熱意を感じさせてくれるからである。

c. 秘跡である教会

第二ヴァティカン公会議の公文書、特に『教会憲章』はその冒頭で「教会はキリストにおけるいわば秘跡」であるとし、続けて「すなわち神との親密な交わりと全人類一致のしるしであり道具である」（1項）としている。この文章が示しているように、『教会憲章』は全体として、全人類・全歴史を視野に入れ、秘跡としての教会の意義を説いている。神の創造の目的は初めから、「人々を神の生命へ参与」（2項）させることであるとし、また、創造から終末に至る歴史全体のなかで、教会を「旅する神の民」として（一、二、七章）その秘跡的役割を規定している。

『現代世界憲章』は、そのような教会が現時点でどのような秘跡的役割を果たすべきかを論じている。ここでは教会の秘跡的性格が、全世界との関連において示されている。『教会憲章』48項は教会を「救いの普遍的秘跡」と表現し、その全世界・全歴史に対する存在意義をより明確にしている。

むすびに

現代のカトリック秘跡神学はイエスをすべての秘跡的な恵みの源泉とし、教会をその恵みに与る基盤とみなすのを特徴としている。第二ヴァティカン公会議によって新しく刷新された諸儀式書は、秘跡を共同体が共に参加する典礼（祈り）の行為とする。すべての秘跡的行為は基本的に二つの軸から成っている。一つは、典礼暦を中心とする時間軸であり、もう一つは、教会共同体全体を中心とする空間軸である。この二つの軸をまとめ上げるのは、毎日曜日のミサ（聖餐）である。現行のカトリック教会の暦は三年周期になっているが、三年間のミサへの忠実な参与を通して、典礼参加者たちは共同体のなかでイエス・キリストの過越の神秘を内的に深く実感し、その理解を深め、広めていくことを目指すのである。

この世とわたしの一性《ひとつ》
――現代カトリックにおけるサクラメントの意味

原《はら》 敬《けい》子《こ》

1965年広島市生まれ。広島大学大学院修士課程修了（教育学）。上智大学大学院神学研究科にて博士号取得。上智大学神学部助教。援助修道会会員。著書『キリスト者の証言――人の語りと啓示に関する実践基礎神学的考察』（教文館）。

キリスト者であるということ

キリスト者はかつて周りの人から「あの人たちはキリストの人だ」と言われて、いつしか「クリスチャン」と呼ばれるようになった（使徒言行録11・26）。クリスチャンとは、キリストとともに生きる人びとのことである。日本語では、信者、信徒、信仰者とさまざまな言い方があるが、自己紹介をする時は、「クリスチャンです」とは言わず、「プロテスタントのクリスチャンです」とか「カトリック信者です」と言っている。だからといって、日常「わたしはプロテスタントではなく、カトリックだ」と、わざわざ意識する機会はあまりない。

ミサの中で聖体拝領の時間に次のようなアナウンスをする教会がある。「カトリック信者の方はパンのかたちをしたキリストのからだを拝領します」。その瞬間、ふと自分がカトリック教会のミサの中で、カトリック信者としてサクラメントに与る者であるということを一瞬意識することはある。しかしミサを終え教会から一歩出ればまた、わたしが「カトリック」「信者」であると意識することはほとんどなくなってしまう。とはいえ、誤解のないように付け加えておきたいのだが、自らの霊的生活の中では自分が「キリスト者、キリストの人だ」ということは深く、強く、意識している。わたしはキリスト者であるということに強い関心を持っている方だと思う。

カトリックはオルトドクス（正教）とプロテスタントとともに、キリスト教の三大分枝の一つである。他の二つの分枝がそうであるように、カトリックもイエス・キリストの福音を宣べ伝える使命を帯びており、イエスの精神に根ざしているキリスト教をこの世の中で現実のものとするよう心を尽くしている。このようなキリスト教全体のもつ普遍的な志向性をあらかじめ確認しておかなければ、サクラメントの意味を考えるのは難しいと感じている。前述したように、わたしにとっては自分が「キリスト者である」ということがもっとも強い関心事なのであり、カトリック信者として常にサクラメントのことを考えているわけではない。このような私にとって、改めてサクラメントについて問われればやはり、サクラメントを巡って長年繰り返されてきた議論が頭をよぎってしまう。このパンはキリストのからだか否か。一般のキリスト者の間であっても、このような議論に入ると突如として、「わたしたちはお互いにキリスト者である」という普遍的な地平が消えてしまいそうになることをいくどか経験した。したがって、サクラメントについて語りはじめると、キリスト者の普遍的な志向について自由に語ることができなくなってしまうのではないかと躊躇してしまうのだ。

前置きがたいへん長くなってしまったが、あえて、「わたしはキリスト者である」と強調させていただいているのには理由がある。それは、自らが「カトリック信者である」ことへの意識のなさと同様に、現代カトリックにおいてサクラメントもほとんど意識されることがないからだ。しかし、それにもかかわらず、実はサクラメントは信仰者ひとりひとりを支えている重要なものであり、また、非常にデリケートな部分に関わるものである。サクラメントは、明確な認識なしに深くキリスト者の身体に関わっている問題だと思う。それはある意味でわたし自身のうちにすでに一体化しており、わたしを成しており、わたしと切り離して考えることはできない、そのような次元にあるのだ。サクラメントは、わたしの奥深くに住まっており、そうでありつつ、この世の歴史のうちにも住まっている。いわば、普段まったく気にもかけず、当たり前のように呼吸している空気のようなもの、それがサクラメントなのであり、そのサクラメントに包まれてわたしはキリスト者としてこの世の生を生きているのである。

現代カトリックにおけるサクラメントの意味は、おそらく、このように「わたし」という一人称の主語を用いずして語ることはできぬものであろう。そして、この主語を用いることによって、対話者の間に存在する共感の地平が開かれ、沈黙のうちに了解していくような意味を見出していくことができるのだと思う。では、キリスト者であることを強く意識しているわたし自身のアイデンティティにも関わる、普段あまり気にとめることもない、サクラメントの現代カトリックにおける意味について述べてみたい。

サクラメンタリティの原理

「カトリシズムの特性はペトロの役務のうちに存する。この特性なしには、ローマ版の教会のカトリック性として本質的なものが欠けてしまうであろう。（中略）カトリシズムをよりよく明示する神学的な軸は、サクラメンタリティの原理と言うことができる」[1]。どのような教派にも、愛について、平和について、義についてなど、いくつか共通する教理が存在している。しかし同時に、それぞれの教会には歴史があり、それぞれの特性も認めることができる。このような意味でカトリシズムにもそれらしい特性があると言えるだろう。フランスの神学者、ジャン＝ルイ・スルチは、カトリシズムの重要な特性をサクラメントとし、その中に包含される次の三つの原理を挙げている。

一つめの原理はサクラメンタリティそのものである。この原理は、カトリック信者たちの心象ともいえる神のヴィジョンに由来する。神とはどのような方であるか、そのヴィジョンとはどのようなものなのか。神は、この世のすべてのうちにおられ、また、すべてのものを通してご自身を示される。有限なるこの世界、この地上の歴史、宇宙全体、すべてが神の現存をもたらしている。目に見えない神は、この現実においてわたしたちと出会っている。そして、サクラメントは出会いの真のしるしである。何かしらのもの、ことがら、出来事を、神との出会いの真のしるしとわたしたちが受けとめることができるのは、まさに、神が受肉されたイエス・キリスト、その方によってである。教会は、「キリストにおけるいわばサクラメント、すなわち神との親密な交わりと全人類の一致のしるし、道具」[2]である。人間がキリストと出会うように、キリストも教会と出会うという意味において、教会は、出会いのしるし、サクラメントである。さらに、七つのサクラメント（洗礼、堅信、エウカリスチア〔聖体〕、結婚、叙階、赦し、病者の塗油）も、世の救いのため、教会におけるキリストとの出会いを現実のものとするためのしるしであり、道具である。こうして見ていくならば、サクラメントは、単なるしるしなのではなく、サクラメンタリティ、つまり、「真の出会い」が意味する神の救いの磁場、現状そのものということになる。したがってカトリシズムは、意識のみに特化された神との親密な交わりの経験といった感情的な神経験のみを尊ぶ態度を認めていない。もちろん、人間と神との親しい交わりの経験を否定するわけではないが、そういった経験の基底に意識を超えた次元を措定している。サクラメントは、神との出会いにおける仲介という次元を含んでいるのである。

二つめの原理は、コミュニオン、一致である。神との出会いは信仰者たちによる共同体の仲介を通して実現する。たとえ、ひとりひとりが別々に生きていたとしても、わたしはけっして一人きりではないというコミュニオンに生きること。人間の孤独のうちにだけ深淵なる神との出会いの経験があるのではなく、共同体の交わりと一致のうちにこそ、神との出会いが現実化されると言いたいのである。人類が社会的存在であるという事実をまるで抽象化したような神との関係性はけっしてコミュニオンとは言えない。社会的存在という事実を、いかに徹底して自らに引き受け、生きることができるのか。それが問われることになるだろう。信仰の源泉としての聖書にも、イスラエル共同体、初代教会の共同体的信仰が表明されている。聖書の中には共同体のコミュニオンの物語が多く収められている。排斥されていた人びとが社会生活の中に戻っていく。忘れ去られていた人びとが共同体の交わりの中で彼らの尊厳を回復していく。分断されていた人と人との関係が紡がれていく。そこに、数かぎりないコミュニオン、一致へと向かう志向性の原理があり、カトリシズムはこの原理を自らの特性と考えている。人類すべてが永遠のいのちに招かれるように、また、教会共同体は人類が一致へと向かう仲介となるようにと自らを意識している。

三つめの原理は、信仰と理性の関係である。カトリック教理はすべて、信じることと理解することの間をつなぐ関係性において構成される。もちろん、科学的思考方法とその技術はこの世を理解するためには非常に有用である。しかし、だからといって、それらが感覚の領域からくる理解を究め尽くせるはずがない。カトリックの信仰にとって重要なのは、信仰者たちが信頼をおく信仰の感覚、すなわち、センスス・フィデイを理解することである。ある意味でそれは誰にでも当てはまることで、意識するしないにかかわらず、誰もが信頼に値する「信」というかたちで、存在の根源的な選びに関して何らかのポジションを取らざるを得ない。誰もそこから完全には逃れられない。けれども、また同時に、理性からくる要求を断念することもできない。人間はすべて、理解すること、自らが確信することを言い表そうと努めるものなのだ。こういった信仰と理性についての原理は、カトリシズムにとって、その端緒の頃から、ギリシャ世界との邂逅のうちにその文化と関わり合い、また、その文化とともに、叡智に関する問題と直面し、聖書的啓示の真理に関する問題に直面してきた経験の中で確固たるものとなっていったのである。

一性《ひとつ》

サクラメンタリティ、コミュニオン、信仰と理性。このように、カトリシズムの三つの原理をそれぞれみてきたが、これら三つは、サクラメントという一つの大きな特性を理解するためにたいへん有効である。まず、第一のサクラメンタリティの原理は、いわば「現実性の原理」と言い換えることができるだろう。この原理は、神との出会いをあちらこちらへうろうろと探し求めるな、それは今ここにあるのだ、と言いたいかのようである。次にコミュニオンの原理は、「共同体性の原理」である。この原理は、ばらばらに分裂していく人間たちを一つに結び合う方向へと牽引していくであろう。最後の信仰と理性の原理は、まさに「信の原理」と言えるであろう。そもそも信仰とは何なのか、信じるとはいったいどうすることなのか、このような問いに対してこの原理は、他の二つ、現実性と共同体性の原理とともに、それぞれの時代のただ中にあって、そこで出会う人びとと絡み合いながら、信仰の真理を確認するように主導していくのである。この三つの原理は、サクラメントという一つの大きな特性のうちにあって分かち難く結びつき、一緒になって働き続けている。わたし自身が意識する以前から、わたしのうちにあって、わたしの内奥で働き、わたし自身を突き動かしている行動原理のようなものなのである。

別の言い方をすれば、この行動原理は、ナラティブ（語り性）の原理のようなものとも言えるであろう。わたしは知らず知らずのうちに、現在から過去、過去から未来へと結ばれている生の歴史の線上において、昨日はこうだった、昔はこうだった、そして、今はこんなことを考えている、明日はこうしよう、来年には新しいことを始めようと、目には見えない一本の線を行ったり来たりしながら思い巡らしている。何不自由なく、当たり前のように。しかし、ひとたび気づけば、小学生だった頃のわたしの身体はもうすでにこの現実界から消え去り、今は中年となったわたししかここにいない。それにもかかわらず、わたしはこのわたしとして、わたし自身を認識し、わたしをわたしと認め、明日のこと、来年のことに向かって、何十年も前から続くわたしとして、自分自身を未来へ投企させようとしているのだ。誰が見ても同じ身体とは到底思えない自分自身のことを、わたしがわたし自身であると信じこむことができるのは、過ぎ行く時間を一つのものとしてくれる何かが存在するからだ。ポール・リクールは、このように終わりなく流れていく時間の基底に現れる「恒常性（la permanence du temps）」という超越の次元を指摘している。[3]人間が何かを思い巡らして、自分自身を保ち続けている、そのようなナラティブを根底から支えているのは、いわば、誰からも気づかれることのない、ひっそりと存在するこのような次元があるからだというわけだ。わたしがキリスト者としてこのナラティブの問題を考察するなら、わたし自身のナラティブを静かに抱え込んでくれている恒常性は、まさしく、サクラメントなのである。普段ほとんど意識されることなく、慎み深く、控えめに存在していて、それにもかかわらず、わたし自身を堅固なキリスト者へと育てようとしてくれる。サクラメントという次元がわたしの内奥に揺るぎなく据えられているからこそ、この危ういわたしがまっすぐにイエス・キリストのあとについて行けるのである。

目の前に現れる何本にも分かれた道。その中の一本の道しか、人は歩くことができない。ある日、わたしは、「洗礼」というサクラメントによって一本の道を歩き始めることになった。けれども、あの感動の、涙の、恵みの洗礼の日から、わたしの内奥にサクラメントが始まったというわけではない。洗礼の日、それは確かにサクラメントの日である。しかしだからと言って、その日にあの磁場のような内奥が始まったわけではない。洗礼のサクラメントの日よりももっと前に、あれはサクラメントだったと言いたくなるようなものが始まっていたことを思い出す。放蕩息子の物語に初めて出会った日、あの弟が自分のように思えて仕方がなかった。わたしはその頃、信者になることを頑なに拒んでいた。それなのに、なぜ、あれほどまでに何度も繰り返してあの物語を読み、放蕩息子が父親と再会する場面に何度も心揺さぶられたのか。それは、わたしの回心がそこに起こっていたからだ。わたしの回心を呼び起こすサクラメントの地平がわたしの内奥に広がっていたからだ。

このような例からも、七つのサクラメントのうちの一つ、赦しというサクラメントの性質をみれば、サクラメントがいかにして人の心の内奥に存在し、ひそやかで、慎ましく、おおらかに、この人、あの人を包んでいるかがわかる。カトリック信者の間で、赦しの秘跡（サクラメント）を待降節や四旬節に受けたか受けなかったか、と話題にする時がある。もちろん自分自身を養う機会を意識することは大切だ。しかしサクラメントは、執行すべき義務というようなものではない。サクラメントの方がわたしたち以前に存在し、わたしたちを待っていて、わたしたちが意識する前からわたしたちを包んでくれているのである。ヨハネ・パウロ二世は、聖体に関する回勅の中で「サクラメントが教会を建てる」と述べている(4)。ここにはサクラメントが人の内奥に存在し、その人を一つにし、また、教会という一つの共同体を支えていることへの感謝の念が示されている。サクラメントのおかげで、わたし自身も、この世とわたしの一《ひとつ》性を歩むことができる。わたしも教皇とともに、「サクラメントがわたしを育む」と応えたい。

結ばれるということ

生きるのに必要な空気を吸うように、キリスト者としてわたしは、サクラメントと呼ばれる現実に生きている。サクラメントは、キリスト者としての自分をはっきりと意識する以前からわたしのうちにあるが、日常あまり意識されることもなく、イエスとの関係を紡ぎ続けてくれる。このパンを食べ、この杯を飲む。しかし、その行為は、サクラメントというもっと大きな現実のほんの一部に過ぎない。そして、その一瞬もサクラメントであることに変わりはない。この世で経験するひとつひとつの事象をイエスとともに生き、そうすることで世に受肉したイエスの姿に従っていきたいと望む。それはこの世に深く結ばれれば結ばれるほど、イエス・キリストと深く結ばれると信じているからであり、また、その逆もそうである。

（1）Jean-Louis SOULETIE, *Le Catholicisme*, Armand Colin, 2006, p. 8.
（2）『教会憲章』1、『第二バチカン公会議公文書』改定公式訳、カトリック中央協議会、２０１３年、１２６頁。
（3）Paul Ricoeur, *Soi-même comme un autre*, Seuil, 1991, Deuxième etude.
（4）教皇ヨハネ・パウロ二世回勅『教会にいのちを与える聖体』、カトリック中央協議会、２００３年。

機密としての「たべること」
――正教の理解

松《まつ》島《しま》雄《ゆう》一《いち》

1952年高松市生まれ。大学卒業後印刷会社勤務。1986年受洗。1989年会社を辞し正教神学院入学。1993年卒業、司祭叙聖。名古屋ハリストス正教会、半田ハリストス正教会を経て、2015年大阪ハリストス正教会へ転任。訳書A・シュメーマン『世のいのちのために』『ユーカリスト』（新教出版社）。

あるエピソード

ある家庭集会で、参加者にこんな問いかけをしてみた。「神さまは、どうして私たちを、毎日ごはんを食べなければ生きられないように、お造りになったんでしょうね」。

問いの意味をはかりかねている様子に、ヒントをだした。「神さまが全能なら、食べなくても生きられるように私たちを造ってくれてもよかったじゃないですか。そうしてくれていれば、生きる上での面倒の大半はなくなりますよ。私たちの苦労、苦悩のほとんどは食べるための苦労、苦悩でしょう」。

ある方が、ピンときた様子で「男女の性別なんぞも苦労の種だな……」とつぶやいた。幼い坊やがそこにいたのに気付いて、彼はあわてて口をつぐんだが……。するとその子が突然目を輝かし、立ち上がって手を上げ、「おいしいから！」

全員笑顔で脱帽。

「機密」の絶対的認識超絶性

こんなエピソードを最初に紹介したのには理由がある。「機密（「ミステリオン」〔ギリシア語〕の訳）とは、目に見える外儀を通じて神の目に見えない恩寵が信徒に伝えられる七つの儀式。洗礼、傅膏《ふこう》（堅信）、痛悔（告解）、聖体、婚配《こんぱい》（結婚）、神品（叙階）、聖傅《せいふ》（病者の塗油）である」という、教科書的な「定義」から自由になって、正教の本来の機密観に迫りたいからである。

正教会の神学の「構え」のなかでは「思弁的」考察をいくら積み重ねても、人は「機密《ミステリオン》」の「奥義《ミステリオン》」にはたどり着けない。実は本稿執筆にあたって、一通り西方教会のサクラメント論を、とくに聖餐へのキリストの現臨について概観してみた。現代カトリック神学者の新しい視角など大変興味深いものだったが、正教会の神学の構えの伝統の中では、九世紀のダマスコの聖イオアンネスの次の言葉で充分である。

「どのようにパンがキリストの体になるのか、ぶどう酒と水がキリストの血となるのかと尋ねるのであれば、答えよう。聖霊が来たり、どのような言葉も思考も超えることをなすのである。……これが聖霊によって起こるということを知るだけで満足しなければならない」（『正教信仰注解』第4巻第13章より。引用訳文はA・E・マクグラス『キリスト教神学入門』神代真砂実訳、教文館、２００２年、７０９頁）。

ウラジミール・ロースキィは『キリスト教東方の神秘思想』でこう言う。「神は対象としてはあらわれてこない。もはや認識ではなく、一致こそが問題なのである。……神の本性はわれわれにとって不可知なままに留まる」（V・ロースキィ『キリスト教東方の神秘思想』宮本久雄訳、勁草書房、１９８６年、57頁）。神のこの「絶対的認識超絶性」（ロースキィ前掲書、59頁）に直面して、あらゆる人間的な知の営みは挫ける。人は神への道を実存的な企図として歩み始めなければならない。その歩みの中での体験こそが人の視界を限りなくひらき続け、人を変容してゆく。それを正教はテオシス（神化）と呼ぶ。

機密についても同じである。機密がこの絶対的認識超絶的な神の奥義《ミステリオン》を伝えるものであれば、私たちは「機密」という神学的対象を向こう側に置いた知的なアプローチは断念して、まずその機密のうちに生きねばならない。それは正教の伝統の中では常に「キリストの内にある生活」であり、そこにある一切をキリストの機密への与りとして生きる「教会生活」である。だから、「おいしいから！」という、体験から思わず出た叫びに戻らねばならない。

「おいしいから！」

そうなのだ。神はこの世界をおいしいご馳走として、私たち人に贈ってくださった。そしてこの子はたぶん「楽しいから」と付け加えたかったに違いない。みんなそろって食卓を囲みご馳走をいただくこと、神はこの最高の「愛の贈り物」を私たちにくださった。こんなよいことを毎日、神は私たちに贈ってくださる、だから毎日腹が減るのだ。そして食べることは生きることである。「生きるために働く」ことを、私たちは「食うために働く」と言い換えないだろうか。私にキリスト教信仰にとっての「食べること」の意味に目を開かせてくれた、アレクサンドル・シュメーマン神父も「食べること」のイメージを「生きること」全体のイメージへと拡大する。神父は、聖書には「霊的」対「物質的」、「聖なるもの」対「汚れたもの」、「超自然的」対「自然的」という古来から今日に至るまで根深く人々を支配してきた「二項対立」は見あたらないとした上で、こう述べる。

聖書では、人の食物、すなわち人が生きるために関与しなければならないこの世は、神から「神との交わり」として与えられたものです。人の食物としてのこの世は物質的な何かではなく、物質的な機能以上のものであり、……「霊的」な機能と異なるものではなく、対立するものでもありません。存在するものはすべて神の人への贈り物です。人が神を知り得るため、また人のいのちを神との交わりにするための贈り物です。人に食物を与えいのちを与えたのは神の愛です。神はそのお造りになったものを何もかも祝福します。「主の恵みふかきことを味わい知れ」(詩編34・8)と聖書にあるように、神はすべてを「しるし」として、ご自身の存在と知恵、愛と啓示の手段としてお造りになりました。人はいつも飢えています。しかしその飢えは神への飢えです。私たちのいのち〔＝生命、生活、人生〕のあらゆる飢えの背後に神への飢えがあります。すべての欲求は最終的には神への欲求です。(『世のいのちのために』松島雄一訳、新教出版社、2003年、15頁)

神父はここで「おいしいから！」の坊やといっしょに、被造世界の一切を神の見えざる愛の機密として宣言している。

機密体験がもたらすもの

「わたしがいのちのパンである。わたしに来る者は決して飢えることがなく、わたしを信じる者は決して渇くことはない。……わたしは天から下ってきた生きたパンである。それを食べる者は、いつまでも生きるであろう」(ヨハネ6・35、51)。

洗礼を受けて信者になりたてのころ、私はこのヨハネ福音書第6章を今と少し違ったかたちで理解していた。「教会のユーカリスト(聖体礼儀)で分かち合う聖体のパン、聖血のぶどう酒こそがここで言われている『まことの食物』であり、真に霊的な価値を持つ。日常生活で飲食する食べ物、飲み物は教会の聖なる『機密』とは異なる、たんに飢えをしのぐための食糧、また美食によって人を堕落させる誘惑にすぎない」と。

しかしユーカリストという機密体験の繰り返し、すなわち教会の機密的生活を通じて、少しずつ目が開かれていった。

正教会では信者の領聖（聖体拝領）がすべて終わりユーカリストが閉式すると、聖体の「食い尽くし」を行う。そこで輔祭《ほさい》（ないしは司祭）は聖体血が残っている聖杯と、聖皿にていねいに湯を注いで洗い、その湯は一滴残らず飲み干す。たった一粒のパンのかけらも、たったひとしずくのぶどう酒もそこに残ってはならない。そして紅い絹布でていねいにぬぐい、その布はさらに湯で念入りにすすがれ、その湯は人が踏みつける懸念のない草木の根元などに注ぐ。

何か思い出さないだろうか。私は幼いとき祖母に、「食事の後、茶碗に残っているご飯粒は一粒残らず食べて、さらにお茶を入れてきれいに茶碗にこびりついたねばねばを溶かして飲み干しなさい」と躾《しつ》けられた。聖体血、神のお体と血に対して行われることを、私たちは日常の食事の中でも行っていたではないか。これは、機密のパンとぶどう酒は所詮ただのパンとぶどう酒で、キリストの真の体血ではなく「シンボル」に過ぎないもの……なのではなく逆に、日常の食事もまた聖体血と同じ、キリストの体と血、「いのちのパン」、神の愛の贈り物であることへの気づきである。神のお体と血をパンとぶどう酒としていただくことで、パンとぶどう酒を神のお体と血として日々、拝領していることへの感謝へと私たちは導かれる。そして「食べること」は「生きること」、「いのち」と世界の一切である。私たちが生きるこの世界のあらゆる事象、水も空気も風も空も海も地球も、そこに共に生きるすべての人々も、この宇宙の一切が、そしてこの「私」そのものが、神がご自身との愛の交わりに招くために贈られた贈り物、「機密」であるという眺望がいっきょに開かれる。

断食の意味

腹が減る、喉が渇くとは、神の贈り物への飢えであり、渇きである。食べればまた空腹になる、飲めばまた渇くことの繰り返しの中で、つまりこの世で出会う六人の男とのしくじりの繰り返しの中で、私たちは「サマリアの女」と共に、まことの「いのち」へのあこがれをとぎすましてゆき、ついにおいでになったお方、イエスとの出会いへと「いのち」の焦点を合わせてゆく。クリスチャンは断食・斎、すなわち「食べないこと」で飢え渇きをその大切な準備とする。すなわち、神の贈り物としての世界を感謝の内に受け取る準備とする。言い換えれば、食べないことで、食べること、食べ物の本来持っている「機密性」、被造世界全体の「機密性」が次第に明らかに示されてゆく。「サマリアの女」の体験を自分自身の体験へと内面化してゆく。私たちのいのちの眼差しは、イエスという神の愛の究極の

「機密」との出会い、交わり、一致へと次第に絞られ、その焦点がついにぴたりと合ったとき、私たちは主の交わりの食卓《ユーカリスト》に着いている。

終末的・宇宙的機密

正教会では日曜日いよいよ領聖（聖体拝領）という時に、一四八詩編が歌われる。「天より主をほめあげよ、いと高きにかれをほめあげよ」というリフレインの間に、句を挟んで歌い上げてゆく。

「その悉《ことごと》くの天使よ！」（主を讃《ほ》め揚《あ》げよ！）
「日と月よ！」（主を讃め揚げよ！）
「諸天の天と天より上なる水よ！」（主を讃め揚げよ！）
「大魚《おおうお》と悉くの淵よ！」（主を讃め揚げよ！）
「火とあられ、雪と霧、主の言葉に従う暴風よ！」（主を讃め揚げよ！）
「山と、悉くの丘、果物の木と悉くの柏香木《はくこうぼく》よ！」（主を讃め揚げよ！）

その時私たちはキリストが約束してくださった終末の宴の中にいる。食べ物を中心にして、この世界の一切が、「もの」でありながら神の贈り物であるという機密的現実へと移される。そこにはもはやくり返される飢えはない、渇きはない。そこにあるのはもはや「飲めばまた渇く」水ではない。主日ごとのユーカリストは、飢えてまた食べる、渇いたからまた飲むという繰り返しではない。「永遠のいのち」という、時と空間を超えたただ一つの現実へのそのつどの立ち帰りである。「永遠のいのち」の次元への上昇《アナフォラ》である。聖霊がそれを可能にしてくれる。私たちはこの世の時の中にいながらなお、終末的な時の次元へ、その宇宙的充満《プレローマ》へと移される。その時、いわゆる七件機密だけでなく、教会にあるあらゆる儀礼・シンボル、そして伝道、牧会……すべてのいとなみが、この機密的現実の具体的顕れとなる。

「食べること」に啓示される救済の歴史

救いは完成した。しかしそこに到るまでには神と人との長い歴史があった。聖書はこの人の堕落と救いの歴史を「食べること」を軸にして啓示する。堕落は「食べてはならない」という戒めを破ること、つまり「つまみ食い」から始まった。「断食のしくじり」から。「取って食べた」ことから。

すべては神の人への贈り物だった。神は「これはあなたがたの食物だ。取って食べなさい」「どの木からも心のままに取って食べてよろしい」と食べることを命じたが、一つだけ例外を設けた。「しかし善悪を知る木からは取って食べてはならない」。

この例外についてシュメーマン神父は、こう述べる。

「その実だけは人への贈り物ではありませんでした。神によって贈られ祝福されたものではなかったので、その実を食べることは、その実それ自体との交わりにはなっても、神との交わりにはなりません。……この実は、神との交わりへの指向を欠いた、それ自体のために愛されるこの世のイメージです。この実を食べることは、いのちそれ自体を目的として生きる生活のイメージです」（前掲書、17頁）。

この世が神の機密であることを見失って生きるいのちのイメージである。神から自らを切り離してしまった生き方の中で人は「呪われたいばらとあざみばかりの地に額に汗して一生鍬《くわ》を打ち込み続け、ついには土に帰る」、またその食物のために人々が相分かれて殺し合う。これが人には「あたりまえ」（自然）になってしまった。人は神との交わりをもはや求めず、自己の欲望の満足をひたすら求めて生きる。飢えや渇きは、本来は神への飢え、神への渇きであることが忘れられた。それでも人は依然として存在の深奥にうずき続ける「飢え」に促され、「サマリアの女」と共に的はずれな対象を求めてさまよい出ていった。食べ物は「食べればやがて飢え」、「飲めばまた渇く」ものとなってしまった。食べ物はもはや神の愛の贈り物として感謝の内に分かち合われるものではなく、人を競争や企み、ついには戦争へと駆り立てるもの、人のいのちを脅かす敵対物であった。人は食べ物、すなわちこの世界への恐れと貪欲の間を揺れ動いて生きなければならなくなった。いわゆる「食べものへの憎しみ」と止めどない美食指向は、それを象徴している。霊と肉体（物質）を善と悪ととらえる二元論を古代の異端者、グノーシス主義者たちは極限まで推し進めたが、彼らもまた極端な禁欲主義と美食と乱行に明け暮れる放埒主義に二極分解してしまったと言われる。どちらにも「食べること」また「肉体、物質」に対する蔑視、無関心がある。またこの食べ物の堕落と同時に、この世界の一切が「神の贈り物」から、人間のための「資源」へと堕落していった。環境保護運動がいくら「かけがえのない地球資源を守ろう」などと声高に訴えても、この世界を「資源」と見なし続ける限り、環境問題は解決しない。

こんな生き方……この世界全体が、それを透かして神の恩寵と愛、人の言葉では言い表しつくせない神の「善」、神の「美」があふれ出て、そこで神の臨在に向かい合い神と交わるパラダイスであったのに、そのことを見失ってしまい、この世が差し出す「的はずれ」な対象に引き回され一時も休らえないという生き方からの回復こそ、神が人イエスとなってこの世へ来られたことの目的である。

そのために神であるお方は、人の肉体をとった。肉体すなわち被造世界のもつ本来の機密性を、愛の機密として完成するためである。そして人となった神キリストは第二のアダムとして、第一のアダムのしくじりを順繰りになぞって、一つ一つ挽回してゆく。その第一歩が断食の挽回である。「食べないこと」のしくじり、これは言い換えれば「食べることのしくじり」でもある。このしくじりによって人が自らのいのちに引き入れてしまった苦境から私たちを救うために、主はまず荒野で四〇日の斎をし、悪魔に試みられた。第一のアダムのしくじりは第二のアダム・キリストが貫いた四〇日の断食で挽回されねばならなかった。

福音書には食に関する出来事がいくつも伝えられ、イエスの救いと「食べること」は切り離せないことが印象づけられる。「見よ、神の仔羊」とヨハネは主を指さした（ヨハネ1・36）。仔羊、すなわち食べ物。カナの婚礼（ヨハネ2・1以下）、五つのパンで五〇〇〇人をさらに四〇〇〇人を満腹させた出来事（マタイ14・13―21）、「いのちのパン」としてのご自身の宣言（ヨハネ6・35）、復活後のエマオでの食事（ルカ24・13―32）、網にあふれる一五三尾の魚（ヨハネ21章）、弟子たちの前で魚を食らうイエス（ルカ24・36―43）……。

これらの食に関わる出来事の究極が「最後の晩餐」（正教では「機密の晩餐」と呼ぶ）である。そこで主はパンと杯を取って祝福し、弟子たちへ（そして私たちへ）「これはあなたがたのために裂かれるわたしのからだである、これはあなたがたのために流されるわたしの血である」と与え、「わたしの記念としてこのように行いなさい」と命じた。キリストによって、見失われていた神の贈り物としての食事、神の贈り物としての世界はここに回復された。イエスがその伝道の生涯の最後についに命じたのは「取って食べよ」（λαβετε φαγετε）であった。このλαβετε（取りなさい）というギリシャ語には、たんに「取って」ではなく「しっかりと己のものとして」また「拒まないで受け入れて」というニュアンスがある。世界を創造したとき「取って食べよ」と命じた神は、ここで再び「取って食べよ」と命じ直す。神の救いの計画はイエスの「裂かれるからだ、流される血」において完結し、人はそれを「拒まないでしっかり自分のものとして」受け取る。

再び人は、感謝の礼拝の司祭として、すなわち「感謝《ユーカリスト》」と名付けられた食事を主イエスと共に献げる者、かつ受け取る者として、その「よみがえりのいのち」の律動を生き始める。そしてその食事を終末の日まで受け渡してゆく。それが教会であり、聖なる伝統である。これは宗教改革が「聖書のみ」と宣言して排除してしまった福音の奥義《ミステリオン》だ。

「神秘主義」――正教の場合

正教会では教会でも家庭でも食事の前に「主の祈り」を

祈る。実は「主の祈り」はまたある大切な別の機会にも歌われる。ユーカリストでの領聖の直前である。日々の食事も、ユーカリストという「機密」での食事も、「主の祈り」で始まる。この体験によって、日常的な食事、「日ごとの糧」は実はユーカリスト、機密であることを私たちは知る。

　ユーカリストが記憶するキリストの救いの業、その裂かれたからだ、流された血によって回復された世界を生きていることを、私たち人のいのちの全体が大いなる宇宙的なユーカリスト・機密として回復されたことを、また回復の希望のうちにあることを、私たちは教会のユーカリストのたびに、また日々の食事のたびに体験する。神を父と呼ぶ恵みを与えられ、まさに「神の子」とされた私たちは、パンとぶどう酒の交わりの中で「今に至るまで共にうめき、共に産みの苦しみを続けて、神の子たちの出現を切なる思いで待っていた」（ローマ8・22）森羅万象に、「天と地よ、日と月よ、雨よ風よ、山よ丘よ、そこに実る一切よ、主を讃め揚げよ！」とまさに福音を呼びかける。

　機密に与る生活で、私たちは語り得ない神の奥義《ミステリオン》、機密《ミステリオン》を「知る」。あえて言えばこれが正教の「神秘主義」である。そこでは、特別な「神秘体験」は指向されず、日常そのものが神秘として体験し直される。

クエーカーのサクラメント論

中《なか》野《の》泰《やす》治《はる》

1973年生まれ。同志社大学神学研究科にて修士号、バーミンガム大学にてPhDを取得。同志社大学神学部准教授。専門は近現代の英米のキリスト教史、クエーカーの歴史・思想研究。現在はクエーカー式の合意形成・意思決定の歴史と思想的特性について研究。

まずクエーカー（フレンド派）と言いましても、17世紀半ばのイングランドでピューリタンの一派として創設されて以来、一貫した思想を保持してきたわけではありませんし、一つの宗派として維持されてきたわけでもないことに注意していただきたいと思います。現在のクエーカーは、大まかに言って、三つの伝統、つまり自由主義、福音派、保守派に分けられ、現在の日本や英国、そして米国のクエーカーの一部は、「沈黙の礼拝」という独特な礼拝をまもる自由主義クエーカーです。その他の世界の多くのクエーカーは福音派に属し、自由主義クエーカーは、統計によれば、全体の10％ほどにすぎません(1)。今回、クエーカーのサクラメント論を書くにあたって、読者の皆さんが知りたいのは、日本のクエーカー教徒がどのように考えているかということだと思いますので、はじめはそこに焦点を当てて紹介し、次にどの伝統においても「原点」として参照される17世紀の初期クエーカーの立場について概観したいと思います。

1．自由主義クエーカーの立場

クエーカーは、伝統的には内なる光（inward light）という神の霊の導きを信仰の中心としているため、いくつかの例外を除いて、固定化した教義をはっきりと打ち出すことはありませんでした。現在の日本のクエーカーも神学化を嫌い、その信仰は人により非常に多様で幅広いものになっております。だからといって、何かしらの枠組みがないかと言えばそうでもありません。現在の日本のクエーカーの思想的基盤（新渡戸稲造の思想も同様です）[2]となっているのは、自由主義クエーカー思想を確立したルーファス・M・ジョーンズ（1863―1948）の思想でしょう。彼は、1947年にノーベル平和賞を受賞した米国フレンズ奉仕団の中心的指導者であり、ウィリアム・C・ブレスウェイト（1862―1922）とともに、20世紀前半にラウントリー・シリーズと呼ばれる一連のクエーカーの歴史書をリベラルな視点から描き出すことで、クエーカー信仰＝自由主義クエーカー思想という解釈（とその正統性）を確立した人物です。[3]現代のクエーカー研究では、こうした特有のバイアスの入ったクエーカー史に対する批判的検討とそれぞれの時代の原典の読み直し作業が進行中ですが、日本のクエーカーは基本的に神学に疎く、そうした最新研究も翻訳されておりませんので、依然としてジョーンズ思想の強い影響下にあるのは確かです。

ジョーンズ思想について簡単に紹介すれば、[4]彼の思想は、英米のネオ・ヘーゲリズム、およびニューソート思想家ヘンリー・ジェームズ・Sr.（1811―82）[5]の長男ウィリアム・ジェームズ（1842―1910）の哲学から影響を受けた「**自己実現論**」としてのキリスト教信仰です。ジェームズ哲学の説明はここでは省略するとして、ネオ・ヘーゲリズムとは、西ヨーロッパおよび北米における産業化・近代化の進展と、それに伴う社会の世俗化および個人主義化に対する深い懸念を背景に、社会的一致を重視し、個人の社会的責任を喚起しようとする一種のカウンター・イデオロギーとして欧米各地に広がった思想です。代表的な英米の思想家としては、ジョサイア・ロイス（1855―1916）、トーマス・H・グリーン（1836―82）、ジョージ・H・パーマー（1842―1933）らが挙げられます。彼らの思想の特徴は、実在（reality）とは永遠で絶対的な精神もしくは意志であり（大いなる自己）、それがこの世界を根拠づけている。その実在は個々の人間のうちにも存在しており、その実在を意識し知ることで、大いなる自己と人間の自己とが一体化する（そして歴史とは、その大いなる自己の自己展開の過程である）というものです。あるいは、この世界を根拠付け、それを統一する何かしらの意識的な原理（conscious principle）が我々人間の思考にも、万物にも備わっており、それは永遠の意識（eternal consciousness）と呼ばれる、というものです。

こうしたネオ・ヘーゲリズムの影響を受けて、ジョーンズは、人間の魂には、真理を認識し、愛に応え、正義に同意する能力が備わっていると語ります。その能力とは、人間の意識の働き（consciousness）であり、**意識こそが宗教的な確信と信仰の基盤であると**、彼は主張します。したがって、神の完全な像に与るために歩むべき第一歩は、神の御業に対して人間の意識が応答することであるといいます。つまり、神の真理に導かれ、神の救いの力に与ることができるかどうかは、人間の態度次第であるということです。「すべての人間は運命の鍵を自ら握っており、個人的な選択が何よりも重要である」、「もし人間が己が顔をキリストに向け、キリストに従い、そして己の内なる光（inner light）[6]に向かうならば」、またもし神が人間の意識とつながりがある実在であるとの確信を抱くならば、人間の心のうちには新しい人が生み出され、この新しい生において救われると言います。こうして全なる自己（the whole self）と一致することで**真の自己**（the true self）が実現され（**人間と神の一体化**）、もしそれぞれの人において全なる自己が達成されるならば、それが全世界の完成となり、神の国の実現に至ると、彼は語ります。彼の議論で注意すべき点は、「堕落」、「贖罪」、「義認」、「聖化」、「審き」といったキリスト教的なモチーフが、言葉として存在していても、前面には押し出されず、あまり重要な意味を担っていないこと、そして、内なる光の働きが人間の意識、意志、理性の働きと同義的に捉えられていることです。

キリスト教的救済論の枠組みから抜け出たジョーンズの思想においては、神の恵みの外的しるしであるサクラメントについて、もちろん積極的な形で語られることはありません。いくつか彼の言葉を抜き出します。「外的なサクラメント、それはせいぜい何らかの実在についての外的シンボル以上のものではない。……クエーカーのメッセージは、そうした外的な事柄の代わりに、効果的な洗礼（effective baptism）を用いる。それは人間全体を変成させ、それを支配する直接的な神聖な御力である」[7]、「聖霊の直接の臨在と力はすべての外的な儀礼と儀式を不要にする。というのは、これらの儀式は魂の本性や性格に変化をもたらすことができないからである」[8]。彼の同僚であるブレスウェイトも、「クエーカー信仰においては、形式は生命に従属しなければならない」[9]と語ります。

こうしたジョーンズ（およびブレスウェイト）の思想の影響の下、日本基督友会の『信仰のしおり』には、次のように書かれています。「すべての人に等しく神の力が働き、神との交わりは直接であることから、基督友会では、特定の人を聖職者に任ずることはない。また、洗礼や聖餐については、これを純然たる霊的体験であると考える」。『友会の制度と実践』では、「基督友会は『内なる光』、すなわち私たちすべてが『神の子』として、それぞれの心のうちに神の存在することを信じ、静寂の中に神を待ちのぞみ、神と直接交わろうとする人々の集まりである。したがって、他の基督教会にみられるような形式的な儀式を行わず、また牧師をもたない」とあります。つまり、内なる光こそが神の実在であり、その光の働きを体験（神の直接体験）することが大切であって、外的儀式は不要というわけです。

2．17世紀の初期クエーカーの立場

では、本当に従来のクエーカー信仰において、洗礼や聖餐といったサクラメントは不要であると言われていたのでしょうか。前述の三つの伝統では、それぞれ17世紀のクエーカー信仰が自分たちの信仰の「原点」として参照されますが、実際のところ、彼らの立場はどのようなものだったのでしょうか。初期クエーカーと言いましても、当初の運動はまとまりがなく、シーカー[10]運動を基盤に各地で様々な指導者が併存するような状況でした。それを一つのクエーカーの運動・組織体としてまとめたのが、ジョージ・フォックス（1624―91）です。フォックスは穏健派のクエーカーで、共和制期の迫害、そして王政復古期の非国教徒に対する激しい弾圧のなか、クエーカー運動を守るために信仰のラディカルな部分をそぎ落として、各地のクエーカーをまとめあげ、最終的に宗派として組織化した人物です。そのフォックスの『日記』が、よくクエーカー信仰の原点として参照されます。初期クエーカー思想全体（特に王政復古期に穏健化したクエーカー思想）については、後ほどロバート・バークレー（1648―90）の神学を扱う際に紹介しますが、フォックスは聖書の言葉を援用しながら、次のようにサクラメントや礼拝について語っています。「洗礼とは、キリストにおいて一つの霊が一つの身体に結びつくことであり、……聖徒たちが裂いたパンはキリストの身体であり、彼らが飲んだ杯はイエス・キリストの血であると証しする」[11]、「主なる神は、イエス・キリストをすべての外的象徴や影の終わりとして送られたのであり、キリストは律法であり、また最初の契約である。……キリスト・イエスこそがその光、霊、恩寵、信仰において本質的なものであり、……キリストは、堕落した人間が作り出したすべての事柄から人間を救い出し、改心させ、再生させるために来られた」[12]、「霊と真理における礼拝こそ神が求めておられる礼拝である。というのは、神は真理の神であり、霊だからである」[13]。まとめれば、フォックスは、洗礼や聖餐そのものを否定するのではなく[14]、キリストこそが本質であり、キリストの霊の働きの下にない人間が作り上げた儀式などの外的なものはキリストの到来によって終わりとなったのであり、真の礼拝は霊と真理をもって行われるべきと語るのです。

こうしたフォックスの考えは体系的に記述されていないため、確かにわかりづらい部分があります（そのため、自由主義の立場と変わらないように見えるかもしれません）。そうしたクエーカーの信仰を、特に同時代のカルヴァン主義に対抗する形で神学として体系化したのがロバート・バーク

レーです。彼は、スコットランドの長老派の雰囲気のなかで教育を受け、青年期にパリでカトリック神学を学んだ人物で、キリスト教の歴史や思想に精通していましたが、父の影響から1666年にクエーカーになりました。このバークレーの神学を概観することで、初期クエーカーのサクラメントに関する立場を確認したいと思います。

まずバークレーの救済論を簡単に要約すれば、[15]人間はその能力（意志、意識、良心など）において完全に堕落しているが、キリストの死によって贖われた内なる光がすべての人々の魂に種子として与えられている、この光はその「訪れの日（the day of visitation）」に働きを始める、もし我々がその光の働きに反抗せず従うならば、光は我々の救いとなる、というものです。ここで光の働きに「従う」ことが、救済の分岐点となるのですが、これは人間の自由意志によって主意的に為されるものではなく、信仰さえも求めないというほどに人間的意志を否定した、徹底した受動的態度（**自己否定**）において神の恵みとしてもたらされるものです。したがって、信仰を持つという意志さえ捨て去ることで、神からの働きかけを深い沈黙のうちに待ち望み、魂の扉を開き、神の声を聞くようにとバークレーは説くのです。

こうした救済論を展開するバークレーにとって、サクラメントの意義は何でしょうか。まず洗礼については、「洗礼は純粋で霊的なもの、すなわち聖霊と火による洗礼であり、それによって我々はキリストと共に葬られる。それは、我々の罪から清められ、罪を取り除かれることで、生命の新しさの内に歩むようになるためである」[16]と語っています。聖餐については、「キリストの身体と血の聖餐（交わり）は内的で霊的なものであり、彼の身体と血を共にすることである。……キリストが彼の弟子たちと共にパンを割かれたことはこの事柄についての象徴であり、……これらすべてのことは……権威と荘厳さをもって命じられたものであるが、それらはより良きものの単なる影に過ぎないから、実体を得た人々においては終わりを迎えるものである」[17]とあります。このように洗礼も聖餐もあくまで霊的なものであり、その霊の働きによって人は再生され、神との交わり・人々との交わりに招かれると、バークレーは説きます。[18]しかし、注目すべき点は、外的な事柄も神の霊の導きの下で行われるならば、それは神に受け入れられるものであるし、それを非難しないとも語っている点です。[19]こうした立場は、フォックスの妻であり、クエーカー運動の組織化に大きな貢献を為したマーガレット・A・フェル（1614―1702）も同様です。彼女は、「真理の霊の働きを伴わないすべての外的で形式的な礼拝に対して反対の証しをする」と語っています。[20]

要するに、初期クエーカーのサクラメントは、霊と真理によるものですが、彼らは霊の働きを伴わない形式的な儀式や活動（事効論的なもの）に反対するのであって、霊の導きの下で賛美歌を歌うことも、説教することも、儀式を行うことも必ずしも否定しているわけではないのです（実際、福音派クエーカーの礼拝では、聖書朗読、説教、祈り、賛美歌の合唱などが行われています）。

（1）世界全体で約40万人の信徒数。「三つの伝統」と言いましたが、現実にはもう少し細かな分類が必要で、実際、福音派クエーカーのなかには洗礼や聖餐を行う教会も存在します。なお、他の伝統では、「教会」ではなく、「集会（meeting）」という用語を用います。別の分類の仕方については、David L. John, “Worship and Sacraments,” in Stephan W. Angell and Pink Dandelion, eds., *The Oxford Handbook of Quaker Studies* (Oxford: OUP, 2013) を参照。

（2）新渡戸（および彼の弟子たち）の場合は、トマス・カーライル（１７９５―１８８１）の影響によるところがより大きいと考えられます。カーライルは、ニューソート思想家（注5参照）として分類される超越主義哲学者ラルフ・W・エマーソン（１８０３―８２）と交流がありました。エマーソンはウィリアム・ジェームズにも影響を与えており、また、エマーソンの著作は日本人クエーカーによって多く翻訳されています。

（3）拙稿「クエーカー研究における新ヘーゲル主義的前提について――self 概念を巡る Barclay 神学の評価」、『ピューリタニズム研究』、第6号、２０１２年、27―39頁を参照。

（4）拙稿「ルーファス・M・ジョーンズの宗教思想――自己意識と意識する神」、『基督教研究』、第76―1号、２０１４年、47―63頁を参照。

（5）ニューソート（New Thought）とは、19世紀米国のカルヴァン主義に対抗する形で生まれた思想で、原罪の否定、万人における内的神性、自己意識と神の意識の直接的連続性を主張し、意識を明るく保つこと（自己肯定）で未来が開けると説きます。現代の自己啓発セミナーの源流となった思想です。

（6）自由主義クエーカー思想では、「内なる光」は“inner light（内的な光）”と表されます。この表現は、初期クエーカー以来用いられてきた、神からの働きかけを意味する“inward light（内面への光）”, “the light of Christ”などとは異なり、単なる人間の内的原理を意味するものです。自由主義は別として、基本的には、内なる光は聖霊の働きと同一視されてきました。

（7）Rufus M. Jones, *The Message of Quakerism: Two Addresses* (London: Headley Brothers, 1901), p. 14.

（8）*Idem.*

（9）William C. Braithwaite and Henry T. Hodgkin, *The Message and Mission of Quakerism* (London: Headley Brothers, 1913), p. 33.

（10）シーカー（Seekers）とは、争いの絶えない国教会や他のプロテスタントには満足できず、自分たちで聖書を読み、礼拝を行い、神の国の到来を待ち望んでいた人々（若い世代のピューリタン）のことです。

（11）John L. Nickalls, ed., *The Journal of George Fox*, revised ed. (Philadelphia: Religious Society of Friends, 1997), p. 134.

（12）*Ibid*., p. 367.

（13）*Ibid*., p. 417.

（14）T. L. Underwood, *Primitivism, Radicalism, and the Lamb's War: The Baptist-Quaker Conflict in Seventeenth-Century England* (New York: OUP, 1997), p. 73 and 78.

（15）拙稿「クエーカーの普遍贖罪論における自由意志の問題――Ｒ・バークレーの*Apology*（『弁明』）を中心に」、『基督教研究』、第67―1号、２００５年、11―35頁を参照。

（16）Robert Barclay, *An Apology for the True Christian Divinity*, Stereotype ed. (Philadelphia: Friend's Book Store, 1908), p. 388.

（17）*Ibid*., p. 422.

（18）*Ibid*., p. 429.

（19）*Ibid*., p. 328 and 450.

（20）Margaret A. Fell, *The Life of Margaret Fox. Wife of George Fox. Compiled from her own Narrative, and other Sources* (Philadelphia: Association of Friends for the Diffusion of Religious and Useful Knowledge, 1859), p. 20.

第4章

結婚の変容

2015年、東京都渋谷区で施行された「渋谷区男女平等及び多様性を尊重する社会を推進する条例」は、同性カップルのパートナーシップを行政がサポートする取り組みのさきがけだった。だが奇妙なことに、この条例が同性カップルに与える証明は結婚ではない。その要件には「男女の婚姻関係と異ならない程度の実質を備える」ことがあげられているにもかかわらず、同性間パートナーシップは異性間の結婚とはあくまで異なるものとされているのである。つまり同条例は結果として、結婚制度がなおも排他的に機能していることをあらためて示したとも言えるのではないだろうか。

では、こうした現代に、キリスト教会は結婚とどのように向き合えばいいのだろうか。宗教改革の歴史のなかで激しく争われた論題のひとつは結婚であった。結婚はつねに世俗的な権力や社会システムと分かちがたいものであったが、だからこそ結婚をめぐる議論と実践は、ときに鋭い批判の力をもちえた。いまふたたびその力をよみがえらせるために、これまでの「結婚の変容」について学びを深める時をもちたい。

宗教改革期における結婚の問題

村上《むらかみ》みか

バーゼル大学神学部博士課程修了。神学博士（Dr.theol.）。日本基督教団岡本教会担任教師、バーゼル市エコランパド教会専任オルガニスト、名古屋学院大学、東北学院大学を経て、現在、同志社大学神学部教授。著書『ヨーロッパ宗教改革の連携と断絶』（共著、教文館）、『牧師とは何か』（共著、日本キリスト教団出版局）他。

宗教改革は中世ローマ教会の結婚理解に対して神学的に大きな変化をもたらしたが、実践面においては当時の慣習を基本的に継承し、社会的にはそれほど大きな変化を与えたわけではなかった。以下、宗教改革期の結婚観とその実践について、歴史的、神学的観点より概観し、その新しさと保守性について考えたいと思う。

1．中世後期の結婚理解

宗教改革がもたらした結婚観の新しさを理解するため、最初に中世後期における結婚理解と実践に言及しておきたい。

元来、中世のローマ教会において結婚は教会の問題ではなく、この世の事柄と捉えられていた。結婚は純粋にこの世の法的行為とみなされ、それに教会の祝福が加えられることが望ましいとされる程度であった。しかし中世後期に入り、結婚は次第に教会の中に取り込まれてゆく。まず、問題ある結婚を避けるために教会に結婚の予定を届け出る義務が課され、次いで結婚の成立は教会での告知によるとされるようになり、13世紀以降は教会における結婚式が義務とされ、教会によらない結婚は禁じられることになった。(1) それに伴って結婚式のあり方も変化し、当初は教会の正面扉の前で行われていたものが、徐々に教会の中へ移り、やがて結婚式はミサとして執り行われるようになった。(2) この展開はローマ教会が教皇制をもって教会の支配構造を強化し、法的、制度的整備を進めてゆくプロセスに重なる。

そうして結婚はサクラメントの意義を与えられるようになる。すなわち結婚が神の祝福を受けた偉大な神秘（創2章、エフェ5・32）として神聖化され、キリストと教会の間の神秘的な結合に倣うものとされて、1274年の第二リヨン公会議でサクラメントと確認され、教会外における結婚式の執行は無効とされたのである。[3] サクラメント、すなわち神の恵みを表すしるしとして位置づけられたことにより、結婚には厳しい義務が伴うことになった。当事者は信仰において相互の交わりの中で生活するよう勧められ、またひとたび有効に成立した結婚は解消できないとされたのである。さらに結婚の聖性を維持するために、異教徒との結婚や近親者、年少者との結婚が禁止され、禁婚期が設けられるなど、結婚に様々な制約が課されることになった。[4] そうして結婚の問題は教会裁判所の管轄下に置かれ、たとえば前述の禁止事項など、結婚に「障害」とされる事由が判明した場合、教会裁判所を通じて離婚が成立するものとされた。実際、中世末期に教会裁判所でもっとも多く取り扱われた事例は結婚をめぐる問題であった。当時は内縁関係や教会に禁じられた関係が少なくなく、また結婚生活が破たんしても容易には離婚できなかったため、訴訟に持ち込まれるケースが多かったのである。[5]

その一方、司祭や修道士などの聖職者には独身制が課され、それが結婚以上に良きもの、祝福されたものとして神聖視され、特に修道誓願により厳しい禁欲生活が課される修道士の生活は救いへの道として理想化された。[6] もっとも現実には、内縁関係をもつ司祭の数が増大し、これもまた教会裁判所の大きな問題となっていた。罰金を科しても内縁関係は容易には解消されず、たびたび罰金刑を受けて経済的に逼迫する司祭も少なくなかった。もっとも、聖職者が内縁関係をもつことは教会法的には問題であったものの、一般的には必ずしも否定的に受け取られていたわけではない。たとえばチューリヒの宗教改革者ブリンガーの父は、内縁の妻や子どもたちと良き家庭を築いており、そのことにより教会の信徒たちから信頼や尊敬を受けていた、という例もあったのである。[7]

いずれにせよ中世末期において、教会裁判所に関わるこれらの問題は教会外の人々にも深刻な問題として意識されていた。なぜならローマ教会が教会法と教会裁判所という異なる法体系をもって、教会税に加えて裁判料を徴収し、各地域の財源を教会に吸い上げていたからである。とりわけ各地域の統治者たちにとってこれは大きな痛手であった。加えて世俗の統治者は聖域とされる教会領域に介入できなかったため、前述した聖職者の経済的困窮の問題や、領民、市民の日常生活の問題（とくに結婚をめぐる問題）を自らの手によって改善することができなかった。これはより良い統治、完全な統治をめざす統治者たちにとって大きな問題であった。そのため領主や市参事会（市政府）は長い年月をかけて、教会を自分たちの支配下に置くことをもくろみ、宗教改革前夜にはそれがかなりの程度で成功し、教会の諸問題に関する決定権を手に入れていたのである。(8) このような統治者たちの問題意識と教会支配権が宗教改革成立の重要な要因となり、その後のドイツやスイスの福音主義教会《プロテスタント》のあり方を決定してゆくことになる。ここでは結婚との関連で、世俗の統治者たちがこれを道徳生活の重要課題の一つとして、責任をもって引き受けようとしていたことを確認しておきたい。

2. 宗教改革期における結婚理解の変容

(1) ルターの信仰義認論と結婚

宗教改革の始まりは1517年の「九五箇条の提題」にあった。ルターがここで問題にしたのは、教皇制などの教会制度ではなく、「救い」という純粋に宗教的な問題であった。中世末期は戦争やペスト、農業危機などによって極めて困難な社会状況にあり、その中で「死」が強く意識され、「救い」への渇望が強く表れた時代であった。それに対してローマ教会が救いの手段として提供していたのが聖人崇拝や聖地巡礼、そして贖宥符などであり、その基礎にあったのが行為義認論であった。アウグスティヌス修道院の修道士であったルターはこの行為義認論に苦しみ、努力しても良くありえない自らの罪に悩むが、聖書研究を通して、人は義を作り出すことによってではなく、信仰によって救われると説かれていることを知る。このような聖書理解に基づいて、ルターは贖宥符を批判し、行為義認論を批判したのである。

ローマ教会との論争が進展する中で、ルターの批判の対象は教会制度へと拡大し、1520年には改革三文書を著して、新しい神学のプログラムを提出した。そしてこの中で結婚の問題も取り上げられ、修正がなされたのである。ルターの新しい神学は信仰義認論に基づいて展開されたものであったから、新しい結婚理解もまたそこに基礎をもっていた。

(2) 新しい結婚理解

ルターの結婚理解において最初に指摘すべき点は、結婚をサクラメントとみなさなくなったことである。ルターは「教会のバビロン捕囚」（1520年）において、教会が制度に囚われた状況にあると批判し、七つあったサクラメントを最終的に二つに減じ、洗礼と聖餐のみを残した。(9) その理由は、ルターの「恵み」理解にある。前述のようにサクラメントは神の恵みを表すしるしと理解されていたが、ルターにとって神の恵みとは「罪人の赦しの約束」であったから、それを明らかに表現するもの以外は削除されたのである。[10] これにより結婚を特別に神聖なものとする理解は後退し、結婚は「この世の事柄」、すなわち教会の管轄外と理解されるようになった。[11] つまり、それまでのように教会によって結婚の有効性が決定され、様々な制約が課されるあり方が否定されたのである。もっとも、結婚がこの世の問題であるといっても、ルターにとってこの世は人が神に召され、それに応えて働く場であるから、結婚もまた召命の場と捉えられ、それに伴って新しい意味が付与されることになる。

ルターは結婚を人間が作り出したものでなく、聖書に根拠のある、神の言葉に基づく出来事と理解した。創世記1、2章には人が神にかたどって創造され、男と女に創造され、結ばれ、一体となるようにされたことが示されており、ここから、結婚は神の創造の秩序の下にあるものと位置付けられる。これにより結婚がこの世にあって神に定められ、祝福されたものであることが説明され、結婚は全世界に行き渡るべき「もっとも一般的でもっとも崇高な身分」とされた。[12] そして結婚の目的は、共に協力し、子を産み、養い、世に仕えて神の栄光をあらわすよう育てることにあり、それゆえ結婚はあらゆる生活にまさって祝福され、素晴らしく厳粛な出来事であると理解されたのである。[13]

もっとも、人間が罪に堕ちたことによってこのような本来の結婚の実現は困難となる。創世記3章16―19節には堕落後の人間が生涯苦しんで食物を得、苦しんで子を産むことが述べられているが、この箇所に基づきつつ、ルターは結婚生活が苦しみに満ちたものであることを説明する。不貞、不誠実、対立など多くの悲しみが結婚生活に災いをもたらし、危機と苦難が毎日のように周囲に起こっている。[14] それゆえ、本来の結婚生活を始めるためには、牧師による祈りと祝福が必要となる。すなわち、苦悩の多いこの世の現実の中で最初の創造の秩序を取り戻すためには、結婚生活において十字架を負い、神の約束への信仰をもつことが不可欠とされる。それを通じて初めて神から受けた愛を他者へ向けることが可能となり、ここにおいて不誠実や対立をもたらす利己主義が克服され、召命に応えて仕えるあり方が実現される。[15] キリストが教会を愛してそのためにご自身を与えられたように、結婚生活においても愛を相互に実現するとき、結婚は喜びと楽しみと愛に満ちたものになる、というのである。[16]

ルターはこれらのことを牧師が結婚式で新郎新婦に語るよう勧めた。[17] つまり結婚式で単に神の祝福を説き、愛を勧めるのではなく、その実現の困難を知り、災いと不満を忍びつつ、それを信仰により克服し、本来の祝福された結婚生活を成就するよう勧める必要があるという。ここには、罪の苦しみの中で信仰により救われることを聖書に見出したルターの神学が表れていると言えるだろう。ここに新しい、宗教改革的、プロテスタント的結婚観が確認されるのである[18]。

このようにしてこの世の事柄である結婚は、信仰を通じて霊性を獲得する。そのため、教会は結婚について何らかの法的権限はもたないけれども、なお牧会的な配慮をもって祝福と祈りを与える責任を有すると理解された。一方で、結婚をこの世で祝福されたものとして高く評価することにより、聖職者の独身制や修道誓願（貞潔の誓い）が問題視されることになった。ルター自身修道士であったが、禁欲生活への高い評価はその内に行為義認の問題をもつと考えたのである。ルターはかなり早い時期から司祭の結婚を認めようとし、これを本人の判断に委ねるべきとしていたが、1521年の論文「修道誓願について」で修道制は行為義認の問題に加えて、この世における隣人愛の奉仕を行わないという点でも問題であるとして、これを厳しく批判した[19]。これにより多くの修道士や修道女が修道院を去って結婚したが、ルター自身は慎重に思慮を重ね、それから数年たった1524年に修道服を脱ぎ、さらに数年後、聖書に根拠のない人間の発明物として決定的に修道制を退けることになった[20]。そして修道服を脱いだ翌年（1525年）、修道士よりも「はるかに祝福されている」[21]結婚へ自らも進み出、元修道女のカタリナ・フォン・ボラと共にプロテスタント教会の牧師家庭の基礎を築いたのである。

結婚を教会の管轄外の事柄としたルターは、それまでローマ教会によって課せられていた様々な結婚の制限も人間の定めとして退けた。そして離婚についても、結婚が神に定められたものである以上、基本的には認められないとしながら、不貞や悪意ある放棄がなされた場合はこれを認めた。他の宗教改革者たちも基本的に同じ立場をとったが、離婚を認める際の厳格さについては多少の違いがあった[22]。このように教会法の拘束から解放され、福音に基づいた結婚生活のあり方は、修道士や聖職者を含む多くの人を良心の呵責から解放し、より自由な新しい結婚生活の可能性を開いたのである[23]。

（3）実践面における変化

前述のように宗教改革を経て結婚が教会の管轄外とされたため、結婚は世俗権力の審議機関が取り扱うことになった。そもそも宗教改革においては、教会法や教会裁判所が否定されていた。それは、教会は霊的統治に関わるものであって強制権による刑罰はふさわしくなく、言葉による勧告が適しているとされたからである。その結果、新しい婚姻法の作成が世俗権力によって始められたが、それは各地の慣習を反映し、多様な形をとって現れることになった。そして結婚問題を扱う審議機関も、各地の世俗権力によって様々な形で整えられていった[24]。一方、結婚式のあり方についてはそれほど大きな変化はなかった。前述のように、教会が結婚にあたって祝福と祈りを行い、十字架と信仰をもって結婚を遂行するよう勧めるという点では、宗教改革的な新しさが加えられたが、それ以外の形式については各地域の慣習に従い、領主や参事会にその決定を委ねるとされた。そして実際には、そのほとんどが中世末期のローマ教会の式文に応じたもので、結婚式そのものには大きな変化は見られなかったのである[25]。

(4) 新しさと保守性

以上に宗教改革期の結婚観と実践の変化について概観したが、最後にその新しさと保守性について整理しておきたい。

まず新しさについては、前述のように教会法が作り出した慣習から解放されて、結婚が福音に基づいた自由な営みと理解されたことがあげられるだろう。とくに離婚について、慣習や規則に縛られず、現実の状況に応じて柔軟に対応しようとする姿勢は、近代の婚姻法にもつながる新しさをもつ[26]。

さらに結婚生活の基礎に夫婦相互の愛と尊敬があるとする考え方も、近代の個人主義的な結婚理解につながる要素をもつといえるだろう。もっともルターにおいては、エフェソ5章21節以下に基づき、夫は妻を愛し、妻は頭《かしら》である夫に従うようにとの表現もなされており、当時の女性軽視の風潮を反映している[27]。この点において新しさを示したのはカルヴァンである。ジュネーヴの教会規律には夫婦が霊的に同等であるとする彼の理解が反映され、女性の尊厳への理解を内包していると評価されている[28]。同様に再洗礼派においても、各信仰者とキリストとの関係が強調されることにより、夫婦は同等な立場にあるものと理解され、実際、信仰共同体の霊的職務に女性が就くことも認められていた[29]。

もっとも、これらの新しさも現実の教会や社会における女性の地位向上につながるものではなく、法的に女性はなお男性の下位に置かれていた[30]。さらに、この世における結婚の意義が高められ、修道院が否定されたことにより、結婚以外に女性が留まることのできる生活空間が奪われた、とする批判がすでに当時からあり[31]、宗教改革の結婚理解が女性の生活の場を結婚に限定する機能を有していたことも否定できない。また牧師家庭の形成とともに、牧師夫人の活動も次第に形を取ったが、それも慈善事業に限定されたものであった[32]。女性のあり方に関しては、宗教改革はなお保守的な立場に留まっていたことが確認される。この点において新しさをもつのは、人文主義者であった。エラスムスは、結婚生活が破たんし苦悩する人が多くある現実を前に、離婚を積極的に擁護し、時代の状況に応じて柔軟に対応すべきことを説いた。[33] 彼のこの理解は、女性だけに不貞の罪を負わせる男性中心の時代にあって、来たる時代を先取りしたものと評価できるだろう。

（１）Brink, Leendert, Ehe/Eherecht/Ehescheidung VI, in: Theologische Realenzyklopädie, Bd. 9, S.330-336. ここではS.331.
（２）Ebd., S.332.
（３）H・デンツィンガー編『改訂版　カトリック教会文書資料集』エンデルレ書店、１９９２年、２００頁。Brink, Ehe, S.334.
（４）Ebd., S.335. これらの理解は宗教改革を経験したのち、トリエント公会議において１５６３年に確定された。Jedin, Hubert, Kleine Konziliengeschichte, Neuausgabe, Freiburg, Basel, Wien ^{6}1990, S.101.（邦訳、『公会議史』南窓社、１９８１年、１２４—１２５頁）
（５）エドワード・ノーマン『図説　ローマ・カトリック教会の歴史』創元社、２００７年、１１６—１１７頁。
（６）Schild, Maurice E., Ehe/Eherecht/Ehescheidung VII, in: Theologische Realenzyklopädie, Bd. 9, S.336-346, ここではS.344.
（７）Gäbler, Ulrich, Huldrych Zwingli, Eine Einführung in sein Leben und Werk, München 1983, S.21.
（８）Hamm, Berndt, Bürgertum und Glaube, Göttingen 1996, S.68-70.; Vischer, Lukas (Hrsg.), Ökumenische Kirchengeschichte der Schweiz, S.94.; Moeller, Bernd, Geschichte des Christentums in Grundzügen, Göttingen 1987, S.218f.; Moeller, Bernd, Reichsstadt und Reformation, Berlin ^{2}1990, Kap.1., Anh.1.（邦訳『帝国都市と宗教改革』教文館、１９９０年、特に１章、補遺１章）
（９）De captivitate Babylonica ecclesiae praeludium martini Lutheri, WA 6, 497-573.（邦訳『ルター著作集』第１集第３巻、聖文舎、１９６９年）
（10）Lohse, Bernhard, Luthers Theologie, Göttingen 1995, S.144-146.
（11）Luther, Martin, Ein Traubüchlein für die einfältigen Pfarrherrn (1529), WA 30 3, 74-80. ここではWA 30 3, 74.（邦訳「一般の牧師のための結婚式文」『一致信条書』教文館、２００７年、５１３—５１７頁、ここでは５１３頁）
（12）Ein Traubüchlein, WA 30 3, 75, 79f.（邦訳５１４、５１７頁）; Ders., Der grosse Katechismus (1529), WA 30 1, 120-233, ここではWA 30 161f.（邦訳「大教理問答」『一致信条書』ここでは５８１頁）
（13）Der grosse Katechismus, WA 30 1, 161f.（邦訳５８０頁）
（14）Ein Traubüchlein, WA 30 3, 76, 79.（邦訳５１４—５１７頁）
（15）Ebd., WA 30 3, 79.（邦訳５１６—５１７頁）
（16）Ebd.（邦訳５１６頁）
（17）Ebd. これらのことは「結婚式文」の中で述べられている。
（18）同様の結婚観が当時の説教において語られていた。Schild, Ehe/Eherecht/Ehescheidung VII, S.341.
（19）Luther, Martin, De votis monasticis, Martini Lutheri iudicium (1521), WA 8, 573-669.（邦訳「修道誓願について、マルティン・ルター博士の判断」『ルター著作集』第１集第４巻、聖文舎、１９８４年、２５７—４５４頁）
（20）Ein Traubüchlein, WA 30 3, 75.（邦訳５１４頁）

(21) Ebd.
(22) たとえばツヴィングリはレビ記20章に基づいて寛容な理解を示し、カルヴァンは創世記2章の本来の神の秩序がキリストによって再生されたことを理由に、離婚に対してより厳しい理解を示した。Schild, Ehe/Eherecht/Ehescheidung VII, S.339, 342.
(23) Schild, Ehe/Eherecht/Ehescheidung VII, S.339.
(24) これも地域によって、そのあり方は多様であった。宗教改革を経て教会裁判所に代わる審議機関が作られ、たとえばチューリヒでは都市の道徳裁判所、ザクセンにおいては領主の下にある宗務局が結婚の問題を取り扱った。
(25) Ebd., 341.
(26) Schild, Ehe/Eherecht/Ehescheidung VII, S.339.
(27) Ein Traubüchlein, WA 30 3, 79.（邦訳516頁）
(28) Selderhuis, Herman J.(Hrsg.), Calvin Handbuch, Tübingen 2008, S.449f., 452.; Schild, Ehe/Eherecht/Ehescheidung VII, S.342.
(29) Ebd., S.344.
(30) Albrecht, Ruth, Frau IV2, in: Religion in Geschichte und Gegen-wart, Bd.3, Tübingen 42000, 263-265, ここでは263.
(31) Ebd.
(32) Ebd.
(33) Schild, Ehe/Eherecht/Ehescheidung VII, S.337.

ルターの結婚観と結婚の経験

小田部《こたべ》進一《しんいち》

1968年生まれ。関西学院大学神学部卒業後、ミュンヘン大学にて神学博士号取得。現在、玉川大学文学部教授。著書『ルターから今を考える——宗教改革500年の記憶と想起』（日本キリスト教団出版局）、共著『キリスト教平和学事典』（教文館）他。

はじめに

結婚についての宗教改革的な議論と実践は、それに関わる教会と社会（ローマ神聖帝国、領主、都市・農村共同体）を巻き込んだ中世以来の様々な繊細でもありスキャンダラスでもある問題、例えば、内縁関係、不倫、中絶、殺人といった現実の問題に触れるものであった。このような歴史的・社会的な文脈の中で宗教改革者マルティン・ルター（１４８３―１５４６）も結婚について発言し、行動している。初期宗教改革期におけるルターによる結婚の正当性の主張は、一貫して牧会的な関心に基づいており、特に都市や村の教区共同体の中で働く在俗司祭の良心の平安と魂の救いを目的としたものであった。そこに修道士や修道女の誓願の自由に関する問題や創造論的な結婚についての考察などが加わり、ルターの初期の結婚観が形成されていった。[1]

本稿では、最初の二項目で初期ルターの結婚観を特徴づけるいくつかの主張を取り上げる。続いて、ルターの結婚についてのより一般的な論証に、信仰と生活を結びつける彼の宗教改革的な特質があることを考察する。そして最後に、ルターの結婚生活、特に家庭生活の経験から一つの例を取り上げて紹介する。本稿では、できる限りルター自身に語らせながら、その問いかけを今考えることを試みたい。

内縁関係に悩む司祭への牧会的配慮

ルターが結婚の問題について考え始めたとき、自らの良心に悩む司祭たちの状況を念頭においていた。１５２０年の著作『ドイツのキリスト者貴族に与える書』の第14項の冒頭で、ルターは次のような事態について指摘している。

> 私たちは、また、いかに司祭が堕落し、いかに多くの哀れな司祭たちが、妻子をかかえて苦しみ、その良心を悩ませているかを知っている。[2]

中世末期の在俗司祭の生活実態について、例えば１４８０年頃に行われた視察では、南ドイツの都市アイヒシュテットの司祭の４割が内縁関係を持っていたという報告もある。[3] つまり、第２ラテラノ公会議（１１３９年）で聖職者の結婚が法的拘束力のある仕方で禁止されたにもかかわらず、実際は、教区で働く司祭たちの多くが妻帯をし、こどもの父親でもあったということである。この司祭の「事実婚」は、教区共同体の秩序を脅かすような犯罪等に関わらない限り、容認される状況も継続していたようである。[4] そのような状況に対して、ルターは次のような改善を訴える。

> 私は、神が定められた、説教とサクラメントによって教区共同体を指導し、彼らと共に住み、この世的な家政を営まなければならない司祭の地位について語りたい。したがって、危険と罪を避けるために、結婚することの自由が、キリスト教的な公会議によって司祭に許されるべきである。[5]

また教皇が、一人の男性である司祭に一人の女性を女中としてあてがうことを認めておきながら、堕落してはならないと禁じることは、「藁と火とを一緒に置いて、煙を立てることも、燃えることも禁じる」ことと同じであると批判している。[6] ルターは、すでに妻子やこどもを持ち、心から信頼に基づく結婚生活を望んでいる司祭のカップルは、「確かに神の前に結婚している」のだと宣言した。[7] 神学的には、教皇による人間の教えに対抗される神の掟が明瞭に「監督は一人の妻の夫」（一テモ３・２、テト１・６）であると証言していることが参照されている。

ただし、ルターはその他の著作で、パウロが「皆がわたしのように独りでいてほしい」（一コリ７・７）と述べているように、キリスト教的な自由から貞潔の誓願を守ることを望む限り、それはそれで、宗教的価値の優劣に関係なく、推奨されるべき生き方の選択肢と見なしている。その場合でも、ルターは「だれもがこの言葉を受け入れるのではなく、恵まれた者だけである」（マタ19・11）という聖書箇所に基づき、貞潔の賜物がいかに稀なものであるかについても語っている。[8] そしてルター自身は、１５２０年代の前半、引き続き独身生活に留まることを選んでいる。

さらに、良心に呵責を覚える司祭や修道士たちへの助言として、ルターは「自分を抑制できなければ結婚しなさい。情欲に身を焦がすよりは、結婚した方がましだからです」（一コリ7・9）というパウロの言葉も、次第に参照するようになっていった。当初、在俗司祭の結婚の議論では家政上の課題が強調されていたのであるが、1521年以降、修道士の結婚が議論に含まれるようになり、セクシュアリティだけを理由とした貞潔誓願の放棄についても語る必要がでてきたということかもしれない。この流れを受けてか、1522年に執筆された『結婚生活について』というドイツ語の著作の中では、結婚とそれにともなわれる性的営みも含めて創造論的に根拠づけることが、それ以前にはない仕方で積極的に試みられている。

神の創造の秩序としての結婚とセクシュアリティ

1522年のドイツ語の著作『結婚生活について』の中で、ルターは、創世記1章28節の「産めよ、増えよ」という言葉を引用し、次のように説明している。

だから、同様に神は、人が男であれとか、女であれと命じているのではなく、そうあるべき存在として創造されたのである。それゆえ、また神は、産み増えよと命じているのではなく、産み増えるべく創造されたのである。[9]

ここでは結婚は、二人の自由な決定以前に神によって基礎づけられた創造の秩序として理解されている。この秩序の中で、セクシュアリティは適切にコントロールされるべきではあるにしても、忌避されるべきものではない。ルターは、性的欲求を「食べたり、飲んだり、［中略］寝たり、起きたり」するのと同じく、生得的に与えられた自然なことだと言いきっている。[10] さらには、こどもを産み育てるという意味において、積極的な価値が与えられている。ルターは、創世記1章27節や2章18節にも言及し、こどもを産み、育て、結婚生活において神の言葉と神の業を深めるよう読者に勧めている。[11]

ルターのこのような結婚観は、当時の人々に解放をもたらすものであった。なぜなら、性生活や出産が含まれ得る結婚は、もはや霊的に劣り、罪深い身分を作り出すものとはみなされなくなったからである。むしろ、それは、神によって定められた人生形態として尊厳を認められるようになった。『結婚生活について』の執筆以前に、ルターは信仰義認の思想に基づき、修道士という人生形態を、洗礼を受けたすべてのキリスト者と同じ恵みと全信仰者祭司性において、キリスト教的生活の選択肢の一つと見なしていた。

そして、今度は、結婚という人生形態が、神学的創造論に基づき、霊的お墨付きを与えられることになった。このような仕方で、たとえ限定された特定の関係の形式であったとしても、教会と社会のあらゆる場所で、セクシュアリティが積極的に語られる場所が保証されることになった。

もちろん、ルターの結婚観が当時の文脈において解放的で積極的な意義を持っていたことが確認されたとしても、今日の視点から見たときにはどうであろうか。現代の男女平等やセクシュアル・マイノリティの人権という視点から見るならば、ルターによって創造論的に説明された結婚観は、結果として結婚の型を当時の家父長制に即した姿に固定化し、解放ではなく、束縛を生み出すものになっているのではないか、と思われる人もいるであろう。今日、結婚は二人の個人の同意に基づき、愛や人生を共有する共同体として形作られ、こどもを産むかどうかも、こどもの数も、それぞれの自由に任されている。また、性的衝動を抑制することが結婚の第一義的な動機とされることもない。さらに、ルターの時代とは逆に、結婚の身分が独身の身分より優位に扱われ、一人で生きる生き方への理解や配慮が十分ではないということが指摘されるかもしれない。こうして、今日的な視点からルターの創造論的に根拠づけられた結婚観が時代遅れと指摘されるのは当然のことであろう。そのような批判に余地を残した上で、もう少し、ルターの結婚観、特に『結婚生活について』の中でルターが向き合ったもう一つの問題に目を向けたい。

煩わしさの中で育まれる結婚生活

様々な所で、司祭の結婚や修道士の貞潔誓願の問題について語ってきたルターであるが、『結婚生活について』の中では、さらにより普遍的な「結婚の煩わしさ」という問題に向き合っている。ルターは、結婚など煩わしいだけであり、結婚しない人生にこそ平安があるという批判に答えることを試みている。その際、彼は結婚を、理性的と霊的、外的と内的という二つの異なる視点から見ることを勧めている。少し長くなるが、ルターの言葉を引用してみたい。

もし、（中略）自然的理性が結婚生活というものを見るならば、それは見下しながら次のように言う。「ああ、私はこどもを抱いてゆすり、おむつを洗い、寝床を整え、（中略）泣き叫ぶのをあやし、（中略）あれやこれを耐え苦しむ必要があったのか。その他、結婚が煩わしさや苦労について教えていることを。（中略）自由の身のままで、心配事なしに平穏な生活を送る方がましだ。私は修道士か修道女になり、こどもにもそのように勧めたい。(12)

ここで「自然的理性」の判断と見なしている人間の一般的経験に基づく結婚観に対し、ルターは、キリスト教的信仰から見た結婚について次のように述べている。

しかし、キリスト教的な信仰は何と言うであろうか。それは、その瞳を開き、これら卑しく、不快で、軽蔑されたすべての業を霊において見る。そして、それらすべてが、高価な金や宝石のように神のみ心によって飾られていることに気づき、次のように語る。ああ、神よ、私は、あなたが私を一人の男として創造し、私の身体からこどもをつくられたことを確信しているので、それがあなたのみ心に最善な仕方で適っていることも知っており、私がこどもを抱いてゆすり、おむつを洗い、妻の世話をするに相応しくないことをあなたに告白する。どのようにして、私は、功績なしに、あなたの被造物とあなたの最愛のご意思に仕えることを確信するという誉れに至ったのであろうか。ああ、いかに喜んで私はそのようなことを行うであろうか（中略）。今や、寒さも暑さも、苦労も労働も、私を不愉快にする必要はない。なぜなら、私は、それがあなたのみ心に適うことを確信しているからである。(13)

理性的に見るならば、結婚はとても煩わしいことでいっぱいかもしれない。しかし、キリスト教的な信仰は、それを霊的な目で見る。ルターは、「結婚していることと、結婚生活を理解することは、まったく異なる事柄である」と述べているように、(14)結婚がともなう煩いは、もう一度、今度は神の前で見直される必要があるという。ルターは、結婚生活を理解しない人は、いつも不満ばかりであるが、「それを理解する人には、いつもそこに満足感、愛、そして喜びがある」ことも指摘している。(15)ルターにとって、結婚は神の創造の秩序に属する霊的で尊い責任ある営みであった。人間はというと、神の前で自分自身を省みるとき、元来、神に相応しい聖なる存在ではない。それにもかかわらず、神のみ心である結婚の営みに参与し、仕えることがゆるされている。このように、神の前で結婚を霊的な目で見るとき、結婚の営みの尊さと同時に、それに参与する自分自身の尊さを発見することにもなる。独身として生きる修道生活の中だけでなく、修道院の壁の外の結婚生活の中にも、具体的に言えば、おむつを洗う行為の中にも、ルターは、神への霊的奉仕を見たのである。

ルターは、信仰義認の思想と創造論を互いに補完させながら、結婚の身分に与えられた尊厳について論じているように思われる。結果として、セクシュアリティの理解によって分かたれていた従来の聖なる世界と俗なる世界の垣根が取り除かれ、セクシュアリティの問題を含むにもかかわらず、結婚という人生形態の中で、聖なる世界と俗なる世界が結びついていることを意識させることを可能にしている。いまや宗教的な信仰は、この世の現実に背を向けることなく、むしろ結婚生活の中で、夫として、あるいは妻としての自分自身の人生の営みのただ中で、霊的現実、神の恵みの現実を生きる世界に結びつけられることになった。ちなみに、ルターの語りは確かに男性中心的ではあるが、前述した引用にも見られるように、「こどもを抱いてゆすり、おむつを洗う」一人の男とその育児を、神から祝福された尊い業として述べている。

ルターの家庭における経験

ルターの結婚生活全般について、残された紙幅で語ることは難しい。また、ルターがなぜ結婚することを決心したのかという問題は、別の機会に論じたいと思う。(16) ここではルター自身が、結婚した司祭であったからこそ経験できた大きな恵みと指摘している例を一つ示すことにとどめたい。

ルターは１５２５年６月に元修道女のカタリーナ・フォン・ボラと結婚し、３人の息子と３人の娘に恵まれた。しかし、その内、長女エリザベートと次女マグダレーナを幼いうちに失う経験をしている。エリザベートは生後８カ月で、そして次女マグダレーナは、13歳のときに。ルターと妻ケーテ（愛称）にとって大きな試練の出来事であった。マグダレーナの臨終の時の様子がルターの卓上語録に残されている。

娘が重病になった時、ルターは次のように語った。「私は彼女をとても愛しています。しかし、愛する神よ、彼女をお取りになることが、もしあなたのみ心であるならば、彼女があなたのみ許にいることを私は喜びましょう。」その後、横たわっている彼女に語りかけた。「マグダレーナ、私の可愛い娘よ、あなたはここ私のもとに、父のもとにいたいだろうね。しかし、天のお父さんのところにも喜んで行きますか」と語りかけた。病気の娘は、「はい、愛するお父さん、神さまのみ心のままに」と答えた。父親［ルター］は、「愛する娘よ！」と語った。(17)

続いて、ルターは、次のように語っている。

霊は燃えても、肉体は弱い［マタ26・41］。私は彼女をとても愛している。（中略）過去一千年の間に、神は、いかなる司教に対してもこのように大きな恵みを、私に対するようには与えなかった（すなわち、神の賜物を誇りにすべきである）。私は、時々、少しは賛美の歌を歌ったり、神に感謝したりしてはいるが、心から喜び、神に感謝できなかった自分自身に対して怒っている。私たちは生きるにしても死ぬにしても、主のものである。[18]

　ルターは結婚を通して、若くして修道院の門をくぐったときには、決して思いもしなかった人生を経験することになった。けれども彼は、それを後悔してはいない。むしろ、過去一千年の間にどんな司教にも与えられなかったような豊かな恵みが自分に与えられたことを、最も深い悲しみの中で、深く神に感謝している。悲しみのあまり泣き崩れる妻ケーテをルターは慰め、次のように語っている。

彼女［マグダレーナ］がどこへ行こうとしているかを思い起こしなさい。彼女は幸せになるのだから。肉体は肉体であるが、霊は生きるのだ。こどもたちは議論をしたりしない。彼らは、言われたことをそのように信じる。こどもたちにとってすべては単純素朴なのだ。子どもたちは、狼狽することも、意見を戦わせることもなく、また、死の試練や肉体の痛みもなく、眠りにつくように死んでいくのだよ。[19]

結婚生活、そして家庭の中のルターは、結婚にともなう煩わしさ、さらには深い悲しみも経験することになった。しかし、そのような悲しみの経験を通して、ルターは、信頼をもって神のみ手にゆだねて最後を迎えるその信仰的な態度の模範を、愛する娘マグダレーナから学んでいる。ルターは、恵みのみ、信仰のみ、という宗教改革的な信仰を、マグダレーナの単純素朴で大胆な信頼、彼女の神にゆだねる信仰の姿に学んでいる。ルターはこうして、最も身近な隣人である妻やこどもたちとの関係性の中で、しかもその試練を通して、最も霊的な経験、神の恵みの経験が与えられるということを示している。このような仕方で、『結婚生活について』の中で述べた、「結婚している」こととは区別される「結婚生活を理解する」経験を実践的に深めていったのだと思われる。

　ルターという宗教改革者は、彼自身の人生形態の中で、つまり、夫婦の関係の中で、また父と子の関係の中で、隣人と共に生かされている悲しみと喜びを通してその信仰と人生を深めた一人の人間であった。今、ルターが長い修道生活を経てそのような結婚理解と結婚生活にまで至った道のりを想起することは、私たちを固定された結婚の形式に導くものではなく、むしろ、信仰とそこから明らかになる尊厳をあらゆる生活領域に結びつけて理解しようとする宗教改革的な態度に目を向けさせ、この世の生活に主体的に参与し、神と共にこの世界に創造的に関わることへと導いているように思われる。そして、ルターの信仰義認と隣人愛の思想それ自体は、聖書の根本的な思想に結びつくことを通して、彼自身の家父長的な結婚観やジェンダー観をも批判的に越える解放的な力を持っていると私は考えている。(20)ルターの結婚観の出発点がそうであったように、この世のただ中で生きる人間の悩める良心に真摯に耳を傾けながら、新しい目で聖書を読み、神学的に思考することが求められているのではないだろうか。

（1）Cf. Stephen E. Buckwalter, *Die Priesterehe in Flugschriften der frühen Reformation*, Gütersloh 1998.
（2）WA 6, 440, 15-17.
（3）Cf. Marjorie Elizabeth Plummer, *From Priest's Whore to Pastor's Wife: Clerical Marriage and the Process of Reform in the Early German Reformation*, Farnham 2012, p. 23.
（4）Cf. ibid., pp. 11-50.
（5）WA 6, 441, 24-27.
（6）WA 6, 442, 33-34.
（7）WA 6, 552, 15.
（8）WA 2, 168, 7-9, WA 8, 583, 30-34, WA 10/II, 279, 15-23, 301, 1-4.
（9）WA 10/II, 276, 25-29.
（10）WA 10/II, 276, 24-25.
（11）WA 10/II, 275, 14-18; 293, 34-294, 7.
（12）WA 10/II, 295, 16-25.
（13）WA 10/II, 295, 27-296, 11.
（14）WA 10/II, 294, 21-22.
（15）WA 10/II, 294, 25-26.
（16）小田部進一、『ルターから今を考える――宗教改革500年の記憶と想起』日本キリスト教団出版局、2016年、第2章「修道士であり、修道士でないルター」及び第9章「マルティン・ルターとケーテの家庭」を参照。
（17）WATr 5, 189, 23-28.
（18）WATr 5, 189, 29-190, 2.
（19）WATr 5, 187, 23-28.
（20）小田部進一、前掲書、第9章「マルティン・ルターとケーテの家庭」、233―239頁参照。

男と女の共同の生
——ad fontes「みなもと」にもどって考える

菊《きく》地《ち》純《じゅん》子《こ》

1949年生まれ。筑波大学大学院博士課程単位取得退学、テュービンゲン大学神学部、文学部古代オリエント学(Dr. Cand.)。日本キリスト教会神学校講師等を経てフォーラムLLiT（Lux Lucet in Tenebris）主催。著書『神は生きておられる』他。訳書『カルヴァン』他。

宗教改革500年祭[1]を祝うこの年になっても、当時議論の対象であった聖職者独身制についてキリスト教会の中ではまだ決着をみていないといってよい。筆者の限られた情報でも、教皇フランシスコが第266代教皇になった2013年以前には一件ならずカトリック聖職者の少年暴行が次々と明るみに出て、ドイツなどでは一般的に読まれているそれぞれの地方紙も、一地方に限らず読者をもつ数少ない全国紙も、競って書き立てていた。それに伴ってカトリック教会の聖職者の「独身制」は悪の根源であるというようなせっぱ詰まった雰囲気が、キリスト教会とはもはや無縁といってもよい市民たちの間ではもちろんのこと、キリスト教人口の約半数を占める自覚的カトリック教徒の間でもかなり蔓延していた。また個人的体験もある。ここ20年以上、毎年春と秋の大学の休みに昔の留学先の研究所で籠もっているが、1カ月ほど滞在するのは州教会の大学生用の寮。そこで知り合い、修道院のミサにも同行してくれたカトリック教会の真摯な青年は、神学を学んだが独身を貫くつもりはないからと学校の宗教教師の職を選んだ。

ジャン・カルヴァンは結婚というものをどう考えていたのか。実際はどういう結婚生活であったのか。そこから今の私たちは何をくみ取るのか。その問いに向かう前に、「結婚」についての議論は、結婚観の歴史的文脈を無視しても意味がないと確認することからはじめたい。

男と女が共にある生活

まず、結婚観には時代の「常識」が反映されていることを忘れては誤解が生じる。筆者も親の世代の結婚観はまったく理解不能であったし、逆もそうであったようだ。たった一世代でさえこうなのだ。ましてカルヴァンは16世紀西方カトリック教会の地盤であったところに生きていた人である。当時の文脈をできるだけ探ることが必要だ。

「男と女の共同生活を規制する法形式は時代や文化により大変異なっているが、私たちが知る限りすべての文化とすべての時代に共通しているようにみえることもある。男と女の共同生活の始まりが婚姻を結ぶ式典に結びついており、そこに、家族、氏族、親類、近所の人々、すなわち両人の社会環境が、共同生活の始まりに参加する。同時に共同生活の開始が公の式典で公に知らされ、是認される。男と女はこの式典の後では単に夫婦であるだけではなく、また生活共同体として認知される」(2)。旧約聖書でも新約聖書でも婚姻は宗教的行為とは結びついていないが、ローマ時代には聖書の神の祝福を求めるということで司祭の寄与の証拠がある。中世初期になりローマ法はゲルマン民族の氏族法と結びつく。そこでは婚姻の成立とは花嫁の花婿家族への譲渡であった。13世紀になると、この譲渡の中立の証人の役割を司祭が担い始める。この理解はルターも引き継いだ。カルヴァン、ツヴィングリといった改革者も婚姻締結と祝福という二本の柱により、会堂の中で式典を挙行した。

また「婚姻の理由付けが夫婦のお互いの気持ち、彼らの愛に置かれるのは、19世紀の初頭のロマン主義の時代に成立した」(3)。それ以降婚姻はきわめて「個人的な事柄」となる。「事実上、あるいは勘違いであれ愛の配慮の消失で、婚姻はその基礎を失わせることにもなる」(4)ので、今日、宗教改革時代に比べて比較にならないほどの婚姻の破綻があるというわけである。「愛がなくなった」と確認があれば、共なる関係（日本では「付き合っている」関係、内縁関係、事実婚、婚姻）の破綻には十分である。そして一人一人が単独で生きていくことが多数派になろうとしている。人はまず一人で生きるのであり、共なる生活をするには格別の理由が必要だ。それは「愛」といわれる定義のさだまらないものであったり、生活の便であったりする。

では、青年カルヴァンを待ち受けていた文脈はどのようなものか。

教会がローマ帝国初期の迫害を免れ、むしろ逆に国家教会として歩み始める前から、マタイ19章12節「天の国のために結婚しない者もいる」およびその他の新約聖書の箇所に、禁欲的で二元論的な時代思潮が結びついた。そして古代教会で教える者たちの非婚（純潔）が婚姻より重視され、婚姻は評価が低く、蔑まれるに至った。むしろ牧会書簡などでは逆であり、公には独身制と司祭（ミサを執り行うことが許されている）の職や生活との直接の関係はみることはできない。にもかかわらず非婚は不文律となった。独身の司祭は叙階後の婚姻を許されず、婚姻するなら職を去らねばならなかった。４世紀に入り、合法的に結婚した下位の聖職者（副助祭から司教まで）の婚姻の節制を義務づけようという試みは何度もされた。３２５年のニケア公会議ではこうした提案は退けられたが、スペイン、フランス、ローマの教会会議は賛意を表した。そしてその後しばしば行われた非婚の司祭と非婚の女性（修道女）の共にある生活は、多くの教会会議で節制の要請に反すると断罪されるにいたる。その後もさまざまな問題を生み出したものの、節制の方針は正当化され、厳格になっていった。動機といえば、祭儀の純粋性や霊的司祭像ばかりではなく、非婚による世との関係の切断、つまりは相続財産を次代の司祭達に残すことができることだった。そしてついに１１２３年開催の第一ラテラノ公会議は「司祭、助祭、副助祭には、私通関係または妻と同棲または他の女性との同居を全面的に禁止する。ただしニケア公会議が必要性から許可した女性、すなわち、母、姉妹、伯母、などとの同居は許される。彼女たちとの同居は疑いの的と成らないからである」(5)との項を規定集に残した。つまり、１５０９年に生まれたカルヴァンは、教会で教役者として働くか、修道院に入るならば独身のままであることが求められていた。

しかしカルヴァンは、この独身生活を薦める教えに一度ならず公然と反対していた。『キリスト教綱要』(6)では、パウロの書簡を理解すれば(7)、結婚を禁じるのは「悪霊の偽善」「うそつきどもの偽善」によるとして、独身制を否定している。また、おそらく牧師らしき人が婚姻の「合法性」について問い合わせてきたことに対する、宛名も日付も特定されていない手紙の中でカルヴァンは「もしも私が妻をめとるとするなら、多くの、些細な仕事からもっと解放されて、主に献身することができるためでありましょう」(8)と書いている。現在では、男性はいざ知らず、女性からは総スカンをくらうことが予想できる結婚観かもしれない。曰く、そこには男女の役割分担が決然とあり、結婚により男性は利益だけを蒙るのではないか、と。そこには共に生活を造り上げるための夫からの寄与がない、と。またファレル宛ての１５４０年2月6日の手紙では「私は、一度美しさに夢中になったら、愛する人の間違いをも讃えるような恋人達の途方もない種族には属していない。私を引きつける唯一の美しさとは、慎み深くあり、従順であり、高慢でなく、質素で、辛抱強いことだ。望むことがゆるされれば、私の健康について配慮してくれることだ」(9)とある。これとても、女性観として親近感がありえても、自宅用の

「看護婦」募集とどこが違うのか、とのつっこみがありそうだ。しかし、カルヴァンが現実に迫っていた一つの縁談への戸惑いとして書いたのは、相手が自分の母語の仏語を話さないことへの懸念や、家柄も持参金も法外だが、その家柄と受けた教育を相対化できないのではないかという懸念である[10]。婚姻は両者のことばによるコミュニケーションが大事であること、両者の出自の差が関係に影をおとすことへの懸念。これらは現代の女性からも共感されるだろう。

また、こうした書簡では、結婚することを改革者の課題として主張するような調子が全く見られないことも確認できるだろう。改革者の婚姻に対する批判をしらなかったわけではないにもかかわらず、「あえて結婚を挙行する」という戦略的力《りき》みのようなものはみられない。婚姻は神に祝福された男と女の共同生活の姿であって、実行すべきアジェンダとしてはなかったといってよい。だから、亡命者として生きる自分との共同生活が、将来の連れ合いには過酷にならざるを得ないと、長い間躊躇していたとしても不思議ではない[11]。

婚姻は他人との関係の新たな端緒である。その端緒を考える場合に、ミサを執り行う人であるかどうかなどの社会的役割の違いはカルヴァンにとって基本的には全く意味をもたなかった。つまり、教会に仕える職にあることは、人としての存在に根本的な変化をもたらすものとは考えなかった。聖職者の存在そのものは、他のキリスト者となんら変わるものではないのだ。カルヴァンにとって職とは「役割」であり、その役割は役割を果たす限りにおいて現れるものだった（叙階のサクラメントの拒否）。この点を考慮しないと、司祭の独身性否定の真相は理解されないだろう。

その上で読みとるべきもう一つの点は、旧約聖書のはじめの書である創世記では、男と女の共なる生が創造主なる神により制定されており、それが故に婚姻は神からの祝福を求めて営まれていくということだ。「ユダヤ人なのか！」と批判めいた疑いをかけられたカルヴァンは、キリスト教会で旧約聖書を再発見した人だと言っても言い過ぎではないだろう。その姿勢が当時のユダヤ人からも見て取られていること[12]は興味深い。それに引き替え日本のキリスト教会の中で特にカルヴァンの伝統を引くとうそぶく教派でも、カルヴァンのこれらの立ち位置が理解されているかどうかはなはだ心もとない。

カルヴァンの結婚生活

カルヴァンは結婚した。そこには私たちが顔をなごませて読むような出会いの物語はあったか？「この時代の習慣で友人たちが妻を見つけるのを手伝ったが、成功しなかった。かつて再洗礼派であったリエージュ（現ベルギー領でワロン地区。筆者注）出身のジャン・ストールドール（アナバプテスト派信仰者であった。筆者注）はカルヴァンの尽力により、亡命者教会の一員になったが1539年にペストにより死んだ。次の年の8月にカルヴァンは彼の未亡人イドレット・ド・ビュールと結婚して、彼女の二人の子供を自分の家に迎えた」[13]。カルヴァン31歳の時である。ファレルによれば彼女は「誠実で清廉な」しかも「美しい」女性であった[14]。そのきっかけは、結婚のこの時代の常識にそって、感情とは関わりのないものであったろうと推測されている。現在の就職のケースを当てはめてみたくなる。日本が一時代前まで完全にそうであったように、当時女は父の娘であり、夫の妻であり、息子の母である以外の社会形態はまれであった。そうしたときの結婚は女にとっては今でいう就職である。未亡人になり生まれ育った家にもどるとしても、信仰故に故郷があればこそ。彼女にとっては唯一の生存形態が再婚であったろう。カルヴァンにとっても、当時として「えり好み」も可能であった中、前述した自分の女性観にしたがった結婚であったと考えてよい。その女性観の中心は、カルヴァンの前述した美の定義にしたがっている。妻となったイドレットには前夫との間に得た二人の子どもがいたが、カルヴァンは共に自分の家に迎えた[15]。

彼女にはそれ以外の「財産」は全くなかったようだ。二人のうち一人は少年で名前は伝わっていない。もう一人はジュディトという娘で、カルヴァンは可愛がったらしい[16]。そもそもカルヴァン自身についての記録は極端に少ないが、結婚のいきさつについてもこれ以上は知られていないようだ。

イドレットとの関係について、カルヴァン本人としては幸せな関係であったと書いている。カルヴァンに関わる人達が激しく迫害されていた時代である。毎日のようにその様子はカルヴァンに知らされていた。そういう状況下では二人だけの新婚生活などはあり得ず、常に他人が複数同居していた。また結婚後6週間後にイドレットは病を得た。その折にファレルに宛てた書簡で「実際、私たちの結婚が幸福でありすぎないように、主は節度を越えないよう、私たちの喜びを初めから抑えてくださいました」[17]と現状を受け止めている。また当時住んでいたシュトラスブルクでペストが猛威をふるっていた折に、出張で自宅を留守にしていたが、「夫から引き離されているので助言を受けることもできずにいる妻の安否が夜も昼も気にかかりました」[18]とやはりファレル宛てに書き、数日後にも「私の苦悩を一層かきたてるのは、彼らが危険な状況にあり、私が彼らを救うことができない、あるいは少なくとも、私が側にいて彼らを慰めることができないということです」[19]と書く。更にカルヴァンは生活の連れ合いであるばかりではなく、同じ課題を果たす協力者をも得たようだ。イドレットは二人の間の子どもを妊娠中であるにもかかわらず、瀕死状態のジュネーヴ市長を問安している。カルヴァンはヴィレに「彼女は、何が起ころうとも勇気をもつよう、たまたま彼女がやってくることができなくても、彼女もまた福音宣教のために、神のすばらしい教えに駆り立てられていることを思うようにと彼を励ましました」[20]と書き送っている。この問安の数週間後１５４２年7月28日に、イドレットは男の子ジャックを産んだ。産み月よりはやかったので夫カルヴァンは大層心配していることをあちこちに書いているが、結局は死産であった。その苦しみの中で「愛する息子の死によって、確かに主は私たちに大きな苦痛に満ちた傷を加えられました。しかし、主は私たちの父です。主は主の子どもにとって何が善かご存知なのです」[21]と、書簡で主への揺るぎない信頼を証ししている。１５４５年ごろからイドレットは弱り始め、四年後には亡くなった。最後の時まで寄り添っていたカルヴァンは、彼女の最初の婚姻で与えられた二人の子どもを父親として養育することを確約し、信仰について語る。最後は脇に引き寄せ、静かに息を引き取っていく彼女を看取った[22]。解説することもなかろう。二人三脚で宗教改革の業を担った連れ合いの死は、カルヴァンにはめずらしく、自分の心境について多弁にさせている。彼らの内的な結びつきと愛とはこう表現されている。「力づくで自分に節制を科さなければ、今に至るまで、まっすぐにはたてていなかっただろう。私から最高の同伴者が奪われた。もし私になにかただならないことが起こっていたら、彼女は進んで流刑の生活と貧困とを私と分け合うばかりか、死をも分け合ったであろうに」[23]。二人の一体感は、イドレットの死後3カ月経っても、自分は半身だけで生き残っているとカルヴァンがブツァーに書いているほどだ。こうした生活は、ルターのそれが健康を保ち、見るからに幸せそうな様子を私たちに伝えているのとは趣が異なるが、男と女がその時代の制約の中で、お互いへの信頼とお互いへの関心を持ちつつ同じように戦った共なる生活であったといえよう。

カルヴァンの結婚観と結婚生活が語るもの

カルヴァンを含む改革者達は当時の教会制度としてあった司祭の独身制を否定する論陣をはり、自ら実践したといえる。独身制は制度的には12世紀以来の制度であり、しかも改革者達の前にもそれを否定する議論が幾度となく起こっている。カルヴァンはこの議論にどう加わったのか。男と女の結びつきは聖書のいうところでは神の祝福の内にあり、また祝福が必要であるという結婚観の再生。またキリストがご自身と教会との結びつきの象徴にされるほど尊ぶに価するとされた結婚の尊厳[24]。そしてこれは人であれば全員に当てはまることとしてあり、人を分別する考えは見えない。さまざまな現実の条件から、婚姻関係から外れるという事実はあり得るだろう。しかしそれは人の存在そのものの価値とは無関係なのである。どうしてか。それは聖書がそう語っているからだ。すでにカルヴァンの時代から500年が経とうとしているが、カルヴァンが共同生活者に求め、そして得ることのできた「美」は現在も光を放つ。日本では結婚がロマンチックな「愛」の結果であった時代は短命で、再び現実の「共同生活」としてより理解されるようになっている。共同生活を利するものとして、経済的恩恵以外に何が語られているだろう。カルヴァンが相手に、また自分にも求めていた「美しさ」とは、主に信頼して慎み深くあり、従順であり、高慢でなく、質素で、辛抱強いことであった。これはカルヴァンを生かし、カルヴァンが向かっていた一つの価値世界、聖書の説く価値世界をよく示している。共に生きる男と女としてその価値世界を二人の営む厳しい現実の中で一つ一つ育てていったのである。

決して残されたものの多くない記録や手紙の中に見えている、婚姻をめぐるカルヴァンの考え方の道筋に、ad fontes（みなもとにもどって考える）という絶対的姿勢を見ることができる。そしてそれは時々の常識、多数の権力を持つ人の常識をも相対化し、現実の事情を見通すものであるという点で、教会内であれ外であれ現代のこの国に、一番欠けているものではないだろうか。聖書の価値基準に繋がるからこそ得られる現実社会からの解放と、批判的精神と現実社会の改革への道筋こそ、今緊急にカルヴァンから学ぶべきものではないか。

（1）ドイツ語圏ヨーロッパでは、すでに2012年にこの祝いをどうするのか準備の会議を行った。そこでは、改革派を代表してスイスプロテスタント連盟（ドイツ名の略がSEK、英語名の略がfeps）と、ルター派を代表してドイツ福音主義教会連盟が協力したが、いつが500年に当たるのか一致した年号を決定することは困難であった。一応世界史の中で流布している「宗教改革は1517年に始まった」という教科書的な知識に敬意を表して、ヨーロッパ各地で今年を「中心」にして長期間祝うことになったいきさつがある。

（2）A・ラウハウス『信じるということ――ハイデルベルク信仰問答を手がかりに』下巻、教文館、2011年、149頁。

（3）同上147頁。

（4）同上。

（5）デンツィンガー・シェーンメッツアー『カトリック教会文書資料集』エンデルレ書店、1974年、165頁。

（6）J・カルヴァン『キリスト教綱要』Ⅳ・12・23。

（7）テモテへの手紙一4章1―3節。

（8）『ふさわしいこととして要求されるべきでない聖職者の独身』“Caelibatum in ministro non ita requirendum esse,” *Consilia*, in O.C.X/1, p. 228.

料金受取人払郵便

小石川局承認

6313

差出有効期間
2026年9月
30日まで

郵便はがき

112-8790

105

東京都文京区関口1－44－4
宗屋関口町ビル6F

株式会社　新教出版社　愛読者係

行

<お客様へ>
お買い上げくださり有難うございました。ご意見は今後の出版企画の参考とさせていただきます。

ハガキを送ってくださった方には、年末に、小社特製の「渡辺禎雄版画カレンダー」を贈呈します。個人情報は小社、提携キリスト教書店及びキリスト教文書センター以外は使用いたしません。
●問い合わせ先 ： 新教出版社販売部　tel　03－3260－6148
email : eigyo@shinkyo-pb.com

今回お求め頂いた書籍名

お求め頂いた書店名

お求め頂いた書籍、または小社へのご意見、ご感想

お名前	職業

ご住所　〒

電話

今後、随時小社の出版情報をeメールで送らせて頂きたいと存じますので、お差し支えなければ下記の欄にご記入下さい。

eメール

図 書 購 入 注 文 書

書　　　　名	定　価	申込部数

（9）Ch・シュトローム『カルヴァン――亡命者と生きた改革者』教文館、２０１６年、72頁。O. C .X/2, p. 348: Schwarz I, 119, V.
（10）R・ストーフェール『人間カルヴァン』すぐ書房、１９７７年、36頁。
（11）R・ストーフェールはこう理解している。R・ストーフェール、前掲書、33頁。
（12）H・H・ベンサソン編『ユダヤ民族史』第四巻、六興出版、１９７７年、１３０頁。
（13）Ch・シュトローム、上掲書、73頁。
（14）１５４０年８月17日付けの書簡。R・ストーフェール、上掲書、41頁。O. C. XI, p. 78, Herinjard VI, p. 285.
（15）Ch・シュトローム、上掲書、73頁。
（16）R・ストーフェール、上掲書、41頁。
（17）同上43頁。O. C., XI, p. 83, Herminjard, VI, p. 312.
（18）同上44頁。O. C., XI, p. 175, Herminjard, VII, pp. 55-56.
（19）同上44頁。O. C., XI, p. 181, Herminjard, VII, p. 65.
（20）同上45頁。O. C., XI, p. 409, Herminjard, VIII, p. 56.
（21）同上46頁。O. C., XI. P 430, Herminjard, VIII, p. 109.
（22）同上48頁。
（23）Ch・シュトローム、上掲書、73頁、CO 13230, Schwarz 2, 464f.
（24）J・カルヴァン、上掲書、Ⅳ・12・24。

聖書における結婚と独身
――新約テクストを中心に

澤《さわ》村《むら》雅《まさ》史《し》

1967年青森県青森市生まれ。小樽商科大学卒。川崎重工業株式会社勤務を経て関西学院大学大学院神学研究科博士前期課程修了。広島大学大学院総合科学研究科博士後期課程修了。博士（学術）。広島女学院大学チャプレン。著書『福音書記者マタイの正体』他。

イエスは妻帯者であった?

２０１２年に米ハーバード大学神学大学院のカレン・キング教授が発表した「イエスの妻の福音書」（The Gospel of Jesus's Wife）は大きな物議をかもした。このコプト語パピルス断片の「イエスは彼らに言った。私の妻は……／彼女は私の弟子となることができる」という記述は、史的イエスについての証言ではないにせよ、「初期の信者の一部が、キリストに妻がいたと信じていたことを示す初の証拠」（キング教授のコメント）と期待された。発表後すぐに、その特異な内容や、トマス福音書と共通するコプト語の誤字などから、巧妙なねつ造を疑う声があがったが、放射性炭素年代測定はパピルス素材が７―９世紀に遡るものであることを示し、またインクの特徴などもこの断片が古代のものである可能性を示唆しているという(1)。

このパピルス断片の真偽に関する問題は、その出自にまつわる疑惑についての、米『アトランティック』誌による２０１６年６月の報道(2)をきっかけに意外な急展開を迎えた。同誌によれば、キング教授のもとにこの断片を持ち込んだと思われる人物は、ベルリン自由大学で古代エジプト学を修め、その後、紆余曲折を経てシュタージ博物館に勤務するも職務怠慢や横領の疑いによってそこを去り、現在はフロリダで自身の妻を被写体としたポルノ写真サイトを運営するなど、醜聞にまみれた人物であるという。ハーバード大学神学大学院では「イエスの妻の福音書」に関する研究成果を専用のウェブサイト(3)を設けて発信してきたが、この報道を受けるかたちで、キング教授が贋作の可能性を認めつつあるという、研究科長による釈明コメントを掲載した（なお、本稿執筆中の２０１７年2月上旬に当該コメントはサイトから削除され、研究成果のみが閲覧可能な状態になっている）。

さて、この断片の「発見」当初から、キリスト教界からはその内容的誤謬を厳しく批判する声や、世間では「キリスト教の根幹を揺るがす大発見」といった声があがったようであるが、いずれも本件の本質を見誤っていると言わざるを得ない。キング教授自身も当初から正しく指摘しているように、パピルスの記述は「歴史上の人物であるイエスが実際に結婚していたことを示す証拠としてみなされるべきではない」のであって、初期キリスト教会における主流とは異なる思想をもった信仰者集団の存在を示唆するかに思われたところに、この断片の学術的価値は見出されようとしていたのである。

独身の優越性について

初期キリスト教会において、独身を結婚より高く評価する傾向が主流となっていったことは、使徒教父文書からうかがい知ることができる。ヒエロニムスは「ヨヴィニアヌス駁論」（３９３年）を著し、修道僧でありながら独身制の否定に傾いたヨヴィニアヌスを批判した。ヨヴィニアヌスは、洗礼を受けたクリスチャンは既婚であれ独身であれ神の前に等しいと主張し、母マリアの永続的処女性を否定したことなどから破門されるに至った。シリキウス教皇による異端宣告の書簡は、独身は結婚にまさるという考えを公に教理として位置づけ、また、これを否定する者を異端と非難した最初の例であるという。[4] ヒエロニムスは前述の書簡において、結婚それ自体を否定はしないが劣ったものとみなし、また、性交は子どもをもうけるためにのみ許されるとし、夫婦間であってもけがれをもたらすものと述べている。また、アウグスティヌスは、ヒエロニムスとは異なって結婚を善としながらも、「事柄自体を比較するのであれば、禁欲の貞節のほうが結婚の貞節よりも、より善いことは疑いない」（『結婚の善』23・28）としている。

新約における「結婚の善」

しかし、初期キリスト教において初めから結婚が低いものとみなされていたわけではない。初期の教父たちの中には、結婚を神が定めた秩序として位置づけようとする試みを看取することができる（アレクサンドリアのクレメンス『ストロマテイス』など）。このことは、キリスト教を取り巻く環境であるローマ市民社会に向けて、その価値観の共有をアピールすることによって、キリスト教の正当性を弁証しようとする意図と結びついていると考えられる。このような観察は、結婚による夫婦関係をキリストと教会の関係になぞらえる表現や、「正しい」・「健全な」家族のあり方を論ずる箇所が、新約聖書の中でも比較的後期に成立した文書群のなかに集中的にみられる傾向とも一致している（コロサイ3・18―4・1、Iテモテ2・8―3・1、6・1―2、Iペトロ2・18―3・7など。関連してIテモテ4・3は敵対者の教えの中に結婚の禁止が含まれていると述べている）。

ルターによって名付けられて以来「家庭訓」と呼ばれるコロサイの信徒への手紙3・18―4・1は、夫婦関係・親子関係・奴隷と主人の関係という三つの関係性に対する訓戒を述べているが、いずれの場合も従属的な立場にある者への訓戒から始まっている。この家庭訓はコロサイ書以前に初期キリスト教において定式化されつつ伝承されてきたものと考えられるが、その思想的あるいは様式史的背景としては、ストア派、ヘレニズム・ユダヤ教、ヘレニズム的オイコノミアの影響などが指摘されている。

エフェソの信徒への手紙5・21―6・9は、コロサイ書の簡潔な家庭訓に依拠してこれを拡張・詳細化したものであると考えられる。ここでは本稿のテーマに沿って、夫婦関係について述べた5・21―33に注目してみたい。妻に向けて夫に対する従属が勧告され、夫はそれに愛をもって応えるように命じられることはコロサイ書と同じであるが、エフェソ書の特徴は、夫婦のこの関係をキリストと教会の関係にたとえていることである。5・21は構文上、直前の5・15―20に含まれるようにも見えるが（21節の分詞は18節の動詞「満たされよ」を受けている）、しかし同じく構文上（22節の構文は21節なしには動詞を欠く）また内容上、5・21と22に結びつきがあると考えるほうが自然である。すなわち、5・21は続く家庭訓の表題でありつつ、家庭訓全体を信者の生活についての勧告である5・15―20に結びつける推移の句として機能していると考えられる。「キリストに対する畏れにおいて互いに従属せよ」（21節）という教えは、家庭訓を主導する綱領であり、かつ教会の成員全体（分詞は男性複数形）に向けられた勧告なのである。エフェソ5・31における創世記2・24の引用は、家庭訓を護教的弁証からさらに進んでより積極的に教会論的奥義（μυστήριον）を示すものとして用いようという意図（32節）によるものである。また、キリストと教会との関係を夫婦関係にたとえる比喩は、ヤハウェとイスラエルの関係を夫婦関係になぞらえる比喩の系譜（ホセア2・18、イザヤ54・5―6、62・4―5、エレミヤ3・6―13、エゼキエル16・7―8など）に連なっている。

他に新約において、キリストと神の民との関係を結婚の比喩において語るのは、ヨハネ黙示録である。ここでは小羊であるキリストと花嫁である新しいエルサレムの神秘的な婚宴が終末のヴィジョンとして描かれるが（黙示録19・5―10、21・1―4）、エフェソ書とは異なって、信者の結婚生活のモデルとして提示されることはない。

終末論的独身主義――イエスとパウロ

前述のような、第二パウロ書簡に見出される夫婦や家族についての積極的な言及は、真正パウロ書簡にはほぼ欠けている要素である。

Iコリント11・3―12はエフェソ書の家庭訓に影響を与えていると考えられるが、夫婦や結婚について述べているのではない。ローマ7・1―6が婚姻関係に言及するのは、律法の効力範囲を示す例として用いるためである。[5]結婚の意義についてパウロが集中的に述べるのは、Iコリント7・1―40である。ここで彼は、コリント教会からの質問に答えるかたちで、結婚を消極的に肯定している。ここでの結婚は性欲を正しく位置づけるための手段（2―5、9節）であり、パウロ自身は独身をもっとも理想的な状態として考えていたことがうかがわれるが（7、8節）、それを万人にあてはまるものとはしていない（6、7節）。離婚の否定は、倫理的要請によるのではなく、現状の結婚関係の維持をその趣旨としている（10―14節）。一方でパウロは配偶者が信仰を持たない場合には離婚を可能としている（15節）。その場合にも、信者が自ら離婚を切り出すことではなく、相手が去っていくのを止めないことが勧められているのみである。結婚であれ、未婚であれ、あるいは他の身分に関することであれ、パウロはその状態にとどまることを求めており（17―27、37―38、40節）、その理由として終末の切迫の確信について述べている（26、29節）。「世のための心配り」（33、34節）を持たない状態（32節）、すなわち「主のための心配り」（32、34節）に集中することをパウロは信者に望んでいるのである。このようにパウロの独身理解と結婚・離婚理解は、いずれも切迫した終末意識に基づいていると考えられる。

マタイ19・11―12に記されたイエスの言葉は、独身を高く評価すると同時に、それが万人に当てはまるものではないとする点で、パウロの独身理解と一致している。12節は「伝承された、おそらくはイエスに由来する」[6]言葉である。新共同訳が「結婚できない（しない）者」と訳している語は、去勢した男性を意味する「宦官」（εὐνοῦχος）である。ラビ文献には先天的な性的不能者を指す「天の宦官」また「太陽の宦官」と、後天的に去勢者となった者を指す「人の宦官」という区分が見出されるが、イエスはそこに「天の王国のために自らを去勢した宦官」を加える。[7]

宦官ないしは去勢者は、ユダヤ社会では、子孫を残すという男性の義務を果たし得ない者として蔑視の対象であった。レビ記21・20や申命記23・2は性的不能者を会衆から排除することを命じている。イザヤ書56・3―5は宦官が異邦人とともに主の会衆に加わるという終末論的希望を述べているが、これは宦官や異邦人への蔑視を前提としてこそ成り立つ表現である。

祭儀的清浄を目的とした性交の断念については、出エジプト記19・14―15やレビ記15・16―18などいくつかの旧約テクストが示唆しており、また、ラビ文献には、モーセが突然に神の語りかけを受けることが頻繁にあったことから、彼には妻があったにもかかわらず、生涯を独身状態で過ごしたはずだ、という議論も見出される（バビロニア・タルムード Yebamoth 62a; Shabbath 87a; Pesachim 87b）。しかし基本的には前述のとおり、子孫を残すことはユダヤ人男性にとっての義務であったがゆえに、独身者は好奇、批判、蔑視の対象であったと考えられる。このことから「宦官」という語は、おそらく自ら選んで独身生活を送っていたイエスとその弟子たちに向けられた中傷であったとも考えられる。イエスが「独身」（ἄγαμοι, παρθένοι）ではなく「宦官」について述べている理由はそこにある。[8] 自分たちに向けられた嘲りを逆手にとって、イエスは天の王国のために独身を選ぶ決断をなす者を「自らを去勢した宦官」と呼んだのである。「天の王国のため」という理由が、結婚を断念するという決断とどのように関係するのか、この箇所自体からすぐに明らかになることはない。しかし、パウロの場合と同様に、切迫した終末意識と結びついていることが推察される。

結婚は創造の秩序

奇妙なのは、マタイ福音書ではこの結婚の断念に関するイエスの言葉が、離婚に関する論争の文脈（マタイ19・3―9、マルコ10・1―12並行）に接続されていることである。この論争のなかでイエスは、創造の秩序（創世記1・27、2・24）に遡ることで、離婚を禁じている。

この論争においてマタイは、マルコ版には記されている妻の側からの離婚申し立てのケースをユダヤ社会の慣習に合わせて削除している。また、マルコ版でイエスは離婚を無条件に禁じているのに対し、マタイは9節で妻の側の性的不品行（πορνεία）を例外規定として加える。すなわち、マルコ版のイエスは申命記24・1―4に記された離縁状規定を、結婚が神の創造に遡る秩序であることを示すことで乗り越えようとしているのに対し、マタイ版ではイエスによる律法解釈の厳密化（「律法の廃止ではなく完成」マタイ5・17）へと議論が推移している。[9] このように、双方の版には論争の性格に大きな相違があるものの、結婚を旧約テクストによって示される創造の秩序に位置づけている点には変わりがない。

しかし、結婚を創造の秩序と定める教えが、単独の教えとして語られるのではなく、離婚に関する論争の文脈において語られていることには留意する必要があろう。そもそもこの論争は、条件を整えて離婚を正当化しようとする意図に基づいた問いに端を発している。「いかなる理由により」（マタイ19・3）という条件付加は、前述したマタイの律法への関心という都合による改変に対応したものであるが、結果的にこの論争の問題点を鋭く浮き上がらせる効果をもたらしている。理由を挙げ、条件を整えて離婚を正当化しようと意図すること自体が、すでに結婚という関係を壊してしまっていることに対し、イエスは創造の秩序に訴えて非難しているのである[10]。すなわち、ここでの創造の秩序への言及は、結婚の神聖化や、結婚そのものに高い価値を置こうとする、後代のエフェソ書の意識とは一線を画して理解されるべきである。

天使は結婚しない

イエス自身が結婚をどのように考えていたのか、ということの手掛かりは、復活についての問答の中に見出すことができる（マルコ12・18—27、マタイ22・23—33およびルカ20・27—40並行）。ここでは復活の否定を意図した論争において、夫を失った女性が順次その弟と結婚し、7名の男性と婚姻関係を結ぶこととなった場合、復活の際に彼女は誰の妻になるのか、という問題が持ち出される。このケースにおいて想定されているレビラート婚は、今日的な視点からすれば女性の人格をないがしろにする制度でしかないが[11]、家父長制の中で寡婦の権利や地位を擁護するための制度という側面をも持っていた（申命記25・5—10、ルツ記、創世記38・6—10）。レビラート婚制度のもとで複数の男性と夫婦になった女性が、復活時には誰の妻になるのか、という挑発的な問いに、イエスは、復活後の人間は天使のような存在になるのだから結婚という関係そのものが問題にならなくなると答える（マルコ12・25、マタイ22・30、ルカ20・34—36）。このイエスの言辞においては、結婚も、出産も、すべては死に至る有限な生に結びついていることが看破されている[12]。復活という事態は、生殖による自己複製のプロセスを無用にするのである。加えて、復活により「めとることも、嫁がせられることもなく」なるということは、誰かを従属させたり、誰かに従属したりすることが自らのアイデンティティの構成要素となっている現状の解消を指し示しているとも考えられよう。復活により人は、「夫」や「妻」という属性に頼ることなしに（ということは「独身」であるという属性とも関係なく）、神との関係において「生きている者」となるのである。

おわりに

以上、粗雑な論考ではあるが、新約テクストを中心に、結婚や独身について述べている箇所の概観を試みた。いずれの言葉も思想も、その背景となるコンテクストを捨象して我々の現実にあてはめることはできないという、当たり前だが忘れやすい事実を再確認して、本稿を終えたい。

（1）*Harvard Theological Review* 107. 2, 2014 参照。掲載論文10編のうち、じつに8編がこのパピルス断片に関するものであり、うち6編は理化学的・光学的年代測定に関するものである。

（2）http://www.theatlantic.com/magazine/archive/2016/07/the-unbelievable-tale-of-jesus-wife/485573/

（3）http://gospelofjesusswife.hds.harvard.edu/

（4）David G. Hunter, "Reading the Jovinianist Controversy: Asceticism and Clerical Authority in Late Ancient Christianity," *Journal of Medieval and Early Modern Studies* 33, 2013, p. 453.

（5）加えて、Ｉテサロニケ4・4の「器」（σκεῦος）について、自分自身の体のことではなく妻のことを指しているという解釈がある。

（6）U・ルツ、小河陽訳『マタイによる福音書』（ＥＫＫ新約聖書註解Ｉ／３）、１３８頁。

（7）ユダヤ教世界とギリシャ・ローマ世界における宦官のあり方およびマタイ19・1—12の釈義的考察については、小林昭博「天国のための宦官（マタイ19・12）」『神学研究』（関西学院大学神学研究会）53号、２００６年、1—14頁に詳しい。本稿におけるマタイ19・11—12の釈義においても大いに参考にした。

（8）ルツ、前掲書、１３９頁。

（9）W. D. Davies & D. C. Allison, *A Critical and Exegetical Commentary on the Gospel According to Saint Matthew 19-28* (ICC), p. 16 はマタイ1・18—19の、聖霊によって身ごもったマリアと離縁しようとしたヨセフの最初の判断との関連を指摘している。

（10）「この場合イエスの関心は、離縁したら圧倒的に女のほうが割を食う世の中で、男に対して『自分の妻を路頭に迷わすな』と戒めること、また『女、子どもの命の関わる一大事をおもしろがって律法談義のネタにするな』と批判するところにあります。」（富田正樹「下世話なＱ＆Ａ」iChurch. me, http://ichurch.me/gesewa/divorce.html）

（11）挙げるまでもないことだが、国連「女子に対するあらゆる形態の差別の撤廃に関する条約（ＣＥＤＡＷ）」に基づく一般勧告第31号（２０１４年）においてもレビラート婚は有害慣行と位置づけられている。

（12）Dale B. Martin, *Sex and the Single Savior*, Louisville/London: Westminster John Knox Press, 2006, p. 104.

※聖書箇所名・章・節は新共同訳に準拠、訳文・訳語は私訳。

東方正教会の聖職者の職階と結婚について

水《みず》野《の》宏《ひろし》

横浜ハリストス正教会管轄司祭。1963年、東京生まれ。早稲田大学政治経済学部卒業。民間企業勤務を経て2008年、東京正教神学院卒業。09年、司祭叙聖。東京復活大聖堂（ニコライ堂）教会付司祭を経て、10年8月より現職。

妻帯する聖職者たち

今回編集部から与えられた主題は、「東方正教会の聖職者独身制の否定」であるが、東方正教会としてはそもそも、ローマ教会（いわゆるカトリック教会）のいう聖職者独身制自体が、ローマ教会という一教会の「後発的な内部ルール」であって、普遍的な教会の制度ではないと考えている。

正教会は聖霊降臨の日に、ペトロの言葉を聞いた三千人が洗礼を受けて誕生した信仰共同体（使徒2・41）が起源であり、そこで使徒たちが証ししたイエスの受難と復活、すなわち福音（コリント一15章）の奥義を、使徒たちの伝承どおりに受け継ぐ「使徒継承」の教会であると、自らを位置付けている。そしてその伝承の担い手である使徒たちのうち、少なくともペトロや他の何人かは、そもそも妻帯者だったことを、聖書のいくつかの記述から読み取ることができる。

「イエスはペトロの家に行き、そのしゅうとめが熱を出して寝込んでいるのを御覧になった。」（マタイ8・14）

「わたしたちには、他の使徒たちや主の兄弟たちやケファのように、信者である妻を連れて歩く権利がないのですか。」（コリント一9・5）

この使徒たちの働きを継承した、教会の監督（後述するところの主教）も同様だった。パウロは監督に求められる適性について「監督は非のうちどころがなく、一人の妻の夫であり」（テモテ一3・2）と書いている。

さらに使徒言行録によれば、使徒たちを補佐または代行する役割として聖職者が誕生したが、そこで選ばれたのは「〝霊〟と知恵に満ちた評判の良い人」（使徒6・3）、すなわち社会において一定の年齢や地位、見識を有すると考えられる人々だった。よって当時の一般的な通念としては、彼らもまた妻帯者だったとしても何の不思議もなかったのである。

正教会の聖職者制度

正教会の聖職者を、日本正教会では神品《しんぴん》と呼ぶ。神品には上位から順に「主教」「司祭」「輔祭《ほさい》」の三つの職階があり、神品《しんぴん》機密《きみつ》、すなわち主教の按手によって任命される。これを日本正教会では叙聖という。この神品職は教会の歴史の中で誕生したのだが、その起源は聖書に記されている。

ヨハネによる福音書によれば、キリストは復活の日の夕刻に弟子たちの前に現れ、「父がわたしをお遣わしになったように、わたしもあなたがたを遣わす……聖霊を受けなさい」（ヨハネ20・21―22）と、聖霊を通して彼らに権能を委ねた。この世におけるキリストの権能は「王」「祭司」「預言者」の三つであり、彼ら弟子たちはキリストから遣わされた使徒として、聖霊降臨後に誕生した教会で、「王として牧会」「祭司として機密（いわゆるサクラメント）を執行」「預言者として信者を教導」したのである。この三つの権能を使徒から正式に継承し、特定の地域の教会を監督する者が「主教」である。

後にキリスト教はローマ帝国の国教となり、教会の数が増大して、監督である主教の人数も増えた。そのため主教たちのうち、複数の主教区を統括する上位者の役職が作られた。これが「総主教」「府主教」「大主教」といった職階である。しかし、これはあくまでも教会組織の運営上の上下関係であって、神品としての主教職の立場は同等である。

というのも「神はまた、すべてのものをキリストの足もとに従わせ、キリストをすべてのものの上にある頭《かしら》として教会にお与えになりました」（エフェソ1・22）とあるように、教会の頭はキリストだけであり、使徒間ではペトロが確かにリーダー的な役割を担ってはいたものの、前述のようにキリストから聖霊を通して授かった使徒としての権能は、十二人が同等だったと教会は伝統的に理解してきたからである。そのため正教会は、ローマ教皇が「ペトロの首位権」を根拠に他の教会の主教に超越する特別な権限を主張するのは、教会の伝統になかった後発的な考えと捉えており、よって教皇の地位はあくまでも「ローマ教会という一教会の首座主教」なのであって、その権限や決め事もローマ教会の内部にしか及ばないものとみなしている。

さて初代教会に目を戻すと、エルサレムに誕生した教会の教勢が増えた結果、牧会上のトラブルも発生し「わたしたちが、神の言葉をないがしろにして、食事の世話をするのは好ましくない」（使徒６・２）という状況に至った。そこで使徒たちが本来の「祈りと御言葉の奉仕に専念」（使徒６・４）できるよう、彼らを補佐する務めにステファノら7人が選ばれ「使徒たちは、祈って彼らの上に手を置いた」（使徒６・６）、すなわち使徒の按手により、聖霊を通して任命された。これが「輔祭」の起源であり、現在も輔祭職は祈祷や牧会において主教や司祭を補佐する役割にある。

さらに後、パウロの宣教旅行によって多くの教会が広範囲にわたって設立された結果、パウロがある場所を離れると、そこの教会が無牧になるという新たな問題が生じた。そこでパウロは教会を維持していくため、「弟子たちのため教会ごとに長老を任命し、断食して祈り、彼らをその信ずる主に任せた」（使徒14・23）、すなわち個別の教会単位で使徒の権能を代行する者を任命した。これが「司祭」の起源である。司祭職は現在でも、使徒の後継者である主教の管轄地域（主教区）内の個別の教会で、主教を代行して「牧会」「機密」「教導」を行う立場にあり、この点で旧約時代の祭司とは位置づけが明確に異なっている。

なお、神品は男性に限られ、輔祭の中から司祭に、司祭の中から主教に叙聖されると定められており、一定の経験を積んだ然るべき者がより責任ある立場に就く仕組みである。

神品の結婚に関する規則

692年にコンスタンチノープルでトゥルーリ公会議が開かれ、重要な教会法として102箇条から成る「トゥルーリ公会規則」が定められた。これは古くからの教会の習慣や決まり事を、6世紀の皇帝ユスティニアヌスが定めた「ユスティニアヌス法典」に従って改訂または整備したものである。この中の神品の叙聖に関する規則に、神品の結婚に関する事項も含まれており、正教会では現在でもそれを順守している。

これによれば、輔祭または司祭の叙聖は妻帯者か独身かを問わないが、叙聖後の結婚は認めないと定められている。つまり独身者が神品に叙聖され、あるいは神品が叙聖後に妻と死別したら、その後は生涯独身でなくてはならない。

なお、ここでいう結婚とは、正教徒同士が教会の機密（婚配機密という）において結ばれることを指す。パウロがキリストと教会との関係に例えて述べているように、「人は父と母を離れてその妻と結ばれ、二人は一体となる」（エフェソ５・31）ことは、信仰において完全に一致している男女が、「キリストの体」（エフェソ１・23）である教会の機密によって「キリストにおいて一つになる」ことで実現されると考えるからである。この考えに基づき、トゥルーリ公会規則では非正教徒との教会での婚配機密の執行を禁止している。

それゆえ、機密でない婚姻関係にある者、すなわち妻が正教徒でない者は神品叙聖の資格がない（妻が結婚時点では異教徒で、婚配機密をしていなくても、結婚後に正教徒となったのなら問題ない）。また「神が結び合わせてくださったものを、人は離してはならない」（マタイ19・6）のであるから、神品が離婚したときは神品職を解かれる。

主教職については、ユスティニアヌス帝時代に叙聖対象者を独身に限るようになり、トゥルーリ公会規則で正式に規定された。そのため、かつて使徒本人や初代教会の主教らが妻帯していたのと矛盾する結果となった。しかしこれは4世紀にキリスト教が国教となってから久しく、使徒時代とは異なり主教も社会で重要な地位にあるため、世襲による権力独占やモラル低下を防止することが求められたからである。

さらにこの主教職の独身性と非世俗化を担保するため、実際に主教に選立されるのは司祭の中で修道士となった者、すなわち修道司祭からとなった。正教会の主教は皆、後方に細長い布が垂れ下がったクローブクという帽子をかぶっているが、これは修道士がかぶる帽子と同一である。つまり彼らは教会の監督であると同時に、生涯独身を貫き神への献身を誓った修道士でもあることを、外見的に示しているわけである。

なお、主教職は独身に限られ、また離婚者は神品の地位そのものを解かれると述べたが、例外的な扱いとして、司祭夫婦が同時に修道誓願することで教会法上の婚姻関係を消滅させるならば、その司祭は主教叙聖の資格を得る。実際の事例としては1940年、戦時体制下の日本正教会で、セルギイ府主教が外国人であることを理由に教団代表を更迭されたとき、妻帯者の小野帰一《きいち》神父がやむなく夫婦で修道誓願し、後任の主教として叙聖されたことがあった。しかし、配偶者が存命であるにもかかわらず、主教になるための手段として修道士になるというのは、本来の修道の趣旨から逸脱するものであり、極めて稀な特殊事例だと言わざるを得ない。

修道の起源と意味

修道とは俗社会を離れ、生涯独身で禁欲と節制のうちに祈りに専念する生活を送ることであり、その誓願を認められた修道者の男性を修道士、女性を修道女と呼ぶ。

教会の外部からは誤解されることが少なくないが、修道者自体は一信徒であって神品ではない。というのは、修道とはあくまでも信徒の信仰生活の一形態として成立しているからである。よって男性である修道士が神品に叙聖されることはあっても、修道女は生涯修道女のままである。

修道が始まったのは4世紀である。これはミラノ勅令を皮切りに、キリスト教がそれまでの迫害時代から一転して国教化した時期であった。殉教を覚悟して信仰を守った時代が去り、誰もが当たり前にクリスチャンとなる社会が到来した結果、信仰生活の世俗化と堕落も顕著になった。しかし、そのような風潮をよしとしない人々も少なくなかったのであり、俗社会から離れ、砂漠や山の中などの厳しい環境で旧約時代のエリヤや洗礼者ヨハネらに倣って禁欲的な隠遁生活をし、祈りに専念する者が自然発生的に現れた。こうして自らの信仰を証しするための、死を伴わない「社会的殉教」ともいうべき信仰生活の形態、すなわち修道が誕生したのである。

このように、修道自体は個人的なライフスタイルとして起こったことではあったが、修道を志す人々が増えたため、4世紀末には修道者が共同で一定の場所に住み、自給自足をしながら祈りの生活を送るシステム「修道院」が誕生した。

以後、宣教による教会の拡がりと共に修道院も至るところに造られていき、また修道者の中から霊的生活の模範として多くの聖人が列聖されてきた。そのようなわけで正教社会においては、修道院やそこにいる修道者らは聖なる信仰生活の担い手として、今でも敬われているのである。

神聖さの継承を求めて

以上見てきたように、東方正教会では使徒たちから継承した伝統において、神品を独身か妻帯かという個人属性にかかわらず任じてきた。パウロが「わたしとしては、皆がわたしのように独りでいてほしい。しかし、人はそれぞれ神から賜物をいただいているのですから、人によって生き方が違います」（コリント一7・7）と書いているように、独身か妻帯かはその人の人生上の選択の問題であって、人間性の優劣や神品としての適性を決めるものではないからである。

しかし、迫害時代からローマの国教化へと向かう教会史上の大きな転換期において、教会は聖職者の結婚に教会法上の一定の制約を加えることになった。またそれと並行して、修道という生き方を通して、世俗社会の中で司牧している神品とは別に、聖なる信仰生活の追求が行われてきた。これらはひとえに正教会が、キリストご自身から使徒たちへ聖霊を通して渡された権能の「神聖さ」を、社会の世俗化によって損なうことなく、継承することを目指しているためである。このようにして正教会は自分たちの信仰において、今もその伝統を守り続けている。

参考文献

Thomas Hopko, "*The Orthodox Faith vol.1: Doctrine*," Orthodox Church in America, 1981.

———, "*The Orthodox Faith vol.2: Worship*," Orthodox Church in America, 1981.

———, "*The Orthodox Faith vol.3: Bible and Church History*," Orthodox Church in America, 1981.

キリスト者の召命と結婚の秘跡
——第二ヴァチカン公会議とそれ以降

桑《くわ》野《の》萌《もえ》

上智大学神学部卒業。教皇庁立サレジオ大学神学部修士課程、ラモン・リュリ大学哲学部博士課程修了。著書『身体の知』（共著、ビイング・ネット・プレス）。論文「神の民の共通祭司職——信徒奉仕職実現のための課題」（『日本カトリック神学会誌』第25号）他。

はじめに

カトリック教会の伝統において結婚と家庭はどのようにとらえられてきたのか。今改めてこの問題について注目することはとても意味深い。なぜなら、カトリック教会では第二ヴァチカン公会議以降、婚姻と家庭の意味について改めて問い直し、その重要性を強調してきたからである。さらに2014年、15年と続けて開催されたシノドス（世界代表司教会議）では、現代の家庭の在り方や、概念、制度の変化に対して教会がどのように寄り添い、向き合っていくことができるかが議論の焦点となった。

カトリック教会における召命や結婚の秘跡理解の土台となっているのは、「神の普遍的な救いの秘跡である教会」と「神の民の教会」という考え方である。すなわち、教会は神の救いの業を目に見えるかたちで示す道具であり、すべての人がその生き方にかかわらず、分け隔てなく平等に救いの業に参与するよう呼ばれているということである。この「神の民」による普遍的召命は、第二ヴァチカン公会議において強調され、教会を理解するための礎となっている。

教皇ヨハネ二三世によって招集された第二ヴァチカン公会議は、カトリック教会の「現代化（アジョルナメント）」を軸として開催された。この中で画期的だったのは、教会と世界の関係が強調され、カトリック信徒だけでなく、すべての人に（他宗派、他宗教も含めて）開かれた教会となることが確認されたことである。そしてもう一つ大切なのは、「交わりと一致の教会」としての教会の位置づけが宣言されたことである。それは、聖職者、修道者、信徒（既婚、独身を問わず）などすべてのキリスト者が洗礼を通して分け隔てなく「聖性」に招かれており、イエス・キリストのもとに一致しているという考え方である。このような流れの中で、教会における信徒の召命と使命に焦点が当てられ、家庭における聖性や婚姻の秘跡の重要性が再考されるようになった。

1．神の似姿としての人間と聖性への召命

カトリック教会の教えにおいて結婚の秘跡や家庭がどのように捉えられているのかを考える鍵となるのは、まず、教会が結婚を秘跡として定めていることである。そしてもう一つは、結婚も、洗礼の恵みによってキリストと結ばれた私たちキリスト者にとって神からの召命であるという点である。この点を詳察するためにまず、私たち人間が根源的に神の愛によって、神にかたどってつくられた存在であることを確認し、それから教会においてはすべてのキリスト者が分け隔てなく、それぞれの賜物に応じてイエス・キリストに倣うよう呼ばれているという「聖性への普遍的召命」についてみていきたい。

（1）「愛によって」「愛するために」つくられた人間

神にかたどり、似せてつくられた人間は、根源的に愛である神へ向けられている。つまり、聖性への招きは愛への招きと切り離せない関係にある。このことについてヨハネ・パウロ二世は、使徒的勧告『家庭』の中で次のように述べている。人間は、神から「愛によって」生きるよう招かれていると同時に「愛のため」につくられた。神は人間を単独の者としてつくらず、「男と女に創造」し、愛し、交わる責任を課した。したがってすべての人間が生まれながらにして愛に招かれている。そして人間は、霊魂と体のすべてにおいて愛し合うように呼ばれている。すなわち人間は、滅びることのない霊の息吹を吹き込まれた体を通して愛を具現化するのである（ヨハネ・パウロ二世『家庭――愛といのちのきずな』カトリック中央協議会、1987、11参照）。

さらにヨハネ・パウロ二世は次のように続ける。キリスト教の啓示は、人間がこの愛の召命を実現するために、結婚と神の国のための独身という二つの道を認めている。そしてこれら双方の固有なかたちの中に「神のかたちとして創造された」存在としての深い真理が表れている。すなわち、人間は本来、神の愛に呼ばれ、その愛を現世に実現するようつくられている。キリスト者はこの使命を、結婚と、神の国に生きることに特化するための独身というそれぞれのあり方を通して全うするよう招かれているのである。

したがって「結婚の秘跡も神の国のための独身もキリストご自身に由来するもの」であり、キリストは「この双方に意味を与え、み旨に従って生きるための必要な恵みを与えられる」。このことからカトリック教会の教えでは「神の国のための独身の価値と結婚のキリスト教的意義とは、切り離すことのできない、互いに補い合うもの」（日本カトリック司教協議会教理委員会『カトリック教会のカテキズム』カトリック中央協議会、２００２、１６２０）と定めている。このことについてヨハネ・パウロ二世は次のように述べている。

> 神の国のための独身は、結婚の尊厳と矛盾するものでなく、むしろそれを前提として認め、かつ強めるものです。結婚と神の国のための独身は、神とその民の間で結ばれた契約の一つの神秘を表して生きる二つの道です。結婚が尊重されないならば、神にささげられた神の国のための独身も存在しえません。すなわち、人間の性の営みが、創造主によって与えられた偉大な価値あるものと考えないならば、神の国の為にそれをささげることもその意味を失ってしまいます。（『家庭』16）

カトリック教会の伝統と霊性において、結婚と神の国の独身という二つの生き方は、矛盾した生き方ではなく、むしろ双方が存在することによって互いの意味と価値を高め合うのである。

（２）教会における聖性への普遍的召命について

先に述べたように家庭と結婚の秘跡をめぐる理解は、第二ヴァチカン公会議を契機に、その意味と使命が見直され、教会において大切な位置を占めることが確認された。この根拠となるのは、教会においてはすべての人が、それぞれの生き方の賜物に応じて神に召され、イエス・キリストの生き方や教えに倣うよう呼ばれているということである。つまり、婚姻の秘跡によって結ばれた夫婦も、聖職者（聖職位階に属している司教、司祭、助祭）も、神に自分自身を徹底的に捧げる生き方を選んだ奉献生活者もすべての人が神の聖なる次元へと開かれており、それぞれの生き方を通してイエス・キリストに従い、似たものとなるよう招かれているということである。これを「聖性への普遍的召命」と呼んでいる。このことについては、第二ヴァチカン公会議公文書『教会憲章』第5章に書かれているが、そこではその根拠が次のように説明されている。神はすべての人が聖なる者となることを望まれ、イエス・キリストをこの世に派遣した。イエス・キリストは「教会を自分の花嫁として愛し、これを聖とするために自分を引き渡し、これを自分のからだとして自分に結びあわせ、神の栄光のために聖霊のたまものを豊かに与えた」（第二ヴァチカン公会議公文書改訂公式訳『教会憲章』カトリック中央協議会、２０１３、39）。つまり、イエス・キリストの花嫁として愛され、そのからだとしてイエス・キリストに結ばれている教会は、様々な生き方に召されたキリスト者によってつくられている。したがって「すべてのキリスト信者は如何なる身分、地位にあっても充実したキリスト教生活と申し分ない愛の実践に召されて」おり、聖性へと招かれている。このためキリスト者は「おのおのがキリストから受けた賜物に応じてこの完徳を獲得するように努力し、キリストの足跡に従い、その姿に似たものとなり、万事において父のみ心を行いながら、神の栄光と隣人への奉仕に全精力を注がなければならない」（『教会憲章』40）というのである。

教会（*Ecclesia*）はもともとイエスを信じた人々の家での集まりに由来する。ところがその後、とりわけ中世の教会において修道制などの貞潔や独身性が強調されるようになり、文字を読むことができるなど高い教養を持つ修道者、聖職者が教会の中心と考えられるようになった。貞潔や独身の優位性がカトリック教会のイメージと直結する傾向があるのはこのためと考えられる。宗教改革の際にルターを中心とするプロテスタント教会によって、聖書を原点に信徒のすべてが神から呼ばれている、という万人祭司説が説かれ、家庭における信仰に焦点が当てられた。第二ヴァチカン公会議ではこのようなプロテスタント教会の考え方からも影響を受け、家庭が信仰の拠点であることが強調されたのである。

そしてそこでは、カトリック教会本来の伝統と霊性において、従順、貞潔、清貧を生きる独身性と婚姻の秘跡を受けた夫婦としての生き方とは対立関係にあるのではなく、むしろ両者の生き方は、神の聖性へと招かれている点において一致していることも強調される。どの生き方が神へ近づく道として優位か、ということではなく、様々な生き方を選択し、様々な状況の中で生きている私たち一人ひとりがキリストのもとに一致しているという「多様性における一致」の理解、様々なかたちで神に呼ばれているキリスト者一人ひとりが築いている「キリストの体」の教会、そして私たちそれぞれがその賜物に応じて等しく聖性へと招かれている「聖性への普遍的召命」が神の民の教会を理解するための大切な鍵となっているのである。

2. 教会における結婚の秘跡

これまで、神の似姿として愛され愛するためにつくられた人間という観点と第二ヴァチカン公会議で提唱された聖性への普遍的召命という観点から、教会には様々な生き方が存在し、そのすべてが神の賜物を受けた尊いものであり、イエス・キリストのもとで一致することをみてきた。とりわけ、結婚と神の国のための独身という二つの生き方が神において一体不可分の関係にあり、互いに補い合うものであることを確認した。では、カトリック教会の教えにおいて、結婚の秘跡は教会の中にどのように位置づけられているのだろうか。この問題は、婚姻が教会における様々な生き方の中で単独に存在しているのではなく、教会全体の使命と深く結びついていることを確認するために大切な問いである。

先にも述べたように秘跡とは神の救いの業の目に見えるかたちだが、カトリック教会では教会を原秘跡、すなわち「神との親密な交わりと全人類の一致のしるし、道具」と定めている（『教会憲章』1）。この親密な交わりと全人類の一致を促すのは、神の愛の業にほかならない。カトリック教会が結婚を秘跡と定めているのは、神の愛の業が、結婚を通して目に見えるかたちとして実現するためである。その愛の業は、夫婦の間に閉ざされたものとしてあるのではなく、共同体全体に、社会に開かれたものとして実現する。このように考えると、結婚の秘跡にあずかる夫婦の使命は、教会全体の使命と一体不可分の関係にあることが浮き彫りとなる。

２０１６年3月に現教皇、フランシスコが発布した使徒的勧告『アモリス・レティティア』では、聖書と伝統に基づいてカトリック教会が家庭の召命と意味をどのように理解してきたかが示されているが、その中で、キリスト者同士の結婚は真の愛の源泉である神の愛の映しであり、神の愛の喜びを証しするために必要な恵みを受けていることを確認している（Francisco, Exhortación Apostólica postsinodal, *Amoris laetitia*, 2016, 71. 以下、AL）。イエス・キリストは結婚の本来のあり方を提示しただけではなく、結婚を教会による愛の秘跡へと招いた。このため、教会における結婚とは単に社会的制約における外的な契約関係を示すのではない。結婚はキリスト者にとって秘跡であり、この秘跡は結婚によって結ばれる者同士の聖化と救いのための恵みである。すなわち、教会の花婿である「キリストは、結婚の秘跡を通してキリスト者の夫婦を迎え入れ、ご自分が教会を愛し、教会のために自分を与えられたように、夫婦も絶えず忠実に愛し合うものとなるように、彼らのもとにとどまる」のであり、「真正な夫婦愛は神の愛の中に受け入れられ、キリストのあがないの力と教会の救いの働きによって導かれ、豊かにされる。こうして夫婦は確かに神のもとに導かれ、父母としての崇高な務めを果たすにあたって助けられ、強められる」という（第二ヴァチカン公会議公文書改訂公式訳『現代世界憲章』48）。したがって「夫婦相互の結びつきは、キリストと教会の関係そのものを秘跡のしるしによって現実に表している」のであり、夫婦は「十字架上の出来事を教会に永久に思いおこさせる人々」である。「すなわち彼らは互いにとっても、子どもたちにとっても、その秘跡によって神の業と救いの証人」なのである（『家庭』13）。このことから教会は、夫婦が結婚の秘跡の力によって最も深く解消できない仕方で互いに結ばれていることを強調してきた。この不解消性は束縛ではなく、「賜物」を意味する。結婚の恵みの源泉は神であり、その生き方と結びつきはキリストと教会の結びつきを映し出している。このことからカトリック教会では、家庭が本来「生命と愛の親密な共同体」（『現代世界憲章』48）であると述べている。

3．夫婦と家庭の霊性

第二ヴァチカン公会議以降、結婚の秘跡および家庭の召命と使命に焦点が当たるようになった背景の一つに、同会議において信徒使徒職の重要性が問い直されたことがある。使徒的勧告『アモリス・レティティア』9章では、第二ヴァチカン公会議における信徒使徒職の理解を基に夫婦と家庭の霊性について展開している（AL 313-325）。

まず、使徒職とは、全世界の救いという使命を全うするための教会の活動すべてを指す。教会は、キリストと結ばれているすべての人を通して様々な方法でこの使徒職を実現する。つまり、キリスト教信者としてキリストと一致することは、その使徒職にも呼ばれていることを意味する（第二ヴァチカン公会議公文書改訂公式訳『信徒使徒職に関する教令』4）。したがって、キリスト者はその生き方に応じて様々なあり方で呼ばれ、その愛徳も様々な色彩を帯びているとされる。そのため、第二ヴァチカン公会議では信徒使徒職に言及しながら、家庭生活から生まれる霊性に焦点が当てられた。この点に関して公会議の中では次のように宣言されている。

> 信徒の生活の霊性は、結婚生活や家庭生活、独身や寡婦の身分、病弱な状態、職業活動や社会活動などそれぞれからにじみ出る特色を帯びていなければならない。それゆえ信徒は、その生活状況にふさわしく授かった資質と才能とを根気強く磨いていくことをやめてはならず、聖霊から受けた各自固有のたまものを生かすようにしなければならない。（『信徒使徒職に関する教令』4）

では、「結婚生活や家庭生活からにじみ出る特色を帯びた霊性」とはどのような霊性だろうか。フランシスコ教皇は次のように述べている。

夫婦の霊性は神の愛によって結ばれた霊性ということが

できる。それは理想的で完璧な夫婦生活を送るということではなく、むしろ夫婦生活の悩みや葛藤、そして希望に満ちた日常の中に神が宿っているということである。この日々の家庭の交わりを真に生きることが、日常生活が聖化され、神秘的に成長する真の道であり、神と親密な関係を結ぶ歩みとなるのである（AL 315）。聖霊の恵みを受けた夫婦は、生活を通して、聖性を生き、キリストの十字架の神秘に参与することで苦しみや困難を愛の供え物と変容させるのである（AL 317）。

したがって聖性を生き、霊的な生活を送ることとは、家庭生活を送ることと対立関係にあるのではなく、むしろ家庭生活を通して霊的生活が深められるということである（AL 316 参照）。

さらにフランシスコ教皇は、キリスト者の夫婦の使命について、命を生み出し、命をケアすることであると述べている。彼らは互いにとっても、子どもにとっても、また他の家族にとっても神の恵みの協力者であり、信仰の証しとなる（AL 321）。この命を生み出しケアする使命とは、命に対して開かれていることを示している。それは家族の中で新しい命を生み出すことだけではなく、他者に対しても開かれていることを意味する。とりわけ、貧しい人や社会から見捨てられた人々に対して開かれた時に「教会の母性の象徴と証となり、それに参与する」（『家庭』49）ことになる。つまり、家族が固有の霊性を生きるとは、家庭教会としてあると同時に世界を変革する生命細胞として生きることだ、とフランシスコはいうのである（AL 324 参照）。

おわりに

ここでは、カトリック教会の伝統において結婚の秘跡や家庭についてどのように捉えられてきたのかについて、第二ヴァチカン公会議公文書とそれ以降の教えからみてきた。

神に愛され、他者を愛するためにつくられた人間は、様々な生き方を通してその使命を全うするよう神から招かれている。その使命を具体的なかたちとしてこの世に示したのが教会である。結婚の秘跡によって結ばれた夫婦はキリストのもとに一致し、夫婦生活を通してこの教会の使命に参与するのである。

夫婦と家庭の大切な使命は命を生み出し、ケアすることだが、その使命は家庭内だけでなく、社会にも開かれている。なぜなら、キリスト者の結婚は秘跡であり、教会と密接な関係で結ばれているからである。

このように第二ヴァチカン公会議を契機に、結婚の秘跡の意味と、家庭の召命と使命が問い直されたが、果たしてこの第二ヴァチカン公会議の精神がどれだけ司牧の現場に浸透しているだろうか。本来教会共同体の一員として互いにケアし合い、教会の使命に向けて共に歩んでいくよう呼ばれている家庭だが、実際には共同体自体が狭い意味での倫理的規範に縛られ、様々な家庭の問題を抱える信徒が教会から遠のいてしまうケースが少なくないのではないだろうか。とりわけ現代の複雑な家庭事情やパートナーシップのあり方の多様化の中で、教会共同体がどのようにこれらの人々と共存し、ケアしていけるかは今後の大きな課題である。近年、シノドスの中で、改めてこの第二ヴァチカン公会議の精神が確認されたのは、まさにこのような課題に教会としてどのように取り組んでいけるかを考えるためであったといえる。

フランシスコ教皇はキリスト者家庭の使命について次のように述べている。最初から天から降ってきたように完璧につくられた家庭などない。むしろどの家庭も愛する能力において絶えず成熟していかなければならない。私たちは常に、三位一体の交わり、キリストと教会の交わり、ナザレの聖家族、天の諸聖人の純粋な兄弟姉妹の交わりなど素晴らしい愛に満ちた交わりの共同体に呼ばれているが、それは神の国の終着点である。私たちはそこを目指して共に歩み続ける使命がある、と（AL 325参照）。

この終着点を目指して歩み続ける不完全な私たちだからこそ、共同体において励まし合い、互いにケアし合うことが必要である。キリスト者である私たちは、教会共同体の一員として、家庭を通して神が望んだ愛による共同体をこの世に実現することに呼ばれているのである。

結婚、その神聖なるもの？
——異性愛規範の維持装置・再考

堀《ほり》江《え》有《ゆ》里《り》

同志社大学神学部卒業。同大学院神学研究科歴史神学専攻（修士）、大阪大学大学院人間科学研究科（博士）修了。博士（人間科学）。専門は社会学、クィア神学。主著『レズビアン・アイデンティティーズ』（洛北出版）など。現在、法政大学大原社会問題研究所・客員研究員、日本キリスト教団なか伝道所（横浜寿町）牧師。

不可視化される性差別・性規範？

ある日のこと、礼拝説教をつくるために確認した「主日聖書日課」にとても興味深い点があった。指定されている箇所はテモテへの手紙一・二章一～八節。新共同訳聖書では「祈りに関する教え」という小見出しがつけられている箇所の一部分である。「だから、わたしが望むのは、男は怒らず争わず、清い手を上げてどこででも祈ることです」（八節）という一文で終わっているのは、どうも不自然ではないかと感じたのである。というのも、つぎのようにつづく文言が意図的に省略されているように思えたからであった。

同じように、婦人はつつましい身なりをし、慎みと貞淑をもって身を飾るべきであり、髪を編んだり、金や真珠や高価な着物を身に着けたりしてはなりません。むしろ、善い業で身を飾るのが、神を敬うと公言する婦人にふさわしいことです。婦人は、静かに、全く従順に学ぶべきです。婦人が教えたり、男の上に立ったりするのを、わたしは許しません。むしろ、静かにしているべきです。（テモテへの手紙一　二章九～一二節）

しかも一五節には、「婦人は……子を産むことによって救われます」などと記されている。この文書が記された時代背景を顧みずして、この文章を唐突にそのまま読むのは、さすがにマズいだろう——せめて建前上はそう感じる人びとも少なくはないと、わたしは信じたい。もちろん本音では、女には黙ってもらいたい、男よりもでしゃばるべきではない、などと思っていたとしても、それを公言することは憚られる、という政治的判断がなされる――政治的正しさ（politically correctness）が発動する――ことが多いのではないだろうか。なぜなら「性差別だ」と言われると面倒くさいからである。

おそらく、いまだ性差別をめぐる現状認識はおおかたその程度であろう。ただ、あえて述べれば、こう思う。明示しておいてくれればよかったのに、と。この聖書箇所が教会で読まれるとき、場合によっては、本音が出てくることもあるだろうから。そのような意味で、政治的判断というのは、ときに差別をよりアンダーグラウンドに潜り込ませ、不可視化させる役割を果たすこともあるのかもしれない。

キリスト教における「結婚」を課題とした小論の冒頭でこのように述べるのは、やや唐突であろうか。ただ、これまでにもフェミニズムがくりかえし指摘してきたように、女性の役割を固定化する装置として「結婚」が機能してきたという事実は現にある。この小論では「結婚」という装置をとおして、女性の役割を固定化する要因である異性愛規範（heteronormativity）が維持される様相について考えてみたい。

また、「結婚」とは従来、異性間の制度として設計・運用されてきたが、昨今は同性間の「結婚」――婚姻の性中立化[1]――が、いくつもの国や地域で進んでいる。それに対して、キリスト教を中心とする宗教的な言説による反対論も相変わらず根強い。そこに横たわっているのは「結婚」を異性間の結びつきとして神聖視[2]するまなざしである。このイデオロギーから、わたしたちはどのように解放されることができるのだろうか。また、それに対抗する人びとが同性間の結びつきを「結婚」として神聖視することも少なくない。その場合、性別がいかにあろうとも〈つがい〉となることが大切な関係性としてまなざされるのである。〈つがい〉という性規範――わたしたちは、また、そのイデオロギーからも解放されることはあるのだろうか。

異性愛規範を維持する「結婚」

異性愛規範とは、人間を男女の二種類に分け、その男女が〈つがい〉となることを〝あたりまえ〟とする性規範である。二つに分けられた性別カテゴリーのあいだには権力関係が介在し、秩序がかたちづくられていることが、まさに問題なのである。

社会学者の江原由美子は、「ジェンダー秩序」を、「『男らしさ』『女らしさ』という意味でのジェンダーと、男女間の権力関係である『性支配』を、同時に産出していく社会的実践のパターン」と定義し、「まさに、この、ジェンダーと『性支配』が、ジェンダー秩序に沿った社会的実践の持続によって、同時的に、社会に構築される」ものであると述べる〔江原、二〇〇一、ⅰ頁〕[3]。このジェンダー秩序は、異性愛という体制によって維持されている。ただ、異性愛を、単なる「愛」のかたちとして把握するだけでは問題が生じることは強調しておきたい。性の多様性が強調される時代になり、わたしたちは「愛」のかたちが多様であることを知るに至った。たとえば、同性愛者の存在が可視化するにつれ、「誰が誰を好きになろうが問題ない」という声も聞かれるようになった。「個人の愛のかたちは自由である」と良心的な人びとは言う。しかし、江原は、ジェンダー秩序によって形成される「異性愛」について、つぎのように述べる。

> 「異性愛」の主要パターンを、誰を愛するかということ自体にではなく、社会的実践の規則としての「異性愛」の水準に照準して把握したい。すなわち、具体的には、「性的欲望の主体」を「男」という性別カテゴリーに、「性的欲求の対象」を「女」という性別カテゴリーに、強固に結びつけるパターンとして、把握することにしたい。（強調、引用者）〔前掲書、一四二頁〕

「誰が誰を好きになるか」という性的関係のみに縮減してしまうと見失われることがある。たとえば、男女間の非対称性も、また異性愛と同性愛の非対称性も捨象されてしまう危険がある。つまり、このような個人化した思考のなかで欠落してしまうのは、社会構造を読み解く視点である。あくまでも「社会的実践の規則」であるということ。つまり、社会構造に埋め込まれたものとして認識する必要がある、ということだ。

そして、このジェンダー秩序によって形成される「異性愛」を制度によって維持してきたのが婚姻制度としての「結婚」である。言い換えれば、「結婚」は異性愛規範を維持する装置として機能してきたということになる。

「家族の価値」尊重派の存在

プロテスタント教会では「結婚」はサクラメントではない。にもかかわらず、神聖視されつづけてきたのはなぜだろうか。少なくとも、祝福すべき出来事として認識され、そこに異論をはさむことはあまり容易ではないように感じることがしばしばある。祝福される「結婚」と、忌避される、あるいは回避されることが奨励される「離婚」――その非対称性を比較してもあきらかであろう。

「結婚」とは、どのような意味づけがされているものなのか。とくに北米において、異性愛規範を基盤として婚姻の性中立化に反対してきた「家族の価値（family value）」尊重派の主張を簡単にみていくことで検討してみよう。

かれらは、「父―母―子」という構成の家族を「正しい家族」とする。そこで主張されるのは、男女のカップルを中心とする終身単婚制の重要性である。すなわち、ひとりの男性とひとりの女性が〈つがい〉を生涯継続することが「正しい」かたちとして認識される。かれらが、同性間に婚姻制度を適用することは「家族の崩壊」を意味すると主張する「根拠」を、清水雄大の法学の観点からの整理より抜粋するとつぎの三点となる。すなわち、①婚姻とはそもそも「男女」による「生殖」を伴うものである、②同性同士の結婚を法的に認めると同性愛者が増加し、種の存続に危機が生じる、③同性カップルが親になると子の福祉への悪影響がある、ということだ［清水、二〇〇八］。紙幅の都合により、詳細に検討できないが[4]、たとえば、婚姻関係は生殖をかならず伴うとも限らないし、同性間に婚姻制度を適用したとしても同性愛者の人口が増えるという根拠はない。むしろ、同性間の結婚を法的に承認していない日本においても異性間の結婚が減少しているという現実はある。また、同性カップルの子育てに対し、「父母が揃っているほうがジェンダー・モデルを提供できる」などとの主張がなされるが、シングル・ペアレントに育てられる子どもたちをかれらはどのように認識しているのだろうか。

何を婚姻の「本質」とするのか――家族社会学やフェミニズムがくりかえし検証してきたとおり、近代以後の婚姻の定義にはゆらぎが存在することを踏まえると、つねに遡及的に「本質」がつくられてきたにすぎないのだといえる。

「家族の価値」尊重派の主張を支えているのは、（一部の）キリスト教的な価値観であるという指摘もある。その背景は、二〇年近く前に遡る。もちろん、それ以前にも強固な「家族の価値」尊重派は存在した。しかし、ジョージ・ブッシュJr政権における「宗教右派」の台頭によって異性愛規範の宗教的言説が前景化したといえる。栗林輝夫は、当時の合衆国の外交政策の背景として、①もともと政治には不介入だった福音派（evangelists）や原理主義者（Fundamentalists）たちが伸長し、共和党支持母体として活躍しはじめたこと、②おおむね平和的立場をとるメインライン（主流）教会が停滞しはじめたことを挙げている［栗林、二〇〇三］[5]。しかし藤井創は、「宗教右派」のみならず、メインライン教会の神学にも内在する暴力性があると指摘し、それを「アメリカ的キリスト教」と名づけた［藤井、二〇〇四］。藤井によると、「アメリカ的キリスト教」とは、女性差別・同性愛者差別と人種差別・階級差別が連関しているところに特徴がある。一九九〇年代初頭、共産主義国家の崩壊によって、「敵」とするターゲットの矛先が転換して広がっていったものである［藤井、二〇〇九］。ここでは大きな「敵」を喪失した人びとが、複合的に差別を再生産することによって、自らのアイデンティティを形成しようとしていることに注目しておきたい。

同性間の結婚の承認が生み出す分断

では、婚姻の性中立化について、わたしたちはどのようにみるべきだろうか。少なくとも、同性間に婚姻制度が適用される現状をもって、異性愛規範の維持だと言い切ることは多少滑稽でもあるだろう。しかし、このように制度に包摂されていくことで起こるほかの現象にも注意しておきたい。なによりも、結婚を神聖視するケースは、同性間でもみられるからだ。たとえば、二〇一五年にはアメリカ合衆国において、婚姻を異性間に限定する法律をもつ州（ケンタッキー州、ミシガン州、オハイオ州、テネシー州）への違憲判決が出された（二〇一五年六月二六日）。判決文にあるつぎのような文言は日本のSNSなどにおいても話題となった。

> 「婚姻ほど深淵なる結びつきはない。というのは、婚姻は、愛、忠実さ、献身、犠牲、家族の究極的な理想を体現したものであるからだ。婚姻の結びつきのなかで、ふたりの人間は、これまで以上に偉大なものとなるのだ。本訴訟の当事者たちが示したように、婚姻は、死をも超える愛を体現するのである」[6]。

判決文の中心部分ではなく、傍論に記載された文言ではあるものの、ここでは「結婚」に特別な価値づけがなされていることがわかる。これらは、婚姻の性中立化に反対する勢力である（一部の）キリスト教への対抗言説としてみることも可能であろう[7]。

同時に、合衆国の文脈では「婚姻の平等」がアジェンダとして中心化されることによる問題も指摘されている。フェミニズム／クィア理論の研究者である清水晶子は、そこに、しばしば人種の分断線とも重なる経済階層の分断が起こっていることを指摘する。清水によれば、婚姻の平等が課題の中心としてせり出すことによって、大きくわけて二つの問題点が生じたという。ひとつには、「実質的には、婚姻年齢以前の若年層や婚姻の制度的恩恵にあずかれるだけの資産と雇用環境を持たない貧困層の性的少数者が直面するさまざまな問題から、運動の人的・金銭的リソースを奪う側面」が生じたこと。そして、もうひとつには、先の判決文にもみられるように「家族」というユニットを基盤とするという点で、「伝統的な〈家族の価値〉と相性がよかったことは、運動の拡大に役立つ反面、伝統的に〈家族〉が置かれてきた私領域での平等へと運動の要求を制限し、社会保障や公的扶助、あるいは雇用・労働を通じた社会的再配分の主張を後景化させることにもなった」という点である〔清水、二〇一七、一三六頁〕。

まさに、藤井が「アメリカ的キリスト教」の特徴として挙げた点が照応する。複数の差別・人権課題を横断して、持てる者／持たざる者の分断が生じていることがわかる。

「結婚」からの解放に向けて

そもそも、異性間であれ、同性間であれ、排他的な二者関係の祝福を行うことが必要なのかを問う作業があってもよいのではないだろうか。キリスト教が継続してきた「祝福」の行為の一歩手前で立ち止まってみるということである。栗林輝夫は、イエスの志向した血縁批判の背景に存在したのは「イスラエル宗教共同体の基準である『正統な血統』に無縁の人々の独自の共同体」であり、さらにパウロらが継承していった「無縁共同体の教会運動」であると述べる〔栗林、一九九一、二七三頁〕。このモデルケースを読み直していこうとするとき、わたしたちは、いまあるかたちを超えて、「結婚」という出来事から解放される方向を模索することも可能なのではないだろうか(8)。

ただ、「結婚」を批判するなら、オルタナティヴを示せ、という反論もあるだろう。そのような向きに対しては、先に引用した江原由美子が、かつて述べた言葉を示しておきたい。ジェンダーの権力構造をテーマとした論文への反論として「別の観念体系を構築すること、ただそれだけ」との言葉を差し向けられた際に述べた言葉である。

まさにそれができにくくなっていること、すなわち観念体系の生産と再生産においてもジェンダーが硬化していることにこそ、フェミニズムが「家父長制」という概念を提起してまで「権力」と「支配」を論じなければならなかった問題があるのであり、そのことに触れることなく「ただそれだけ」と言うことができる（…）認識には強い違和感を持つ〔江原、二〇〇〇、ii〜iii頁〕

どのような視点で事柄を読み取るのか——いま、わたしたちは問われている。「結婚」は異性愛規範の維持装置として機能しつづけてきた。同性間への婚姻制度の適用が法制度に存在する異性愛規範を内破していくのだとする声もある。しかし、「結婚」という装置によって、異性間であれ、同性間であれ、〈つがい〉を神聖視するイデオロギーが維持・再生産され、人びとが分断されていく現状はありつづけている。だからこそ、その現実をみつめ、分断装置としても機能しつづけている「結婚」を問いつづけて、被造物としての人間の〈生〉の営みを改革しようと試みてきた人びとのバトンをわたしは受け継ぎつづけたい。

注

（1）しばしば「同性婚」という用語が使われるが、実際にはそのような制度が新設されるわけではなく、異性間に限定されてきた婚姻制度を同性間にも適用するというプロセスが採用される。そのため、正確さを期すべく、婚姻の性中立化という用語が使われてきている。

（2）ここでは、特別なものとみなされ、異論をはさむことが困難な状況に置かれていることを「神聖視」と表現する。「俗」なるものと峻別し、「神聖」なるものとまなざすことによって、ある種のタブー化がなされ、思考停止が起こっていることを浮かび上がらせるために、このように表現する。その目的は、特定の事物をめぐって相対化する必要がある点を検討することだが、この小論では、その象徴的な事例としての「儀式」について踏み込んで考察することができなかった。稿を改めたい。

（3）江原によると「性支配」とは「『男性』『女性』として社会的に構成された性別を持つ『主体』（「ジェンダー化された主体」）間における『支配―被支配』の関係」である［江原、二〇〇一、ⅱ頁］。

（4）清水雄大の議論とそれに対する考察の詳細については拙著を参照していただければ幸いである［堀江、二〇一五ａ、第二部］。また、これまで「反婚」という概念を使って他稿で検討した［堀江、二〇一一、二〇一五ｂ、二〇一六、二〇一七］。

（5）ここで挙げられている「主流教会」とは、ヨーロッパから渡ってきて、その後、合衆国の地で独自の教会形成をなしていく教派（合同メソジスト教会、長老派教会、米国合同教会、バプテスト教会など）を指す。

（6）オバーゲフェル対ホッジ判決については、以下で原文を読むことができる。Supreme Court of United States, "Obergefell et al. v. Hodges, Director, Ohio Department of Health, et al. 576 U. S. (2015), Nos. 14-556, 14-562, 14-571 and 14-574." June 26 2015. https://www.supremecourt.gov/opinions/14pdf/14-556_3204.pdf.（最終閲覧＝二〇一七年八月十一日）

（7）この判決後、「信教の自由」を根拠とする対抗手段がキリスト教の陣営より提出されている。たとえば、朝香知己は、米国カトリック司教協議会による反対声明についての詳細な分析を行っている［朝香、二〇一七］。

（8）また、法哲学者の森村進は、個人の自由権を重視して国家の介入を最小限に留めるリバタリアニズムの立場から、婚姻制度の廃止を主張する。現代の国家の大部分が一夫一婦制のみを法的な婚姻として認めていることも、既婚者を独身者よりも優遇することも、法の下の中立性と衝突するからである。このような立場に対して、誤解も生じるだろうと森村がつぎのように述べているのは重要であろう。「私は人々が現在のような家族生活を営むことをやめるべきだ、と主張しているのではない。その法定に反対しているだけである。友情や恋愛が法律によって規定されていないからといって、友人や恋人が作れないということにはならない」［森村、二〇〇

一、一六〇～一六二頁」。

文献

朝香知己、二〇一七、「同性婚合法化とキリスト教」『キリスト教文化』二〇一七年春号、七二～八〇頁。

江原由美子、二〇〇〇、『フェミニズムと権力作用（新装版）』勁草書房（初版、一九八八年）。

――、二〇〇一、『ジェンダー秩序』勁草書房。

栗林輝夫、一九九一、『荊冠の神学――被差別部落解放とキリスト教』新教出版社。

――、二〇〇三、『ブッシュの「神」と「神の国」アメリカ』日本基督教団出版局。

清水晶子、二〇一七、「ダイバーシティから権利保障へ――トランプ以降の米国と「LGBTブーム」の日本」『世界』第八九五号（二〇一七年五月号）。

清水雄大、二〇〇八、「同性婚反対論への反駁の試み――「戦略的同性婚要求」の立場から」国際基督教大学ジェンダー研究センター『Gender & Sexuality』第三号。

藤井創、二〇〇四、「『アメリカ的キリスト教』の検証――9・11自爆攻撃の煙の中から姿を現わしたアメリカ教の素顔」『金城学院大学金城学院大学キリスト教文化研究所紀要』第八号、八九～一二四頁。

――、二〇〇九、「保守主義」関西学院大学キリスト教と文化研究センター編『キリスト教平和学事典』教文館。

堀江有里、二〇一一、「『反婚』思想／実践の可能性――〈断絶〉の時代に〈つながり〉を求めて」クィア学会『論叢クィア』第四号。

――、二〇一五a、『レズビアン・アイデンティティーズ』洛北出版。

――、二〇一五b、「〈反婚〉試論――家族規範解体をめぐる覚書」『現代思想』第四三巻・第十六号（二〇一五年一〇月号）、一九二～二〇〇頁。

――、二〇一六、「日本における同性カップルの権利保障をめぐる可視化戦略の陥穽」『日本ジェンダー研究』第一九号、三三～四四頁。

――、二〇一七（近刊）、「〈反婚〉をめぐって――「レズビアン」という視点からの試論」日本基督教団神奈川教区性差別問題特別委員会編『教会と女性』第三〇集。

森村進、二〇〇一、『自由はどこまで可能か――リバタリアニズム入門』講談社現代新書。

第5章 正統と異端

「異端」が「正統」の対概念としてしか存在しないものであり、時代や場所、権力の有り様によって変化する総体的な概念であることは、いまや多くの人が共有している見方だろう。そして宗教改革こそ、それを明らかに示した出来事の一つであった。ルターをはじめとした改革者たちはローマ・カトリック教会の側から「異端」であると糾弾された。しかしその後、宗教改革の主流派もまた、再洗礼派などを「異端」として弾圧した。思えばこの絶え間ない「正統」性の主張と「異端」の弾圧は、キリスト教の歴史そのものとも言える。

神学者のカーター・ヘイワードは、長い歴史の中で「異端」と名指されてきた多くの信仰者たちに「真実の直感」と「知恵」を見出し、大胆かつ誠実に「正統」を問いつづけることの意義を語った（Keep Your Courage: A Radical Christian Feminist Speaks, 2010)。

宗教改革500年目のいま、私たちは何を課題として問うているだろうか。古代キリスト教から中世、宗教改革期、そして現代の「異端」論争の諸相から、「改革しつづける教会」の課題を考えたい。

曖昧になる「正統」と「異端」の境界
――宗教改革後の再洗礼派と近世ヨーロッパ社会

永《なが》本《もと》哲《てつ》也《や》

1974年生まれ。東北大学大学院文学研究科博士後期課程修了。博士（文学）。東海大学、獨協大学他、非常勤講師。論文「帝国諸侯による「不在」の強制と再洗礼派による抵抗――1534―35年ミュンスター包囲戦における言論闘争と支援のネットワーク形成」（『歴史学研究』№947）他、共著書『旅する教会――再洗礼派と宗教改革』（新教出版社）。

1　宗教改革後の「異端」迫害

宗教改革は、ヨーロッパにおける「正統」と「異端」の関係を大きく変えることになった。キリスト教史において異端が大きな問題となる時代は主に、キリスト論や三位一体論、サクラメントに関する正統的な教義が確立されていった古代末期、ワルド派やカタリ派といった異端が問題となり、異端審問制度が生まれた中世ということになるだろう。中世までの異端は正統な教えから離れた者、もしくは教会に服従しない者たちだった。トム・スコットは、神学や教会史の文献では異端は本質的に中世的現象だとみなされており、プロテスタントの改革者を詳しく扱うことはないと指摘している(1)。

では、宗教改革以降の時代に、「正統」と「異端」の区別がなかったかと言えば、当然そうではない。宗教改革によって教会が分裂し、ヨーロッパ諸国、諸領邦、諸都市はそれぞれ、カトリック、ルター派、改革派など異なった宗派を国教会とするようになった(2)。そして各宗派は、自分たちの教えや儀式を認めない者たちを「異端」だとみなし、迫害を行うことがあった。

その結果として、宗教改革が始まってから、多くの人々が異端として処刑された。ウィリアム・モンターは、1520年から65年までに西欧で異端として処刑された人数を3000人前後と見積もっている(3)。この中には、ルター派や改革派の信徒も含まれているが、処刑された者の約3分の2は再洗礼派だった(4)。

宗教改革後にもっとも数多く処刑された再洗礼派とは、どのような人々だったのか？　再洗礼派とは宗教改革期に現れた人々で、洗礼は物心ついて分別がついた者が信仰を持った後、自由意志に基づき受けないと無効だと考えていた。[5]当時はカトリックもプロテスタントも産まれたばかりの幼児に洗礼を行っていたが、再洗礼派は幼児洗礼は無効だと考えていたため、両勢力から非難された。最初の信仰洗礼は1525年のチューリヒで行われた。しかし、再洗礼派は一枚岩の宗派ではなく、その居住地は、スイス、ドイツ、オーストリア、モラヴィア、低地地方など広い範囲に及んでいた。彼らは国教会に属さないマイノリティだったが、その人数もかなりの少数だった。にもかかわらず圧倒的に信徒数が多い他の宗派よりもはるかに多くの処刑者を出したので、いかに彼らが厳しく迫害されたかがわかる。

なぜこれほど多くの再洗礼派が、処刑されねばならなかったのだろうか？　その例として、神聖ローマ帝国での再洗礼派の処刑の根拠を見てみよう。帝国において再洗礼派取り締まりが法的に確立されるのは、1529年のシュパイヤー帝国議会で出された帝国最終決定と皇帝勅令だ。[6]皇帝勅令の中で、再洗礼派は「長年にわたり永劫の罰を下され、禁止されてきた古き再洗礼派のセクト」と呼ばれている。ここで念頭に置かれているのは古代末期の異端ドナトゥス派であり、再洗礼派が古代の異端の末裔として位置づけられたことがわかる。しかし、再洗礼派の悪を避けねばならないのは、「反乱的」な再洗礼派から「帝国の平和と一致」を守るためでもあった。そして、皇帝は、聖職者裁判官による異端審問なしに死罪にするよう帝国諸身分に命じている。

再洗礼派は「異端」でありながら、それ以上に社会秩序を脅かす「反乱者」だとみなされ、世俗の裁判権に基づき処罰されたが、こういった特徴は、宗教改革期の異端の扱い全般に見られる。16世紀に異端審問によって処刑された宗教改革支持者は一部であり、その多くは世俗権力による裁判で処刑されていた。[7]スコットは、宗教改革期に異端問題が政治化されたことを、パラダイムシフトだと表現している。[8]

2　「異端」が住める場所

このように「異端」にして「反乱者」として処刑されていた再洗礼派だが、彼らの処刑は16世紀後半には下火になり、その後は稀になっていった。[9]再洗礼派自体が異端視されていたことには変わりがないにもかかわらずだ。これは「異端」である再洗礼派に対する迫害が下火になったことの一つのしるしだと言えるだろう。そうなった理由は、大別すると再洗礼派を取り巻く環境という外部要因と、彼ら自身の変化という内部要因に分けられる。

外部要因としては、ヨーロッパには、法や制度が違う多数の支配領域が存在していたことが挙げられる。もし、ある支配領域で再洗礼派が厳しく迫害されたとしても、彼らは別の支配領域へ移住することによって迫害を免れることができた。ヨーロッパ内に再洗礼主義を国教とする場所はなかったが、再洗礼派に居住や限定的な礼拝の自由を容認したり、特権を与えたりする支配領域は少数ながら存在した。

モラヴィアでは在地の領主がハプスブルク家の脅威から庇護することによって、１５３０年代にフッター派が共同体を作ることができた。低地地方北部では、反乱が勃発しオラニエ公が指導者になった１５７０年代にはメノー派に対する迫害はなくなった。プロイセンでもすでに16世紀半ばに、低湿地の干拓を条件に低地地方から来たメノー派が居住を許可されている。

帝国法により再洗礼派が死をもって禁じられていた神聖ローマ帝国でも、彼らが根絶されたわけではない。帝国では、各領邦や都市は高度な自治権を持っていたので、経済的利益のために再洗礼派の居住を認める場合があったためだ。17世紀以降、ハンブルクやアルトナ、クレーフェルトのような商業・産業都市、ノイヴィートやフリードリヒシュタットのような新造都市、三十年戦争後の人口減に困ったプファルツなどが、再洗礼派に特権を与え、合法的な居住を可能にした。

また、当局による取り締まり自体は行われていたが、真剣に行わない場合もあった。スイスでは、再洗礼派は依然として取り締まりの対象であり、当局による逮捕拘禁も行われた。しかし、逮捕しても復讐断念誓約を行えば解放し、脱獄しても追跡しないなど、16世紀後半には当局が事実上再洗礼派の存在を容認している状態にあった。(10)

３　世俗権力に服従する「異端」

こうした世俗権力による居住・信仰活動の公認・容認が可能になったのは、再洗礼派自身も変化したためだった。１５２０年代から30年代にかけての再洗礼派には、洗礼以外の教えや信仰実践について様々な方向性があった。スイス再洗礼派の初期の指導者コンラート・グレーベルのような分離・非暴力主義的な方向性、バルタザル・フープマイアーのような世俗権力と協力して多数派教会を作ろうという方向性、ハンス・フートのような間近な終末の到来を待望するという方向性、ハンス・レーマーのようなエアフルト市を占領しようという方向性、ミュンスター再洗礼派のような都市を支配し再洗礼派王国を作ろうという方向性など、再洗礼派たちが進もうとした道は多様だった。(11)そのため、宗教改革初期に世俗権力が、既存秩序に対する脅威になると再洗礼派を恐れていたことは、根拠がないことではなかった。

しかし、フープマイアーやフート、レーマーやミュンスター再洗礼派などの試みは、当局による迫害のために打ち砕かれた。これにより、終末期待や暴力行使の容認といった既存の秩序を脅かすような考えを持った集団は消え、スイスの再洗礼派やモラヴィアのフッター派、低地地方のメノー派など、分離・非暴力主義的な集団のみが生き残ることになった。彼らは、静かに信仰生活を送ろうという人々だったので、次第に世俗権力の側も、彼らが反乱を起こすような危険な人々ではないことを理解していった。

そして再洗礼派自身も、世俗権力に従順な態度を取るようになった。たとえ居住権を得たとしても、再洗礼派が依然として国教会に所属しない宗教的少数派であることには変わりがなく、牧師はしばしば彼らに敵対的な姿勢を見せた。また、彼らは信仰上の理由で宣誓や兵役など臣民としての義務を拒否したので、お上に対し不従順だとみなされる危険性が常にあった。そのため、彼らは、世俗権力から得た好意や庇護を保つために、自分たちは模範的な市民、臣民であることを示そうとした。

低地地方のメノー派は、17世紀半ばになると、自分たちの信仰告白に世俗権力への服従義務を盛りこむようになった。１６３２年のドルドレヒト信仰告白では、世俗権力は悪を罰し、善を守るために神から権力と権威を与えられているので、彼らはそれに逆らわず、従わねばならないと述べられている。[12]このような考えはルター派や改革派と共通しており、再洗礼派が自身の権力観をプロテスタント主流派に同化させていたことを示している。こうして、再洗礼派は、世俗権力に従順な臣民になっていった。[13]

４　変わりゆく「正統」と「異端」の関係

再洗礼派は、近世を通じて国教会に所属しない「異端」のままだったが、限られた場所ではあるが、次第にヨーロッパ社会の中に居場所を見つけていった。彼らが外部からどう見られていたかを端的に表すのが、「従順な異端」という表現だ。ドリートガーは、１６７２年に神聖ローマ皇帝がハンブルク市参事会に市内の再洗礼派を即座に追放せよと命じた際の、市当局の対応を紹介している。彼らは、メノー派が地域や帝国の経済的繁栄に貢献し、平和に、離れて、従順に生活していることを理由に追放を拒否した。[14]このように17世紀には、世俗権力も、「異端」を「反乱的」ではなく「従順」だとみなすようになってきていた。

世俗権力の意識においても、「異端」であることは重要性を失いつつあったが、同じことは一般の人々にも言える。

再洗礼派が、日々の生活を通して他宗派の住民との関係を深めていくことがあったためだ[15]。再洗礼派に対する取り締まりが継続していたスイスでは、その多くは人目につきにくい人里離れた農村に住んでいた。にもかかわらず彼らは、農村の貴族や役人、牧師と親しくすることもあったし、農民から良き隣人だとみなされていた。洗礼を受けてはいないが、再洗礼派に共感し、支援する人々もいた[16]。このように再洗礼派は、「異端」として排斥されることなく、地域の人々に受け入れられることがあった。

　再洗礼派と他宗派の人々の関係の深まりは、改宗や異宗派婚が頻繁に行われるようになったことからも見て取れる。ハンブルクやアルトナでは、17世紀後半にはルター派やクエーカー、改革派への改宗、これら宗派の配偶者との結婚が行われるようになっていた[17]。しかし、改宗や異宗派婚は、再洗礼派だけのものでも、ハンブルクだけのものでもない。踊《おどり》共《とも》二《じ》がスイスでの例を示したように、近世の各地で改宗や異宗派婚が行われていった[18]。そしてこれは、ドリートガーが指摘するように、メノー派社会だけでなく、ヨーロッパ社会全体が変わっていったことの証なのだ[19]。

　このように「正統」と「異端」の境界は、法や制度といった公的なものだけでなく、人々の意識や日常での実践によっても作られる。ドリートガーによれば、ハンブルクとアルトナでは、法制度が19世紀にメノー派の公的領域での活動制限を撤廃する前に、すでに人々の意識や行動が変わっていた[20]。神聖ローマ帝国でも、再洗礼派を処刑せよという帝国法が存在していたにもかかわらず、すでに16世紀半ば以降再洗礼派の処刑はほとんど行われなくなっていた。このように近世ヨーロッパでは、しばしば法制度の変化より早く、人々の意識や行動の中で「異端」であることが重要性を失っていった。

　もちろん、ヨーロッパは不均質であり、時代による変化もあるので、すべての場所で一様に時が経つごとに再洗礼派が周辺社会に受け入れられていったわけではない。スイスの再洗礼派は17世紀以降再び当局から厳しい迫害を受けるようになり、エルザスなどに亡命しなければならなくなったし、フッター派は、17世紀以降のハプスブルク家からの迫害の強まりにより、モラヴィア、ハンガリー、トランシルヴァニア、ロシアへと移住せざるをえなくなった。

　しかし、宗教改革が始まり、再洗礼派が多数処刑された16世紀前半と17〜18世紀では、「異端」の持つ意味が大きく変わったことは間違いない。近世を通じて「正統」と「異端」の境界は曖昧になり、「異端」であることは迫害の理由にはならなくなっていった。そもそも近世の終わりには、国教会に所属しないのはもはや再洗礼派だけでなくなっていた。カトリック、ルター派、改革派の信徒も他の宗派が公認された場所では宗教的少数派になったし、クエーカー、バプテスト、メソジストなど、非国教徒はますます多様化していった。こうして国教徒と非国教徒が隣り合って住むことは次第に当たり前になっていった。近世ヨーロッパで、再洗礼派が「異端」として「正統」から厳しく迫害される時代は過ぎ去っていったのだ。

（1）Tom Scott, "The Problem of Heresy in the German Reformation," in: ders., *The Early Reformation in Germany. Between Secular Impact and Radical Vision*, Surrey, 2013, p. 185.

（2）ただし、すべての支配領域が単一の宗派を公認していたわけではない。カトリックとルター派両方が公認されていた帝国都市アウクスブルクのように、複数宗派が併存していた支配領域も存在した。

（3）Monter, William, "Heresy executions in Reformation Europe, 1520 -1565," in: Ole Peter Grell and Bob Scribner (eds.), *Tolerance and Intolerance in the European Reformation*, Cambridge, 1996, p. 49.

（4）Monter, p. 49. ただし、16世紀の裁判史料の多くは失われていることもあり、正確な処刑者数は算定できない。グレゴリーは、２～３０００人の間だと推定している。Brad S. Gregory, "Anabaptist Martyrdom: Imperatives, Experience, and Memorialization," in: John D. Roth and James M. Stayer (eds.), *A Companion to Anabaptism and Spiritualism, 1521-1700*, Leiden-Boston, 2007, p. 478.

（5）再洗礼派の歴史の概要については以下を参照。永本哲也、猪刈由紀、早川朝子、山本大丙編『旅する教会——再洗礼派と宗教改革』新教出版社、２０１７年。

（6）Gustav Bossert (Hg.), *Quellen zur Geschichte der Wiedertäufer. 1. Band Herzogtum Württemberg*, Leipzig 1930, Nachdruck New York/London 1971, S. 2-5.

（7）Monter, pp. 48-64.

（8）Scott, p. 195.

（9）Monter, p. 57.

（10）Barbara Bötschi-Mauz, "Täufer, Tod und Toleranz. Der Umfang der Zürcher Obrigkeit mit dem Täuferlehrer Hans Landis," in: Urs B. Leu und Christian Scheidegger (Hg.), *Die Zürcher Täufer 1525-1700*, Zürich 2007, S. 199ff.

（11）再洗礼派の権力観の多様性は以下を参照。James. M. Stayer, *Anabaptists and the Sword*, Lawrence, 1972.

（12）"Dordrecht Confession of Faith (Mennonite, 1632)." Global Anabaptist Mennonite Encyclopedia Online. 1632. Web. 14 Jan 2017. 〈http://gameo.org/index.php?title=Dordrecht_Confession_of_Faith_(Mennonite,_1632)&oldid=128687〉

（13）再洗礼派と世俗権力の長期的な関係については以下を参照。Michael Driedger, "Anabaptists and the Early Modern State: A Long-Term View," in: Roth and Stayer (eds.), *A Companion to Anabaptism and Spiritualism*, pp. 507-544.

（14）Michael D. Driedger, *Obedient Heretics. Mennonite Identities in Lutheran Hamburg and Altona during the Confessional Age*, Burlington, 2002, p. 3f.

（15）近世ヨーロッパにおけるマイノリティとマジョリティの相互関係については以下も参照。関哲行、踊共二『忘れられたマイノリティ——迫害と共生のヨーロッパ史』山川出版社、２０１６年。

（16）John D. Roth, "Marpeck and the Later Swiss Brethren, 1540-1700," in: Roth and Stayer (eds.), *A Companion to Anabaptism and Spiritualism*, pp. 377-380.

（17）Driedger, *Obedient Heretics*, pp. 154-171, 184-188, 192f.

（18）踊共二『改宗と亡命の社会史——近世スイスにおける国家・共同体・個人』創文社、２００３年。

（19）Driedger, *Obedient Heretics*, p. 171.

（20）Driedger, *Obedient Heretics*, p. 171.

アルミニウスに対する異端宣告をめぐって

木《き》ノ《の》脇《わき》悦《えつ》郎《ろう》

1942年生まれ。関西学院大学大学院神学研究科修士課程修了。1992年関西学院大学より博士（神学）学位受領。福岡女学院短期大学教授、関西学院大学神学部教授、福岡女学院院長、福岡女学院大学学長を歴任。著書『エラスムスの思想的境地』他、訳書エラスムス『天国から締め出されたローマ法王の話』他。

1．アルミニウスの人物像と初期アムステルダム教会の性格

アルミニウス（Jacobus Arminius, 1560-1609）とは誰か。ある時はソッツィーニ主義者（反三位一体神学）と呼ばれ、ある時はモリニスト（Luis de Molina, 1535-1660 の神学思想、神の予知、恩寵、予定論と人間の自由意志を調和させる思想）と断ぜられ、またペラギウス主義者であるとかイエズス会の同調者であるとかいうように、カルヴァン主義からはなはだ否定的な見方をされた人物である。それゆえその死後、ドルトレヒト教会会議（１６１７—１８）において異端と宣告され、彼の主張に同意していた神学者や牧師たちは翻意を迫られ、それでも固持する者は牧師資格を剥奪されたのである。また、アルミニウスの同調者たちが正統主義に対する抗議文 Remonstrantia を国会に提出したことからレモンストラント派と呼ばれ、それがアルミニウス主義と同一視されている。しかし歴史上の人物評の常でカルヴァンとカルヴァン主義が必ずしも同じでないように、アルミニウスがすなわちアルミニウス主義であるということもできないと言われている。

まずはアルミニウスの出自と彼を支えた初期アムステルダム教会の状況から、彼の思想形成と人物像を見ておくことにしよう。彼が生まれた１５６０年、オランダはスペインの支配下に置かれており、宗教的にはカトリックに属していた。ところで、その頃ヨーロッパ諸国に宗教改革の影響が及び、特にオランダではアムステルダムを中心に台頭

してきた商人たちの手によって改革思想が持ち込まれるようになっていた。彼らは当初アムステルダム郊外において彼ら独自の礼拝を持っていたが、それはある特定の改革神学や教派的傾向を明確に持ったものではなく、アナバプテスト派、ルター派、カルヴァン派等を含む一種の包括的教会のような性格を有していたといえる。要は、商人たちが自分たちの自由な礼拝を守りたいという宗教的な自由を求めた運動として始まったのであった。これが初期アムステルダム教会の基本的な性格を形成していたのである。それにしても、一定の集団が形成されるとそこには自ずと組織の維持や集団としての秩序が求められるようになり、そのための確かな指導者が必要となってくる。宗教的寛容を保っていたアムステルダムにはフランスや南部で迫害を受けたり、困難な状況に置かれたりした人々が移民として流入し、人口の増加も加わった。1578年にはアムステルダムに改革的商人たちを主たる指導者とする新しい市政府が誕生し、教会も新しい体制で活動を始めることになったが、オランダ人の牧師はまだ存在していなかったので、亡命してきたカルヴァン派の牧師が指導に当たることになったのである。その中の一人がペトルス・プランキウスであり、後にアルミニウスの敵対者となった人物である。しかし、市当局では市民的、宗教的自由の気運が強く、商人たちは将来アムステルダムの牧師として同国人を立てるべくその有力な候補となる人物のための奨学金ファンドを作っていた（それはすでにもっと早い時期、つまり1567年、オランダ北部のエムデンに逃亡していた当時から計画されていた）。

アルミニウスは、このような時代のただ中にユトレヒトの近くウーデウォーターに生を享けている。その父は古文書によれば武具職人であったといわれている。母は夫を早く亡くし、一人で三人の子供を育てたという。アルミニウスは幼少時に父親を亡くした後、町の尊敬を集めていた聖職者、アエミリウスに見出され、彼の庇護の下でラテン語、ギリシャ語、宗教教育の初歩的基礎教育を受ける。その死後は数学者として有名なシュネリウスに彼の教育が委託されるようになった。シュネリウスはスペインの暴政から逃れ、長い間マールブルクに住まいを構えていた。彼はアルミニウスをマールブルク大学の学生として迎えるべく、ヘッセンに伴っている。1575年のことである。そうしているうちに、その8月ウーデウォーターの大虐殺のニュースが伝わってきた。スペイン軍が町を包囲し、守備隊を殺害し、見つける限りの市民をも虐殺して、町を焼き払ったのである。その時にアルミニウスの母、兄弟姉妹、親戚も皆殺しとなり、彼は天涯孤独の環境を生きることを余儀なくされた。この出来事の最中に、スペイン軍に抵抗し町を守ったことを記念して、ライデンに新しい大学が設立される。アルミニウスは1576年、新設のライデン大学に入学した。ところで、アルミニウスが学んだライデンの状況はいかなるものであったろうか。ライデン大学が設立される前年、１５７４年にクールハースが牧師として招かれている。彼が１５６６年以来牧師として働いていたディベンターは共住生活兄弟団の中心地であり、伝統的に中庸な改革的性格を持った町である。ルター派、メノナイト派、カルヴァン派、それぞれが激しい論争もなく、また画像破壊や極端な反カトリック勢力も存在することなく、寛容な宗教的共存を守っており、非寛容で平和を乱す熱狂的な人たちから教会を守る牧会を行っていた。クールハースはスペインの北上によってしばらくドイツに逃れていたのであるが、ライデン市長の招きにより帰ってきたのである。彼にとってライデン市長の招きは、ディベンター同様、寛容な性格を持った教会の牧会を想定させるものであった。しかし教会の同僚であったコルネリスはカルヴァン派の牧師で特に教会と政府の関係については彼と異なる見解を持ち、北部オランダ生来の協調的精神という生温い姿勢に馴染むことはできなかった。コルネリスの後任牧師も同様に厳格なカルヴァン主義者であり、彼らは予定説、教会会議の世俗に対する優先、長老監督会の権威、異端に対する非寛容などを主張し、クールハースと対立していく。こうしてアルミニウスが学んだライデンは厳しい対立にさらされていたのである。その結果クールハースは、１５８２年ハーレムの教会会議で牧師職を剥奪され破門になる。ライデン市長は彼に年金を与えたが、状況は徐々にカルヴァン派の強力な支配の下に置かれるようになっていった。対立は、本来スペインの圧制とカトリック教会の専一からの解放を求め自由を希求していた改革的な人々の寛容性にも打撃を与えるものとなり、この問題をめぐって市民戦争が起こりそうな険悪な雰囲気になるという皮肉な結果を生み出していく。この頃から、オランダ改革教会の寛容性に大きな変化が生じていくようになったといえるだろう。

アルミニウスは１５８２年、アムステルダム議会の決定によりジュネーヴ大学に送られ、商人たちのギルドから学費の援助を受ける代わりに、将来アムステルダム教会で働くことを条件に21歳からの6年間をその地で過ごすことになる。ジュネーヴに着いたアルミニウスは、当時ローマ書注解で有名でかつ説得力に富み、あらゆる学問的判断で最も優れているという評判のあったベザの下で学ぶことになる。しかし、アルミニウスはジュネーヴ大学のおもだった人たちから好意も称賛も得ることができなかったゆえに、しばらくしてバーゼルに移った。バーゼルでは彼の能力や誠実さに大きな敬意が示され、彼が再びジュネーヴに帰る時にバーゼル大学神学部は博士の学位を贈る決定をしたが、彼は自分がその学位にふさわしい年齢に達していないと考えたので、丁寧にそれを断ったという。彼の神学的モデルは中世スコラ主義であり、その傾向はジュネーヴでのベザ門下としてさらに強められたとも言われている。後に予定論をめぐって激しく論争がなされるようになるが、この段階ではまだ論争は存在しない。ベザが堕罪前予定説を堅持していたとしても、それが当時のジュネーヴにおける公的な信仰ではなかったし、その他の様々な見解も存在していたのである。アムステルダムからアルミニウスについての問い合わせがあった際に、ベザは彼が神学的にも人間的にも神学部の最高の期待を担っており、今後も確かな進歩を遂げるであろうという非常に好意的、肯定的な返事を書いている。

2. 予定説をめぐる論争

アムステルダム教会の牧師となった後に、予定説をめぐって厳格なカルヴァン主義者たちとの論争に巻き込まれ、ついにはドルト会議で異端の宣告を受けるようになったとはいえ、アルミニウスは神学的には基本的にカルヴァン主義者であったし、論争のただ中にあっても自らのカルヴァン的立場を明らかにしている。例えば、論争が始まった後の1607年3月3日付アムステルダム市長宛私信によると、「私が他の何よりも精力的に厳命していることは聖書を読むことであり、またカルヴァンの注解書を読むことです。それは大学全体でもまた同僚の考えでも証明されています。私はカルヴァンを高く評価していますし、彼の注解は教父たちの著作によって私たちに伝えられるどんなものよりも価値があります」と、カルヴァンへの評価を明確に示している。アルミニウスのこのようなカルヴァン評は、ベザの下で組織的にカルヴァンの神学を学んだジュネーヴ時代に形成されたものであることはいうまでもない。何よりも、アルミニウスを批判したカルヴァン主義者たちの批判はカルヴァン自身からの批判ではなく、その後継者となったベザを中心とする第二代目、三代目のカルヴァン主義者たちの批判である。つまり、アルミニウスがカルヴァン主義と違う教えを密かに教えていたという見方が、アムステルダムの同僚牧師であったプランキウスによって広められ、それが不幸にもカルヴァン主義者たちの観点として定着していたのである。しかし、アルミニウスは決して異端的な神学思想を持っているのではなかった。むしろ彼が予定説に対して批判的になったのは、彼のキリスト中心的な神学から来る必然的帰結であったと言われている。アルミニウスはカルヴァンやベザが教会を回復させた人物であると高く評価しつつも、過ちを犯すこともあり得るとして、このような過ちを論じ訂正することこそカルヴァンの神学的業績のうちで守っていくべき重要な観点であるとしている。アムステルダム教会の牧師として好意的に受け入れられていたアルミニウスに転機が訪れたのは１６０１年から２年にかけて猖獗《しょうけつ》を極めたペストの流行であった。ライデン大学の教授たちの何人かがペストの犠牲となり、神学部はその後任者を得なければならなくなったのである。

　後任教授の候補に挙がったアルミニウスに対して強硬に反対したのはゴマルスであった。彼はプランキウスからもたらされた情報により、アルミニウスが特に予定説に関して異端的見解を持っていると認識したのである。幾多の困難な経緯を経つつもアルミニウスは１６０３年にライデン大学に就任した。それについては当時法学部の学生であったグロティウスの父親が大学理事を務めており、この人の推挙も大きく働いていたと思われる。ところで、アルミニウスはその就任に際して就任演説（Oratio）を行った。その内容は三部から成り、第一部は「神学の対象について」、第二部は「神学の創始者と目的について」、第三部は「聖なる神学の確かさについて」というものであった。紙数の都合上詳細を紹介することは割愛せざるを得ないが、この演説のそれぞれにおいて明らかに父なる神と子なるキリスト、そして聖霊の働きが同時に語られており、彼の三位一体理解を引き出すことが可能であり、彼に対するソッツィーニ主義者との批判に応えている。また予定説との関わりで見れば、彼は明らかに「万人」の救済という視点から問題を論じており、しかも神の意志、神の恩寵に対して人間のなすべき責任をも同時に強調していることが見て取れる。ここから、予定説、恩寵論、自由意志論につながる彼の神学的立場をも垣間見ることができる。ライデン大学神学教授への就任演説においてこのような基本的立場、特に厳格なカルヴァン主義神学者たちから批判を受けた立場を明らかにしたということからは、アルミニウス自身が自説に強い確信を持っていたこと、特に改革派神学者としての自負を強く持って、カルヴァン同様あくまで聖書を中心とした神学構築を目指していたことが見えてくる。

　それでは、カルヴァン主義者たちの説く予定説とはいかなるものであったのか、それに対してアルミニウスはいかなる立ち位置にあったのかを見てみよう。カルヴァンの予定説についての正統派カルヴァン主義者たちの理解は、英語圏の学者の間ではＴＵＬＩＰと呼ばれている。つまり、人間は全的に堕落しており（Total depravity）、それゆえ神の救いが求められるのであるが、救いの選びは人間の応答に関係なく神の意志のみによる無条件の選びである（Unconditional election）。神は人間の救いのためにキリストを送り、贖罪の死を遂げさせたが、しかしキリストの贖罪の死はすべての人のためではなく、選ばれた者のためだけの限定された贖罪である（Limited atonement）。したがって、選ばれた者にとってはその恵みは拒むことができない不可抗の恵みである（Irresistible grace）。そして、選ばれた者は恵みの内に耐え忍び、決して堕落することはない聖徒の堅忍（Perseverance of saints）の内に置かれている。以上の諸点を、予定説の教義として正統なものであるとしていた。救いと滅びの両方に予定がすでになされているという二重予定説である。

アルミニウスはライデン大学に就任すると予定説の講義を始めた。その中で彼は、信仰は選びの結果ではなく、選ばれるべき者には信仰が要求されると主張する。また神の恩寵は不可抗なものではなく、拒絶できないものではないと主張する。それゆえアルミニウスがいわゆる普遍的な救いへの選びを語っているということはできない。神の愛はすべての人間に向けられた普遍的で無限定なものであるとはいえ、すべての人間が無限定的に選ばれるのではない。選びについてはキリストへの信仰が強調され、信仰的応答の必要性が語られている。これは教会における実践的課題でもあった。このようなアルミニウスの主張を人間中心のいわゆる業の神学として批判すべきであろうか。彼にとって前提となっているのは神の恩寵であり、神学とは恩寵の神学であった。神の恩寵は人間を信仰へと促し、人間側の応答を待っている。人間は意志の働きによって恩寵の促しに応える者であり、恩寵の働きなしに自力のみで救いを達成できるというのではない。神が人間を滅びへと事前に決定するだろうか。人間を自らの子として愛し、罪の深淵から救いへと招いているのではないだろうか。しかしその恵みに応答するのは人間の責任であって、神の予定の内にあるのではない。それは同時に、信仰を得て決断をした信仰者の生き方にも当てはまるのであり、一度信仰を得たからといって生涯それが保証されるものでもない。そこでも恩寵に対する応答が問われている。したがって、恩寵は信仰を始めさせるものであり、持続させる力であり、完成をもたらすものである。以上のように彼の神学は徹底した神の恩寵を土台としていることが理解できる。ここで詳細を紹介することはできないが、このような理解はすでにエラスムスの『自由意志論』の中でも明らかにされてきたものであり、聖書のメッセージを土台として解釈されたものということができる。

3．ドルト会議、異端と正統について

ゴマルスは同じ年に予定説について講義を始め、アルミニウスとは反対の立場で語った。学生たちはすぐに反応し、アルミニウスとゴマルスのそれぞれを支持する敵対的なグループへと分かれていく。改革派教会の牧師たちも講壇から予定説を語り、聴衆を一方のグループへと導こうとする。この論争はあたかも市民戦争が起こりそうな気配を示すほど深刻さを増し、政府も黙認できなくなり、二人を招いて

意見陳述を聞くことになった。ゴマルスはアルミニウスの見解に納得せず、彼に対してペラギウス主義、イエズス会主義との激しい批判を展開していく。特にイエズス会主義という批判を受けたことは法廷においては致命的な失点となった。この論争の中でアルミニウスは重い病に見舞われ、１６０９年10月19日にこの世を去った。しかし彼の死後も論争は継続し、オランダ国会はオランダのキリスト教を二分する様相を放置できなくなり、教会会議を招集して問題に決着を付けようとした。これが１５１８年から１９年にかけてオランダ南部のドルトレヒトで開かれた教会会議である（省略して一般に「ドルト会議」といわれる）。この会議には、オランダのみならずイギリス、フランス、スイスなどの教会の代表者も招かれたが、ゴマルスを始めとする厳格なカルヴァン主義者が多数を占めたため、会議は全体的に彼らの主導で進められていった。その結果「ドルトレヒト教会会議規定」（Canones Synodi Dordrechtanae）が制定されることとなった。内容は、序文に始まり、１．神の予定について、２．キリストの死と人間の贖いについて、３、４．人間の堕落と神への回心について、５．聖徒の堅忍について、そして結論、と続いた後に参加者の署名をもって閉じている。その中では徹底的にレモンストラントすなわちアルミニウス主義の反正統派的な予定説を否定し、彼らは教会を過ちに陥れ、神の教えに反している者だと結論づけた。先にも触れたように、ドルト会議の後、改革派教会はレモンストラントの牧師たちに回心を求め、その求めに応じずアルミニウス説を固持する者は破門に処し、牧師職を剥奪した。こうしてアルミニウスは異端者となった。

ではアルミニウスの異端性とは何か。彼の基本的立場はカルヴァン同様、徹底的に聖書中心主義であり、キリスト論的であり、神の恩寵を土台としている。いわば宗教改革の原理となった「恩寵のみ」「聖書のみ」「信仰のみ」を基本として展開されたものであった。しかも彼が牧師、神学教師として働いたオランダのキリスト教界は、何よりも信仰の自由を求めて多様性を包み込んでいく包括的な教会から始まっている。ドルト会議でアルミニウスを異端と宣告した改革派教会の人々の多くは、同様に信仰の自由を求めてオランダに亡命した人々であった。アルミニウスの異端性とはキリスト教信仰から逸脱した教義を主張したことではなく、予定説をめぐって正統派を自認する人々と対立したことに限定されるのではないか。そうであるならば、アルミニウスの異端性とは偏狭な正統派にとっての異端であって、キリスト教信仰をめぐる異端とは言えなくなる。キリスト教史における多くの異端は同様な性格を持っている。したがってこのような正統と異端の争いは、どの時代にも、そしてどの地域でも生じているものと言わねばならない。

〈追記〉参考文献等については以下の拙論を参照のこと。

「アムステルダムにおける初期改革派教会の形成とアルミニウス――アルミニウス研究（序）」関西学院大学神学研究会『神学研究』第49号、2002年

「アルミニウス神学の形成と展開――アルミニウス研究（1）」、『神学研究』第50号、2003年

「アルミニウスの三つの *Oratio* について――アルミニウス研究（2）」、『神学研究』第51号、2004年

「アルミニウスのローマ書7章解釈について――アルミニウス研究（3）」、『神学研究』第52号、2005年

マルキオン聖書再考——異端反駁文書に書かれないこと

筒《つつ》井《い》賢《けん》治《じ》

1965年生まれ。東京大学教養学部卒業。ドイツ・マインツ大学にて博士号取得。新潟大学特任准教授をへて、東京大学大学院総合文化研究科准教授。著書に『グノーシス』（講談社）他。

マルキオンと「正典」概念

いきなり自著の引用から始めたい。どうやら間違っていたらしいからである。恥ずかしいことではあるが、訂正しなければならない。

> キリスト教の歴史で、文書集を決定してそれを信仰の基準にするという方法を初めて導入したのが、まさにこのマルキオンであり、マルキオン聖書だったのである。正統多数派教会は、その具体的な中身はもちろん受け付けなかったけれども、コンセプトそのものは、それを自分のものとしたのである。（拙著『グノーシス』一七〇ページ）[1]

事項説明は最低限にとどめたい。マルキオンとは二世紀半ばに活動したキリスト教活動家で、イエス・キリストの父はユダヤ教ないし『旧約聖書』の神とは異なるという説を唱えていた。このマルキオンが自派教会の活動で使ったのがマルキオン聖書で、『福音書』（内容は『ルカ福音書』の改訂版）と『使徒書』（内容はパウロ書簡集の改訂版、ただし「牧会書簡」すなわち『テモテ書』二通と『テトス書』を除く一〇通）の二部構成、文書の総数は一一である。他方、正統教会の新約聖書は二七文書で構成されるが、これが定着したのは四世紀末であり、それ以降、どれを取り除いてもいけないし、新たに何かを加えることも許されない、信仰の絶対的な基準としての文書集、すなわち「新約聖書正典」として扱われることになって現代に至っている。

ではその二七文書が決定するまでに何があったのか。その過程をたどるのが正典成立史であるが、右の引用の主旨は、そこで最初のキックを放ったのがマルキオンだった、文書の数は別にして「正典」というコンセプトを最初に掲げたのは異端者のマルキオンで、正統教会は内容こそ変えた（文書数を増やした）けれども、コンセプトそのものはそのまま継承したのだ、ということである。

この理解は、私の知る限り、当時まで通説であった。しかし最近、E・ノレッリのある論文を読む機会があり[2]、以来、考え直さなければならないと思うようになった。ノレッリの論文は二〇〇九年に行われた講演を詳細な注のついた学術論文形式に整えて昨年に出版されたもので（講演以降に出された論文等も注では言及されている）、これをそのまま引用・翻訳するわけにもいかないし、私としてよく判断できない論点もあるので、以下、ノレッリに触発されて私が考えていることを自分の言葉で書いてみたい。

問題は、「正典」というコンセプトを本当にマルキオンが掲げたのかどうかにある。すなわち、マルキオン聖書は変更や差替の許されない絶対的な信仰基準だとマルキオン自身が考えていたのかどうか。実は、以下のような理由で、そうではなさそうである。

一　そのような趣旨の発言をマルキオンが行ったという確実な情報がない。

二　マルキオン自身は聖書テキストの改訂作業を継続し、また信徒にもそれを勧めていたという伝えがある。さらに、後代のマルキオン派は牧会書簡を聖書に取り入れたらしい形跡がある（先述のように当初のマルキオン聖書にパウロの牧会書簡は含まれていなかった）。これらは不可侵なる正典文書集という発想と矛盾する。

三　福音書が一つしかないことについては、一世紀のうちに成立していてマルキオンも知らなかったはずのないマタイ・マルコ・ヨハネを（そして他の初期外典福音書を）神学的に排除するというような姿勢をそこから読み取るべきではなく、単に自分の教会で使うための福音書（いわばイエスの言行録）を一つにとどめただけであり、それは一世紀のうちからそれぞれの地域教会で行われていたことではないだろうか。マルコはあくまで自分の所属する教徒グループのために著作を行ったのであろうし、その成果（とQ資料）を利用して作業したマタイやルカは、各々の考え方を反映させつつ、やはりそれぞれ自らのグループに向けた「決定版」的な福音書を作ろうとしたのではないだろうか。逆に複数の福音書を対等の権利で認めるようなことをすると、イエス・キリストについての神聖な記録に相違があることになるので、実践的な扱いに困ったのではないか。

私自身、一の指摘は知っていたが、いわゆる「沈黙による論証」なのでさほど重視しなかった。二の指摘は古くから行われていたが、信憑性が薄いと考えていた。マルキオン派が自らテキストをどんどん変えたり牧会書簡を取り入れたりするとは考えられないので、よくある情報の捏造だろうと。しかしそうしたニュースを捏造して誰が得をするのか。そう考えると、「考えられない」で済ませていた自分が迂闊で、真剣に可能性を考慮するべきであった。そして三がノレッリの論文から受けた衝撃的な一押しで（私なりの敷衍と拡大を施してあるが）、一と二の論点を含めて大きく反省せざるをえなくなったという次第である。

「正典」としての四福音書

このことが、個人的な反省を超えてどのような意味を持つのか。とりあえず、マルキオン以降の正典成立史、特に福音書に関係する事柄をまとめてみる。二世紀後半に活動したエイレナイオス、小アジア出身ながらリヨン（現在のフランス）で司教をつとめたこの人物は、キリスト教徒が依拠すべき福音書はマタイ・マルコ・ルカ・ヨハネの四つであり、それ以上でもそれ以下でもないことをあの手この手で力説した。そしてその方針がその後も正統多数派教会で引き継がれ、現在では当然のことになっており、新約聖書正典にこの四福音書が、そして福音書としてはこの四書だけが含まれている。

エイレナイオスが直面していた問題は、次のようなものだったと推察できる。当時、さまざまな福音書が創作されていた。タイトルで「福音」や「福音書」を名乗るかどうかは別にしても、イエス自身が語った教えの言葉を伝えるのだと標榜し、しかし内実は著者の特殊な——すべてではないが、多くは「グノーシス主義的」とされる——主張を展開する文書が出回るようになっていたのである（現在、これらは「新約聖書外典」と総称されており、専門的な研究から、もっとも古くて二世紀前半の成立だと判断されている。しかし当時の人々にはそうした情報がないので、本当にイエスの直々の言葉を記してあるのだと信じられてもおかしくなかった）。他方、天地創造の神とイエスの父は別者だというとんでもない邪説を説くマルキオン派にはマルキオン聖書があり、そこには福音書が一つしか含まれていなかった。

どのようにして、大多数の信徒をこうした「害毒」から守るべきか。リヨンの司教だといっても当時の地中海世界全体におけるキリスト教会の事情に詳しかったエイレナイオスは、地域それぞれで贔屓の違いはあるにせよ、総合すれば右記の四つの福音書が主として、そして古くから（実際、この四福音書は一世紀後半の成立である）使われている福音書だということを知っていた。そこで、その四書が認められるべき福音書であり、それ以外はNG、さらにまた、この四書のどれかを認めないというのも許されないという判断に至ったのである。

「四」という限定についてもう少し説明する。何よりも避けるべきなのは、地域を隔てた教会の間に、妥協不可能な不一致が生じてしまうことである（エイレナイオス自身も含め、初期キリスト教会で指導的立場にあった人々は、この問題に幾度となく苦しめられた）。そこで、それぞれに贔屓のある四福音書はそれぞれ認めた上で、自分たちが贔屓しない福音書を、贔屓しないからといって排除してはいけない、そういうルールである（なお、以上がエイレナイオス個人の独断だとは思われず、むしろ先輩や同輩の総意を代弁しているのだと考えるべきだろうが、具体的な事情が分からないので、すべてエイレナイオスに一任されていたような書き方にしたことを断っておく）。

福音書は四つであるというこの方針は、二世紀末から正統多数派教会では貫徹しはじめていたらしい。福音書が四つであるというのがルールになったので、三世紀以降、複数の福音書を収めたパピルスが出現するようになる。二世紀にはまだ複数の福音書を収めた単一の写本が存在したという痕跡はない。もちろん、偶然的に残存して発見されているパピルス資料、しかもその多くは断片をもとにする判断だから、絶対というわけにはいかないが。しかし福音書に関する限り、「うちは昔からマルコに慣れ親しんでいるので他の福音書は要りません」というような言い分は、三世紀に入ってからは次第に通用しにくくなったに違いない。四世紀に入ると、パピルスではなく羊皮紙に書かれた旧約新約聖書の大写本が現存しており、そこには四福音書がすべて筆写されている。現在我々が買う大部の聖書と内容はほぼ同じである。

余談になるが、四世紀の成立と目される有名な聖書写本に「シナイ写本」というものがある。新約聖書学の文献批判では、より古いパピルス類を除けば、「ヴァチカン写本」と並んでもっとも重要で信頼できる資料である。なお、現代の趨勢を反映して、シナイ写本はインターネットで画像データが公開されている（検索すればすぐサイトが見つかる）。このようなシナイ写本だが、『バルナバの手紙』と『ヘルマスの牧者』という二つの文書が新約聖書二七文書のあとに掲載されている。近代以降、この二書は「使徒教父文書」に分類され、教父文書としては別格（使徒的）だが、当然、新約正典には入らない。ということは、この写本を制作させたキリスト教徒のパトロンは（自身が司教などの有職者だったのかどうか分からないが、いずれにしても巨額を投じないとできるはずのなかった大写本なので、このように呼んでおく）、この二書を正典と同列に扱っていたのである。

正典と同列に扱っていた――そのように言っていいの

だろうか？　いや、そうではない。そのパトロンは当然のこととして新約部分で二九文書の筆写を依頼し、たまたまそのうちの二七が「正典」とされる文書と一致していたという事情ではないだろうか。つまり、パトロンの参加する教会では『バルナバの手紙』『ヘルマスの牧者』が頻繁に読まれており、大切な書物だとされていたので、シナイ写本制作の際にも特別な意識なしで筆写を依頼したということではないのか。時代が違うけれども、自分たちの実践的な必要に応じて文書を選定するという点で、一世紀やマルキオン教会の時と似通ったケースなのではないのか。

シナイ写本以外にも聖書写本なのに聖書正典以外の文書を載せている（ように見えてしまう）写本はあるが、逆に、『バルナバの手紙』『ヘルマスの牧者』が新約正典と同じ写本に記載されているのはシナイ写本以外に記録がない。何を引いても何を足してもいけないという正典概念が定着しはじめるのが四世紀末なので、正確な時間的前後関係がどうなのか分からないが、いずれ、シナイ写本をマスターとして筆写する場合、最後の二書を写してはいけないという指示がどこからか出たに違いない。教会のグローバルな一致を目指して成立した正典の定着は、ローカルな状況に即応した「カスタマイズ型」の聖書文書集を許さなくなったのである。

異端反駁文書と「正典」概念

話をマルキオンに戻そう。マルキオン自身の著作やマルキオン聖書が写本として伝わっているわけではなく、関連する情報はすべてマルキオン派を反駁した著作に頼らざるをえない。その中で最大のものはテルトゥリアヌスの『マルキオン反駁』（三世紀初頭）であるが、テルトゥリアヌスはそこで「敵の武器で敵を叩く」という手法をとった。福音書については、自分たちには四つの福音書があってそれが信仰の基準となっているのだが、マルキオン派に福音書は一つしかないという。それならばその一つしかない福音書を精査しようというわけである。こうしてテルトゥリアヌスはマルキオンの福音書を次々に引用し、矛盾点や不自然さを次々に指摘し、それによってマルキオン派が成立し得ないことを論証しようとしたのである。

そのため、この著作にはマルキオン聖書からの引用が多数あり、それを抜き出して継ぎ合わせることでマルキオン聖書のかなりの部分を復元することができる。この作業を本格的に行ったのがアドルフ・フォン・ハルナックで、一〇〇年近く前のその成果が現在までマルキオン研究の基本書籍となっていることは、周知の通りである(3)。

ここで注目したいのは次のことである。テルトゥリアヌスがとった手法だが、よく見ると、四つの福音書が教会の基盤であるという構図がマルキオン派教会に投影されてしまっているのである。先に述べたように、エイレナイオス以来、正統多数派教会では四つの（それ以上でも以下でもない）福音書が絶対的な基準としての機能を帯びるようになったのだが、しかしそれは、まさにマルキオン派を含む異端的な流派の出現を許さないための対策であった。ということは、同じ機能をマルキオン派においてマルキオン聖書がすでに果たしていたとするのはアナクロニズムであり、決して自明のことではない。そして、実際は違っていただろうということは、ノレッリの指摘を受け、前述の通り、私も認識を改めたところである。

テルトゥリアヌスはアナクロニズムだと知っていてこの手法を用いたのだろうか。だとすると極めて狡猾な人物だということになるが、おそらくそうではなく、教会において聖書が果たす役割はどこでも同じだと思っていたのだろう。そしてハルナックもこの点を疑問視せず、それゆえマルキオン研究や正典成立史研究において（私を含めて）、正典コンセプトの創始者はマルキオンだという了解が長らく定説となってきたのである。

最後に、話を少し一般化してみたい。拙著で私は次のように書いた。

……異端ないし少数派が提起したさまざまな問題は、ドグマの慎重な体系化なり、あるいは正典の確立という形で、多数派正統教会の歴史にも取り込まれていく。異端が先手を切り、正統が後からそれに応じるという時間的な前後関係があるわけだが、このような応酬が、初期キリスト教思想史の基本的な発展パターンであった……（一七六ページ）

この内容は今でも間違っていないと思う。しかし、マルキオンを含めたほとんどの場合、「異端ないし少数派」についての情報は「多数派正統教会」による反駁文書に頼らなければならない。後の時代に後の読者に向けて書かれた、バイアスのかかった文書から、前の時代の人物や思想を客観的に読み取らなければならないのである。これが難しい仕事であることは言うまでもなく、拙著でも強調してある（たとえば一六五ページ以降）。

しかしこれまで述べたマルキオン聖書をめぐる問題から、新たな困難が浮かび上がってきた。それは、反駁文書の著者は、敵（異端者）が自分たちと違う点は積極的に指摘して攻撃するが、自分たちと同じ（だと思っている）点には触れない、ということである。マルキオン聖書の内容（福音書が一つだけだということなど）やテキスト改変についてテルトゥリアヌスは饒舌であるが、聖書が教会の中で果たす役割については、マルキオン派教会でも自分たちでも同じだと前提しているので、問題とされることがない。ところが、まさにそこにマルキオンとテルトゥリアヌスの溝があった。教会を支える神聖不可侵な正典文書という観念は、マルキオンを含む諸派に対して正統多数派が対応することによって、事後的に成立したものだったからである。

異端反駁文書は、当然ながら、相手とする異端よりも後の時代に書かれる。それゆえに、反駁文書が――自身の成立した時代状況に対応して――いわば無反省に使っている概念については、それが相手の活動していた時代にも適用可能なのかどうか、慎重に考えなければならない。マルキオン聖書の他にも、あらためて考え直すべきケースはないだろうか。残念ながらここでは余裕がないので、別の機会に委ねたい。

まとめを兼ねて、冒頭で引用した文章をどのように訂正するべきか、一案を示して結びとする。インパクトはどうしても弱くなってしまうが、それが実情にかなっているのである。

キリスト教の歴史で、文書集を決定してそれを信仰の基準にするという方法を導入する必要が生じた原因は、福音書の扱い方が様々な流派の乱立であった。福音書を一つしか含まないマルキオン聖書は、マルキオンが「異端者」としてとりわけ悪名高かったため、そこで果たした「貢献」もとりわけ大きかったと考えられる。したがって、マルキオン聖書は正典成立史において欠くことのできないテーマなのである。

（1）筒井賢治『グノーシス――古代キリスト教の〈異端思想〉』、講談社選書メチエ、二〇〇四。
（2）Enrico Norelli, Markion und der biblische Kanon, Averil Cameron, Christian Literature and Christian History, Berlin/Boston 2016.
（3）Adolf von Harnack, Marcion. Das Evangelium vom fremden Gott, 2. Aufl., Leipzig 1924.

宗教改革期・平信徒の心性から見るキリスト教と魔女迫害

小林繁子《こばやししげこ》

1978年生まれ。北海道大学文学部卒業。東京大学大学院博士課程修了（学術）。新潟大学教育学部准教授。著書『近世ドイツの魔女裁判——民衆世界と支配権力』（ミネルヴァ書房）、論文「魔女研究の新動向——近世ドイツ史を中心に」（『法制史研究』）他。

はじめに

超自然的な存在とつながり、特殊な魔力を有すると見られる存在は様々な文化圏に存在する。これらを忌避し、時には命を奪うことも含めて罰することも、同じく人類に普遍的といっていいであろう。しかしヨーロッパ、とりわけ西方教会圏において15世紀から17世紀にかけて生じた魔女迫害ほどに大規模かつ集中的に行われた例は他にない。超自然的力による加害行為を罰する規定は古代ローマにも存在していたし、中世を通じてそうした妖術使いに対する裁判は散発的に行われ続けたが、いわゆる魔女迫害の時代にはそれ以前とは明らかに異なる魔女像が成立していた。魔女は悪魔と契約を結ぶことで神から離反する意思を明確に持ち、悪魔と情交することでキリスト教的な性道徳にも背を向ける。彼ら・彼女らは集団をなして悪魔と結託し、神の国を転覆させようとする反逆者であり、悪魔の力を借りて人畜に様々な被害を及ぼすと考えられたのである。[1] このように魔女には、実害を与えるという刑事犯的側面に加えて、神への反逆者という宗教的な性格が深く刻まれている。キリスト教は「魔女」問題の骨格をなしているのである。

魔女狩りの熱狂が完全に過去のものとなった19世紀には、プロイセンにおけるカトリックとの文化闘争を背景に、「魔女迫害はカトリックの狂信の産物であった」という主張がなされた。しかしながら、カトリック圏であるイタリアやスペインで魔女迫害が極めて少数にとどまったこと、反対に長老派のスコットランドやルター派のメクレンブルクなど新教地域の中にも裁判が多発した地域があったことを踏まえれば、魔女迫害を特定の宗派に帰することはできない。魔女への恐怖と嫌悪はキリスト教全体に共有されていたのであり、迫害の濃淡は宗派の教義以外の別の要因に起因するものだといえよう(2)。

魔女の存在がキリスト教に内在するのだとすれば、魔女迫害がキリスト教の歴史２千年余の中である一時期に集中していることはどのように考えるべきなのか。本稿では、魔女迫害の時期的・空間的分布を概観し、魔女迫害を下支えした論理と思想がどのように展開してきたのかを概観する。そのうえで、宗教改革が平信徒の心性に及ぼした影響という観点から、宗教改革と魔女迫害のかかわりを検証してみたい(3)。

１．魔女迫害の展開

妖術による加害行為を核心とする伝統的な妖術使い像とは一線を画する、悪魔との結びつきに重点を置いた魔女像が成立するのは15世紀初頭である。これについては、12世紀以降に広がりを見せた異端運動との連関が指摘されている。教会制度を根幹から揺るがす脅威となった異端者は、従来からの妖術使いのイメージと結びつけられ、「群れをなし社会を脅かす魔女」として新たに解釈されたのである。

15世紀初頭の初期魔女裁判が、とりわけワルドー派など異端の潜伏地域となっていたアルプス地域から始まったこともこれを裏付けよう。１４２０年代のアルプス地域から魔女裁判の件数は徐々に増え、地域的にも北西フランスからドイツ西部へ、そしてヨーロッパ全体へと広がっていった。ドミニコ会の異端審問官インスティトーリスにより魔女裁判の指南書『魔女に与える鉄槌』（１４８６年）が執筆されたのも、こうした背景においてであった。この書物は悪魔との契約・情人関係、魔女集会への参加、害悪魔術という魔女のステレオタイプを形成するのに大きな役割を果たしたとされている。著者インスティトーリスは魔女の罪の甚大さを強調し、世俗裁判官がこれを厳しく取り締まり、死をもって罰するよう執拗に要求したのである(4)。

とはいえ、『鉄槌』がすぐさま大規模な魔女迫害を引き起こすことはなかった。15世紀末にいったん燃え上がった魔女迫害の熱は、宗教改革が本格化する１５２０年代にはむしろ沈静化する。黒川正剛はまさに宗教論争が過熱せんとする１５３０〜５０年代には上記の『鉄槌』のような悪魔学書の印刷は行われず、魔女よりも宗教論争に多くの関心が向けられたと分析している(5)。魔女迫害のピークは『鉄槌』出版からおよそ百年後に訪れるのである。１５６０年頃から１６３０年頃にかけて再燃した魔女迫害は、神聖ローマ帝国を中心に最高潮に達した。しかし17世紀後半には魔女裁判数・処刑件数ともに漸減し、１８００年以降は中央ヨーロッパでは魔女の処刑はほとんど行われなくなった。

以上からは、魔女迫害の本格的開始は宗教改革にやや先立つが、ヨーロッパ内で立て続けに勃発した宗教戦争の時期に最盛期を迎え、三十年戦争が終結する頃には収束していったことが見て取れる。魔女迫害と宗教改革は時期的に重なりを見せるが、両者の関わりはいかなるものと考えることができるだろうか。

2. 宗教改革と魔術の否定

英国の歴史家H・R・トレヴァー＝ローパーは、宗教改革を魔女迫害の直接的な背景と見なす論文を１９６０年代に発表した。彼は、プロテスタント・カトリックいずれかに魔女迫害の原因を帰すのではなく、この新旧両派の対立と衝突によって迫害が生じたとする。すなわち、16世紀後半に魔女迫害が再燃することの要因はプロテスタント説教師による「征服」とカトリック陣営による「再征服」によって魔女についての教理がより深く民衆側に伝えられていったことに求められるとし、こうした宗教闘争は社会的対立の性格をおび、一宗派の他宗派に対する攻撃として魔女裁判が行われたと見る[6]。

この論は大きな議論を呼んだが、今日では実証的には支持されていない。異なる宗派同士が告発しあうようなパターンは実のところ神聖ローマ帝国ではほとんど見られなかったし、魔女迫害は多くの場合、宗派を同じくするひとつの共同体内部で起こっており、迫害する者もされる者も、すくなくとも形式的には同一の信仰を持っていた。宗派対立から引き起こされた宗教戦争と魔女迫害との因果関係に関しても、トレヴァー＝ローパーの見立てとは逆に、複数の地域で戦闘が始まると同時に魔女迫害が中断ないし減少したことも確認されている。魔女裁判が宗教的不服従の迫害に利用されたという説明は実態に即しているとは言い難い[7]。また、トレヴァー＝ローパーの議論は主に学識者による議論や王侯の動きに着目しているが、魔女裁判は多くの場合、民衆の要望によって行われたことも近年明らかにされている。そうであるならば、宗教改革が平信徒の心性にどのような影響を与えたのか、それが魔女迫害へとどのように作用したのかも問うべき問題となろう。

ここで着目すべきは、宗教改革を契機として魔術的・迷信的行為が否定されたという点である。新旧両派の宗教論争が深まるのと並行して、神聖ローマ帝国の領邦君主や都市当局は、ポリツァイ条令と総称される数多くの法令を発し、秩序を維持・創出するため臣民への働きかけを強めるようになる。それは、個人の日常的な生活態度への介入も含むものであった。飲酒、奢侈《しゃし》、婚前の性交渉や不倫、また迷信行為の取り締まりも、当局の課題となっていたのである。

このような内面への働きかけは、教会と国家が宗教をてこに臣民を規律化していく過程、すなわち「宗派化」の一面として捉えられる(8)。占いやまじないは迷信行為として、新旧両派ともに取り締まりの対象となった。プロテスタント領邦のファルツ選帝侯領における１５６２年の条令では「知ったかぶりや迷信から、領邦内外のそのような占い師や妖術使いや呪い師のもとへ赴いている臣民たちは、今後そのようなものから離れるよう」「今後も不服従が見られるのであれば、その男女は違反や人物の程度に応じて、塔［への収監］やその他によって重々罰せられる(9)」とある。迷信行為を行う占い師本人のみならず、それを頼りにする行為もまた処罰の対象となっているのである。カトリック領邦のバイエルンでも１６１１年、「家畜や人間の病気に際しての怪しい祈祷やくじ占いや占い、ないしは失せものや未来を（これは全能の神のみが知り、神にのみ帰するものであるのに）明らかにするなどという迷信が、以前より下々の素朴な人々の間で生じ、跋扈《ばっこ》している」として、これを厳しく禁じている(10)。ここでは、占いが神の全能に対する不敬であるとして戒められているのである。

このように16世紀以降、信仰の内面化が進められるのと時を同じくして、魔術的行為によって現世的な利益を得ようとすることは迷信的であり瀆神的であるとして否定された。ただしこのことは、伝統的な民衆魔術の担い手が魔女として迫害されたことを意味するわけではない。魔女裁判が行われたのはもっぱら世俗の裁判所であったのに対し、伝統的な魔術師たちが罰せられるのは教会裁判や宗務局の領域であった。こうした生業ないし副業を営んでいた者が魔女として裁かれるケースもあるが、それが他の職業集団と比較してより頻繁であったという事実も確認しえない。むしろ、こうした民衆魔術の否定は、魔女迫害の土壌を形成した一要素にすぎないと考えるべきであろう。病気や災害など様々な不幸に対する対抗手段を提供していた民衆魔術は、その有効性を否定されていく。同様に、カトリック教会が提供してきた祝福や護符、聖遺物崇敬は平信徒にとって魔除けの機能を持ち、悪魔や魔女といった不可視の危険から身を守る手段であったが、プロテスタント側から魔術的であるとして攻撃され、無効を宣言された。こうした中で当時の人々に残された方法は、別の対抗的行動をとること、つまり不幸をもたらす魔女という脅威を司法により排除するということだったのである(11)。

とはいえ実際には、魔術（迷信）への信頼はすぐになくなったわけではない。こうした行為を逸脱と定義し、その禁止を徹底させるためには、「神罰」や「神の怒り」が強調されねばならなかった。

3. 平信徒における魔女と神罰

人間の罪ある行動に対して共同体全体に神の罰が下される。「神の怒り」はキリスト教における道徳規律遵守の動機として大きな意味を持つ。これは聖書にも繰り返し現れるモチーフであり宗教改革期の発明ではないが、本稿の関心にとっては重要なことに、中世後期からこの「神罰」のモチーフが当局の法令などに頻繁に登場するようになる。例えば、先に引用した1611年のバイエルンの条令では、占いなどの迷信行為が正しく罰せられないならば「全能の神は我々人間に対し正当な怒りを示されるであろう」「我々の土地や人々は飢饉や戦争や疫病、その他種々の禍によって罰せられ、損なわれるかもしれない」と警告し、神罰を回避するためには当局が迷信を真剣に罰するよりないとする。(12)

この「報復の神学 Vergeltungstheologie」には大きく三つの政治的機能があると見られている。第一の機能は、神罰を脅しに違反行為の当局への通告を促すことにある。違反行為を黙認することが神罰を招くとすることで、水平的な相互監視を促し、違反行為の当局による捜査、取り締まり能力を補完させせようとしたのだという。第二に、神罰を回避するためには違反に対する刑罰が必要とすることで、当局による制裁を正当化する機能である。自生的裁判権と当局の裁判権の競合的状況の中で、君主当局こそが違反を罰する主体であり、神の代理人なのだと主張されたのである。第三に、16世紀以降には瀆神という神に対する罪が、同時に神の代理人である君主当局に対する侮辱でもあるという理解が広まっていった。君主の制裁は、現世において神の代理人となった自身に対する侮辱的な言動を取り締まることにも向けられていたのである。(13) 両宗派における「報復の神学」の浸透と君主当局による内面の規律化は、同時的に行われた、宗教改革に不可避的に付随する現象と言えよう。

しかし、平信徒が神学者や支配当局の考え方をそのまま受け入れたわけではない。人畜の病気や悪天候といった不幸は、魔女のもたらす災害と解釈され続けた。英国の歴史家K・トマスはいみじくもこう指摘する。「神の懲らしめに耐えることをいやがるこうした姿勢、これこそがまさしく人をして自分に起こった不幸を、誰か近所の人のウィッチクラフトのせいにするのだ」(14)。魔女が訴えられるのは、悪天候や人畜の病気など、具体的な被害が生じたことがきっかけになる場合がほとんどであった。その際、不幸を神罰として解釈する姿勢は見られない。むしろ、魔女を罰しない姿勢こそが神罰を招くのだというロジックを用いて、当局に魔女裁判の開始を迫りさえしているのである。たとえば1641年、マインツ選帝侯領の住民は「恐ろしい魔女の悪業に対する全能なる神の讃うべき罰」が霜害《そうがい》という形で共同体全体に下されたとして、魔女裁判の開始を要求した。1648年にも魔女を罰することによって「将来と現在、今なお目前にある重き神の罰」を回避しうると訴えている。1667年に至っても、マインツ選帝侯領のいくつかの共同体は、魔女を罰しなければ「多種多様の災い、神罰、そして大切な貯蔵ワインの腐敗、その他作物の腐食、痛ましい被害」が起こるに違いないと当局に開廷を迫ったのである。(15)

そこでは、ささいな口論、わずかな貸借をめぐる諍《いさか》いを遠因として、あらゆる人々が魔女と解釈されえた。男性家長の後ろ盾のない貧しい寡婦は魔女裁判の典型的な犠牲者となったが、富裕な男性も無関係でいられたわけではない。(16) 都市の有力者をも巻きこむ裁判のニュースは活版印刷ビラなどで遠隔地にも伝わり、あらゆる社会階層における悪魔の軍勢の広がりを印象付け、魔女への恐怖を一層煽り立てた。魔女裁判がしばしば政治的、あるいは個人的利害を背景としていたことは多くの事例研究が示すところであるが、共同体防衛という正当性によって、そうした個別の利害関係は覆い隠されたのである。

魔女を罰することは神罰の回避につながり、共同体全体の益となる――こうして、不幸を宗教的内省の契機としうるはずであった「神罰」のロジックは、魔女を罰する新たな根拠となった。さらに、神に背き共同体の敵となった魔女は通常の訴訟手続きに制約されない「例外犯罪 crimen exceptum」であるとして、拷問の濫用など手続き上の逸脱も一部の法学者によって正当化されたのである。このことは、市民社会を脅かすテロリストには「市民に対する刑法」から逸脱する「敵に対する刑法 Feindstrafrecht」を認めるべきだとする今日の議論を彷彿とさせまいか。(17) 神罰概念は宗教改革において政治的意義を与えられるとともに、共同体の敵に対する恐怖を増幅させた。そこには近世に進行する社会の均質化と、その裏面である「他者の創出」とが見出されるのである。

(1)「魔女」という言葉は、必ずしも女性のみを意味しない。男性もまた魔女として裁かれ、およそ4~6万人とされる魔女裁判犠牲者のうち、約3割は男性であった。

(2) 紙幅の都合上、魔女迫害の経済的・政治的要因についてはここでは詳述しないが、以下のすぐれた概説書を参照。黒川正剛『図説魔女狩り』河出書房新社、2011年、W・ベーリンガー（長谷川直子訳）『魔女と魔女狩り』刀水書房、2014年。

(3) 魔女迫害と宗教改革との関わりについて、以下にコンパクトにまとめられている。J. Haustein, “Protestant Reformation”, in: R. M. Golden (ed.), *Encycropedia of Witchcraft. The Western Tradition*, vol. 3, ABC Clio 2006, pp. 936-938; Gary K. Waite,

“Sixteenth-Century Religious Reform and the Witch-Hunts”, in: B. P. Levack (ed.), *The Oxford Handbook of Witchcraft in Early Modern Europe and Colonial America*, Oxford 2013, pp. 485-506.

（4）C. S. Mackay (ed. and trans.), *Malleus Maleficarum*, vol.1, Cambridge 2006, p. 64.

（5）黒川、前掲書47頁。

（6）H・R・トレヴァー＝ローパー（小川晃一ほか訳）『宗教改革と社会変動』未来社、１９７８年、１８７―１９１頁。

（7）B. P. Levack, *The witch-hunt in early modern Europe*, New York 1987, pp. 108-109.

（8）宗派化については以下の論文に詳しい。踊共二「宗派化論―ヨーロッパ近世史のキーコンセプト」『武蔵大学人文学会雑誌』第42巻３・４号（２０１１）、１０９―１５８頁。

（9）E. Sehling (Hg.), *Die evangelischen Kirchenordnungen des XVI. Jahrhunderts*. Bd. 14 (Kurpfalz), Tübingen 1969, S. 273.

（10）W. Behringer (Hg.), *Hexen und Hexenprozesse in Deutschland*. 5. Auflage, München 2001, S. 241.

（11）K・トマス（荒木正純訳）『宗教と魔術の衰退』法政大学出版局、１９９３年、７２９頁。

（12）Behringer, S. 241f.

（13）G. Schwerhoff, „Böse Hexen und fahrlässige Flucher: Frühneuzeitliche Gottlosigkeit im Vergleich“, in: E. Piltz/G. Schwerhoff (Hg.), *Gottlosigkeit und Eigensinn. Religiöse Devianz im konfessionellen Zeitalter*, Berlin 2015, S. 187-206, hier S. 187f.

（14）トマス、前掲書、７９６頁。

（15）Bayerischer Staatsarchiv Würzburg, G-18890, Lage 9, Lage 81; MRA K. 211/205.

（16）例えばドイツのトリーアやバンベルクにおいては、多くの有力市民が連鎖的裁判の中で処刑されている。ベーリンガー、前掲書、１４１―１４３、１６１―１６４頁。

（17）「敵に対する刑法」と魔女裁判については、H・マイホルト（森永真綱訳）「例外犯罪――近世における「敵に対する刑法」?」『ノモス（関西大学法学研究所）』第29巻（２０１１）、１２３―１４１頁を参照。

異端とセクシュアリティ

朝《あさ》香《か》知《とも》己《き》

1974年生まれ。同志社大学神学部卒業。同志社大学大学院神学研究科博士後期課程修了。博士（神学）。現在、同志社大学嘱託講師ほか。

はじめに

キリスト教において「異端」とはどのようなものだろうか。例えば、「異端」とは「宗教の正統的な教えと一致しない教義」を指し、キリスト教においては、その「正統的信仰からの逸脱」であると定義することができる。[1] つまり、キリスト教の歴史において、様々な教義をめぐる議論の中で、多数派が正統信仰を形成し、それと意見を異にする少数の対抗者が異端と呼ばれてきたのである。

　このように正統と異端の区別は、本来、教義や信仰箇条の問題であり、「信じる事柄」にその焦点があるように見える。しかしながら、現実には、そのような信仰を持つ人の「ふるまい」もまた異端をめぐる議論において注目されるものとなってきたのである。なるほど、ある信念を持つゆえに特定の行動を取る（ないしは取らない）ということはあり得ることだろう。とりわけ、信じる事柄それ自体が、ある行動を命じるようなもの（神の命令といったもの）である場合には、そのように言うことができる。

　キリスト教信仰を持つことによって、特定の行動が引き起こされるということは、礼拝などの儀礼的様式に限らず、信徒の日常の生活においてもしばしば起こり得ることだろう。その時、「正しい信仰」によって「正しいふるまい」が要請され、それにそぐわない行動は「異端」と結び付けられるということが、キリスト教の歴史においてしばしば見られる。そして、そのような行動には「性的な」ふるまいが含まれているのである。

異端と性的ふるまい

異端と性的なふるまいとを結び付ける例は、すでにコリントの信徒への手紙において、性的ふるまいに関して異なる「キリスト教的理想」を主張する人々を教会から排除するようなパウロの記述が見られる（1コリ6・12―20など）[2]。その後の歴史でも、中世ヨーロッパにおいて異端とされ、異端審問の対象となったカタリ派では、絶対的な善悪二元論に基づいて物質が悪に染まっていると考え生殖を禁じる人々や[3]、独身の完徳者になれないならば本来的に不敬虔なものに祝福を与える結婚をするよりも乱交的である方が良いとする人々がいたとされ[4]、さらには、同性間の性的ふるまいが「罪でないだけでなく、魂を物質のなかに閉じこめようとする悪魔の努力を阻止する望ましい手段である」と説教されていると考えられていたという。ほかにも、12～13世紀西欧の様々な異端のグループが「ソドミー」を行ったとして告発されている[5]。

そして宗教改革期には、初期のアナバプテスト運動のいくつかのグループが、世俗法や教会法に依ることなく以前の結婚を解消し、神の霊の直接の導きのもとでの新たな結婚を求めたとして、姦淫や重婚を行っているとみなされ、それは正統派から悪魔によって鼓舞された抑制できない欲望の行為と解釈されたという[6]。

以上はほんの一例だが、異端とされた人々がしばしば何らかの「誤った」性的ふるまいを行う者とされてきたことが示されている。しかしながら、マーク・D・ジョーダンは、異端とされる人々の性的な理想やふるまいが実際にはどのようなものであったのかを知ることには困難があると指摘する。なぜなら、我々がそれを知るのは、多くの場合、それを異端とみなす側の人々、すなわち正統信仰の側に立つ人々による言葉を通してであるからである[7]。そのような言葉は、自らの立場とは異なる論争相手を弾劾することを目的とする非難であり、単に事実（真実）を伝えていると考えることには問題がある。

例えば、先ほど述べたカタリ派の人々は、当時の正統派教会（カトリック教会）の聖職者の間で道徳的堕落や性的放縦が蔓延していたのに対して、むしろ極端な禁欲主義で知られており、倫理的によりすぐれていたとも言われる[8]。そのような人々が、正統派から性的放縦とみなされるであろう乱交や「ソドミー」に積極的に関与するものだろうか。もちろん彼らの中には様々な考えがあり、乱交的であった人々がいた可能性を否定することはできないとしても、「誤った」性的ふるまいとの結び付きをそのまま事実であるとすることもまたできないように思われる。そうであるとすれば、このような結び付けは異端の誤りを強調するために、彼らが性的ふるまいにおいても誤っているにちがいない／いなければならないと考えられたためであったとも言えるのではないだろうか。[9] つまり、異端である者は、実際にはどうであるかにかかわらず、そのようなふるまいをする者とされるわけである。

ソドミーと同性愛

しかし、そもそもなぜ特定の性的ふるまいが異端と結び付く「誤ったもの」と評価されるのだろうか。以下では、そのような「誤った」ふるまいの一つとしてしばしば言及される「ソドミー」を取り上げ検討したい。

まず当然のことだが、何らかの性的ふるまいが「誤っている」とみなされる時、その前提として「誤っていないもの」すなわち「正しい性的ふるまい」が想定されていることは明らかである。そしてキリスト教史において、正統派によって主張されてきたこの「正しい性的ふるまい」とはおおよそ、一対の男女による結婚であり、その内部で行われる生殖に開かれた（生殖を目的とする）性的ふるまいを指すと言っていいだろう。[10] これが人間に対する神の命令として正統信仰において信ずべき事柄であるのだとすれば、それ以外のあらゆる性的ふるまいは「誤ったもの」であり、異端と結び付けられる可能性がある。

それゆえ「ソドミー」が誤った性的ふるまいであるとされるのだとすると、まずもってそれはこのような「正しい性的ふるまい」とは異なる在り方であると言うことができるが、想像し得るそのようなふるまいのすべてが「ソドミー」と呼ばれているわけではない。それでは、「ソドミー」という用語を用いることで意図されているのは具体的にはどのようなふるまいであるのだろうか。

よく知られているように、そもそも「ソドミー」という語は、創世記19章のソドムの滅亡記事に由来するとされる。つまり神によって町が滅ぼされる理由となったところの、ソドムの住民が行っていた悪しきふるまい（ソドムの罪）のことを指す。そしてキリスト教の同性愛をめぐる議論において、このふるまいは同性愛反対派からしばしば同性愛を意味するとされてきた。[11]

しかしキリスト教の歴史において、実際に「ソドミー」がどのような意味を持ってきたのかについては、それほど単純な問題ではない。ジョーダンによれば、「ソドミー」の語は11世紀の神学者ペトルス・ダミアニによって考案されたものである。[12] それ以前について言えば、旧約・新約両聖書の諸文書にすでにソドムの罪への言及が見られるが、そこでソドムの罪とは神の裁きの卓越した例であり、高慢や忘恩と結び付けられているのに対し、それを同性間の性交に限定するような記述はない。[13] このような聖書の記述に基づく見方はいわゆる四大ラテン教父たちにも基本的に引き継がれているが、アウグスティヌスにおいてはソドムが同性間の性交を含む性的なふるまいとの関係で理解される例もよりはっきりと見出され、グレゴリウス1世ではソドムの罪が第一に性的な罪と考えられている[14]。

そして、「ソドミー」の語が登場する最初の著作であるペトルス・ダミアニの『ゴモラの書』（１０４９年）では、ソドムの悪徳はもっぱら性的なふるまいに関するものとして理解されている。彼はそれを四種に分類しているが、自慰のほか、相手を必要とするものも含め、いずれも非生殖的な行為となっている[15]。また、この著作においてそのような性的ふるまいを行う人物（ソドマイト）として想定されているのは、彼自身が属しているところの当時のカトリック教会の聖職者や修道士であることから[16]、それが男性間で行われるものでもあったと考えることができるだろう。このように長い過程を経て、次第にソドムの罪は同性間の性交を含む性的なふるまいへと縮減されていったのである。

しかし、ペトルス・ダミアニの語る「ソドミー」がいくら男性間の性的ふるまいを含むものであったとしても、それを「同性愛」と結び付けるのは早計である。というのは、「ソドミー」と対にされる「同性愛」という概念についても私たちは注意しなければならないからである。「同性愛」（ないしはそのように日本語訳される英語の homosexuality）という用語は、19世紀末のヨーロッパで作り出されたものである。そして現代のゲイ・スタディーズにおいては、それを機に自らを「同性愛者」として意識する人々（すなわち「同性愛者」としてのアイデンティティを持つ人々）が現れるようになったとされる[17]。つまり、誤解を恐れず言えば、これ以前には「同性愛／者」は存在しないのである。もちろん、このように言うことは、19世紀末になるまでどのような同性間の性的な行為や関係性も存在しなかったということを意味しない[18]。そういったものは人類史上、時代や地域を問わず見られるが、現在、主にレズビアンやゲイという呼称を用いられる「同性愛者」としてのアイデンティティはそうではないということである。このように「同性愛」を理解することで、それと「ソドミー」とが同一視され得ないということがより明確になるだろう[19]。

とりわけキリスト教の同性愛議論においては、しばしばキリスト教が伝統的に（あるいは歴史上一貫して）同性愛を非難してきたといった主張がなされてきた。それへの反論として、このような狭義の「同性愛」理解に基づく主張（そもそも「同性愛」という概念によって示される現象は19世紀末以降に出現したものであるため、仮にキリスト教がそれまで何らかの同性間の性的現象を非難してきたのだとしても、その意味内容において別物である、という主張）は、実際にレズビアンやゲイの解放を目指す神学議論においても展開され、重要な役割を果たしてきたのである[20]。

論点の展開の必要性

このように、これまでのレズビアンやゲイの解放を目指す神学は、「誤ったふるまい」であるという「伝統的」な評価に反論するために、そこで認識されているものと現代の「同性愛」がいかに異なるものであるかを明らかにすることに重きが置かれていたように思われる。「ソドミー」概念の探究で言えば、「誤ったふるまい」である「ソドミー」と「同性愛」が異なるものであると論証することで、「同性愛」と「誤ったもの」との繋がりを否定するという方向性である。あるいは、「聖書に書かれている」という非難に対する「聖書に書かれているとは言えない」という論証もこの目的にかなうものであると言えるだろう。もちろんこのような探究はきわめて重要であり、今後も必要であることは疑い得ない。

しかしながら、それだけでは十分ではないように思われる。例えば、「ソドミー」概念の再考によって両者を区別することで、「同性愛」が、「ソドミー」とは違って異端と結びつけられることがないとは必ずしも言えない。なぜなら、異端とされる「ソドミー」と「同性愛」とを同一視することはできないということを明らかにしてもなお、「同性愛」が「別の誤ったふるまい」であると評価される限りにおいて、それを異端と結び付けることは可能であるからである。実際、現在でもキリスト教においてレズビアンやゲイと異端を結び付けるような主張はしばしば見られる。(21)

このことは、レズビアンやゲイの解放を目指す神学にとって、論点のさらなる展開が必要であるということを示していると言えるだろう。つまりそれは、そもそもの「誤り」と「正しさ」をめぐる問いである。「誤っているソドミー」と「同性愛」は違うものであると言うことは、暗黙のうちに、「ソドミー」を「誤っている」とする判断基準はそのままに、「同性愛」がその「誤っていない」側にあると想定しているのではないだろうか。しかし、そもそもなぜ「ソドミー」は「誤っている」とされるのか。その判断基準を問い直すことなしには、「同性愛」もまた「別の誤ったふるまい」として振り分けられ続けるのではないだろうか。

それゆえ、さらに問うべきは、「誤っている」との評価の基盤となっている「正しいふるまい」の「正しさ」についてである。もちろん、このような「正しさ」の問い直しもすでに行われてきたものであり、またそれは先述のような「誤り」との評価に対する反証と明瞭に切り分けられるものでもないだろう。しかしながら、より意識的に視線を「正しさ」の側へ向けることは、現在ますます必要になっているように思われるのである。

例えば、現代のセクシュアリティをめぐる課題の一つとして、「同性婚」がある。この課題において、「同性婚は認められない」という従来の主張への反論とは、主として同性婚の承認をその帰結とするものとなっているように思われる。しかしそういった議論は「異性愛の正しさ」を問い直すものではあるが、「結婚の正しさ」すなわちセクシュアリティの在り方において排他的な二者関係に特権を付与することは不問に付されたままにする。現在、「結婚」という制度が様々な問題を孕んでいることに目を向けるならば、「結婚の正しさ」もまた問い直す必要があるのではないだろうか。ただし、言うまでもないことだが、「正しさ」の問い直しとは「正しさ」の否定を意味しない。結婚の例で言えば、それは必然的に結婚の否定に帰結するものではない。そうではなく、それはより望ましいものへと「正しさ」を更新するものであると言えるだろう。そもそも正統信仰（正しさ）とは初めからあったものではなく、様々な異端との対決を通して形作られてきたものではなかったか。そして我々が今なお「真の正しさ」への途上にあるとすれば、現在の「正しさ」は絶えず変化に開かれているのではないだろうか。

（1）D・クリスティ＝マレイ『異端の歴史』野村美紀子訳、教文館、1997年、9頁。
（2）Mark D. Jordan, *The Ethics of Sex*, Oxford: Blackwell, 2002, p. 71.
（3）クリスティ＝マレイ、前掲書、148頁。
（4）カレン・アームストロング『キリスト教とセックス戦争――西洋における女性観念の構造』高尾利数訳、柏書房、1996年、63頁。
（5）ジョン・ボズウェル『キリスト教と同性愛――1～14世紀西欧のゲイ・ピープル』大越愛子、下田立行訳、国文社、1990年、286―290頁。なお、当該書では「アルビ派」とされているが、それはカタリ派の別名ないし一派とされるため、本稿ではカタリ派で統一した。
（6）Jordan, *ibid.*, p. 74.
（7）*Ibid.*, pp. 71f.
（8）クリスティ＝マレイ、前掲書、147頁。ボズウェル、前掲書、289頁。
（9）中世ヨーロッパにおける世俗法と贖罪規定書における記述とその処罰の執行状況に関しては、例えば以下を参照。A・マッコール『中世の裏社会――その虚像と実像』鈴木利章、尾崎秀夫訳、人文書院、1993年、283―297頁。
（10）厳密に言えば、一対の男女による結婚だけがキリスト教史において「正しい性的ふるまい」すなわちキリスト教的な性の理想とされてきたわけではない。むしろ初期キリスト教においては、それよりも「性を越える新しい生」としての禁欲的独身がより理想的なものとされていたのであり、一対の男女による結婚は後代に、禁欲的独身を基礎として、その代わりとなる理想として形成されていった。例えば以下を参照。Jordan, *ibid.*

（11）そのような解釈に対して、この箇所を詳細に検討し直したものとして、例えば以下を参照。山口里子『虹は私たちの間に――性と生の正義に向けて』、新教出版社、２００８年、32―55頁。また、一般社会においても、ソドミーを同性愛とみなす例は見られる。例えば、ソドミー法と呼ばれる法は、同性間の性的行動を処罰する法として理解されることがある。

（12）Mark D. Jordan, *The Invention of Sodomy in Christian Theology*, Chicago: The University of Chicago Press, 1997, p. 29.

（13）*Ibid.*, pp. 30-32.

（14）*Ibid.*, pp. 32-37.

（15）*Ibid.*, p. 46.

（16）*Ibid.*, pp. 45-66.

（17）風間孝、河口和也『同性愛と異性愛』岩波書店、２０１０年、77―94頁。

（18）さらに言えば、「性的」ということさえ、定義することには困難を有する。この点に関しては、例えば以下を参照。赤川学『セクシュアリティの歴史社会学』勁草書房、１９９９年、１―15頁。

（19）ジョーダンは、このような視点から「ソドミー」は「同性愛」ではないと明確に述べている。Jordan, *The Invention of Sodomy*, p. 161. また、実際にはソドミー法において規定されるソドミーの行為も、同性間に限定されていない。

（20）ただし一般には、同性間の性的行為全般を指して同性愛と呼ぶことも往々にしてあり、そのように広義に同性愛を捉えることによって、同性間の性的現象が時間・空間を越えた普遍的なもの（自然なもの）として位置付けられ、現代のレズビアンやゲイの解放に寄与する側面もある。

（21）例えば、現在、アメリカ合衆国におけるプロテスタントの最大教派であり、同性愛に対して強硬な反対姿勢をとり続けている南部バプテスト連盟（Southern Baptist Convention）の南部バプテスト神学校（Southern Baptist Theological Seminary）の現総長アルバート・モーラー・Jr（Albert Mohler Jr.）は同性愛を異端と結び付けて語っている。Albert Mohler Jr., “Homosexuality and Heresy: Liberal Theology Loses its Mind,” (July 20, 2004), http://www.albertmohler.com/2004/07/20/homosexuality-and-heresy-liberal-theology-loses-its-mind/（2017/01/13にアクセス）

多様性の時代と「異端イジメ」の病理
──北村慈郎牧師戒規免職の底流にあるもの

渡辺英俊《わたなべひでとし》

1933年生まれ。山梨大学学芸学部卒業。東京神学大学大学院修士課程修了。ドルー大学神学部留学。日本基督教団岩見沢教会、横浜磯子教会、なか伝道所牧師を経て2014年引退。移住者と連帯する全国ネットワーク副代表理事。著書『旅人の時代』、『地べたの神』、『私の信仰Q＆A』他多数。

「迫害者サウロ症候群」

「正統」と「異端」とを、「正しい教え」vs.「間違った教え」という図式で考えることはできない。歴史に照らせば、正統と異端の争いには多くの場合、権力とその利害関係が絡んでいた。イエスの処刑そのものが、正統を自認する神殿権力による異端への弾圧であった。直接権力が絡まなくても、「正統」による「異端」の切り捨て・排除は、宗団内での力関係によるところが大きい。その典型的事例が、回心前のパウロによる「キリスト教徒」迫害に見られる（使徒9・1―19、ガラテヤ1・11―14、フィリピ3・5―6参照）。

「サウロ」（回心以前のパウロに使徒言行録の著者ルカが与えた名）の迫害の背景にあったのは、異邦人地域に住むディアスポラ・ユダヤ人社会の内部で起こった信仰上の対立であった。ローマ帝国の世界支配政策の下で、当時なりのグローバル化・都市化が進められ、文化や価値観の多様化が進んでいた。そういう異邦人世界に離散して住むユダヤ人の共同体は、多様化に侵蝕されるアイデンティティの危機に直面していたと見られる。そのため、多くの人びとがユダヤ教の伝統に固着して、「アブラハムの子孫」という民族的出自に、他の民族に優越する選民というアイデンティティの根拠を求めた。そして、そのアイデンティティ・シンボルとして割礼と律法を絶対化していた。他方、多様化する文化世界の中で、民族的出自を越えたより広いアイデンティティの根拠を求める人びともいたと見られる。その中のある部分が、ナザレ人イエスへの信仰に活路を見出し、割礼も律法も廃棄されたと言って、割礼のない異邦人と共に共同体を形成し、共同の食卓を礼拝の中心に置いていた。これは、前者のユダヤ人多数派にとって、自分たちのアイデンティティ・シンボルを冒瀆・破壊する行為であり、仲間内にそういう異端者のいること自体がアイデンティティを危機に陥れる事態であった。だから多数派の一人であった「サウロ」は、おそらくシリア地方のディアスポラ・ユダヤ人多数派の力をバックに、少数派であるイエスの信奉者に対し、暴力的な介入を行ったのであった。

この攻撃は、アイデンティティの防衛という当該集団の深い内面から出ている。しかし、このような攻撃を生むアイデンティティの持ち方には大きな問題があった。それは、自分たちの民族的優越性に固執し、それ以外の「異邦人」を「汚れた者」「罪人」と見下げる差別意識に支えられたアイデンティティであった。その倒錯性のゆえに脅威にさらされやすく、過剰反応として脅威となる対象への憎しみと攻撃を生む。この攻撃性は、不安から逃れようとするあがきであるから、対象への腹いせ的イジメに結びつきやすい。

「迫害者サウロ」のこのような倒錯したアイデンティティは、彼が迫害・攻撃していた当の相手の持つ、多様性の世界に開かれたアイデンティティに出会って崩壊する。それは、すべての人を差別なしに義とする「キリスト」にある者というアイデンティティであった。イスラエルの民族的伝統に根ざしながら、民族を越えて共同体を形成できる新しいアイデンティティの立て方であり、広さと柔軟さにおいて、多様化する時代と文化に対し適切に対応できるものであった。彼は、そこに自分にとっての新しいアイデンティティを見出す。「迫害者サウロ」から「異邦人の使徒パウロ」へと再生する「回心」とは、そのようなアイデンティティの転換であった。

ルカがいみじくも付けた「サウロ」という名前は、回心以前に彼が固着していた倒錯的なアイデンティティの立て方の記号だと考えればわかりやすい。そしてそれは、避けられない結果として、自分のアイデンティティを脅かすものへの腹いせ的イジメ、攻撃・排除と結びつくのである。この一連の経過に潜む病弊を「迫害者サウロ症候群」と呼んで特定しておけば、その後の歴史で起こった異端攻撃に内在する重要な契機を見て取る助けになるであろう。

道義なき「処分」

日本基督教団（以下「教団」）の北村慈郎牧師に対する戒規免職処分（以下「北村処分」）は、まさにこの「迫害者サウロ症候群」から読み解くことができる事象である。

北村処分は、「教憲第1条」違反を理由としており、異端の追放に当たる免職という事実上最も厳しい処分であった。そこで問題になったのは、洗礼を受けていない者にも聖餐を受けることを認める、いわゆる「オープン聖餐」を行ったことである。これに対する処分過程は、戒規の申立から処分決定に至るまで、数々の違法を含む暴力的な多数決の連続であり、問答無用の決めつけだった。ここではその要点に触れるに留める。詳細は、「北村慈郎牧師の処分撤回を求め、ひらかれた合同教会をつくる会」編『合同教会の「法」を問う――北村慈郎牧師の戒規免職無効確認等請求訴訟裁判記録』(新教出版社、2016年)を参照されたい。

2007年7月の教団常議員会(総会に次ぐ決議・執行機関)で、北村牧師が発題を依頼され、彼の牧する紅葉坂教会で行われていたオープン聖餐について語った。この発題は、フランクな話し合いを保障するため、会議を中断して協議会に切り替え、記録に残さないという約束で行われた。当時常議員だった北村牧師は、かねてより常議員会で聖餐のあり方の問題を議論する必要があると主張してきていたので、その一歩としてこれを引き受けたのだった。ところが、そこから話し合いが始まるどころか、記録に残さない約束で北村牧師が語ったことに基づいて、常議員会の退任勧告決議→同戒規申立決議→信徒常議員有志による戒規申立と続き、結局この時の発言を唯一の根拠として免職処分が決定される。結果的に見て、これは罠を仕掛けただまし討ちであり、道義に反する。

北村発題の次の2007年10月常議員会で北村牧師への退任勧告決議がすれすれの過半数で可決された。北村牧師がこれを拒否するや、翌2008年7月の常議員会で、戒規の申立を行うことが、3分の1の常議員が抗議退席する中、強行可決される。ところが、同年10月に開かれた教団総会では、この申立を無効とすることが可決された。これは、常議員会(とそれを代表する議長)は戒規処分の上告を受ける立場にあり、みずから戒規を申し立てることは公平を欠くのでできないという、当を得た理由からであった。

これに対し、翌2009年、教規解釈を担当する信仰職制委員会と、戒規の適用の審議を担当する教師委員会の間で、示し合わせたようなやりとりが行われる。つまり、同年3月に教師委員会が戒規申立人について諮問。7月7日、信仰職制委員会がこれに答えて、「戒規の申立人について定めた条文はなく、理論上はだれでもなることができる」という主旨の解釈を打ち出し、これを受けて一週間とたたない同月13日、教師委員会が内規を改定して、だれの申立であれ受理不受理は教師委員会の決定による、と決める。これを待っていたように、同月31日、信徒常議員7人による戒規の申立が行われ、これが受理されて北村牧師への訴追が開始された。これ以後、教師委員会から北村牧師に面談が求められるが、これは対話ではなく被疑者への尋問と位置づけられるから、北村牧師の側からはその正当性が認められなければ面談に応じられないのが当然だった。そして翌２０１０年1月の教師委員会は、まったく本人の反論を聞くことなく北村牧師への免職処分を決定した。

ここには二重三重の違法が重ねられている。信仰職制委員会の「理論上だれでも申立人になることができる」という解釈の不法性については後に詳述するが、それを受けたとしても、教師委員会が委員会内の申し合わせに過ぎない「内規」で委員会外の第三者に被害を及ぼすような規定を作ることはできないはずである。また、常議員が申立人になることは、この常議員を選出した当の教団総会決議に違反している。さらに、上告審の審判員5名を選任する常議員会で、上告審判の公平性を確保するためには、当該案件の直接の利害関係者である戒規の申立者は審議からはずすべきであった。それをせず、戒規の申立者7人が議決に加わった結果、申立者側に有利な人選になり、予想通り上告が棄却されて北村処分が「最終決定」とされたのである。

この経過を見ると、聖餐のあり方という教理上の重要事項をめぐる処分に関し、議論らしい議論はまったく行われず、違法を意に介せず多数決で押し切って処分が行われている。北村処分を強行した人びとは、聖餐問題についてはは議論することさえタブーとして恐れているのだと言わざるを得ない。そしてそれは、先に「迫害者サウロ症候群」と呼んだアイデンティティへの危機感が土台にあるからだと思われる。つまり、伝統的な教理によれば、「洗礼」は救いと滅びを分ける一線であり、この線の内側にある者だけが救いの徴として「聖餐」を受けることができる、とされる。そこでは、陪餐はクリスチャンとしてのアイデンティティの保障である。新約時代のディアスポラ・ユダヤ人の多くと同様、異文化の中に散在する少数者である「クリスチャン」たちにとって、このアイデンティティは「選民」としての優越意識と、それ以外の者への差別・排除意識に結びついて維持される。未（非）受洗者にも陪餐を認める牧師や教会が現れることは、その支えを取り払われるような、アイデンティティへの脅威であろう。そこには、腹いせ的イジメとしての排除・抹殺あるのみで、議論や対話などあり得ないであろう。それが、「迫害者サウロ症候群」の顕著な症状である。北村処分は、自分たちのアイデンティティを守るために、このような荒々しい共同意志によって強行されたものだった。

異端を理由とする戒規処分が行われたのは、教団の歴史でも異例のことである。それが「今」という時点で起こったのには理由があろう。現代は、文化や価値観や倫理や思想が多様化し、絶対的な信頼を寄せられてきたものが崩壊している時代である。キリスト教も、それが絶対的な価値基準とみなされてきたはずの欧米で、多様化・相対化の波に飲み込まれ、信頼を失っている。この状況は、「クリスチャン」としてのアイデンティティを不安に陥れるに充分であり、それから逃れるために、ことさら伝統的なアイデンティとしての「洗礼」に固着・執着せざるを得なくなる。そこを突き崩すような身内が現れたら、身内から追い出さなければ不安がかき立てられてしまうであろう。

北村牧師を含め、われわれ「オープン聖餐」を行っている者たちは、教会の伝統を踏まえながら、グローバル化・多様化の時代に立ち向かい、価値観の解体・崩壊する世界で、より柔軟で幅広いアイデンティティを打ち立てようと試みている。洗礼の有無による救いと滅びの線引きによってではなく、歴史の中に隠れて働かれる神のわざに参与することへと招かれている自分というアイデンティティの立て方があるのではないかと模索している。そこでは神の恵みが先行するゆえに、その恵みの徴としての聖餐は、すべての人に開かれている。それを自覚的に受け止める人間側の応答が洗礼だと考えるゆえ、聖餐の後に洗礼がくることに信仰上何の障りもないのである。「迫害者サウロ症候群」を克服して、このような開かれたアイデンティティに転換することはできないだろうかというのが、われわれの問いかけなのである。

合同教会の法原則

北村処分のような「異端追放」は、「日本基督教団」という宗団の規則が求めていることなのだろうか。一般に団体の規則は、異質な者をできるだけ広く結びつけるための包摂性と、異質な者を除外して同質性を高めるための排除性の両面を持っているが、教団のような合同教会の場合は包摂性の側面が強く、単一教派教会の場合のように排除性の側面が強く出ることはないと考えられる。そして実際、教団諸規則には不備と見えるような穴が散見され、そこにこそ合同教会としての教団の法原則たる包摂性が強く示されていることがわかる。北村訴訟との関連でそのことを強く感じさせられたのは、陪餐資格規定と戒規申立手続き規定に大きな穴があることであった。

第一に、陪餐資格規定が曖昧である。教団の基本法である教憲は、「聖礼典」の執行者については、「教師（正教師）がこれをつかさどる」と明記しており（第8条）、教規もこれに従っている（第104条）。ところがこれと対照的に、陪餐資格については教憲に何の規定もなく、教規にも明文の規定はない。ただ、教規の場合、信徒の定義として「陪餐会員」と「未陪餐会員」の区別を定めている部分に、陪餐を既受洗者に限定する信徒陪餐原則を想定していると解釈できる条項（第135―138条）があるだけである。これに対し、排除的な信徒陪餐原則の明文規定は、教会規則（準則）（第8条）であるが、これは常議員会採択のひながたであって、規則としての拘束力を持つものではない。北村処分において現教団執行部は、この不備を多数決でカバーし、「準則…→教規→教憲」と下から上へ法的縛りを逆行させて、オープン聖餐を「教憲違反」つまり「異端」として極端な処分を行ったのであった。だが、上位法にない規定を下位法から引き出して上位法違反に持って行くのは、完全な倒錯であり、そのような法の扱い自体が法の原則に反している。北村処分が成り立つためには、最低限、教憲に信徒陪餐原則が明記されていなければならない。

もともとこのような曖昧さを残した規則の定め方は、外圧に強いられた教派合同という難事業を可能にし、外圧がなくなった後もその合同を維持するために、異質なものを包摂できるようにする工夫が必要だったからだと考えられる。「日本基督教団」とは、もともとそういう隙間を持つ「合同教会」だったのであり、その現実を忘れて初めから一つの教会であったかのように振る舞うことは偽りである。そして、この合同教会の隙間ともいうべき曖昧なスペースが、時を経て現代という激変の時代に当たり、新しい教会のあり方を求める多様な試みのための余白の役割を果たすことになった。歴史を重ねて、日本基督教団は多様性を包摂できる、ふところの深い合同教会としての歩みを可能にしてきたのであった。オープン聖餐の試みは、宣教の先端を切り拓こうとする多様な試みの一つであり、教憲・教規の不備と見える余白がそれを可能にしているのである。

現執行部は、この余白部分に自分たちの党派的主張を持ち込み、法が明文化していない事項を強引な多数決で規則化した。これが合同途次であれば、合同がご破算になるところであるが、今はそうならない代わりに、宣教の先端を切り拓く貴重な試みを切って捨てる愚かさを露呈させた。法を強制する者が自ら法の原則を蹂躙したら、集団構成員の良心を深く傷つけ、求心力を失わせる。それでは集団は自壊するほかなくなるであろう。

第二は、戒規申立手続き規定が欠落していることである。周知のとおり、教団の現行戒規規則（教規141―143条、及び戒規施行細則）には教師に関する戒規の申立手続きの規定がない。発動手続きについて何の決まりもないというのは、そのままではだれにも始動できないということであり、イグニッション・キーを欠いた車のように、自力ではエンジンをかけられない欠陥車だということである。これを動かすには別の力が必要になる。それが、教規に「教区常置委員会の処理事項」の一つとして「(5)その他教区における重要な事項」という条項（第71条）が設けられていることであった。この条項により、教区常置委員会は、「戒規の適用」の中立を「教区における重要な事項」として行う権限を教規によって与えられていると解釈できる。これは類推から引き出した解釈ではなく、明文上これしかないという事実に基づく解釈として、他の解釈を排して成り立つ。２００９年7月以前の信仰職制委員会が、教師への戒規の申立ができるのは教区常置委員会であるとした『先例集』96を、戒規申立の唯一の方法としてきたのは正しい。現行規則の条文に照らせば、これ以外に戒規を発動させる方法はないという法的事実は、決して見失われてはならない。

２００９年7月7日付の信仰職制委員会答申は、この点について大きな思い違いをしている。そこでは、申立人の規定が条文にないから理論上だれでもなることができるという、推論上の解釈が行われている。しかし、戒規申立は相手に不利益処分を求める攻撃行為であるから、規則に従って厳密な手続きを踏んだもの以外、決して認められてはならない。たとえば刑事犯罪の場合でさえ、憲法（第31条）の「適正手続き」規定の縛りのもとで、「告発」とその手続きには明文の法規定があり、虚偽告発に対する厳しい刑事罰規定を伴っている。そうでなければ、告発を受ける者の権利を守ることができないからである。戒規の申立も質的にはこれと同じである。戒規が「愛のわざ」であるためには、市民法原理が求める適正手続き以上に、対象者の権利が大切にされなければならない。罰則の裏付けもなしに「規定がないからだれでもできる」などという無責任な解釈は許されず、まして教師委員会に白紙委任されるような事項ではあり得ない。

ところが、２００９年以降、教師委員会は前述の信仰職制委員会の誤った答申に便乗し、内規の改正という内部手続きによって明文規則の規定を踏み越え、戒規の申立も受理も教師委員会の権限として取り込んだ。この結果、教師委員会は教団内において、告発から判決に至るまでの警察・検察・裁判所の司法権をすべて手中にした。法判断の誤りと無法の積み重ねが生んだ時代錯誤である。

われわれの教団が、不備の明白な戒規規則のまま、70年以上もやって来ることができたという歴史は重い。それは、教団が合同教会であることを重んじるがゆえに、戒規で切り捨てることを極力避けてきたことの証しである。これは、見かけ上の多数決によって解消させてはならない法原則の包摂性なのである。

むすび

北村処分という不祥事を通して、日本基督教団は、代々の教会が犯してきた異端迫害の汚辱の歴史に新たな一ページを加えた。そのやり方は、目的が手段を正当化するにはほど遠く、むしろ手段の非道が目的の非道を暴露している。

教団は、価値観の激変・多様化・流動化の時代にあって、多様な考え方や新しい試みを抱え込んでいく柔軟さと幅の広さが求められる。幸い、教団の諸規則は、合同教会であるがゆえの隙間を多く持ち、多様な試みを可能にするふところの深さを持っている。北村処分との闘いを通して与えられたわれわれの展望は、このような合同教会の強みを発揮して、この時代の課題を正面から受け止められるような開かれた教団になっていくことができるということである。そのためにも、北村処分のような現執行部の横暴を、早急に正していくことが必要である。

第6章 世界史の中で

宗教改革が、1517年のルターによる95箇条論題を端緒として起こったことはたしかである。しかし、その改革運動はけっしてひとりの超人的な力のみによって進められたものではなかった。多くの聖職者や神学者、当時は公に発言することすら難しかった女性、さらには名もなき無数の民衆たちの手によってその思想は練りあげられ、活版印刷などの技術の力を借りて伝播していった。

他方でこの過程では、三十年戦争をはじめ多くの血が流されたことも忘れてはならない。神と人との望ましい関係を問う運動であったはずのものが、国と国、人と人の関係の破壊を招いたのである。宗教のもたらす差別と排除、抑圧と暴力といった問題は、なおも完全に克服されたとは言いがたい。

これらの問題の所在を確認し、その解決に向けて動き出すために、宗教改革の運動と思想から私たちが継承すべきものとはいったい何なのだろうか。改革の道のりはけっして平坦ではないが、私たちもいま、その道を歩いていく必要があるのではないだろうか。500年前の改革者たちにとってそうであったように。

宗教改革とオスマン帝国

野々瀬浩司《ののせこうじ》

一九六四年生まれ。一橋大学卒業。スイス連邦政府給費奨学生としてベルン大学に留学。慶應義塾大学大学院文学研究科博士課程単位取得退学。博士号（史学）取得。現在慶應義塾大学文学部教授。著書『ドイツ農民戦争と宗教改革——近世スイス史の一断面』『宗教改革と農奴制——スイスと西南ドイツの人格的支配』（慶應義塾大学出版会）など

はじめに

最近の近世ヨーロッパ史研究の動向について概略的に述べれば、社会史的な分析方法に基づいて、より詳細で緻密な地域の歴史を明らかにしようとするミクロな実証的研究と、イスラム教徒やユダヤ人の問題を含めたグローバルな観点から、歴史像の再構築を試みる長期的でマクロな研究という二つの分野で、著しい進展が認められる。なぜ後者の研究が増加したのかといえば、近世という時代には、教皇と皇帝を中心とした中世の普遍的なカトリック世界の動揺と社会的流動性の大幅な進展とともに、今日の社会問題に繋がるような、異教徒や他宗派の人々との交流と軋轢という問題が一層重い意味を持ち始めてきた事実に研究者の関心が向けられたことが想定される。本稿では、「宗教改革とオスマン帝国」と題してごく簡単にその研究成果の一端を紹介したい。

一．ハプスブルク家をめぐる国際情勢

なぜ一五一七年に発生した宗教改革運動が、中世の異端的諸宗派のように徹底的に弾圧されることなく、最終的には今日まで存続することが可能であったのだろうか。このような大きな問いに対する十分に明快な解答を提示することは、非常に困難ではあるが、この運動が生き残った要因の一つとして、当時の複雑な国際情勢を挙げることができる。一五二〇年代の神聖ローマ帝国内の政治状況を俯瞰す

れば、ハプスブルク家の皇帝カール五世（皇帝在位一五一九～五六年）やバイエルン公をはじめとしたカトリック勢力の方が、プロテスタントよりも多数派を形成していた。しかも、婚姻政策から得た偶然の僥倖によってハプスブルク家は、オーストリア、ネーデルラント、スペイン、南イタリアなどを含む途轍もなく広大な所領を相続していた。シュマルカルデン戦争（一五四六～四七年）の際に皇帝を中心としたカトリック勢力が、ザクセン選帝侯などのプロテスタント陣営に対して、後者の分裂に乗じて、ミュールベルクの戦いで軍事的に圧勝した史実からわかるように、両者の戦力には相当の開きがあった。それから約一世紀を経た三〇年戦争期においても神聖ローマ帝国内のプロテスタント勢力は、スウェーデンやフランスなどの外国からの支援がなかった場合には、ティリーやヴァレンシュタインによって率いられたカトリックの軍隊に対して、多くの敗戦を重ねたのであった。

それでは、なぜ宗教改革初期の段階でカール五世は、かなりの実力差がありながらも、圧倒的な軍事力を用いて、ルター派を根絶することができなかったのであろうか。その原因として、皇帝が置かれていた苦しい政治的事情が考えられる。広大な所領を持っていたがゆえに、ハプスブルク家の周囲には多くの反対勢力が点在し、皇帝は各地を転戦することを余儀なくされ、しばしばその対応に苦慮していたのである。その中でも、皇帝にとっての最大の敵対勢力は、ヴァロワ朝のフランソワ一世（在位一五一五～四七年）と並んで、東方から侵入してきたオスマン帝国のスレイマン大帝（在位一五二〇～六六年）であった。イスラム教世界とキリスト教世界を代表する二つの超大国であるオスマン帝国とハプスブルク家の対立は、文明の衝突のような様相を呈して、以後長期にわたって継続されることになったが、一六世紀前半における事態の推移は、前者がやや優位な形で進展していた。さらに別の見方をすれば、一五二〇年代にカール五世が「トルコ人の脅威」などの外交問題に対処する必要にせまられていたことは、ルター派の諸侯や都市が、カトリック陣営からの大規模で激しい軍事的攻撃に曝される危機を回避させ、この時期の宗教改革の進展を促進したのである。意図せざる結果として、オスマン帝国の伸長は宗教改革運動を助成したのであり、もし「トルコ人の脅威」がなかったならば、プロテスタンティズムは、中世のカタリ派のように武力で弾圧されてしまう可能性があった。つまり、対トルコ戦争は、広い観点から見ると、宗教改革の経過に決定的な影響を及ぼしたと解釈できる。(1)

二．オスマン帝国の拡大

このようにヨーロッパの情勢に重大な影響を及ぼしたオ

スマン帝国の拡大の歴史は、以下のように経過した。一三世紀末にアナトリアで誕生したオスマン帝国は、一四五三年にビザンツ帝国を滅ぼしてコンスタンティノープルを占領し、一五一七年にエジプトのマムルーク朝を滅亡させ、東地中海にその領土を拡大した。そして、スルタンのスレイマン大帝のもとで、オスマン帝国の拡張政策の新しい局面が始まり、地中海沿岸と中央ヨーロッパへの進出が積極的に実行された。「壮麗王」と呼ばれたスレイマン一世は一五二一年にベオグラードを占領し、一五二二年にヨハネ騎士団の根拠地ロードス島を包囲し、四カ月にも及ぶ攻防戦の末それを陥落させ、キリスト教世界を震撼させた。さらにオスマン帝国は、一五二六年にハンガリー王ラヨシュ二世（在位一五一六～二六年）をモハーチの戦いで破り戦死させ、ブダまで進軍し、ハンガリー中・南部を支配下に置いた。(2) 当時イタリア問題をめぐってコニャック同盟などに対する緊急な対応に追われていたカール五世は、ハンガリー王からの再三の援軍要請にもかかわらず、十分な支援を提供することができなかった。また、シュパイヤー帝国議会において皇帝の弟フェルディナント大公による必死な説得がなされたものの、宗教問題を優先させたドイツの諸侯や諸都市からの軍事援助の動きは、結局不十分なままに終わってしまった。(3) モハーチの敗戦という深刻な出来事は、東方の異教徒からの侵略を防いでいたハンガリー王国を瓦解させ、オスマン帝国と神聖ローマ帝国が直接対峙する事態を創出し、ヨーロッパの人々に「トルコ人の脅威」を極端に意識させた。これ以降ハプスブルク家は、東方における対オスマン政策という困難で重い負担を強いられることになったのである。

その後、中小の貴族たちはトランシルヴァニア侯サーポヤイ・ヤーノシュをハンガリー王に選んだが、それに対して、ラヨシュ二世の姉を妻としていたハプスブルク家のフェルディナントは、諸侯によって対抗国会でハンガリー王に選出された。その結果、二人の人物が同時に王位継承権を主張して対立し、軍事的に劣勢となったヤーノシュはスレイマン一世に庇護を求め、その支持を得た。この時既にカール五世は、中央ヨーロッパにおけるオスマン帝国に対する防衛戦争を、弟のフェルディナントに委任していた。皇帝にとってさらに都合の悪いことに、フランス国王フランソワ一世が、イタリアでの権益をめぐるハプスブルク家との確執から、オスマン帝国と密かに繋がっていたのである。そしてスレイマン大帝は、ハンガリー領有をめぐるハプスブルク家との争いを口実に、一五二九年五月に大軍を率いて西進した。ついにオスマン帝国軍は、ウィーンを包囲するに至ったが、結局その町を陥落させることはできずに同年一〇月中旬に撤退したのである。

オスマン帝国による第一次ウィーン包囲が行われた一五

二九年には、宗教改革史の中では重大な二つの出来事が生じている。同年四月にシュパイヤー帝国議会の決定を不服として、プロテスタントの五つの諸侯と一四の都市が「抗議」を表明したことは、重要な政治的連携行動であった。多数を占めていたカトリック側の強引なやり方に対して、プロテスタントの支持者たちは共同で抗議を行ったのである。この出来事は、「プロテスタント」という言葉の語源になったとされている。また一五二九年一〇月には、ルター派と西南ドイツ諸都市とスイス改革派の大同盟を構想したヘッセン方伯フィリップの主導によって、マールブルクで宗教会談が開かれ、ルターやメランヒトンは、ツヴィングリなどの改革派の神学者たちとの間で聖餐論争を行ったのである。

三．「トルコ人の脅威」とルターの終末観

それではルターなどの宗教改革者たちは、このようなオスマン帝国の西進という事態を、改革運動の進展に助力する出来事として、手放しで歓迎していたのだろうか。さらには、トルコ問題がプロテスタント支持者にどのような心理的な影響を与えたのであろうか。確かにルター派の人々の中には、トルコの同盟者であるトランシルヴァニア侯を、東方におけるハプスブルク家の勢力増大を抑制するための防波堤のような存在として考えていた者がいたことは間違いないが、しかし彼らの心の内奥には、容易には単純化できない複雑な感情が混在していた。普遍的な世界帝国にまで発展したオスマン帝国によってもたらされた「トルコ人の脅威」は、ヨーロッパの人々にとっては深刻な問題となっていた。しかも、活版印刷術の普及によって大量に生産された木版画付きのビラは、「トルコ人の脅威」を宣伝して、民衆を煽り、恐怖心・不安感・敵意などを植えつけた。当時アルブレヒト・デューラーも、ヨハネ黙示録に関連した版画の制作などによって、キリスト教の迫害者としての「トルコ人の脅威」を伝えた画家の一人であった。(4)

神聖ローマ帝国外の政治的出来事に常に注意を向けていたルターは、トルコの進出をキリスト教世界全体の重大な危機と見なして、切迫した終末観を抱いていた。基本的にルターは、オスマン帝国によるキリスト教世界への侵攻が、終末における神のこらしめの罰や笞《むち》打ちの罰であると考えていた。ルター自身の持っていた悲観的な世界観によると、キリスト教側の軍隊には、イスラム教徒以上に邪悪な人々の存在が認められるというのである。ルターは、モハーチの戦いという出来事の中に終末の徴候の一つを見た。ルターの目にトルコ人は、ヨーロッパの諸侯を攻撃し、その領民の自由を脅かす政治的敵対者以上のものとして映っていた。つまり、トルコ人はキリスト教的な信仰の敵であ

り、教会の破壊者であり、肉体を持った反キリストの化身であり、悪魔の道具としてキリストの王国を崩壊させ、その聖徒を押しつぶそうとする脅威の存在であった。一五二七年末には、トルコによるハンガリーへの新たな侵略が差しせまっていたので、ルターは、神がそのような好戦的な民族を追い払ってくれるように祈った。一五二八年初頭に公刊した『ザクセン選帝侯領内の牧師たちに対する巡察指導書』でルターは、牧師に対する指示として特にトルコ人に対する防衛戦争の正当性についての章を挿入したのである。(5)

一五二八年八月にルターは、『トルコ人に対する戦争について』という著作の計画を明らかにし、同年一〇月にその執筆を開始した。(6)この著作は、以前に彼が世俗権力の剣の権能を否認したという非難と、トルコ危機に直面したドイツ人たちの敗北主義とに立ちむかうために書かれたことは間違いない。ルターは、一五二九年一〇月一七日にトルガウでトルコ人によるウィーン包囲の情勢について聞いて、一層この世の終末を意識した。この報告は、ヴィッテンベルクへの帰還後にルターを暗い気持ちへと落ち込ませ、重い病気に罹ってしまったかのような精神状態へと駆り立てた。今や、神の言葉の冒瀆に対する罰や民衆の忘恩に対する罰が到来したかのように思われた。それに対してルターは、改悛と祈りへの喚起以外の方法では対抗できないと考えた。すぐに彼は、その状況に相応しい勧告を公刊することを計画した。なぜなら、明らかにマゴグの地のゴグ（エゼキエル書三八章）とキリストとの最後の対決が差しせまっていると感じたからである。ルターは、いかにトルコ人がすべてのものを持ち去ってしまうのか、今彼らが貪欲さによって不当にも何を拒否したのかについて、ヴィッテンベルクの共同体に示した。

四　ルターのトルコ人観

一五二九年一〇月中旬にトルコ人たちがウィーンから撤退したという知らせを聞いて、緊迫した状況が少し緩和されたと感じられても、ルターは「トルコ人の脅威」が解消されることはないと考えていた。なぜなら、ダニエル書九章二五節以下に関する彼の解釈によれば、最後の審判の時までこの対立が続くと預言されているからである。ヴィッテンベルクの共同体に対してルターは、トルコ人の撤退後にも、改悛と祈りを止めないように促し続け、トルコの危機を信仰において克服しようとした。しかし、当時ルターには、自分の説教の成果に関する深い諦めの気持ちが襲っていた。人々がトルコ人に関するルターの第一の著作について注意を払わず、オスマン軍の撤退後に再び既に安心してしまっていたからである。そこでルターは『トルコ人に対する軍隊説教』という第二の著作の執筆を必要なものと見なした。オスマン帝国の第一次ウィーン包囲の最中にルターは、この著作を書き始めていたが、それが完成するのはスレイマン大帝がその攻略を断念した後であった。(7)

次第にルターは、トルコ人の攻撃が洪水、森林火災、疫病、飢饉のように、神によって自分の民を試すために遣わされたものであったと認識し、そのような侵略に対しては戦うべきものとより強く実感するようになっていた。ルターのトルコ人観やイスラム教理解に関して概略的に述べれば、「神の笞」や「神の杖」などの表現に見られるように、彼の内面には、「トルコ人の脅威」がキリスト者への戒めをもたらし、信仰にとって結果的にポジティブな役割を果たす側面と、「悪魔の下僕」、「悪魔の道具」、「神の敵」、「反キリスト」などの言葉に表されているように、教会に重大な危機を生じさせかねないネガティブな側面とが混在している。このような「神の笞」と「悪魔の下僕」の結びつきは、ルターの中にある独特な悪魔の概念の存在を明示している。ルターにとって、悪魔は常に神に従属する存在であり、悪魔が神の計画を妨害しようと試みている時でも、悪魔は最終的には神に奉仕しているのである。ルターによれば、トルコ人が信じている神は、キリスト教の神とは異なったもの、つまり悪魔であったので、このような霊的な敵に対しては、霊的な武器を持って戦わなければならないというのである。確かにルターは、「トルコ人の脅威」を不正な者に対する神の笞や杖と見なしていたが、しかしトルコ人は悪魔の道具であり、本来の敵である彼らに対してキリスト教徒は準備をしなくてはならないと考えていた。ルターは、この時代の社会的な不正が神の怒りを増大させ、トルコ人の成功の原因の一つとなっていると明白に感じ、神の怒りを解消することが、オスマン帝国との戦いに勝利するためには不可欠であると見ていたのである。

このようにルターの世界観には、現世の社会秩序が崩壊する寸前にあるかのような意識に立脚した強烈な終末思想があり、その徴候の一つとしてオスマン帝国の脅威が位置づけられている。トルコ人がもたらすものは、異教の信仰や非キリスト教的な統治だけでなく、人間を家畜同然に扱うような残虐さや悲惨な状態でもあった。この戦いの背後には、神の意志が横たわり、勝とうが、負けようが最終的には神次第なのである。(8)ルターは、イスラム教徒とキリスト教徒との間の軍事的な衝突においては、人間の軍隊による地上での戦闘という側面だけではなく、それと同時に、超人間的な諸力同士の天上での戦闘が起こっていると想像していた。つまり、天使と悪魔がこの戦場で武器を交えているのである。ルターにとって歴史は、神と悪魔という超越的な力の宇宙的な闘争という視点から見るべきものであり、さもなければ、人間の精神では歴史上の出来事の真の意味を把握することはできないというのである。このような終末的な状況において、全方面から脅かされているキリストの教会に可能な最善の行いとしては、救済の日の到来を祈って、天使の勝利に助力すること以外に残されてはいなかった。ルターにとってオスマン帝国は、好戦的な暴君が君臨する強大な専制国家であるだけでなく、終末の時に登場した反キリスト教的権力であった。ローマ帝国が既に第四の最後の世界帝国であったので、ルターにとってトルコ人はその巨大な権力を持っていたにもかかわらず、ローマ帝国の歴史内部の最後のエピソードにすぎず、独立した固有の時代の統治者とは見なされなかった。そしてこの第四の帝国の終わりは、神の審判によって用意されていると思われていた。ルターがトルコ人との戦争を、近代的な意味で世俗の事柄に属する防衛戦争と見なしていたというよりは、むしろ十字軍に代わる終末的な最終戦争として位置づけていたと考える方が自然である(9)。

おわりに

ルターのトルコ人観やイスラム教理解は、現代の価値観で判断すれば、とても共感できるものではないかもしれないが、時代性を考慮せずに、それを一方的に断罪することは歴史研究においては許されない行為である。「トルコ人の脅威」は、ルターに深刻な葛藤をもたらし、彼の内面を終末論的に深めたことは間違いない。別の見方をすれば、ルターがこの世の終末を強烈に意識せざるをえなかったほど、当時の東西文明の力関係は今日とは異なっていたのである。確かにルターの思想の中には宗教的な観点からのイスラム教への痛烈な批判的姿勢が垣間見られたが、しかし、それは人種的あるいは民族的な偏見に依拠したものではなかったことは確認しておかなければならない。現代社会が抱える排外的なナショナリズムの拡大やテロ行為の頻発という問題を考えると、可能な限りイスラム教という異質な思想を理解しようと努めたルターのケースから、僅かながらも学ぶべき部分があるのではないだろうか。イスラム文化に対するルターの誤解と戸惑いは、私たちにとって決して無縁なものではない。異文化世界との接触が激増し、文化摩擦が発生する機会が増えている時代に生きる者の一人として、そのような戸惑いの気持ちを抑えて、過去にあった類似の事例を通して、他者の文化や価値観をそれ自体として認めようとする冷静な精神的態度を育む必要性を痛切に感じざるをえない。なぜなら、現代ではルターの時代以上に多様な異なる価値観や思想が巷に氾濫しているからである。

（1）Kenneth M. Setton, “Lutheranism and the Turkish Peril,” in:

Balkan Studies 3 (1962), S.133-136; Helmut Lamparter, *Luthers Stellung zum Türkenkrieg*, München 1940, S.7; David Sukwon Choi, *Martin Luther's Response to the Turkish Threat: Continuity and Contrast with the Medieval Commentators Riccoldo da Monte Croce and Nicholas of Cusa*, PhD. Dissertation Princeton Theological Seminary 2003, S.3; Adolph Kappus, Das Jahr 1529. Die Türken vor Wien und Luther, in: *Die Wartburg* 28 (1929), S.395; Stephen Fischer-Galati, "The Protestant Reformation and Islam," in: Abraham Ascher/Tibor Halasi-Kun/Béla Kiraly (Hgg.), *The Mutual Effects of the Islamic and Judeo-Christian Worlds: The East European Pattern*, New York 1979, S.58-60.

（2）南塚信吾編『世界各国史一九――ドナウ・ヨーロッパ史』（山川出版社、一九九九年、九八頁）。アンドレ・クロー著、濱田正美訳『スレイマン大帝とその時代』（法政大学出版局、一九九二年、三五～八一頁）。

（3）Stephen Fischer-Galati, "Ottoman Imperialism and the Lutheran Struggle for Recognition in Germany, 1520-1529," in: *Church History* 23 (1954), S.48, S.55-58; ders., *Ottoman Imperialism and German Protestantism 1521-1555*, Cambridge : Harvard University Press 1959, S.13-27.

（4）Peter H. Meurer / Günter Schilder, Die Wandkarte des Türkenzugs 1529 von Johann Haselberg und Christoph Zell, in: *Wiener Geschichtsblätter* 65 (2010), S.23; 稲野強「一六世紀における『トルコ人像』の形成について――『第一次ウィーン包囲』を描いた木版画を手掛かりに」（『群馬県立女子大学紀要』二三、二〇〇二年、一三五頁）。田中英道「デューラーとルター、イスラム世界――その『黙示録』版画研究」（『美術史学（東北大学大学院文学研究科美学美術史研究室）』二四、二〇〇三年、一五三頁）。

（5）WA 26, S. 228-229. Vgl. Adam S. Francisco, *Martin Luther and Islam. A Study in Sixteenth-Century Polemics and Apologetics (History of Christian-Muslim Relations Vol.8)*, Leiden/Boston 2007, S.74.

（6）WA 30/2, S.107-148.

（7）WA 30/2, S.149-159.

（8）WA 30/2, S.144-148.

（9）Johannes Wallmann, Luthers Stellung zu Judentum und Islam, in: *Luther* 57-2 (1986), S.56. なお、ルターのイスラム教理解については次の文献も参照。宮庄哲夫「ルターとイスラーム」（『文化学年報（同志社大学文化学会）』五八、二〇〇九年）。ルートヴィッヒ・ハーゲマン著／八巻和彦・矢内義顕訳『キリスト教とイスラーム――対話への歩み』（知泉書館、二〇〇三年）。

女性宗教改革者アルギュラ・フォン・グルムバッハの誕生
――信仰と試練

伊勢田奈緒《いせだなお》

津田塾大学、東京神学大学、セントアンドリュース大学大学院（宗教改革研究所）修了後、日本基督教団目黒原町教会牧師、静岡英和中学校・高等学校宗教主任を経て、現在、静岡英和学院大学宗教主任。著書『女性宗教改革者アルギュラ・フォン・グルムバッハの異議申し立て』（日本評論社）。

はじめに

今年は宗教改革運動の火蓋が切られてから500年という、プロテスタント教会にとっては記念すべき年となり、宗教改革運動を研究してきた筆者としても心騒ぐ年である。さて、宗教改革運動は教会の改革を中心に政治や経済に大きな影響を与えたばかりでなく、結婚や家族のあり方、教育といった社会面や、音楽、文学といった芸術面などさまざまな方面に大きな変革をもたらした。宗教改革運動において見逃してはならないのは、ルターやカルヴァンといった指導者たちだけではなく、彼らの改革思想を一般民衆に母国語でわかりやすく伝えた都市や農村の司祭や説教師、また多くの俗人説教師の存在である。本稿で紹介するのはルターの改革運動を伝えた俗人説教者の一人であるアルギュラ・フォン・グルムバッハという女性である。彼女は聖書解釈の正式な教育は受けていなかったが、女性が公に発言する権利を聖書の言葉から導き出し、たった一人で当時の教会、大学、帝国議会、裁判所といった権力側の不正、不義に勇敢に立ち向かった。彼女は論争のために印刷術を巧みに利用し、いくつものタブーを破った、プロテスタント最初の女性ライターであった。こうした彼女の行動は同時代の女性を含む多くの一般民衆にはセンセーショナルであっただろう。ここでは女性宗教改革者アルギュラが誕生するまでを紹介し、彼女の存在が現代に生きる私たちにどのような意義をもつのかを考えてみたい。

１．アルギュラの生涯――苦悩と試練の連続

アルギュラの生涯は苦悩と試練の連続であった。彼女は１４９２年にホーエンシュタウフ家のバイエルンの分家、ベルンハルディン・フォン・シュタウフの娘として生まれた。シュタウフ家はバイエルンの伝統と教育を重んじ、家独自の祈祷書をもつような信仰篤い家で、アルギュラも10歳の時父親からドイツ語訳の美しく高価なコベルガー版聖書を与えられたという。しかし16世紀初頭のドイツでは貴族と領邦君主間の抗争が絶えることがなく、彼女の家も没落していくことになる。15歳の頃（１５０７年）、アルギュラはバイエルン公のマクシミリアン皇帝の姉妹であるバイエルン大公妃クニグンデの女官として宮廷に送られた。当時女子教育は一般的でなく、彼女のような没落貴族の子女は女子修道院か宮廷へ送られてそこで教養を身につけるしかなかった。アルギュラは約10年間の宮廷生活の中で、信仰心篤いクニグンデの下で聖書を学び、十分な教育を受け、美しいドイツ語を使いこなせるようになったが、ラテン語を学ぶ機会はなかったようである。彼女は少女時代から薄幸で、宮廷に入って間もなく最愛の両親がペストによって亡くなった。当時は戦争やペストで多くの者が亡くなり、多くの孤児が生まれた時代であった。１５１６年には彼女の後見人を申し出た叔父のヒエロニムス・フォン・シュタウフが、政争のためにインゴルシュタットにおいて裏切者として斬首された。その後、当時バイエルンのランツフートとシュトラウビングを弟と共同統治していたヴィルヘルム公が彼女の父親代わりになることを申し出た。

常に死の問題に直面し、残酷な試練の中で生きなければならなかった彼女は叔父が亡くなった１５１６年、24歳の時、クニグンデ妃の女官を辞め、フリードリヒ・フォン・グルムバッハと結婚した。夫は貧乏貴族であったが彼女との結婚を機にバイエルンのディートフルトの行政官に任ぜられた。しかし結婚しても彼女は幸福ではなかった。夫は最後までカトリック教徒を通した保守的な人であり、エネルギッシュで革新的な妻に比して、まったく平凡な小心者だったようである。アルギュラは、結婚７年後の１５２３年にインゴルシュタット大学のゼーホーファ事件を知り、女性宗教改革者としての活動を始める。もちろん、この活動を夫はまったく理解できず、また理解しようともしなかった。彼女の夫は子どもの教育についても無関心で非協力的であり、四人の子ども（ゲオルゲ、ハンス・ゲオルク、ゴットフリート、アポロニア）の面倒は彼女に任せた。彼女は子どもに福音主義に基づく教育を授けようと努めた。ルターは家族を教会の原型と考え、「結婚は神の賜物であり、最も愛すべきもの、また最も貞潔な生活である。結婚生活の中に信仰と子どもとサクラメントがあるなら、それは神

聖であり神の祝福の下にある」と説いたが、アルギュラの結婚生活はルターの教説にはほど遠かった。1524年に刊行された『インゴルシュタット大学のある学生から寄せられた詩に対する返答』によれば、彼女の夫は彼女が家庭の務めを果たしていないとか、カトリック教会に忠誠を誓っている自分に対して愛と尊敬を示すことを怠っているとか、相当に激しい悪口、不満を言っていたようである。それに対して彼女も怒りをこめて反論しているが、同時に「神が、私が理解できるように教えてくださいますように。どのように私は夫に対して振る舞うべきなのかを」と悩んでいた。また叔父の『アダム・フォン・テーリング宛の書簡』の中では、夫が彼女の中にあるキリストを圧迫してきたとも訴えている。彼女は夫からの理解を得られないばかりか迫害を受け、悩み続けていたのであろう。

このようにアルギュラの試練は結婚後も続いたと思われるが、ゼーホーファ事件を機に彼女は生まれ変わった。彼女は不正や不義に対して堂々と異議を唱え、著作し行動していったのである。残念なことに、彼女の活動は公には長く続かなかった。それは、農民戦争が勃発してドイツ国内が混乱したうえ、インゴルシュタットがカトリック教会の牙城であったからである。戦争による混乱と福音主義に対する迫害の中に投げ込まれたことで、生きていくにも大変で活動が難しくなったのではないかと思われる。1530年に夫は亡くなり、その3年後にアルギュラはボヘミアに土地をもっているカウント・フォン・シュリックと再婚したが、彼も1535年に亡くなった。以後、後ろ盾もない彼女はグルムバッハ家の不動産管理に四苦八苦し、経済的に困窮することになる。さらに1539年に娘のアポロニアと息子のゲオルゲ、1544年に息子ハンス・ゲオルクが亡くなるという不幸に見舞われた。それに追い打ちをかけるように、1546年にはアルギュラの精神的支柱であったルターが亡くなった。また同年シュマルカルデン戦争が始まり、ドイツ中が大混乱に陥り、ついに皇帝側が勝利をおさめて福音主義側の敗北で戦争終結となった。1552年のパッサウ条約を経て1555年アウグスブルク宗教和議が決議されたが、このような怒濤の時期を過ごした彼女は1556年ないし1557年に亡くなったとされる。

アルギュラの生涯は外的にも内的にも常に厳しい試練の中にあったが、これは当時の人々に共通した経験であったに違いない。彼女はそれらを克服できる力を求めた。そしてそれが、「キリスト者はすべてのものの上に立つ自由な主人であって、だれにも従属していない」というルターの教説であり、聖書に基づく信仰だったのだ。

2．ゼーホーファ事件とは

１５２３年にアルギュラがインゴルシュタット大学の神学部教授陣に公開討論を申し出るきっかけになったゼーホーファ事件の全容は次のとおりである。

15世紀後期にインゴルシュタットは宗教的ヒューマニズムの影響を受け、また他のドイツの都市や町と同様、ルターの著作が入ってきていた。しかしインゴルシュタットの大学や行政機関ではカトリック教会の勢力が強かった。大学では、贖宥状論争以来ルターの論敵であり続けた、教皇庁書記長であり神学教授のヨハン・エックが大学全体に大きな影響力をもっていた。

アルザシウス・ゼーホーファは１５０３年頃にミュンヘンに生まれた富裕市民の息子で、インゴルシュタット大学とヴィッテンベルク大学で学んだ。彼がヴィッテンベルク大学に留学していた頃、ルターはローマ教会から破門宣告を下され、皇帝カール5世に帝国追放刑を言い渡されてヴァルトブルク城に隠れていた。ゼーホーファはそれゆえルターの協力者メランヒトンの下で学んだ。また、市政の改革に指導的な役割を果たしていた過激派のカールシュタットの影響もかなり受けたと考えられる。帰国後、当時18歳だったゼーホーファはインゴルシュタット大学を辞めようとしたが、家族の反対により大学に在籍し続けた。そして学位をとった後、そのまま大学で教えることになった。

当事件が起こる前兆としてはカトリック側の不穏な動きがあった。ミュンヘンの裁判所は宗教改革の思想をすべての伝統と社会秩序を破壊するものとみなし始め、１５２２年にルターの教説に反対する厳しい命令を発した。インゴルシュタットでもルターの思想に対して敏感な動きが起こり、聖餐は二種に分けるべきだと主張したインゴルシュタットのフランシスコ修道会管区長が弾劾されたり、書籍販売者がルターの著作を持ち込んだかどうかを調べられたりした。大学関係者は全員異端審問にかけられ、改革思想を持つ者は弾劾された。このような状況の中で事件は起こった。

１５２２年のクリスマス、ゼーホーファは初めての厳しい警告を大学側から受け、逮捕され、家宅捜査によって有罪を示す証拠物件（ルターやメランヒトンの著作）が摘発された。親族や大学の同僚たちは彼の逮捕に抗議したが、その甲斐なく彼は3度投獄された。そして、次に司教に有罪を宣告されれば火刑という段階で父親の懇願によって刑を免れ、ヴィルヘルム公と大学が彼の責任をとるということで決着がついた。ヴィルヘルム公は宗教的自覚が弱く、ルターの思想を国家形成のプログラムを乱すものであり皇帝や教皇との同盟を強固にすることへの脅威とみなしていた。大学の神学委員会はゼーホーファの過ちを17カ条のリストにして、それらの過ちは直接メランヒトンの教説から引き出したものだと結論した。そして大学と裁判所は、もしこれら17の過ちを認めて思想を放棄すれば、エータル修道院に監禁するだけですませるという妥協案を出した。その結果ゼーホーファは全大学関係者の前で改革思想を取り消し、今後ルターの思想の一切を避けることを新約聖書を握りしめながら誓った。これ以降、プロテスタント側の不満は膨らみ、当局側はこの動きを阻止しようとした。

3．女性宗教改革者アルギュラの誕生

アルギュラが改革者として行動を起こすまでには三つの要因があった。ひとつは、彼女の不幸と試練の歩みである。彼女はルターの教説に出会うまでは自分の置かれた状況に対して何も言えず、ただ受け入れるしかなかった。彼女は自分が「女は教会で沈黙すべきである」というパウロの言葉にとらわれていたと述べている。しかし社会の差別、不正、不義に対して何も言わない、何もしないことが正しいことであるのか、キリスト者としての正義感をもって彼女の心は葛藤していた。第二に、彼女が福音主義の教えに触れたことがある。教会を含む社会に起こっている問題に彼女の目を開かせたのは改革者たちの教えであった。インゴルシュタットの学生であった彼女の弟マルケラスも福音主義に関心をもつようになったが、彼女はそれよりも前にルターらの思想を熟知していた。彼女はゼーホーファ事件に関わる1523年までに、旺盛な知識欲によってかなりの量のヴィッテンベルクの神学者たちの著作を読みこなし、その上で聖書を改めて読み返し、彼女なりの神学的思想を構築していたのである。第三に、彼女がルターを含む多くの改革思想を持った者たちと交流していたことが挙げられる。彼女の交流した人物には、クニグンデ大公妃に仕えていた時代から知己でありルターと交流のあったヴィッテンベルク大学の神学部長シュタウピッツや、ニュルンベルクの宗教改革者オジアンダー、そしてヴィッテンベルクの情報を伝えたり、彼女の著作の印刷屋を手配したりしてくれたフリードリッヒ賢公の宮廷付牧師シュパルティンなどがいた。

オランダやハンガリーでプロテスタントに対する迫害が起こっていることを知っていた彼女はゼーホーファ事件の裁判を知り、これは世論操作のためのものだと判断した。彼女はいても立ってもいられず、信頼しているオジアンダーに助言を求めるために幼い子どもたちを連れてニュルンベルクに行ったが、彼からは適切な意見が得られなかった。しかしこの時オジアンダーの助言を得られなかったことをきっかけに、女性宗教改革者アルギュラが誕生することになる。彼女はインゴルシュタット大学宛の書簡を作成し急

送した。そしてこの書簡は、ゼーホーファ事件の全容、彼の17の過ちのリストと彼の所信撤回の誓願とともに、序文と結語を付してパンフレットとなり、印刷屋を通じて発行されて、2カ月足らずで14刷りにも達した。この事件と彼女の抗議に対してどれだけ人々が関心をもっていたかを示す数である。

アルギュラは大学に宛てて手紙を書いた同日に、第二の書簡をヴィルヘルム公にも送っている。そこで彼女はまず「神の名においてあなた方がアルザシウス・ゼーホーファの事件でなさったように、だれかにキリストと聖書の言葉を否定させるために、その手に聖なる聖書を持つことを強い、誓わせて、あなた方や大学は首尾よくいったと思っているのでしょうか」と問いただす。彼女は事件のことを考えると心も手足も震えたとしながら、ルターやメランヒトンらと話し合いもせず、彼らを非難してよいのかと問う。そして「立派な学者である皆さん、聖書の中に、キリストや使徒たちや預言者たちが、だれかを牢屋に入れたり、焼いたり、殺害したり、あるいは、追放したりしたという箇所を見つけることができますか」と、ゼーホーファにこのような誓いをさせるために投獄と火刑という恐ろしい手段を用いたことに抗議する。そして彼女にとって最大のテーマである女性が公に発言できる権利について、次のように述べる。自分はパウロが「女は教会で沈黙すべきである」（Ⅰテモテ2・12）と言っているのを知らないわけではない。しかし男性がだれも発言しようとしないのであれば、「一人の前で私を受け入れる者を私もまた、天にいます私の父の前で受け入れるであろう。しかし、人の前で私を拒む者を、私も天にいます私の父の前で拒むであろう」（マタイ10・32―33）という主の言葉に基づいて自分が異議を申し立てる、と。さらにアルギュラは、キリスト者は男性でも女性でも公にキリストに対して信仰を告白することができると聖書にあるのだから、同様に不正に対して男性も女性も公の場で抗議することができるのだと述べる。そして、「教皇、皇帝、君公たちと言えども、神の言葉に対しては何の権威もないはず」として、ローマ・カトリック教会や行政官の権威に対して公然と異議を唱えた。ルターが『この世の権威について人はどの程度までこれに対して服従の義務があるか』において権威や抵抗の問題を論じているのと同じように、アルギュラも堂々と権威や抵抗について論じる。さらに彼女はローマの信徒への手紙10章10節の「もし心で信じるならその人は義とされる。しかし、もし唇で告白するならその人は救われる」という箇所を挙げて、「わたしは、喜んで皆さんのところに出向き、ドイツ語で討論したいと思います」と述べ、最後に「女だてらにお説教を述べているのではなく、神の言葉を伝えたいのです」と締めくくっている。ここで彼女は、人は福音によって他者に対して一人のキリストとなる能力が与えられているとしたルターの徹底した平等主義的万人祭司説に根ざしている。

これ以後、インゴルシュタット大学の神学者たちによる彼女に対する悪口、デマ、ゴシップなどの言論攻撃は激しさを増し、彼女は当局からも弾劾された。しかし、しっかりとキリストにとらえられていた彼女の心は決してそれらに屈することはなかった。

4. アルギュラが私たちに伝えていること

16世紀初頭のドイツは戦争や病気に苦しみ、教会の腐敗や政治権力の不正、不義にまみれた時代であった。人々は互いに不信、不満を募らせ、一般民衆は権力に対して反感や怒り、ストレスを膨らませていた。そこに現れたルターの聖書のみ、信仰義認を掲げる福音主義は多くの人々の心をとらえたに違いない。その一人がアルギュラであった。彼女が女性も公に発言できることを示したのは当時としては画期的なことであった。彼女は平信徒の女性たちに、女性も正々堂々と公に異議申し立てできる――抵抗することができる――ことを行動をもって示し、宗教改革運動への参加を呼びかけた。彼女が聖書を根拠に自ら信仰義認の思想を実践したことは注目すべきことである。宗教改革運動にはアルギュラのような権威も権力もない平信徒の女性をも変えるパワーがあったこと、そしてそうした小さな改革者たちがこの運動を支え、突き進ませたことを忘れてはならない。

ルターはアルギュラについて、次のように述べている。「バイエルン公は度を越して怒り狂っており、あらんかぎりの力をもって福音をなきものにしようと迫害している。あの最も気高い女性であるアルギュラはバイエルンの地で偉大な精神を発揮し、大胆に発言している。キリストが勝利されることをすべての人が祈るべきである。インゴルシュタット大学がアルザシウス・ゼーホーファという青年に彼の信仰を撤回することを強制したので、夫人はこの大学を非難したのである。彼女に暴君ぶりを発揮している夫はその職を追われた。彼がどのようなことをするのかはだいたい見当がつく。これらの怪物に取り囲まれて夫人はただ一人で堅く信仰を守っているが、内心では恐れおののいていると漏らしている。夫人は特別なキリストの器である。キリストがこの弱い器を用いて権力を誇る権威者どもを狼狽させ給うことを信じて夫人を支援する」(WA15, pp. 95ff.)。

彼女の生き様からは、どのような試練の時代にあっても堅い信仰のもと、心を高くもって生き生きと生きることこそ、一人のキリスト者としての証しであると学ぶことができる。ルターは社会の中でこそ福音を実践すべきだと確信してローマ教会を離れ、福音主義の信仰を主張したが、アルギュラという小さなキリスト者の存在は、実にルターの教説の体現だったのである。

宗教改革思想の伝播を支えたメディア環境と「福音をめぐる議論」の拡大

蝶《ちょう》野《の》立《たつ》彦《ひこ》

1966年生まれ。早稲田大学第一文学部卒業。早稲田大学大学院博士後期課程満期退学。博士（文学）。早稲田大学、明治学院大学、東京慈恵会医科大学、聖学院大学にて非常勤講師。著書『十六世紀ドイツにおける宗教紛争と言論統制』（彩流社）他。

16世紀初頭のドイツにおける書籍印刷業の変容と宗教改革

ドイツ宗教改革に関する歴史学研究のなかでしばしば論争の的になってきたのは、1517年のマルティン・ルターによる『九五箇条の提題』の発表に端を発する宗教改革の運動が、なぜ短期間にドイツの様々な地域に波及しえたのか、という問題である。

1521年1月にローマ教皇レオ十世がルターを破門に処し、同年5月に神聖ローマ皇帝カール五世がヴォルムス勅令によってルターの帝国追放処分を布告した後、ルターは彼が居住するザクセン選帝侯領の君主であったフリードリヒの手でヴァルトブルク城に匿われたが、この時期にルターの主張は、ザクセン選帝侯領の境界を越えてドイツ各地の領邦君主・貴族・都市民・農民の間に数多くの共鳴者を生み出していった。そして1522年にルターが神学教授を務めていたザクセン選帝侯領内の大学都市ヴィッテンベルクで教会改革が開始されると、その後1520年代半ばにかけて、南ドイツのニュルンベルクや北ドイツのマクデブルクなどドイツ各地の様々な都市で宗教改革的な教会制度改革が相次いで導入されてゆく。16世紀のドイツ（神聖ローマ帝国）が未だ統一的な主権国家ではなく、300以上の領邦や帝国都市に権力が分散した状態にあったこと、また、1520年代末に至るまでドイツ全域の宗教改革運動をひとつに結びつける連携の枠組みが存在していなかったことを考慮すると、1517年から1520年代半ばにかけてのドイツの様々な地域への「宗教改革の波及の速度」は驚異的である。それでは、この時期に宗教改革思想が領邦や都市の垣根を越えてドイツの広範な地域に広まることを可能にしたのは、一体どのようなメカニズムだったのだろうか。

この問題を解き明かすための重要な要因のひとつとして、近年の研究で注目を集めてきたのは、宗教改革思想の伝播の過程で「書籍印刷」が果たした役割である。15世紀半ばにヨハネス・グーテンベルクの手で活版印刷術が実用化され、その後１５００年までの間にドイツの主だった都市に印刷所が設立されたことで、短時間に大量の部数の書籍を印刷・出版することのできるメディア環境が生まれたが、この書籍印刷の技術こそが「大量の印刷物を媒介とした宗教改革思想の広範な地域への伝播」を可能にした決定的要因であった、との見解が近年の研究のなかで繰り返し唱えられてきた。教会史家ベルント・メラーが唱えた「書籍印刷なくして、宗教改革なし」という標語は、こうした見解を最もわかりやすいかたちで定式化したものである。だが、15世紀半ば以降の書籍の大量生産の普及と宗教改革との結びつきを論じるだけでは、宗教改革思想の伝播のメカニズムを明らかにすることはできない。むしろ宗教改革思想の伝播に決定的な影響を及ぼしたのは、16世紀初頭にドイツの書籍印刷業界で生じた構造変化であった。

16世紀初頭のドイツの書籍印刷業界は深刻な出版不況に喘いでいた。南ドイツにおける印刷業の拠点であった帝国都市アウクスブルクの年間出版点数の推移を見ると、１４９５年に50点以上あった総出版点数が、１５０６年には約20点に落ち込んでしまっている[1]。この出版不況は、当時の書籍印刷と販売の構造に起因していた。15世紀後半の書籍印刷業は、中世期に手写（写本）の形態で蓄積・保存されてきた古典的著作を、新しい活版印刷の技術を用いて印刷物として販売することによって成り立っていた。それらの古典的著作のほとんどはドイツ語ではなく一握りの教会聖職者や学識者だけが理解できるラテン語で記されていたため、もっぱらそうした聖職者や学識者だけが「印刷物の読者・購買者」として想定され、教会・修道院・大学の関連施設や図書館での利用を前提にして、印刷物の多くは丁寧に製本を施された大型（二つ折り判）の高価な書籍として製作された。ところが、１５００年を過ぎる頃になると、主だった古典的著作はあらかた印刷に付されてしまい、聖職者・学識者階層の人々の「印刷物に対する需要」も先細りしてしまう。このようにして生じた書籍印刷市場の飽和状態こそが、16世紀初頭の出版不況の原因だった。それゆえにドイツ各地の印刷業者たちは「古典的著作に代わる新たな著作群」と「聖職者・学識者以外の一般大衆の読者層」を発掘する必要に迫られた。

このような印刷業者たちのニーズに応えるかたちで、新しいタイプの印刷物の書き手として歴史の表舞台に現れてくるのが、ルターをはじめとする宗教改革者たちである。彼らは、ローマ・カトリック教会の公用語であったラテン語ではなく、ドイツの一般大衆の日常言語（民衆語）であるドイツ語で多くの著作を著し、一般大衆にとって切実な関心事であった「同時代のキリスト教界やドイツが抱える深刻な矛盾」を著作の主題に取りあげた。そして彼らの著作の多くは、大型の書籍としてではなく、小型（四つ折り判）で仮綴じの安価なパンフレット――ドイツ語で「フルークシュリフト（Flugschrift）」と呼ばれる――として販売された。

宗教改革者たちの著作が当時の書籍印刷業界にもたらした劇的なまでの好況の波は、当時の印刷物の出版点数から見て取れる。１５１７年にラテン語で記されたルターの『九五箇条の提題』は、翌１５１８年にドイツ語の要約版のパンフレット（『贖宥と恩寵についての説教』）としてニュルンベルク、ライプツィヒ、アウクスブルクの各都市で相次いで出版され、１５２０年にドイツ語パンフレットとして刊行されたルターの『キリスト教界の改善についてドイツ国民のキリスト教貴族に与《あと》う』は、1年間で15回の再版を重ねるほどの大ベストセラーとなった。アウクスブルクの年間出版点数の推移を見ると、１５１７年に約30点であった出版点数が宗教改革開始以後の数年間に急上昇し、１５２４年には３００点以上の出版点数を記録している。この１５２４年の出版点数のうちの約２５０点はドイツ語パンフレットであり、また、１５１８～１５２５年のアウクスブルクでの《著者ごとの出版点数のランキング》を見ると、宗教改革派の著者のなかでも、とりわけルターの著作の出版点数（４２４点）が突出しており、第2位のウルバヌス・レギウスの43点を大きく引き離している。これらの出版点数のデータは、安価なパンフレットの出版によって「新たな書籍印刷市場の開拓」を目指す印刷業者の動向と「ドイツ語（民衆語）による一般大衆への訴えかけ」を重視する宗教改革者の改革理念とが連動しあうかたちで、大量の印刷物を媒介にした宗教改革思想の急速な伝播が可能となったことを示している。そして言うまでもなく、その宗教改革思想の伝播を支える決定的な要因となったのは、宗教改革者の著作に記されたメッセージに共鳴し、それを購入した、膨大な数の《読者》の存在であった。

宗教改革思想の伝播と書籍印刷との関わりについて考察するうえで、もうひとつ重要なのは、ルターによるドイツ語訳聖書と書籍印刷の関係である。１５２２年9月にヴィッテンベルクで出版されたルターによるドイツ語訳新約聖書（いわゆる『九月聖書』）は、安価なパンフレットとしてではなく、二つ折り判の大型書籍として販売されたが、それにもかかわらず、初版の発売から10週間後に再版が発売される程の好調な売り上げを見せた。アウクスブルクでの年間出版点数の推移を見ても、1516年にゼロ近くにまで落ち込んでいた聖書及び聖書解釈書の出版点数が、宗教改革の開始以後に急上昇し、1524年には35点以上の出版点数を示している。1517年以降の宗教改革思想の急速な広まりは、宗教改革者によって著されたパンフレットの出版点数からだけでなく、こうした聖書や聖書解釈書の出版点数の増加からも窺えるのである。それでは、それらのパンフレットや聖書を購入した《読者たち》は、彼らの生活空間のなかで、それらの印刷物をどのように読み、どのように用いたのであろうか。

非識字層への思想伝播のメカニズム

宗教改革思想の広まりを牽引したパンフレットやドイツ語訳聖書がその《読者たち》によってどのように読まれたのかを考察する際、考慮に入れなければならないのは、「識字率」と「検閲」の問題である。16世紀初頭のドイツの識字率はとても低く、ラテン語でなくドイツ語で書かれた書籍であっても、それを自分で読むことができたのは全人口のうちの約5%の人々に過ぎなかった。また、1521年のヴォルムス勅令によってルターの著した文書の印刷・販売・購入・所有・読書などが全て禁じられ、ドイツ各地の為政者（領邦君主や都市参事会）に対して「検閲による文書の取り締まり」の義務が課されたため、宗教改革者の著作を手に取ることは、「摘発」のリスクを伴う行為であった。このように文字の読めない非識字層が全人口の9割以上を占め、印刷物の流通に厳しい規制の網がかけられていた当時の社会において、宗教改革者の著作に記されたメッセージはどのようにして広範な人々の間に伝わったのだろうか。

文字の読めない非識字層の人々への宗教改革思想の伝播の過程で少なからぬ役割を演じたのは、聖書やパンフレットや一枚刷りのビラに活字とともに印刷された「木版画による挿絵」であった。1521年にルーカス・クラーナハの挿絵を付して出版されたパンフレット（『キリストとアンチキリストの受難物語』）に典型的なかたちで示されているように、それらの挿絵では、「聖書に依拠した宗教改革の理念」と「当時のローマ・カトリックの教皇や高位聖職者の振る舞い」が風刺的なタッチで対比的に描かれ、文字を媒介としない「絵解き」の手法によって宗教改革のコンセプトが視覚的に表現されている。

こうした視覚的な情報伝達とともに、非識字層への宗教改革思想の伝播に際して決定的に重要な役割を演じたのは、「オーラル・コミュニケーション（口頭での情報伝達）」である。とりわけ文字の読める者が文字の読めない人々に印刷物の内容を「読み聞かせ」するという手法が、宗教改革思想の拡散の重要な契機となった。１５２０～１５２１年頃に出版された匿名のパンフレット（『対話の書――新しいカルストハンス』）には、「昨今では、相当数の無学な俗人たちは、ルターの著作を他人に読んで聞かせてもらっただけなのに、福音について、そしてわれらの信仰の知識の根拠について、［カトリックの］坊主たちなどよりもよほどたくさんの事柄を語ることができる」(2)と書かれている。印刷物に記された宗教改革者たちの言葉は、読み聞かせを介して口頭でのコミュニケーションに移し替えられることによって、非識字層の人々の生活世界に深く浸透していったのである。

ドイツ宗教改革と非識字層との関係を論じた歴史家ロバート・W・スクリブナーの研究では、宗教改革的な観念が「居酒屋での噂話の連鎖」を介して遠く隔たった地域にまで伝播していった事実が、１５２０年代後半のケルンでの審問記録に基づいて紹介されている。また、宗教改革者によって作られた「ドイツ語の聖歌」も、宗教改革思想を口頭でのコミュニケーションに移し替えるための重要な媒体となった。マクデブルクでは、１５２４年５月にひとりの男が都市の広場でルター作の聖歌（『深き悩みの淵より、われ汝に呼びかける』）を記した印刷物を「歌いつつ売りさばいた」ことをきっかけにして、都市の民衆の間にその歌が口伝てに広まり、それが宗教改革運動の拡大の契機となった。そして印刷物に記された宗教改革的なコンセプトが「噂話」や「歌唱」のような口頭伝達的な営みに移し替えられて拡散されてゆくことはまた、宗教改革思想が「印刷物に対する規制の網」をかいくぐって伝播してゆくことも容易にした。なぜならば、印刷物が規制の対象となった場合でも、民衆の口頭伝達的な営みのなかに移し替えられた思想は口伝てに広まっていったからである。

そして宗教改革思想が口頭伝達的な営みに移し替えられることは、必然的に「口頭での議論の場」を創り出す結果をもたらした。このことは、宗教改革思想の重要な媒体となった「説教」の場の情景にも現れている。宗教改革派の説教師たちはしばしば聖書やパンフレットを手にしながら説教の場でその内容を聴衆に読み聞かせたが、それは時に説教壇上の説教師と聴衆との間の議論の応酬へと発展し、説教の進行を妨げる事態も発生したため、ザクセン選帝侯領では１５３３年に「説教中に聴衆が口を差し挟むこと」を禁じる命令が発布されている(3)。

聖書（福音）を参照軸にした議論の拡大

当時の「宗教改革思想をめぐる人々の議論のスタイル」を理解するうえで重要なのは、そこで「聖書」が果たした役割である。1520年代前半の審問記録には、宗教改革者の著書と聖書（あるいはその一部分の写し）を手にして家族や友人と議論を行ったとの咎で審問を受けた人々の証言が現れてくる。彼らは、聖書の記述を参照しながら、それを拠り所にして、宗教改革者たちの主張の当否を論じあっていたのである。そしてそれこそが宗教改革者たちが人々に推奨した議論のスタイルであった。1521年頃にヴィッテンベルクで出版された匿名のパンフレット（『古き神と新しき神について』）には、「聖書は、真正なる基準・定規にして、公正なる秤であり、あらゆる教説、あらゆる説教、またあらゆる統治権力の命令は、たとえそれらが［…］教皇や皇帝［の命令］であっても［…］、アウグスティヌスやトマス［・アクィナス］［の教説］であっても［…］、全てそれ［聖書］によって［…］測られ、吟味されるべきである。［…］各人は聖書を、とりわけ神聖なる福音を、自らとその子供たち、そして奉公人たちのために、しばしば読む［べきである］(4)」と記されている。「福音（Evangelium）」という言葉は、元来は「よき知らせ」、すなわち「福音書に記されたイエスの生涯と教え」を意味する言葉であったが、宗教改革運動が広まった時代には、「新約聖書」や「聖書の使信」そのものを意味する概念となり、宗教改革運動の重要なスローガンとなった。

　ルター自身も、この「福音」の概念に依拠しながら、彼の出版活動の正当性を弁じている。1523年に皇帝カール五世があらためて「ルターの著作の出版を禁じる命令」をルターの庇護者であったザクセン選帝侯フリードリヒに通告した際、ルターは、同年5月29日のザクセン選帝侯宛の書状のなかで「もしも私が、私自身の無罪［の主張］のためでなく、むしろ神的・福音的真理［の解明］のために、文書による弁明を行わねばならない場合には、それは［…］禁じられるべきことでもなく、譴責《けんせき》されるべきことでもないように思われます(5)」と述べ、出版活動を継続する意志を示した。つまり、それが「ルターの主張の流布」を目的とした出版ではなく、「聖書の記述をめぐる人々の議論・検証のプロセス」に資するための出版であれば、「ルターの主張を流布させるための出版」を禁じた皇帝の出版禁止令の対象とはなりえない、というのが、ルターの考え方であった。

　1520年代前半の審問記録の証言やこのルターの発言は、宗教改革者のパンフレットやドイツ語訳聖書の読者層がかならずしも「宗教改革の支持者」や「ルターの信奉者」だけに限定されていなかったことを示唆している。1520年代前半のドイツでは、宗教改革の熱心な支持者・信奉者に限定されないより多くの人々が、聖書を参照しつつ「宗教改革者の主張の当否」を検証し論じあうために、それらの印刷物を購入し、互いに読み聞かせあっていたのである。こうした目的で印刷物を手にとった人々のなかには、「宗教改革に批判的な立場の人々」、あるいは「宗教改革的なコンセプトを宗教改革者とは異なる視点から解釈する人々」も含まれていたことであろう。そしてそのような多様な立場の人々が宗教改革に向けた「関心」の大きさと、その結果として生み出された「議論」の拡大こそが、宗教改革運動そのものの広まりをもたらしたのである。近年の研究では、１５１７～１５２０年代半ばのドイツにおいて宗教改革の拡大をもたらした公論形成のメカニズムを「宗教改革的公共性（Reformatorische Öffentlichkeit）」という概念で表現することがあるが、宗教改革期のドイツにおける公論形成の歴史的意義は、多様な立場の人々が「聖書（福音）」を参照軸として宗教改革の当否について議論を交わしあうことのできる空間がこの時代に現出しえたという点にこそ見出されるべきであろう。

＊引用文中の［ ］の中に記された語句は、本稿著者による補足を表し、［…］は、省略箇所を表している。また、注（２）及び注（４）の史料表題表記では、史料で用いられている近世ドイツ語の綴りを現代ドイツ語の綴りに置き換えた。

（１）本稿におけるアウクスブルクの出版点数のデータは、Hans-Jörg Künast, *»Getruckt zu Augspurg«*, Tübingen, 1997 に拠っている。

（２）*Gespräch Büchlein Neu Karsthans*, o.O., o.J., Bl.B4b.

（３）Emil Sehling, *Die evangelischen Kirchenordnungen des XVI. Jahrhunderts, Bd.1, 1.Halbband*, Leipzig, 1902, S.187.

（４）*Vom alten und neuen Gott*, Wittenberg, o.J., Bl.I1b-I2a.

（５）*D. Martin Luthers Werke, kritische Gesamtausgabe, Briefwechsel, Bd.3*, Weimar, 1933, S.77.

主要参考文献

蝶野立彦「宗教改革期のドイツにおける読書・コミュニケーション・公共性」（松塚俊三／八鍬友広編『識字と読書――リテラシーの比較社会史』昭和堂、２０１０年、19－45頁）。

――「聖歌とプロパガンダ」（大久保進先生古稀記念論文集編集委員会編『規則的、変則的、偶然的』朝日出版社、２０１１年、４６５－４９１頁）。

森田安一『ルターの首引き猫――木版画で読む宗教改革』山川出版社、１９９３年。

R・W・スクリブナー／C・スコット・ディクスン、森田安一訳『ドイツ宗教改革』岩波書店、２００９年。

Reinhard Wittmann, *Geschichte des deutschen Buchhandels*, München, 1999.

Robert W. Scribner, Oral Culture and the Transmission of Reformation Ideas, in: Helga Robinson-Hammerstein(ed.), *The Transmission of Ideas in the Lutheran Reformation*, Dublin, 1989, pp. 83-104.

理性の時代の宗教改革

西《にし》川《かわ》杉《すぎ》子《こ》

1963年生まれ。立教大学文学部卒業。ロンドン大学ユニヴァーシティ・カレッジ大学院史学科Ph.D.取得。東京大学大学院総合文化研究科地域文化研究専攻准教授。著書『ヴァルド派の谷へ――近代ヨーロッパを生きぬいた異端者たち』（山川出版社）他、訳書『オックスフォード・ブリテン諸島の歴史７　17世紀』（慶應義塾大学出版会）。

宗教改革の衝撃

１５１７年、マルティン・ルターが行なったキリスト教会の批判は、たちどころに宗教改革に発展し、キリスト教共同体としてのヨーロッパを、ローマ・カトリック教会と、ルターの教会批判の賛同者すなわちプロテスタントに分裂させた。これは、中世から続いてきた聖俗両界における秩序の崩壊を意味する。

プロテスタント勢力はローマ・カトリックを反キリストの支配する邪教＝法王教とみなした一方、ローマ・カトリック勢力はプロテスタントを聖なるキリスト教共同体を内部から腐敗させる異端と呼ぶようになった。そして、両者とも自分たちこそが「真の教会」であると主張し、人々の魂を獲得すべく宗教改革と対抗宗教改革を互いに推進した。さらにその過程では両派の内部にも分裂が起こり、宗教的対立はさらに激化した。ヨーロッパは信仰の大義を掲げた宗教戦争に突入したのである。

ルターの意図したところでなかったにせよ、彼が始めた宗教改革の衝撃は宗教戦争の引き金を引いた。宗教改革の歴史は宗教的対立の歴史と裏表一体なのである。

宗教的冷戦の時代へ

近年の欧米の歴史学では、宗教改革をルターやカルヴァンの時代で終わるものと考えるのではなく、より長期的な射程で改革を捉え直そうとする「長期の宗教改革運動」という見方が広まりつつある。

それではたして、宗教改革はいつ終わったのだろうか。少なくとも宗教戦争の時代は、西・中央ヨーロッパにおいてはウェストファリアの和約（1648年）とともに終わった。最後の宗教大戦とも呼ばれる三十年戦争は苛烈で想像を絶する災禍をもたらした。ローマ・カトリック陣営もプロテスタント陣営も、その戦禍に恐れをなし、ウェストファリアの和約が締結された際には、宗教的大義よりも国家理性が優先された。そしてウェストファリア以降は宗教的熱情を狂信とみなして、嫌悪する風潮が生まれてくる。ただし、イギリス諸島（特にロンドン）の場合はヨーロッパ大陸よりやや遅れて1660年に、いわゆる「ピューリタン革命」に決着がつけられている。いずれにせよ従来の歴史記述では、17世紀後半には宗教は歴史の動因としての役目を終え、「啓蒙の世紀」あるいは「理性の時代」が始まると理解されてきた。

しかし実際は、ローマ・カトリックとプロテスタントの対立は17世紀の後半にも続いていた。むしろウェストファリアの和約以降のほうが、プロテスタント勢力はより危機的状況に陥っていたといえるかもしれない。

たとえばポーランド＝リトアニアやシュレージェンでは、ローマ・カトリックによる対抗宗教改革が成果をあげて、プロテスタントの教会数が激減した。フランスでは、国王ルイ14世によってユグノー（フランス・カルヴァン派）の大弾圧が行なわれた。1685年にはユグノーの諸権利を認めたナント王令が廃止され、約20万人が国外に亡命し、留まった者たちはローマ・カトリックへの改宗を強いられた。改宗を拒んだ者は、ガレー船徒刑囚にされた。ハンガリーやトランシルヴァニアでもプロテスタントがフランスと同様の迫害を受けている。カルヴァン派の勢力圏であったライン＝プファルツ公国はフランス軍によって焦土と化した。サヴォイア公国ピエモンテの山岳地帯では1686年、約1万4000人いたとされるプロテスタント・ヴァルド派のうち約2000人以上がサヴォイア公とフランスの軍隊により虐殺された。残りのヴァルド派は、改宗した者を除き、領外追放となった。

このようなプロテスタント勢力の危機は、ヨーロッパ全域の宗教的同胞に伝わった。そのために、プロテスタントが優勢な地域でもローマ・カトリックの脅威を過剰なまでに恐れ、対立の志向が強まったのである。こうしてプロテスタント勢力とローマ・カトリック勢力が実際に戦火を交えた熱い宗教戦争の時代は、両勢力の冷たいイデオロギー対立の時代、すなわち宗教的冷戦の時代へと次第に移り変わっていくことになる。

ある田舎牧師のプロテスタント意識

ここで、スコットランドのグラスゴー近郊に住む長老教会牧師ロバート・ウッドロウの書簡を紹介しよう。これはウッドロウが、1717年、オランダの大学都市ライデンに行く友人に宛てた質問のごく一部である。

……私はシュレージェンのプロテスタント諸教会の最新の情勢についてほとんど知りません。つまり、それらの教義、礼拝、規律、教会運営、そして学問の状況のことなどです。それらは数年前に、スウェーデン国王の働きかけで〔神聖ローマ帝国〕皇帝によって再建されたと言われました。900もの教会だと当時は言われました。それらについてなんでもよいから知りたいのです。同様に、プファルツのプロテスタントたちの状況も〔知りたいのです〕。彼らはまったく破滅させられたのでしょうか、そうでなければどのような状況なのでしょう。サヴォイアと〔ヴァルド派の〕谷では事態はどうなっているのでしょう。あそこでは〔サヴォイア〕公が〔シチリア〕国王になってから新たな迫害がおこったと聞いていますが。残っている彼ら〔ヴァルド派〕の人数を教えてください。それから、あなたがわかる限りの彼らの司法や礼拝についても。それから、彼らが迫害のなかで、衰退しているのか、あるいは強力になっているのかも。ライデンにはしばしばポーランド人〔学生〕がいますが、あなたは彼らからポーランドの状況の知らせを得ることでしょう。あの地に残るプロテスタントの数はどうですか。彼らの迫害の状況は。かつて3000の教会のあった王国で今、公の礼拝集会が行なわれているのでしょうか。かの地のソッツィーニ主義はどのような様子でしょう。そして、彼らのヨーロッパでの布教の試みは。今ポーランドが被っている混乱のなかで、学問と宗教はどのような状態なのでしょう。あなたはひょっとしてボヘミア人、ハンガリー人、トランシルヴァニア人の学生から、それぞれのプロテスタント教会について詳しい説明を得られるかもしれませんね。私は、特別になにか知る必要があるわけではありませんが、プロテスタントの数とか、牧師や司法、宗教の状態、学問についてとか、なにも知らないのです……(1)

ウッドロウは田舎に住む一牧師で、歴史の表舞台で重要な役割を果たしたわけではない。しかしこの引用部分からは、彼が大陸のプロテスタントに対していかに深い関心を抱いていたかが伝わってくるであろう。ウッドロウは膨大な書簡を残しているが、その多くには、ポーランド＝リトアニアやトランシルヴァニアのプロテスタント教会の情勢、ユグノーのガレー船奴隷の安否、フランス・セヴェンヌ地方のカミザール（ユグノーのゲリラ兵）たちの動向、プファルツ人たちの状況について、事細かな質問や彼自身のコメントを書いている。ウッドロウは自国スコットランドにおけるローマ・カトリックの勢力拡大も憂慮してはいたが、彼のプロテスタント意識はスコットランドのみの内向きのものではなく、国境を越えた汎ヨーロッパ的プロテスタント共同体のメンバーとしての自覚と重なっていたのである。

理性の時代の宗教改革運動

「理性の時代」といわれる時期に至っても、プロテスタントのあいだではローマ・カトリックに対する危機意識があり、プロテスタント共同体の防衛がさかんに説かれた。この危機意識のなかで、プロテスタント国際主義とでもいうべきプロテスタント勢力の連帯の動きがヨーロッパ各地で高まることになる。その連帯運動は、同時代人からは、ローマ・カトリックの脅威に対抗する動きとして、またルターやカルヴァンの運動を引き継ぐものとして、まさに「宗教改革」とみなされていた。この宗教改革の中心的担い手としては、ブランデンブルク領ザーレ河畔のハレにおけるアウグスト・ヘルマン・フランケ指導の敬虔主義者たち、ジュネーヴやスイスのプロテスタント諸邦における改革運動、オランダ改革派教会に組み込まれた亡命ユグノーのネットワーク、そしてイングランドでは聖俗エリートが集まって結成したキリスト教知識普及協会（Society for Promoting Christian Knowledge 略称ＳＰＣＫ、グレゴリウス暦１６９９年創設）などがあげられる。

この多中心的な連帯運動の特徴のひとつは、宗教的熱情が災禍を増大させた三十年戦争やピューリタン革命の反省から、狂信や迫害を忌み嫌い、教育や道徳の社会的実践に重点を置いたことである。彼らの主な活動は、宗教冊子の出版・配布、聖書の各国語訳、教区教会付属図書室の充実、慈善学校の支援、囚人の教化促進などである。これらの活動には、民衆を無知蒙昧から穏やかに啓蒙し、良きプロテスタントとして教育することで、ローマ・カトリック教会に対抗しようとする意図があった。

さらに、この運動のネットワークの国家を超えた広がりも注目に価するだろう。たとえばロンドンに拠点を置くＳＰＣＫの通信相手の所在は、ヨーロッパ内では東はモスクワやトランシルヴァニア（現ルーマニア）、西はアイルランド、北はリトアニアやクールラント（現ラトヴィア）、南はイタリア地域にまで広がっていた。そしてこの通信網を通して得た重要情報は、連携する他国のプロテスタントの指導者にすぐに伝えられたのである。

　この情報網を活かして、SPCKやハレ敬虔主義者は、迫害されたプロテスタントの救援活動も行なった。そのなかには、フランス海軍のガレー船につながれたプロテスタントの情報を集め、彼らに資金を秘密裏に手配するという諜報部員まがいの仕事もあった。また1731年、ザルツブルク大司教領から2万人を超えるプロテスタントが追放された際には、彼らが新たな移住先に到達するまでの世話を、街道筋のプロテスタントと連絡を取り合いながら行なった。また、SPCKは困窮したプロテスタント勢力のためにイングランド国教会や政府に働きかけて、イングランドとウェールズで義捐金募集も行なっている。その対象になった集団としては、ユグノー難民、ヴァルド派、オランジョワ公国プロテスタント難民、アルメニア教会〔東方正教会〕、クールラント公国ミッタウの教会、ライン＝プファルツのプロテスタント難民、リトアニアの改革派教会、リトアニア・ジェマイティア地方ケダイニィのスコットランド系市民、トランシルヴァニアのナジエニェド〔現ルーマニアのアイウド〕の改革派中等教育機関ベトレン・コレギウム、ポーランド・レシュノのボヘミア兄弟団、コペンハーゲンの改革派教会などがあげられる。

　当然、SPCKの義捐金募集については、ヨーロッパ大陸のプロテスタント諸勢力の間でも評判になった。1700年代後半ともなると迫害や貧窮に苦しむプロテスタントが次々と、義捐金を目的にSPCKへの請願を行なうようになった。1714年にはドイツ北部に住むSPCK通信会員ジョン・ホーリンクという人物がロンドンのSPCK本部に問い合わせをしてきた。以下はSPCKに残されたそのときの記録である。

〔ホーリンクによると〕ヴォルガスト〔バルト海沿岸ポメルンの都市〕の主席司祭を務めるフォン・プラーテン神学博士は、近隣やドイツの他の地域からヴォルガストの教会再建のために情報を集めている。その教会は、町全体とともにモスクワ人によって灰燼に帰したのだ。フォン・プラーテン博士は、教会再建の目的で慈善金を募るためにイングランドまで行く価値があるかどうか、特にイングランドまで行けば協会〔SPCK〕が自らを支持してくれるかどうか、イングランドにおける彼〔ホーリンク〕の友人たちに問い合わせるよう、ホーリンクに依頼したそうだ。ホーリンクは、彼の手紙といっしょに、その哀れな人びとの悲惨な状況を記した新高ドイツ語の報告を同封している。その内容をチェンバレン氏〔SPCKの中核メンバー〕から会に伝えてほしいとのことである。(2)

「イングランドまで行く価値があるか」――迫害された

多くのプロテスタントにとってその答えはイエスであり、ロンドンまで旅をしてくるプロテスタントは少なからずいた。イングランド国教会（聖公会）は国王をその首長とする体制教会で、この時代の教会組織はそのまま世俗の行政組織と重なりあっていた。この特徴を利用して、国王の命令により全国の教会でなされる義捐金募集キャンペーンでは、相当な金額を集めることが可能であったのである。そしてSPCKはこの義捐金募集の運営に、強い影響力をもっていた。前述のトランシルヴァニアのナジエニェドの改革派中等教育機関ベトレン・コレギウムの場合、まずベルリンとスイス諸邦に使者を送り、SPCKも含めたイングランドの情報とプロイセン国王フリードリヒ1世をはじめとする有力者の推薦状を獲得し（ベルリン宮廷の説教師であったダニエル・エルンスト・ヤブロンスキはSPCKの通信会員でもあった）、公式の代表をSPCKに派遣してきた。旅の途上では、オランダ改革派教会も訪ね、そこからも推薦状を得ている。幸運にも、ベトレン・コレギウムは、SPCKの協力を得て、イングランドとウェールズのすべての教区教会において義捐金を募ることができた。集められた義捐金はユグノーの銀行家に預けられ、19世紀半ばまでコレギウムはその利子で運営されていた。

もっとも、1710年代後半にイングランドまで義捐金を求めて旅をしてきたリトアニア改革派教会の代表、ボグスラフ・コピエヴィッチはそれほど恵まれてはいなかった。ベラルーシやバルト海沿岸諸都市の推薦状を得てロンドンまで旅してきたものの、大規模な義捐金募集が認められなかったのである。帰途につく旅費さえも失ったコピエヴィッチを見かねて、SPCKや同メンバーのカンタベリ大主教ウィリアム・ウェイクが仲介に入り、コピエヴィッチはアイルランドで義捐金募集を試みることができたが、これはダブリン大主教ウィリアム・キングの怒りを買うことになった。「アイルランドの貧者のための蓄えを外国からやってきた乞食に与えようとはまったく理解できない」とキングは抗議している。結局、1724年、SPCKのメンバーでアーマー大主教となったヒュー・ボールターがダブリンに到着するまで、コピエヴィッチはダブリンの人々の善意にすがって逗留していた。ボールターが旅費を手配したおかげで、コピエヴィッチは1727年にリトアニアに戻ることができたが、手ぶらで帰国した彼をリトアニア改革派教会は糾弾したのである。

異宗派間の対話

1710年代になると、SPCKとハレ敬虔主義者は共同で、ロシア、東地中海地方そしてインドへの布教を開始した。特にインド布教については、敬虔主義の教育を受けたデンマーク国王フレデリク4世の賛同を得て、デンマーク領インド植民地トランケバール（現タランガンバーディ）とイングランド東インド会社領マドラス（現チェンナイ）にハレのプロテスタント宣教師（ルター派）を派遣し、さらにハレの宣教師による新約聖書のタミル語訳をＳＰＣＫが資金援助するというものであった。同じプロテスタントとはいえ異なる教派が布教活動を行なうことについて、反対意見や外部からの圧力もあったのだが、敬虔主義の指導者フランケはＳＰＣＫに次のように書き送っている。

　後世の人々は、キリスト教布教という共通の大義のために、いかにひとつの民族が他の民族を助けることができるのかを、我々の事業から学ぶことでしょう。そこでは、ドイツ人がデンマーク人を助け、イングランド人が両者を助けているのです……マラバーの未開人をキリスト教に改宗させる企ては、普遍的な事業です。慈悲と公共の精神を持ったすべてのキリスト教徒によって、推進されるにふさわしいものです。(3)

　ＳＰＣＫの側も、このフランケの考えに共感していた。インド布教事業について、ＳＰＣＫの書記は会員に次のように伝えている。

　（異なる教派であっても、必ず）穏健さと中庸の精神の味方はおります。そして、いくつかの意見の違いも忍耐心を持って受けとめ、これまでのところ、相互理解を深めて……完全なる宗教改革に向けて努力し、よりいっそう全体的な調和をめざしています。(4)

　これはこの時代の宗教改革の精神をよく表した言葉といえよう。

　ただ、ＳＰＣＫの唱えた精神はあくまでもプロテスタント諸派の間に留まっていた。異なる宗教の共存が広く社会に受け入れられるようになるには、まだ時間が必要であった。寛容思想の歩みは遅い。これは、原理主義やテロに揺れる現代社会に生きている私たちがなにより痛感していることだ。宗教改革開始から５００年を経て、今ようやく本格化したプロテスタント諸派とローマ・カトリックの対話の行方を見守りたい。

（1）*The Correspondence of the Rev. Robert Wodrow*, ed., Thomas M'Crie, 3vols (Edinburgh, 1842), II, 304-205.
（2）SPCK Archives, Abstract Letters, Received no. 3853.
（3）SPCK, Abstract Letters, Received CR1/4.
（4）SPCK, Special Letters CS3/2.

参考文献

西川杉子『ヴァルド派の谷へ――近代ヨーロッパを生きぬいた異端者たち』山川出版社、２００２年。

――「継続する宗教改革運動」「プロテスタントのヨーロッパ――啓蒙主義と信仰復興」（高柳俊一・松本宣郎編『キリスト教の歴史 2』山川出版社、２００９年）。

Sugiko Nishikawa, "The SPCK in Defence of Protestant Minorities in Early Eighteenth-Century Europe," *The Journal of Ecclesiastical History*, vol.56, 2005, pp. 730-748.

聖書翻訳と印刷機

——宗教改革が世界に及ぼした影響

クラウス・コショルケ
Klaus Koschorke

1948年生まれ。「世界キリスト教ミュンヘン学派」の創始者および第一責任者であり、アジアやアフリカなど世界中のキリスト教ネットワークの分析、相互作用パターンの研究を続けている。ミュンヘン大学福音主義神学部教会史講座の教授を経て、現在はミュンヘン大学名誉教授、リバプール・ホープ大学客員教授、バーゼル大学客員教授。

1．プロテスタントの宣教運動

キリスト教史上、16世紀には重要な意義がある。この世紀は二つの大きな出来事によって特徴づけられるが、その両方が現代における世界のキリスト教の在り方に決定的な影響を与えるものであった。一つは、今年500周年を記念して世界的に祝われている宗教改革である。この改革はドイツのとある地方で起こった争議——すなわち、聖アウグスチノ会修道士マルティン・ルターを巡る論争——から始まり、急速に近隣諸国へ飛び火していった。ルターによって意図されたものではなかったが、この改革はヨーロッパのキリスト教に分裂をもたらす結果となった。これを境に、教皇主権の一つのローマ・カトリック教会に代わって、相互に競い合う数多くのキリスト教諸教派と諸教会が生まれたのである。

16世紀におけるもう一つの中心的な出来事は、イベリア半島から始まったヨーロッパ諸国の世界進出である。スペインとポルトガルはアメリカ、アフリカ、アジアに植民地を作った。同時にカトリックの宣教師は当初ヨーロッパで存在が知られていなかった地域で活動に従事するようになった。宗教改革によってもたらされたキリスト教の多元化とその16世紀以降の世界的普及という二つの要素は、今日まで世界宗教としてのキリスト教の様相を規定するものである。

海外宣教は長期にわたってカトリックが独占していた。イエズス会士は特に重要で、彼らはカトリックの宣教師としてアジアで宣教活動に従事しており、１５４９年には日本に上陸して、１６３９年の禁教政策まで続いた、いわゆる「キリスト教の世紀」を拓いた。

他方、宗教改革によって生まれた諸教会は、なにをおいてもまず存続の戦いを勝ち抜かねばならず、またヨーロッパのただなかに位置するという地理的状況からしてすでにイベリア半島列強とは異なり、海外への進出といった活動に従事し得る状況にはなかった。確かに、再三にわたってプロテスタントによる実験的試みがなされはしたが。

例えば、16世紀にフランスのユグノー派はブラジルへ短期の入植を試みた。17、18世紀には、オランダとイギリスがアジアにおけるポルトガルの一極支配を打破し、個々の地方に制限的な植民地を創設したが、それらは主として商業的関心に基づくものであった。

現地住民にむけたプロテスタントによる初めての宣教活動は、アジアでは１７０６年以降になってからで、南インドのターランガンバディにおいてであった。19世紀になってようやく「プロテスタント宣教の大いなる世紀」（K. Lattourette）が訪れた。この時代以降、ヨーロッパやアメリカ合衆国から数多くのプロテスタントの宣教師がアジア、アフリカ、ラテンアメリカへと向かった。今日これらの地域にルター派、改革派あるいは聖公会があるのは、ほとんど19世紀における当地での宣教活動の結果である。プロテスタントの宣教運動は、そこで設立された教会の範囲をはるかに超える影響も及ぼした。宣教師は福音だけではなく、広域に及ぶ文化と知識の伝達者としても重要な存在であった。彼らは最初の礼拝堂を建設する前に、いくつもの場所に学校と病院を設立した。また、同じく宣教師によって設立されたミッションスクールは19世紀のアフリカやアジアのさまざまな地域において、多くの場合初めてのものであっただけでなく、長期にわたって西洋的で「近代的な」教育への唯一の入り口であり、非常に重要な意味を持つものとなった。19世紀のアジアにおける多様な近代化の過程および20世紀のアフリカのエリートたちによる解放闘争は――彼らはミッションスクールで教育を受けた――「ミッションスクール」という要因なくして適切に論じることはできない。

伝統的なアフリカあるいはアジア社会の「社会悪」に対する宣教師たちの批判は――インドでは例によってカースト制度あるいは寡婦の焼死（sati）の慣習に向けられるものだが――確かに、特定の文化的ステレオタイプを再生産するものであった。しかし宣教師たちによる社会批判は同時に――19世紀初期のベンガルでも――「インドのナショナリズムの父」と呼ばれるヒンドゥー教の革命家、ラム・モーン・ロイ（Ram Mohun Roy）をも鼓舞した。彼が新約聖書の倫理に深く影響を受けていたことは明らかであった。彼は１８２０年に『平和と幸福への案内人、イエスの戒め』と題する一冊の書物を著している。また宗教的反対運動は、宣教プロテスタンティズムに影響を受け、それを模範としながらも、これと戦ったのであった。19世紀末のスリランカにおける仏教徒のリヴァイヴァル運動で、キリスト教のカテキズムの代替物として『仏教徒のカテキズム』が配布された例は非常にわかりやすい。都会のエリート層に人気があったＹＭＣＡは、仏教のＹＭＢＡに相当する（また後のヒンドゥーのＹＭＨＡとムスリームのＹＭＭＡに相当するものである）。「仏教徒の日曜学校」の導入も注目すべきものである。宗教社会学の研究ではこれらは「プロテスタント仏教」と呼ばれている。

2．宗教改革がもたらした聖書翻訳と印刷技術

以下では宗教改革の長期的な影響に焦点を当てたい。それは、ミュンヘン大学で進行中の、１９００年頃のアジアとアフリカのキリスト教雑誌を対象とした研究プロジェクトにおいても重要なものである。宗教改革が与えたその影響とは、聖書翻訳という文脈の中での識字力——新たなメディアの役割——であり、革新的な技術（印刷機など）の導入である。ヨーロッパにおいて宗教改革運動が成功裡に広まった場所ではどこでも、聖書がそれぞれの民族の言葉に翻訳された。場合によっては、聖書翻訳は最初の民族文学の書物であった。ゲッティンゲンの教会史家トマス・カウフマン（Thomas Kaufmann）は、「民衆の言葉に訳された聖書へのシフトは、ルターの翻訳と共にその効果を十分に発揮し、西洋のキリスト教全体を変えた」[1]と述べている。ルターにとって聖書は、神が人に語る場として重要なものであった。神は、教皇によって執り行われる教会の典礼の中にではなく、聖書に臨在するのである。この神の御言葉を伝えることは、説教者そして個々のキリスト者の最も重要な務めである。だからこそ、聖書（神の御言葉）をひとりひとりのキリスト教徒にわかりやすく近づきやすいものにすることが火急の課題となる。このような理由から、修道士のものであったラテン語ではなく、誰にでもわかる言語に聖書が翻訳されることには重要な意味があった。「民衆の言葉に学ぶ」はこの課題に取り組んでいたルターの格言であった。

ひとたび聖書が翻訳されると、今度はそれをできるだけ迅速に広く普及させなければならない。それは、当時なお新しく革新的であった活版印刷という技術によって可能となった。宗教改革は「メディアの出来事」であったと歴史家は言う。これは二重の意味において当てはまる。一つにはなによりも、彼の書物の急速な普及なくしては、無名であったヴィッテンベルクの修道士マルティン・ルターがあ

れほど急速に、国中に広く知られるようになりはしなかったであろう。1517年にルターが95箇条のテーゼを提示したほんの数年後の1521年、ヴォルムス帝国議会の時代に、ルターの文書は50万部以上に及んで広く出回っていたが、それは当時としては爆発的な数であった。[2] 他方で、ルターの出版の成功、わけてもその聖書の翻訳は活版印刷の振興を加速した。その結果、読み書きができない人が多数であった当時のドイツ民衆の間で読み書きの知識を持つ者が飛躍的に増加した。これに続く時代、識字率は明らかにカトリックの地域よりもプロテスタントの地域において上昇したのである。

これと同じことが、プロテスタントの宣教運動の普及とともに19世紀に繰り返された。プロテスタントの宣教師はほぼ一貫して、何よりも最初に聖書（あるいは聖書の一部）を翻訳したが、アフリカとアジアの多くの地域では、同時にその地方の言葉を文字化していったのである。それは先住民の言葉の保護にも重要な貢献を果たすものだったが、同時に植民地における同化の圧力に打撃を与えるものともなった。イエール大学で教鞭をとる西アフリカ出身の歴史家ラミン・サネ（Lamin Sanneh）は、19世紀のプロテスタント宣教運動の最も決定的な貢献はおそらくここにあると見ている。すなわち、植民地制度とのさまざまな絡み合いにもかかわらず、宣教師たちは聖書翻訳を通してアフリカのキリスト教が自立的な形態へと発展するための実質的な前提を構築したという。また、各地域の言語への聖書の翻訳は、新たな技術である活版印刷機の導入を伴うものであった。多くの場合、活版印刷機は宣教師によって初めてその地域に導入された。ジョン・レント（John Lent）は、1550年から1860年の間のアジアの宣教誌に関する研究のなかで次のように述べている。「アジアのさまざまな国で、カトリックとプロテスタントの宣教師たちは最初の活版印刷機を設置したり、また最初の定期刊行誌を出版したりする任を負った」[3]。

彼の研究は、本稿では割愛する古い時代（16、17世紀のイエズス会など）のカトリック宣教を含むものだが、その指摘は特に19世紀のプロテスタント宣教運動に当てはまるものであり、さらにアフリカについても当てはまる。ヨーロッパ以外の多くの社会において（19世紀の西アフリカのナイジェリア、東アジアの中国でも）宣教師たちは世俗雑誌の発展とメディア上の公共空間の創出に重要な刺激を与えたのである。[4]

宗教上の競争相手もまたプロテスタント宣教師たちから恩恵を受けた。このことは19世紀の仏教とヒンドゥーにおけるさまざまな改革運動の事例にも見事に示されている。これらの宗教はコミュニケーション構造や技術に関わる諸問題において、宣教プロテスタンティズムを模範としたのである。ヨーロッパの外での活版印刷機と雑誌の普及に対する宣教師の開拓的な役割をここで個別に述べることはできないが、いくつかの事例を挙げることとしよう。

（a）南アフリカのラヴデール（Lovedale 東ケープ州）は、１８２６年にグラスゴー宣教会によって設立された指導的教育機関であると同時に、バンツー族の言葉を用いた文学の早期の出版拠点でもある。出版物には聖書翻訳、文法書、小冊子などがあり、１８４１年以降には雑誌やその他の宣教刊行誌も含まれるようになる。１８２１年に南アフリカにスコットランドからの最初の宣教師が上陸する以前、当時はまだバンツー族の言葉には文字がなかったにもかかわらず、すでにバンツー語文学のプロジェクトが具体的に計画されていた。次いで１８２３年9月にジョン・ロス（John Ross）というもう一人のスコットランド人宣教師が上陸したが、彼についての同時代の描写には次のようにある。

> ロスは小さな……印刷機、活字、紙と幾分かのインクを持参していた。宣教師たちはこれらを台車に乗せ、ケープタウンからチャムス［宣教拠点］へと、回り道しながらおよそ１０００マイルの旅をした。……12月16日にキュミーに到着すると、17日には印刷機が設置された。18日にはアルファベットが活字で棒組みされ、19日には50組がコピーされた。そして20日には［ロスと同伴していた］ベニーが、バンツー族の歴史において新たな時代が始まったと記録している。[5]彼は、彼自身が知っていた以上に真実を語ったのである。

（b）アジアにおけるプロテスタント宣教第二波の始点、インドのセランポールでは、１８００年以降ウィリアム・ケアリー（William Carey）を含むバプテスト派の宣教師が定住するようになった。セランポールは急速に翻訳と印刷の重要な中心地へと発展した。１８２０年までには、ベンガル語のみならず、サンスクリット語、オリヤー語、ヒンディ語、マラティ語、パンジャブ語、アッサム語、グジャラート語に訳された新約聖書が完成していた。聖書の一部がインドの40言語とモルディブ、ミャンマー、ジャワ、中国などの近隣諸国の言語に翻訳されていた。インドや南アジアなどのいくつかの言語（例えばタイ語）においては、この時初めて活版文字が作成された。１８１１年の印刷所についての記述には、次のように書かれている。

> ［印刷所には］聖書をさまざまな言葉に翻訳したり、校訂を確認したりするインド人がいる。箱の中に整理された、アラビア語、ペルシア語、ナーガリ語、テル

グ語、パンジャブ語、ベンガル語、マラティ語、中国語、オリヤー語、ビルマ語、カンナダ語、ギリシア語、ヘブライ語、英語の活版を見ることができる（そしてこれらにタイ語も加えられるべきであろう）。ヒンドゥー、イスラームと、そしてキリスト教を信じるインド人が、ここで翻訳を行い、修正し、文字を配置する作業に従事している。私の傍らでは4人の男が一緒に、さまざまな言語に訳された聖書が印刷された紙を一枚ずつ印刷機からはがしている。他の男性は紙を折り、大きな倉庫へ運んでいる。そして6人のムスリームたちがそれを束ねている。事務所の裏にはさまざまな印字の保管庫があり、その向こう側では男たちのグループがインクを製造している。広く開け放たれ、壁で囲まれた丸い広場には印刷機が置いてあり、私たちは自分で紙を製造している。(6)

（c）一度も植民地支配下に置かれたことのないタイでは、1844年に初めてタイ国内で印刷された雑誌『バンコク・レコーダー』（Bankok Recorder）を出版したのは、アメリカ人宣教師であった。『バンコク・レコーダー』は、一年半にわたって毎月発行され、広範囲におよぶテーマを取り扱うものだった。それは、日々の政治にまつわる情報から西洋の経済、社会、文化をめぐるニュース、また天文学、化学や医学分野の知識にまで及ぶ（血液の循環を説明する記事や発熱の治療に関するヒントを与える記事など）もので、数々の興味深い寄稿も含んでいた。この雑誌は非常に好評を博し、宣教師たちの手元からすぐになくなってしまうほどであったが、それはカール・ギュツラフ（Karl Gützlaff）が1828年に、国外のシンガポールで印刷された小冊子をバンコクに持ち込んで注目を集めた時と同様であった。キリスト教と文運が一体のものとみなされた他の地域とは異なり、宣教師らが期待した名だたる市民層の改宗こそなかったものの、彼らが文化的・社会的な生活に与えた複合的な刺激は、歴然たるものであった。1839年にタイではじめて国王の布告が公刊された時に、宣教師の印刷機が使用されたことも注目されるべきであろう。(7)この布告は阿片の売買と消費を禁止するものであった。

（d）最後に、非常に古い印刷文化がある中国では、キリスト教宣教師たちが初めての近代雑誌を創刊した。ロンドン伝道協会（LMS）の宣教師ロバート・モリソン（Robert Morrison）はやむを得ずこうした働きを国外（ムラカ）で行ったが、中国における最初の雑誌創刊はドイツ人カール・ギュツラフ（Karl Gützlaff）の貢献によるものであったと言える。中華民国初代大総統孫文によって伝えられた次の格言がある。「共和運動は、ロバート・モリソンが中国の地を踏んだ時に始まった」[8]。英国人であるモリソンが１８０７年、最初のプロテスタント宣教師として中国に到着したとき、同地ではまだ公的に宣教活動を行うことができなかった。唯一の選択肢は、冊子と書籍の印刷とその普及であった。印刷はムラカで進められた。同地では、わずかな発行部数のみであったものの、１８１５年にモリソンが『中国月刊誌（*China Monthly Magazine*）』を創刊したことによって、皇帝による印刷の専売制がついに終焉を迎えた。そして１８３３年にギュツラフによって創刊された『東西月刊誌（*Eastern Western Monthly Magazine*）』をもって中国における印刷史に新たな標《しるし》が刻まれたのである。「この雑誌は事実上、中国で創刊された初の定期刊行物とみなされてきた。そしてその歴史的重要性は、編集上の技術革新によって補強されたのだ……ギュツラフは、外国人による宣教活動がまだ禁じられていた時に、雑誌を印刷して普及させるということをやってのけたのである」[9]。

これらの定期刊行物がその後の中国におけるジャーナリズムの歴史に与えた影響は、注目に値する。１８６０年代以降、香港に続いて上海が話題の幅を広げつつあった宣教出版の新たな中心地として発展した。宗教上の問題以外にも、自然科学に関するテーマなどが扱われるようになり、テクノロジーの発展を巡る情報も次第に伝えられるようになっていった。このことは１８６８年創刊の『教会ニュース（*Church News*）』にも、１８７４年創刊の『万国公報（*The Chinese Globe Magazine*）』にも当てはまる。これらの雑誌は徐々に（教育制度や纏足《てんそく》撲滅運動など）社会的および政治的な革新を促す多大な影響力を持つ世俗雑誌を代表するものとなっていき、官僚の間でも、１８９０年代の革命運動を代表する者たちの間でも共感を得るものとなった。

３．聖書翻訳と世界各地のキリスト者たち

19世紀の聖書翻訳に戻ることとしよう。聖書の翻訳は決して欧米人宣教師のみによる仕事ではなかった。それは現地人の協力なくしては到底成し遂げられなかったであろう。アフリカの、インドの、日本の、あるいは中国のキリスト教徒は、聖書をそれぞれの言語に訳す作業において屈指の協力者であった。これらの聖書翻訳もまた、決して閉鎖的な翻訳委員会のみによる成果ではない。先に述べたミュンヘン大学の研究プロジェクト（１９００年頃のアジアとアフリカにおける現地のキリスト教徒エリートたちの雑誌に関する研究）が示していたように、翻訳はむしろ幾度も公的議論の対象となった。例えばインドでは１９０５年のテルグ語聖書の改編の際に、「神」をテルグ語でいかに適切に言い換えるかということについて熱心な公的論争がなされた。これらの議論は、公開討論会や宣教教会および現地キリスト

教徒の雑誌の読者欄などで行われた。西洋の宣教師も、インドのキリスト教徒たちもそれに参加した。類似する状況は他の地域でも見られる。

聖書の翻訳は多くの場合、目をみはるような独自のダイナミズムを発展させ、また独立運動の車輪となった。前述したラミン・サネが指摘したように、20世紀初頭のアフリカにおける数多くの独立教会の誕生は、慣用的な聖書翻訳の多様性なくしては考えられなかったであろう。というのも、アフリカのキリスト教徒たちは、自身の言語で理解できる神の御言葉としての聖書をもって宣教師の管理下から独立したからである。例えば、宣教師の説教の中には登場しなかったが、アフリカの伝統と一致する数多くの側面（旧約聖書における一夫多妻の慣行など）を彼らは聖書の中に発見した。さらに植民地国家や人種の不平等をめぐるイデオロギーに対して、白人だけではなく全人類が神の似姿であるという聖書の核心的主張が反植民地闘争の源泉となった。歴史家はこのことを「キリスト教化の弁証法」として論じている。

アジアでは、19世紀半ばに起こった中国の太平天国の事例に、土着のキリスト教諸形態が主体的に発展していくにあたって特定の聖書翻訳が甚大な意味を持っていた例が認められる。その訳とはギュツラフによる旧約聖書の伝統的中国語への翻訳であり、それは後の革命指導者と太平皇帝洪秀全（Hong Xiuquan）を幾重にも鼓舞したのだった。

そして前述したように19世紀のインドでは、ベンガルのラム・モーン・ロイのようなヒンドゥー教徒の革命家が新約聖書（特に山上の説教）から決定的な影響を受けていた。

マルティン・ルターについて次のような金言が伝えられている。「神の御言葉がその歩みを進めている間に、私はここヴィッテンベルクに座してビールを飲んでいる」。聖書とその数多くの翻訳は、しばしばあらかじめ予想できず、制御もできない驚くべき影響を及ぼした。その受容は主流教会の外にあった空間でも遂行された。それは宗教改革の時代と19、20世紀のアジアにおけるキリスト教の歴史を結びつけるものである。

（1）T. Kaufmann, *Martin Luther*, München 2006, 72.
（2）B. Moeller, *Deutschland im Zeitalter der Reformation*, Göttingen 1972, 62.
（3）J. A. Lent, “The Missionary Press of Asia, 1550–1860,” in: *Communicatio Socialis* 13, 1980, 119.
（4）E. A. Ayandele, *The Missionary Impact on Modern Nigeria, 1842–1914*, London 1966, 175ff., 196f., 217, 226ff., 261ff.; X. Zhang, *The Origins of the Modern Chinese Press: The Influence of the Protestant Missionary Press in Late Qing China*, London 2007.
（5）R. H. W. Shepherd, *Lovedale and Literature for the Bantu: A Brief History and a Forecast*, New York 1970, 3.

（６）P. Carey, William Carey, London 1925, 283. S. Hugh Moffett, *A History of Christianity in Asia II*, New York 2005, 260ff; S. Neill, *A History of Christianity in India II*, Cambridge 1985, 195ff.

（７）「特に興味深いのは、国王ラマ三世による阿片の売買と使用に反対する布告である。タイ政府によって初めて公に印刷されたこの布告、１０７００部のコピーは、アメリカン・ボードの印刷機によって、１８３９年、４月29日に国王のために印刷されたのである」。M. Winship, "Early Printing in Thailand: The Beginnings to 1851," in: *Crossroads* 3:1, 1986, 45–61. 53 及び以下を参照。Moffett, *History of Christianity in Asia II*, 350ff.; K. E. Wells, *History of Protestant Work in Thailand*, Bangkok 1958, 5.

（８）Zhang, *The Origins of the Modern Chinese Press*, 35.

（９）Ebd.

（翻訳・土居由美＝立教大学兼任講師・聖マリアンナ医科大学他非常勤講師）

宗教改革と世界宣教のパラダイム転換
——植民地支配の歴史的変遷の軌跡から

山本《やまもと》俊正《としまさ》

1952年生まれ。立教大学法学部卒。バークレー太平洋神学校卒(神学修士)。日本キリスト教協議会(NCC)総幹事を経て、関西学院大学商学部教授・宗教主事。単著『アジア・エキュメニカル運動史』(新教出版社)、共著『ミナト神戸の宗教とコミュニティー』(神戸新聞総合出版センター)、監修『東アジア平和共同体の構築と宗教の役割』(佼成出版社)他。

宗教改革以前の植民地獲得競争と世界宣教の相互依存関係

宗教改革以前、中世期における世界の勢力図は、イスラームの世界進出とそれに動揺するヨーロッパ、キリスト教世界の姿を映し出していた。15世紀、イスラームの支配領域は西アジアから中東、さらには北アフリカに及んだ。ビザンツ帝国（東ローマ帝国）の首都、コンスタンティノープルはローマ帝国の東西分裂以降もキリスト教文化圏の中心的役割を果たし、ギリシャ正教を柱とする東方教会の世界を維持していた。しかし、トルコ系の人々によって建国されたイスラーム帝国＝オスマン帝国は、14世紀までにバルカン半島を制圧し、１４５３年にはビザンツ帝国を滅ぼしている。オスマン帝国は以降、地中海東部、南部を統治する大帝国となり、16世紀に最盛期を迎える。オスマン帝国に代表されるイスラーム勢力の世界進出は、ヨーロッパ各国に深刻な脅威と動揺を与え、キリスト教文化圏に存続の不安と危機感を喚起した。

一方15世紀から17世紀にかけての「大航海時代」には、ヨーロッパ各国は大西洋を起点として、インドやアメリカ大陸に新航路を開拓し、植民や占領による本国以外の領土獲得競争を展開している。15世紀の植民地化に先鞭をつけたのはスペインとポルトガルであった。両国はアメリカ大陸、アジア、アフリカ各地に進出した。しかし、大航海時代におけるヨーロッパによる植民地支配の展開は偶然の史実ではない。それは、イスラームの世界進出を外的要因とし、失敗に終わった十字軍の精神を内的要因として継続されたと見ることができる。対イスラームとの勢力争いという観点からキリスト教史を見るならば、西ヨーロッパ世界（キリスト教世界）拡大の動きは十字軍派遣以前から存在していた。８世紀初めから15世紀末にかけてレコンキスタ（「再征服」を意味するスペイン語）と呼ばれる国土回復運動が、イベリア半島を戦場として展開されていた。レコンキスタはイスラーム勢力からの領土の奪回を目指したキリスト教徒の戦いで、１４９２年にイスラーム勢力の最後の拠点であったグラナダが陥落するまで８００年間続いた。

大航海時代にスペイン・ポルトガルによって展開された植民地化の動きは、こうしたレコンキスタや十字軍の延長上に位置づけられる。植民地の獲得競争はキリスト教世界の再拡張運動でもあったのだ。もちろん、植民地化の遂行を可能にしたのは武力と軍事力であり、経済的利益の新たな獲得がその主要な動機であった。しかしその背後にはカトリック教皇の裁定による世界の領有と地球の分割という企図が伴っていた。カトリック教会はすでに13世紀から14世紀にかけて世界宣教に着手しており、フランシスコ会は中国や中東に宣教師や修道士を派遣している。派遣された宣教師たちは、政府の許可に基づき「伝道」し「洗礼」を施し、「教会」を建てた。この手続きは植民地化のプロセスにおいても踏襲された。領有された植民地の先住者は「洗礼」を通してキリスト教世界へ統合されていった。スペイン、ポルトガルという植民勢力の統治者はカトリック教会の擁護者でもあり、政治上のみならず教会行政上も支配権を持っていた。つまり、植民地主義と世界宣教は密接な相互依存の関係にあったのだ。このような時代背景の中でキリスト教世界は、植民地獲得競争に同伴していた「キリスト教権威」を揺さぶる、「宗教改革」という地殻変動を経験することとなる。

宗教改革とキリスト教世界の権威の変容

ヴァスコ・ダ・ガマやコロンブスが登場した「大航海時代」の初期から約25年後、内陸ドイツに始まった宗教改革（リフォメーション＝再形成）はキリスト教世界に、そして後には植民地主義の権威に大きな変容をもたらした。マルチン・ルターがヴィッテンベルクの「城の教会」の扉に「95カ条の論題」を掲げて始まったリフォメーションだったが、2年後にルターはローマ教会から破門されることとなる。しかしルターは有力な諸侯に保護され、彼の主張は当時の印刷技術の発達の恩恵を受け、ドイツ全土、すなわちハプスブルク家が支配する「ドイツ国民のための神聖ローマ帝国」に急速に伝えられた。

ただし、ルター自身は生涯カトリックとしてのアイデンティティを持ち続けていたことが知られている。彼には、プロテスタントという急進的な新しい宗派を作る意図はなかった。ルターが問いかけた贖宥の問題はカトリック教会の再形成への議論を促す内部告発であり、極めて宗教的な提題であった。しかし、ルターの意図を越えてリフォメーションは社会問題へと反転する。ルターの提題は、当時の文脈においてバチカンの権威、領邦の支配、神聖ローマ帝国の経済利益などに抵触し、政治問題化することになったのである。ルターの思想に刺激され、農奴制や十分の一税などの廃止を求めたドイツ農民戦争が起きている。また、教会内部においてもルターを支持する諸侯によってルター派が形成され、反教皇・反皇帝の立場が表明された。ルター派諸侯は聖書を信仰の唯一の権威とし、自領内の教会の支配を進め、領邦教会制が誕生することとなった。ルターの宗教改革から約10年後、英国では国王ヘンリー8世の離婚問題に端を発し、英国国教会が誕生する。スイスのジュネーヴではルターの影響を受けたカルヴァンが1541年に「神権政治」を開始する。

ルターの宗教改革は、「リフォメーション＝再形成」という体制内改革の意図を越え、カトリック教会と教皇の権威を大きく揺さぶり、キリスト教世界を分裂に導く導火線の役割を果たした。この導火線は個人の信仰のあり方にも大きな影響をもたらした。当時のキリスト教世界の典礼はラテン語で行われ、聖書はラテン語で書かれていた。人々が神に接近する手段はラテン語を解する聖職者に依存していた。これに対してルターは教会の位階制度を否定し、信仰のみによって義とされるという信仰義認を説いた。ルターは聖書をドイツ語に訳し、カルヴァンもフランス語訳を作っている。人々は聖職者を介することなく自らの生活言語で神の言葉に向き合うことが可能となった。個人の信仰は教会の位階制度から相対的に自由となり、より個人的なものへと変容することとなったのである。ルターは著作『キリスト者の自由』の中で、信仰が人々を自由にし、その自由が神に従う信仰者へと導くという逆説を説いている。ルターの主張した自由と、信仰における個人の強調は、カトリック教会および教皇の権威を相対化し弱体化させた。それは同時に、ルターを保護していた世俗権力の地位が相対的に高まることをも意味していた。

その後、プロテスタントの自由と結びついた世俗権力と、カトリック教会の権威の対立は、ヨーロッパを舞台に宗教戦争の時代という新たな歴史のステージを迎えることとなる。そして、ルターの宗教改革から約100年後の1618年にドイツを戦場とした三十年戦争が始まる。全ヨーロッパを巻きこんだ30年間の戦争の終結とともにウエストファリア条約が締結され、世俗権力である諸邦の主権が全面的に認められることとなる。これによって、カトリック教会の権威と結びついていた神聖ローマ帝国は分裂状態に陥る。帝国は約３００の領邦国家に分裂し有名無実化する。ウエストファリア条約は「神聖ローマ帝国の死亡診断書」と呼ばれた。三十年戦争を経て、教皇の権威を共有しない、世俗権力をベースにした主権国家体制がヨーロッパに確立されることとなる。いわゆる「近代ヨーロッパ」の誕生であった。

この間、植民地支配における勢力関係にも変化が生じた。大西洋の植民地化で先行していたスペイン・ポルトガルに続いて、イギリス・フランス・オランダが新大陸に進出する。植民地支配の舞台においても、カトリック教会の権威と結びついていたスペイン・ポルトガルと、世俗権力を背景とした新勢力との間に衝突が生じた。新大陸への進出過程には、植民地支配における国家的利害の対立の前景化や、世俗権力の宗教的権威からの離脱といった一連の帰結が反映されていた。ただし、この段階における新勢力の植民地支配とプロテスタントの世界宣教は必ずしも連動してはいなかった。16世紀に行われた後発の植民地支配は、富の収奪と領有を目的とする世俗国家の拡大に収斂し、プロテスタントの世界宣教が植民地支配と連結するまでには、約１世紀のタイムラグを経ることとなった。この空白を埋めたのが、カトリック教会の世界宣教であった。

宗教改革以降の植民地支配とカトリック教会の世界宣教

宗教改革以降の世界的な勢力関係における「教皇」から「世俗」への権威の変容は、キリスト教の世界宣教にも大きな影響を及ぼした。前述したように16世紀における植民地支配の時代、すなわち宗教改革が起こってからの当初期は、プロテスタント教会による世界宣教の取り組みは皆無に等しかった。その理由については様々な指摘がなされている。ルターおよびカルヴァンは、両者とも基本的にカトリシズムと正教会の伝統を正統なキリスト教と認識しており、異教徒の改宗は念頭になかったとする理由。ルターおよびカルヴァンは共にイエスの大宣教命令（マタイ28章17節～20節）は教会ではなく国家に責任があると考えており、伝道は君主が行うべきものであり、キリスト教信仰の普及は個々のキリスト者の責任ではないとされていたとの理由。ルター派あるいは改革派の領邦は内陸に位置したことから、スペイン・ポルトガルのような伝道のための航海術を持たなかったという理由、等々が挙げられる。

これに反して、宗教改革が起こった当初からそれ以降も、カトリック教会ではドミニコ会、フランシスコ会、イエズス会等を中心に、世界宣教が活発に継続された。特に注目されたのは、インド、東アジア、ラテンアメリカで大規模な宣教活動を行ったイエズス会である。イエズス会は１５

34年に対抗宗教改革（カウンター・リフォメーション）の旗手となった修道会で、海外伝道を積極的に進め、ヨーロッパ内における再カトリック化の原動力にもなった。中国でのキリスト教伝道の基礎を築いたマテオ・リッチや、インドから東南アジア経由で来日したザビエルなど、多くの宣教師がイエズス会によって派遣された。イエズス会の世界宣教方法は、対象国の「文化の高低」によってそのアプローチが相違していた。「文化的に低い」と見なされた新大陸やインドへの宣教は高圧的に行われ、中国や日本は「文化的に高い」国とされ、より融和的な宣教が行われた。

こうした世界宣教を経て1545年から開催されたトリエント公会議では、教皇の至上権が再確認され、反カトリック的な書物の所有を禁じる「禁書目録」が制定されている。世界および国内宣教におけるイエズス会の活躍は、このような副産物をももたらした。宗教改革以降の植民地支配は、一方では世界的な勢力関係における「教皇」から「世俗」への権威変容を経験しながら、他方では対抗宗教改革によるカトリック教会の失地回復を世界宣教の成果として目撃することとなった。

新たな植民地支配とプロテスタント教会の世界宣教

16世紀からは、オランダ、イギリス、フランスが新たな植民地の争奪戦を繰り広げた。宗教改革以降、皆無に近かったプロテスタントの世界宣教だが、17世紀後半から18世紀に入ると敬虔主義的な世界伝道への情熱を背景として、この新たな植民地支配に伴走する形で展開された。18世紀にはドイツの敬虔主義の影響を受けたデンマーク・ハレ宣教会を通して、インドなどに約60名の宣教師が派遣された。また同時期、宗教改革の先駆者とも言われるヤン・フスの信仰を継承するモロビア兄弟団が、西インド諸島、グリーンランド、アフリカ西海岸、チベットなどに宣教師を派遣している。

なお、宗教改革以前の世界宣教では、歴代のローマ教皇がスペイン、ポルトガルの国王に布教保護権を与え、植民地での伝道活動を保護した。しかしプロテスタント教会の世界宣教の場合は、教会から派遣される宣教師に加えて、植民地宗主国が認知した民間任意団体（伝道団体）への委託やアウトソーシングによる伝道をその特色とした。例えば、17世紀にはオランダの国策会社である東インド会社によって、インドネシアに宣教師が派遣され、以後オランダ改革派教会がインドネシアのキリスト教伝道をほぼ独占することとなる。1815年には、バーゼル伝道会がスイスで設立され、長期にわたりアフリカ、インド、中国に宣教師を派遣した。1841年にスコットランドで誕生したエディンバラ医療宣教会は、世界各地に医師を宣教師として派遣した。

こうしたプロテスタント教会の世界宣教を、18世紀末から19世紀半ばにかけてリードしたのは、「大英帝国」＝イギリスであった。イギリスの世界宣教上の優位は、18世紀に産業革命を達成し、世界の四分の一を支配した帝国であったことと無関係ではなかった。イギリスはまず17世紀後半、イギリス＝オランダ戦争でオランダの商業覇権に打撃を与えた。また第二次英仏百年戦争に勝利し、カナダ、北アメリカ、インドで植民地を獲得することによって他のヨーロッパ諸国を圧倒した。この過程で培われた海軍力や航海技術の発達は世界宣教への必要不可欠な条件であった。

また、イギリスに引き続き、20世紀の世界宣教を中心的に担ったのはアメリカであった。1810年には世界宣教の推進母体団体となるアメリカン・ボードが設立され、19世紀後半から20世紀にかけての活発な世界宣教活動をリードした。アメリカの世界宣教は2度におよぶリバイバル（信仰復興運動）を背景とし、西部の開拓（Go West）の完了、アメリカ先住民への侵略と伝道とも不可分の関係にあった。特に20世紀のアメリカの海外拡張主義は、ウイルソン大統領（在任1913～21年）の外交政策＝「宣教師外交」として知られ、資本主義と民主主義の普及と伝播をアメリカの使命とする国是と結びついていた。

植民地支配の終焉と世界宣教のパラダイム転換

これまで見てきたように、キリスト教の世界宣教と植民地支配は、宗教改革以前および以後を通じて、その形態は時代ごとに変容しつつも相互依存関係の歴史を保持してきた。後にこうした宣教観が反転したのは、第二次大戦後、植民地化されていた国々が独立したことに第一の要因がある。欧米宗主国に対する反植民地主義、反帝国主義の叫びは反キリスト教にも連動し、植民地における民族主義の勃興はアジア、アフリカにおいて第一次世界大戦の前後から高まりを見せていた。

そうした中、第一次世界大戦開始4年前の1910年に、スコットランド、エディンバラで「世界宣教会議」（World Missionary Conference）が開催されている。現代のエキュメニカル運動の嚆矢とされる会議であった。この世界宣教会議には世界各国より160のプロテスタント伝道協会から約1200名の代表が出席した。会議は10日間にわたり、その規模、内容からして歴史上、初めての国際宣教会議であった。討議の焦点および主題は「いかに全世界を伝道できるか」であり、会議の終了と同時に「全世界への伝道」の招きの使信がそれぞれ「キリスト教国における教会員」宛と「非キリスト教国におけるキリスト教会員」宛に分けて発せられた。このキリスト教を伝道することにおける一致の招きは1921年に「国際宣教協議会」(International Missionary Council ＝ＩＭＣ) の成立を導き、1961年には世界教会協議会 (World Council of Churches ＝ＷＣＣ) に合流している。ＩＭＣがＷＣＣに統合された背景には「宣教論のパラダイム転換」とも呼べる時代的、神学的な、宣教理解の新しい枠組みの要請があった。

アジア、アフリカの多くの植民地が独立国として新たな歩みを始める中、欧米を主体とした従来の宣教からの質的転換が求められていた。植民地主義的な欧米宣教は、自らが止揚されるという歴史の必然に直面せざるを得なかった。換言するならば前述の動きは、宣教の主体であるキリスト教国、欧米から、宣教の対象・客体である非キリスト教国、アジア、アフリカへの宣教というパラダイムに終止符が打たれたことを意味していた。このことは、1910年に開催されたエディンバラ会議における1200名の参加者は、わずか17名を除いて欧米人であったのに対して、1961年にニューデリーで開催されたＷＣＣ第3回総会の出席者は147教会の代議員577人の内、アジア、アフリカからの参加者が半数を占めていたことに如実に示されている。

また、宣教論の変化の第二の要因は1950年代にＩＭＣ内部にて確認された、宣教活動を神学的に支える基礎としての「神の宣教」(Missio Dei ＝ミッシオデイ) 概念の登場であった。ミッシオデイとは、神の三一論に基づく神の外側への働きを示す宣教論である。すなわち、創造者なる神は御子を世界におくり、神とその御子は人間の救いのために聖霊をおくられたことに基づく「神の派遣」への参与が、教会とキリスト者のあり方と理解されたのであった。また、神は第一義的に世界に関与されたとする「神の宣教」は、宣教するのは神であり、教会は神の宣教への参加者であることを明らかにした。宗教改革が結果的に「教会の権威」を相対化したように、ミッシオデイは宣教における教会の位置を相対化した。しかし同時にミッシオデイは、宣教活動の源泉が三位一体の神に依拠し、宣教と教会が不可分の関係にあることをも再認識させた。これは宣教の神学的基礎を提供し、結果的に教会が進むべきポストコロニアルな世界宣教の新たな地平を開くこととなった。

一方カトリック教会では、第二バチカン公会議 (1962～65年) でエキュメニカル教令が布告され、エキュメニカル運動への参加が本格化した。1979年に開催された第三回ラテンアメリカ司教団会議では声明文に「貧しい人々への神の優先的選択」(Preferential Option For The Poor) が明記され、伝道、宣教において貧しい人々へ福音をつたえることを最優先することが確認されている。

第二次世界大戦後の世界宣教論は、個人の魂の救済にこだわり植民地主義にも併走した伝統的宣教論が保持されるとともに、新たに社会的な関与に基づく人間性の回復に重きを置いた宣教論へのパラダイムシフトも伴いながら、現在に至っている。２０１３年に韓国の釜山で開催されたＷＣＣ第10回総会では、約30年ぶりに新しい宣教論に関する文書が発表されている。「いのちに向かって共に――変化する世界情勢における宣教と伝道」と題されたこの文書には、「宣教の霊」「解放の霊」「共同体の霊」「ペンテコステの霊」の四つの「霊」の働きが強調されている。また、「いのち」が多角的に宣教の課題とされ、「周縁からの宣教」が強調されていることを特色とする。宣教活動が向けられる対象地域を「周縁」とみなすのではなく、教会の成長がすでに著しいところの「周縁」にこそ宣教の起点を置くという宣教論である。神が働いておられるのは、貧しい者、弱くされた者の間であり、「中心」ではなく「周縁」にこそ出発点があるとする宣教理解である。これは宗教改革以降、世界宣教の歴史においてプラス面ばかりでなくマイナス面においても蓄積され、批判されてきた植民地支配の負の遺産を克服する、宣教の新たなパラダイム転換を示唆しているのではないだろうか。

参考文献

Ａ・Ｅ・マクグラス著、佐柳文男訳『プロテスタント思想文化史――16世紀から21世紀まで』教文館、２００９年。

ディヴィッド・ボッシュ著、東京ミッション研究所訳『宣教のパラダイム転換　上・下』新教出版社、２００１年。

深井智朗『プロテスタンティズム』中央公論新社、２０１７年。

西谷修『アメリカ――異形の制度空間』講談社、２０１６年。

佐藤優『宗教改革の物語――近代、民族、国家の起源』角川書店、２０１４年。

Timothy Yates, "Christian Mission in the Twentieth Century," p. 200, Cambridge University Press, 1994.

山本俊正「三つの潮流から見たＷＣＣの歩み――エキュメニカル運動の過去・現在・未来（上）」『福音と世界』２００１年３月号、新教出版社。

二人のマルティン・ルター

深井智朗《ふかいともあき》

1964年生まれ。アウクスブルク大学哲学・社会学部博士課程修了（Dr.Phil.）、博士（文学、京都大学）。現在、東洋英和女学院大学教授。著書『ヴァイマールの聖なる政治的精神』（岩波書店）、『神学の起源』（新教出版社）、『パウル・ティリヒ』（岩波書店）、『プロテスタンティズム』（中央公論新社）他。

マルティン・ルターとルター派

今年は宗教改革から五〇〇年の記念の年だが、今から三五〇年前、宗教改革一五〇年が祝われた一六六七年（その祝いは大々的に行われたのだが）、国法学者ザムエル・フライヘル・フォン・プーフェンドルフは『ドイツ帝国の状況について』という書物を偽名で刊行した。そこにはこう書かれていた。「この宗教と同じように君主にとって都合のよいように広まった宗教を知らない[1]」。「この宗教」とはルター派のことで、プーフェンドルフはいわば「政治的に使い勝手のよい宗教」としてルター派を説明したのである。さらに彼は、ルター派の特徴は内面化された宗教性による行政機関への忠誠にあると述べた。

マルティン・ルターによる神聖ローマ帝国の教会の改革は、彼の意図に反してすぐに政治化し、彼の死後ローマ・カトリックから分離されたルター派（当時そのように呼ばれていたわけではない）が誕生した。ルターの最初の思いは、制度疲労を起こしている教会の修復、再形成であったに違いない。しかしその目論見はすぐに崩れてしまった。

ルターの運動は最終的に、神聖ローマ帝国内の三〇〇以上の領邦が改革を受け入れるのか受け入れないのか、受け入れるとすればどの改革を受け入れるのかという争いになった。そのことは領主にとってみれば、自らの領内の宗教をカトリックにするのかルター派にするのかという問題であった。一五五五年にアウクスブルクで開催された帝国議会がそれについてひとつの決定を下した。領主が自分の領

邦の宗教を選択し得ることになったのである。(2)

この時ルターの改革は、運動の段階を超えて、法的にはひとつの宗派となった。神聖ローマ帝国の宗教制度の改革ではなく、ひとつの宗派として、既存の宗教制度の外に出てしまったのだ。もちろんカトリック教会がこのような政治的決定を簡単に容認するはずがない。カトリック側は帝国議会の決定は不法だと主張した。それに対してルター派は自分たちの宗派は法的正当性をもつと主張し、さらにカルヴァンやツヴィングリの改革は法的根拠のない不法な宗教運動であるとも主張した。

それだけではない、ルター派はカトリックよりも新しく登場した宗派として、領主たちに対して、自分たちがカトリックよりも政治的に役に立つ、使い勝手のよい宗派であることをアピールしなければならなかった。なぜなら宗教の決定権は領主にあるのだから。だからこそルター派はカトリックよりもカルヴィニズムよりも権力者や政府に寄り添う宗派になった。これが、プーフェンドルフが宗教改革から一五〇年を経た一六六七年に書いた、ルター派の描写の意味であろう。確かにその後もドイツのルター派は、プロイセン主導のドイツ統一の際も、ナチズムの時代も、そして今日も、基本的には国家に寄り添う宗教であり続けている。

カール・バルトは、ナチスの政治的野望を具体的にその目で見ることとなった一九三三年の宗教改革記念の講演「決断としての宗教改革」で、次のように述べている。「人はかつて次のように自分を説得しようとした。そして部分的には今日も次のように自分を説得しようとしている。それは、宗教改革にあの特有な、記念されるべき重要な意味を与えているのは、宗教改革の文化的、政治的な、そして（今日、特に強調されているのであるが）民族的な内容である、ということである。宗教改革が事実そのような内容をもっていたということを否定することはできないであろう。しかし次のような理由で、それらの観点のもとでは、人は望んでいるほど確信をもって宗教改革について語ることはできないであろう。それは、宗教改革の文化的、政治的、民族的な成果というものを結局歓迎すべきなのか、それとも嘆くべきなのかについて、評価が分かれているからであり、いつまでたっても評価が分かれたものであり続けるであろうからである。ひとつだけ例をあげるとして、マルティン・ルターの生涯をかけての実際の働きの成果は、ドイツ民族の内的および外的な統一に対して貢献したのかそれとも貢献しなかったのか。このことについて確定したことを言うことは難しいであろう」(3)。

バルトは、ルターの運動が「ドイツ民族の内的および外的な統一に対して貢献したのか」ということについては、いずれかの結論を正しいと断定することはできないとしているが、実際には当時、貢献したという意見が支配的だったからこそ、ルター派がナチスにとって政治的に使い勝手のよい宗教であることに警鐘を鳴らしているのであろう。

ところでバルトは明記していないが、ルターの運動が「ドイツ民族の内的および外的な統一に対して貢献したのか」という言葉は、アドルフ・フォン・ハルナックが一八八三年一一月一〇日、ヘッセンのギーセン大学で行ったルター生誕四〇〇年の記念講演「学問と教育の歴史にとってのマルティン・ルターの意義」の中で述べた言葉である。ハルナックは、ギーセン大学は「ローマの教皇の許可ではなく、高貴な精神をもった領主によって基礎が築かれたドイツで最初の大学であり、ルターの自由な精神によって建設された最初の大学なのである」と述べている。そして「私たちのあらゆる党派はそれぞれ固有のルターを持ち、ルターの精神の真の後継者であると確信しており、ルターは「ドイツ民族の内的および外的な統一に貢献した」(4)」と述べたのである。

これと同じ意味で、ナチスの時代も確かにルター派は支配者にとって使い勝手のよい宗教であり続けた。ヒトラーの運動に神の啓示を見た者さえ現れ出た。チューリンゲンの牧師ジークフリード・レフラーは「キリストの教会の歴史が、事実闇に支配されているこの時代、ヒトラーは私たちにとって真の曇りのないガラス窓である。私たちはこの窓を通してキリスト教の教会に注がれる光を見るのだ。すなわち、ヒトラーは窓だ。私たちはその窓を通して救い主を見る(5)」と述べている。

宗教改革から引き出される宗教制度や社会の「改革」というイメージとは真逆に、ドイツ・ルター派はつねに体制側に寄り添う保守的な勢力であり続けてきた。それは戦後も同じで、教会は戦後に誕生した新しいボン共和国の政府にやはり寄り添ってきた。戦後の復興を優先し、戦後処理を急いだ政府の方針にも同調した。ドイツではナチスに関する裁判も、戦争の責任に対する反省もいち早く行われたが、今日ではそれが隣国やユダヤ人などへの誤ちの自覚であるよりは、結局は速やかな戦後復興のための強引な幕引きであったことが指摘されている。

すでに戦後処理は終わったと考えられていた一九六一年のアイヒマンの裁判、あるいは一九六三年にフランクフルト・アウシュヴィッツ裁判が改めて行われたことはその象徴的な出来事であろう。アイヒマンはエルサレムで裁かれたが、彼の逮捕はヘッセン州の検事長フリッツ・バウアーが入手したアルゼンチン滞在情報をモサド（イスラエルの諜報機関）にリークしたことによって可能になったことが今日では明らかにされている。また、いわゆるフランクフルト裁判では、偶然発見された書類をもとにアウシュヴィッツ収容所の副官ロベルト・ムルカをはじめとする看守や医師などが裁かれた(6)。

これらの裁判は、多くのドイツ国民にとっては「古傷には触るな」という思いであったに違いない。事実フランクフルトでの裁判の際、国民の実に五二パーセントがこの裁判自体に反対した。ここ数年これらの出来事は映画にもなり、早い幕引きをねらったボン共和国政府の戦後処理の問題点が改めて指摘されている。教会の戦争責任との取り組みは、この時もそのような政府の動向に寄り添っていたのではなかったか。

マーティン・ルーサー・キング・ジュニアとバプテスト派

宗教改革五〇〇年のこの年、もうひとりのマルティン・ルターを思い出す。英語読みではマーティン・ルーサーで、その名は彼の父の代に遡るが、明らかにマルティン・ルターに由来する。言うまでもなく、アメリカの公民権運動の指導者キング牧師である。彼は一九六八年に三九歳で暗殺された。来年二〇一八年はキングの暗殺から五〇年にあたる。彼はドイツでフランクフルト・アウシュヴィッツ裁判が行われた年にワシントン大行進を指導し、後に「私には夢がある」という題で知られるようになったあの演説をした。この公民権運動の指導者の故郷は、バプテスト教会である。

バプテスト教会とはどのようなプロテスタントなのか。一六世紀の後半になると、すでに述べたようなルター派の改革運動の保守化やその不徹底を批判し、「改革の改革」を主張する人々や教会が登場した。つまりルター亡きあと、プロテスタンティズムは大きく見渡すと二つの、それぞれ性格の異なった流れに区分されるようになったと言ってよい。

ひとつは「改革」という自らの立場を定着させ、自らが本来あるべき正統的なキリスト教だと主張するようになった勢力である。社会におけるあらゆる改革勢力がそうであるように、「前衛」は戦いを経て「後衛」になる。改革を主張していた人々が、新たな改革に対して守りに徹するようになる。政治的勢力と結びつくことである程度安定したポジションを得ると、さらなる改革や批判を受け入れられなくなる。それがプーフェンドルフが見たルター派である。それに対してもうひとつの改革勢力は、従来の改革の不徹底さを嘆き、よりラディカルな改革を求める人々である。あえて言うならば「改革の改革」を主張する人々が登場したのだ。それは、今日宗教改革として理解されている出来事とは異なった新しい段階であり、初期の宗教改革者たちの想定を超えた動きだった。初期の宗教改革者たちはこういったラディカルな改革に驚き、一部ではその影響を受けつつも、最終的には教会制度からの追い出しにかかった。その対象となった運動のひとつがバプテストなどの洗礼主義の運動である。

彼らは体制化した宗教改革諸派とは違って、結果的には個々人が主体的に信じる自由、具体的には自由に教会を設立しその信者となる権利を要求した。今日では当然の権利として認められている信教の自由であるが、この時代人々はそのような権利をまだ手にしていなかったのであり、自由に教会を作る権利などという考えは、教会の一致だけではなく、社会の統一をも破壊する恐ろしい考え方だとされた。だからこそ、このような洗礼主義の立場は政治的な支配者だけではなく宗教改革者たちからも批判され、排除されることになった。既存のシステムの批判者として登場した宗教改革者たちはとっくに体制化していたのである。

洗礼主義者たちのもうひとつの重要な主張は、幼児期の洗礼の否定である。彼らは幼児期の洗礼を自覚的な信仰ではなく、強制されたものとみなしてそれを認めなかった。そして成人し、自らの言葉で信仰を告白した者たちだけが洗礼を受け、教会の構成員になるべきだと考えたのである。それゆえに洗礼主義の信者たちは自らの信仰は無自覚に幼児期になされた洗礼によるのではなく、主体的決断によるものなので、自らを宗教的なエリートと考えていた。

プロテスタンティズムは宗教の改革からスタートしたため、古い社会システムを破壊して、信じる自由を主張し、近代世界の成立に寄与したというイメージが付きまとうが、宗教改革の最初の担い手で体制側の宗教になったルター派にとっては、洗礼主義のような勢力は社会秩序の基盤を揺るがし、社会の統一を乱す厄介者だったため、彼らを教会のみならず、社会から追い出した。だからこそ追い出された方の洗礼主義者たちは政治的支配に批判的になり、権力者と明確に距離を取り、さらに支配者と協力するルター派のような保守化した教会とも絶縁し、むしろ政府や教会、そして統治者の過ちをはっきりと批判するようになった。ここにバプテストの伝統の淵源がある。アメリカ公民権運動の指導者となったもうひとりのルターは、このバプテスト派の牧師だった。

近代世界の成立との関連で論じられ、また近代のさまざまな自由思想、人権、抵抗権、良心の自由、デモクラシーという政治的理念を生みだしたわけではないが、その主たる担い手となったと言われているのは、実はカトリックやルター派、そしてカルヴィニズムにいじめ抜かれ、排除され、迫害を受けてきた洗礼主義、神秘主義的スピリチュアリスム、人文主義的な神学者たちであったとエルンスト・トレルチは『近代世界の成立にとってのプロテスタンティズムの意義』(7)で述べている。

洗礼主義の伝統を、国家の政策に寄り添うのではなく、国家から自立し、国家と対峙することの中に見るとすれば、もうひとりのマルティン・ルターであるキングの運動は、まさに洗礼主義の運動の系譜に位置づけられる。

一九五五年一二月にアラバマ州のモンゴメリーでローザ・パークスが逮捕され、それがきっかけでバス・ボイコット運動が起こり、アフリカ系アメリカ人が立ちあがった。キングはその指導者となり、非暴力で抵抗し、運動を民間の自発的なものとして組織化し、政府に圧力をかけ、交渉し、説教や演説といった言葉の力で運動を導き、ついに一九六四年に公民権法が制定された。この牧師の戦いと、洗礼主義の伝統を切り離すことはできない。

二人のルター――宗教改革五〇〇年を記念することの意味

ドイツ・ルター派教会とバプテスト教会は政治的にはまったく異なる性格をもっているが、いずれも一五一七年に淵源をもち、プロテスタントを名乗っている。現在の姿だけを見るなら、それが同じ起源をもつとはとても思えない。

教会の改革はルターだけが試みたものではないし、プロテスタンティズムとはルターの改革の流れだけを指すのでもない。確かに一五一七年のルターの勇気ある行動が、さまざまな出来事の始まりであったが、そこからただひとつのプロテスタンティズムが生まれたわけではない。今日プロテスタントであることを自覚している教派であっても、自らとルターとの関係を見出すことに苦労している場合もあるだろう。またバプテストのように一五一七年の改革と自らの教派の立場を結びつけるのに違和感をもつ場合もあるだろう。

ルターの勇気ある行動は、西ヨーロッパのキリスト教に新しい種を蒔き、その種が成長してプロテスタンティズムという巨大な木になった。他方で、宗教改革という種は成長し、実をならせ、さらにその種が別のところに蒔かれることによっていくつもの「新種」を生み出したと言える。その新種は成長を続け、さまざまな形態を生み出した。同じ種から生み出されたのに、とても同じものとは思えないような形態も見られるようになった。トマトとナスは異なるように見えるが、実はトマトはナス科ナス属の野菜だ。それと同様にルターの宗教改革も、当初のものとはかなり異なった新種とも言うべきものを生み出している。それらすべてを含めてプロテスタンティズムと呼ぶ。ルターの宗教改革だけがプロテスタンティズムなのではない。

一六世紀にマルティン・ルターが起こした改革運動の意図せざる帰結であるルター派の誕生と保守化も、二〇世紀にアメリカ社会を変革したマーティン・ルーサー・キングの背景にあったバプテスト派も、いずれもプロテスタンティズムである。保守勢力として国家に寄り添うプロテスタンティズムと、国家を批判し、抵抗し、社会を変えていこうとする改革的な勢力としてのプロスタンティズムを同一視することには違和感があるかもしれないが、いずれも確かにプロテスタントなのである。

いずれのプロテスタントも、いわばルターの遺伝子を受け継いでいる。国家と共にある保守化したドイツのルター派は、国家にとって使い勝手のよい宗教であるだけではなく、その宗教政策や文化政策のみならず、政治政策や経済政策にも大きな影響を与えるようになった。ドイツ近代史におけるルター派の政治的な貢献や影響について考える時、忘れてならないのはアドルフ・フォン・ハルナックであろう。彼はエストニアのドルパット（今日のタルトゥ）出身で、母方のリヴォニア・ナショナリズムの影響を強く受け、プロイセン中心のドイツ政治に批判的であり、その改革のために生涯を捧げた神学者であった。彼の政治的な立場としては、皇帝の戦争政策への協力だけが注目されているが、実際には彼は皇帝の忠実な正枢密顧問官であったのではなく、すでに制度疲労が激しいと思われた第二帝国の内政と外交の改革にこそ使命を感じていたのである。

その時彼が選んだ道は、官僚になるということ、正確には官僚制度の頂点に登りつめるということであった。彼の考えによれば、世界のシステムを変える方法は二つあり、ひとつは革命であり、もうひとつは官僚になる道であった。革命は誰にでもできることではなく、リスクが大きいが、もうひとつの官僚になる道は確実で、彼の言葉によれば「静かな改革」である。確かに官僚は法律を変え、驚くほど巧みに、時には誰にもわからないように政治の仕組みを着実に変えていく。彼は歴史家として、保守勢力としてのルター派の伝統からそのことを学んだ(8)。

ハルナックの分類によれば世界のシステムを変えるもうひとつの方法は革命的な改革だが、まさにこの道をマーティン・ルーサー・キングは選んだ。不当と思われる政府や政治的支配者の政策や考えに勇気をもって否を語り、立ちあがるのもまた、ルターの遺伝子なのである。もちろんルター亡きあとのドイツのルター派は、そのルターの勇気を見失ってしまったのではないかと思える時がある。しかしこの勇気が宗教改革の源泉にあったことに間違いはない。

二〇一七年に宗教改革五〇〇年を祝うことには、どのような意味があるのだろう。それは五〇〇年前の出来事を無批判に称賛したり、プロテスタンティズムの歴史を無条件に肯定したりするための祝いではないであろう。

五〇〇年目に私たちが改めて知ることは、プロテスタンティズムの多様さだ。最初の勇気ある行動は、初期の同志的な一致の段階を超えて、さまざまな伝統を生み出した。マルティン・ルターの「キリスト者の自由」が、マーティン・ルーサー・キングの「私には夢がある」という講演へと直接的にではないにしても繋がっていることこそが重要なのである。

だからこそ何度でも思い起こさねばならないのは、プロテスタンティズムの特徴が多様性だということである。エルンスト・トレルチが第一次大戦終結直後、敗戦国のドイツから戦勝国のイギリスに招かれ、オックスフォード大学で行うはずだった講演原稿の結びの言葉は、そのようなプロテスタンティズムの本質を語りつくしているように思う。「神的な生は私たちの現世での経験においては一ではなく多なのです。そしてこの多の中に存在する一を思うことこそが愛の本質なのです」(9)。

（1）Samuel Freiherr von Pufendorf, De Status imperri germanici ad Laelium fratrem, dominum Trezolani, liber unns. Genf(Den Haag) 1667, in: Notker Hammerstein(hg.), Staatslehre der Frühen Neuzeit, Frankfurt a. M. 1995 S. 244, 899-905.

（2）いわゆるアウクスブルク宗教平和については、拙論「アウクスブルク宗教平和とは何であったのか」『キリスト教と諸学』26巻、聖学院大学、２０１１年、１３９～１５１ページを参照のこと。

（3）Karl Barth, Reformation als Entscheidung, München 1993 (=Theologische Existenz heute; 3).（吉永正義訳「決断としての宗教改革」『カール・バルト著作集４』新教出版社、１８７ページ以下）

（4）Adolf von Harnack, Martin Luther in seiner Bedeutung für die Geschichte der Wissenschaft und der Bildung, in: Adolf Harnack, Reden und Aufsätze, Bd.1, Ab., Gießen 1904, 1906(2. Aufl.), S.143-169.

（5）Siegfried Leffer, Christus im Dritten Reich der Deutschland. Wesen, Weg und Ziel der Kirchenbewegung, Weimar 1935, S. 29.

（6）フリッツ・バウアーについては、Werner Renz, Fritz Bauer und das Versagen der Justiz, Nazi-Prozesse und ihre»Tragödlie«, Hamburg 2015を参照のこと。

（7）Ernst Troeltsch, Die Bedeutung des Protestantismus für die Entstehung der modernen Welt, (=Historische Zeitschrift. Beiheft Bd.2), Oldenbourg 1923.（深井智朗訳『近代世界の成立にとってのプロテスタンティズムの意義』新教出版社）

（8）ルター派保守主義の政治家としてのハルナックについては Gunther Wenz, Der Kulturprotestant. Adolf von Harnack als Christentumtheoretiker und Kontroverstheologe, München 2001を参照のこと。

（9）Ernst Troeltsch, Die Stellung des Christentums unter den Weltreligion, in: Der Historismus und seine Überwindung. Fünf Vorträge von Ernst Troeltsch, Eingeleitet von Friedrich von Hügel, Berlin 1924, S. 62-83（深井智朗訳「世界宗教におけるキリスト教の位置　死によって実現しなかったオックスフォード大学での講演原稿(4)」『春秋』春秋社、２０１６年10月号、20～23ページ）

▼編集後記▲

1517年、マルティン・ルターが当時の教会の腐敗を批判し95箇条論題を発表したことは、いわゆる宗教改革運動のはじまりを告げたとされます。それから500年をむかえる今年2017年、『福音と世界』で6カ月にわたりおこなった連続特集「宗教改革500年」に収められた全論考をまとめたのが本書です。

なお書籍化にあたり、特集内で十分に論じられなかったテーマを補うべく、芳賀力さん（1章）、堀江有里さん（4章）、小林繁子さん（5章）、山本俊正さん（6章）の4名の新たな執筆者にご寄稿をいただきました。執筆者の皆さまの力により、宗教改革の歴史や思想、功罪、そしてその現在性にいたるまで網羅する充実した論集を、この記念すべき年に編むことができたのは喜びです。

しかし、本書の編集作業を終えたいまあらためて考えたいのは「なぜいま宗教改革なのか」ということです。500年というのはたしかに節目の時ですが、それだけではこの問いに答えるには不足しているでしょう。いま宗教改革について考えるということ、その行為じたいに私たちはどんな意味を持たせることができるのでしょうか。

本書に収められた論考はいずれも、宗教改革を現代の視点からあらためて捉えなおそうという企図をもって書かれているものです。それは言い換えれば、宗教改革を単に500年前の史実として整理しようというのではなく、現代を生きる私たちの信仰・生活・社会に即したかたちで宗教改革とは何だったのかを問い、その本懐をあらためて引き受けなおそうという試みなのです。

宗教改革が発した、神と人の関係性についての問いは終わりなきものです。また、宗教改革がひとつの要因となった社会的・政治的な変動も、現代の世界のあり方に影響を及ぼしつづけています。そのインパクトはいまだ冷めやらず、改革は途上にあるとすら言えます。であればこれを継承し、より望ましい方向へと推し進めていく役割を担っているのは、他ならぬ私たちなのではないでしょうか。つまり、いま宗教改革について考えるということは、私たち自身が「改革者」として新たに立てられていくプロセスに他ならないように思えるのです。

こうした考えをもって、本書の表題は『宗教改革と現代――改革者たちの500年とこれから』としました。この500年目の時にあって、「改革者」として歩む方途を、本書から読者のみなさまがつかみ取ってくださることを願っています。あるいは、現在ひと知れず改革の働きに従事する方が、その働きに資する新たな知恵や勇気を、本書から少しでも引き出せることを心からお祈りしています。

＊

最後に、本書への転載・寄稿を快諾していただいたすべての執筆者に感謝いたします。また組版を担ってくださった東京創文社の佐藤悦子さんにもあわせてお礼申し上げます。

2017年8月　新教出版社編集部

新教コイノーニア 34
宗教改革と現代——改革者たちの500年とこれから

2017年9月30日　第1版第1刷発行

編　者　新教出版社編集部
発行者　小　林　望
発行所　株式会社　新教出版社
〒162-0814 東京都新宿区新小川町9-1
電話(代表) 03(3260)6148
振替　001801-1-9991

印刷・製本／株式会社カシヨ

ISBN 978-4-400-30717-4 C1316

〈新教コイノーニア〉シリーズ

1	日本のキリスト教の現在と将来	品切
2	靖国公式参拝を批判する	品切
3	日本のキリスト教とバルト	品切
4	日本の宗教と部落差別	品切
5	沖縄から天皇制を考える	品切
6	合同教会としての日本基督教団	品切
7	朝鮮半島の平和と統一をもとめて	970円
8	カール・バルトと現代	1359円
9	激動のドイツと教会	970円
10	岩手靖国違憲訴訟 戦いの記録	2427円
11	日本基督教団 50 年史の諸問題	品切
12	日本の神学の方法と課題	1165円
13	現場の神学	1359円
14	死刑廃止とキリスト教	品切
15	バルト＝ボンヘッファーの線で	1650円
16	現代の終末論とフェミニズム	2000円
17	地球温暖化とキリスト教	1200円
18	平和憲法を守りひろめる	3000円
19	人間の盾	1400円
20	カール・バルトとユダヤ人問題	1600円
21	いのちの倫理を考える	品切
22	人類に希望はあるか	1200円
23	井上良雄研究	1900円
24	聖餐　イエスのいのちを生きる	1500円
25	時代のように訪れる朝を待つ	1800円
26	原発とキリスト教	1600円
27	わたしたちはいま、どこにいるのか	1800円
28	なぜ「秘密法」に反対か	1300円
29	東アジアでボンヘッファーを読む	1800円
30	国家の論理といのちの倫理	2200円
31	戒規か対話か	1600円
32	キリストが主だから	700円
33	日本基督教団戦争責任告白から 50 年	1300円

関連書

十五年戦争期の天皇制とキリスト教　　富坂キリスト教センター編　　5700円

表示は本体価格です。